现代汉语隐语研究

A Study on Modern Chinese Secret Dialect

邵燕梅 著

中国社会科学出版社

图书在版编目(CIP)数据

现代汉语隐语研究 / 邵燕梅著. —北京：中国社会科学出版社，2021.10
ISBN 978-7-5203-8060-7

Ⅰ.①现… Ⅱ.①邵… Ⅲ.①现代汉语—社会方言—词汇—研究 Ⅳ.①H17

中国版本图书馆 CIP 数据核字（2021）第 040680 号

出 版 人	赵剑英
责任编辑	任　明
责任校对	李　莉
责任印制	李寡寡

出　　版	中国社会科学出版社
社　　址	北京鼓楼西大街甲 158 号
邮　　编	100720
网　　址	http：//www.csspw.cn
发 行 部	010-84083685
门 市 部	010-84029450
经　　销	新华书店及其他书店

印刷装订	北京君升印刷有限公司
版　　次	2021 年 10 月第 1 版
印　　次	2021 年 10 月第 1 次印刷

开　　本	710×1000　1/16
印　　张	30
插　　页	2
字　　数	533 千字
定　　价	168.00 元

凡购买中国社会科学出版社图书，如有质量问题请与本社营销中心联系调换
电话：010-84083683
版权所有　侵权必究

国家社科基金后期资助项目
出版说明

后期资助项目是国家社科基金设立的一类重要项目，旨在鼓励广大社科研究者潜心治学，支持基础研究多出优秀成果。它是经过严格评审，从接近完成的科研成果中遴选立项的。为扩大后期资助项目的影响，更好地推动学术发展，促进成果转化，全国哲学社会科学工作办公室按照"统一设计、统一标识、统一版式、形成系列"的总体要求，组织出版国家社科基金后期资助项目成果。

全国哲学社会科学工作办公室

序

　　燕梅是我作为全职教师2008年度在南开大学招进来的最后一批博士生中的一位。当年，我已确定工作重心南移，只是消息未便披露，有未毕业的硕士生、博士生多位，此时离去，既有不舍，更需一位年长些的学生代我照拂。2007年7月末我应邀到太原出席一个研讨会，燕梅就在那个会上跟我认识了。研讨会期间，燕梅的聪明和热情，给我留下印象；会后我们在白云兄陪伴下游五台山，燕梅与他人亦游此处，我们在文殊菩萨的道场不期而遇，而且是三度"巧遇"。这让我感到冥冥之中燕梅与我似乎有着某种"佛缘"，所以当燕梅洋溢着真诚笑意的红红的脸庞面对着我，向我提出想师从我读博的愿望时，我无法拒绝，同时隐隐感到她好像正是我要寻找的那个人。不久燕梅请我到临沂师范学院（现临沂大学）讲学，聊到考博之事，她说想等孩子高考后她自己再考博。我不便明说我的工作即将有变，鼓励她尽快报考。燕梅当时已是副教授，学术上有了很好的基础，果然不负我所望，当年就考进了南开大学。入学后不久她即向我表示了研究汉语隐语的愿望。汉语隐语是汉语词汇系统中的一个重要部分，但长久以来，学界对汉语隐语的研究却鲜有深入的研究，更未见有具开拓意义的学术著作问世。老实讲，以燕梅当时的学养，能否对这个题目作出有深度的开掘，我的态度是有所保留的。我只原则地告诉她：这个题目是有价值的，如果她确能对汉语隐语进行较为全面深入的研究，会有助于揭示其隐秘性的本质特征，有助于丰赡汉语词汇学的理论，也有助于认识该种词汇现象背后的社会价值及文化价值。

　　博士论文选题"现代汉语隐语研究"确定后，燕梅即着手开始了语料搜集的紧张工作。论文以20世纪以来的现代汉语隐语为语料，根据隐语的构词、造词及使用特点建立起现代汉语基本隐语语料库和现代汉语数词隐语语料库；运用文献资料与田野调查、定量统计与定性分析、宏观与微观相结合等研究方法，分别对汉语基本隐语和数词隐语进行较为全面地研究，挖掘汉语隐语的语言学、社会学及文化学价值。她的论文在如下四个方面呈现出创新点：第一，深入剖析汉语隐语的结构与造词，把握汉语隐语结构与造词的一般性特点和特殊性规律，构建汉语隐语的结构与造词法体系；第二，通过对隐语类辞书中部分汉语隐语词条进行造词理据分析，观察其造词理据的多元性，并对部分隐语辞书进行校勘；第三，对仍在使用但呈式微态势的活隐语"调侃子"等进行田野调查，并通过对其性质、语域、使用主体等要素的分析而得出结论，认为"调侃子"实为两种功用不同的隐语，对其使用的动态变化情况进行观察，并通过隐语表层透视深层的社会、历史、文化等信息；第四，对全国首部汉语隐语词典——吴汉痴主编的《全国各界切口大词典》进行了较为全面的研究，包括对该词典的内容与版本介绍、著作者与使用地域的考辨等语言学价值的挖掘。这是燕梅当年答辩时博士论文的概貌，论文也以上述特点赢得了全体答辩委员以及著名学者张志毅教授的一致好评。

论文答辩通过后，燕梅丝毫没有放松，她又申请了国家社科基金后期资助的项目，花费数年时间对论文进行了进一步的修改完善工作。现在摆在我眼前的这部书稿已非八年前毕业答辩时的论文可比，本书分上、下两编，上编"现代汉语隐语理论研究"，包括"绪论""现代汉语隐语概貌""现代汉语基本隐语结构与造词研究""现代汉语数词隐语结构与造词研究""上编结语"等五章；下编"现代汉语隐语个案研究"，包括"活隐语'调侃子'的调查与研究"《全国各界切口大词典》相关研究""现代汉语隐语造词理据汇释""现代汉语隐语辞书校勘""下编结语"等五章。很明显，上编着力于理论的探讨，以指导下编的个案研究。理论指导实践，实践印证理论，理论和实践的互动关系在这部书中得到了充分而完美的体现。在上编里，作者对汉语隐语性质的挖掘，对隐语称谓的界定，对相关隐语术语的区分，对汉语隐语的研究的历史分期，对隐语使用群体的介绍、行业分类，对汉语隐语从结构和构造两个角度进行的分析研究，实在令人叹赏；更难得的是，作者还对所搜集的汉语隐语进行了语料库建设，这样一项基础性的工作，对未来的研究颇有助益。在下编中，燕梅对她拿手的现代汉语隐语个案"调侃子"进行了进一步研究；对1924年出版的《全国各界切口大词典》作了深透的研究，填补了该书历史上无研究的空白；对现代汉语隐语的造词理据进行了分析，试图打开这个"密码锁"；最后，"现代汉语隐语辞书校勘"一章，选取20世纪以来较有代表性的辞书，对其中的部分隐语词条进行词形、引用、释义、理据分析等方面的考证、校勘等工作。不难看出，作者为本书付出的劳动是艰巨的，本书所取得的成就也是巨大的、多方面的。毫不夸张地说，是书的撰成,不仅标志着汉语隐语研究一项重要工作的完成,更宣告汉语隐语研究从此将结束无重要著作问世的尴尬历史,为后之来者开辟了汉语隐语研究的新路径,也开启了汉语隐语研究的新纪元。

燕梅是勤奋的。她的勤奋在读博时令很多人佩服:她是南开大学图书馆每日最早来、最晚走的一位学生,而且数年如一日。勤奋结出了丰硕的果实,她不光出色地完成了这部书稿,还衍生出一些其他研究和著述。燕梅的工作特点如同她的为人,老老实实、按部就班、厚积薄发、循序渐进,她的风格因而笃实,她的成果自然厚重。仅2019年下半年的一两个月内,我就先后读到她在2019年第4期《方言》杂志发表的论文《山东沂水方言儿化的语音形式》,读到她2019年9月在商务印书馆出版的著作《费县方言志》(该书荣获山东省教育厅2020年度社科优秀成果一等奖)。在短时间内取得如此不俗的学术成绩,这在当下的青年学者中还是不多见的。我相信并且期待,燕梅的这部《现代汉语隐语研究》在中国社会科学出版社出版后,对汉语词汇学的研究产生一个推动作用,为她自己带来更为良好而广泛的学术影响。

燕梅在临沂师院文学院任教时曾任某支部的"书记",很有口碑;她到南开读博,我这个老师将她的一众师弟、师妹甚至她的师姐、师兄都交给她代为照顾,她便成了师兄弟们的"书记",很有风范;我每年返南开授课,她博士毕业后到山东师范大学执教,我们师生常有机会聚首研讨,她便成了我们大家的"书记",得到大家的爱重;未来,燕梅百尺竿头更进一步,勤奋读书,严谨治学,早日使自己成为年青一代学术队伍中走在前面的人,成为更多的人的"书记",则更是为师所期盼者也。

是为序。

中文摘要

汉语隐语是汉语词汇系统不可或缺的成员之一，也是汉民族共同语的词汇来源之一。对汉语隐语进行较为全面的深入研究不仅有助于我们认识其隐秘性的本质特征，有助于我们认识其词汇结构与造词规律，还有助于我们认识该种词汇现象背后的社会及文化价值。本书以20世纪以来的现代汉语隐语为语料，根据隐语的构词、造词及使用特点，建立现代汉语基本隐语语料库和现代汉语数词隐语语料库，运用文献资料与田野调查、定量统计与定性分析、宏观与微观相结合等研究方法，分别对汉语基本隐语和数词隐语进行较为全面地研究，挖掘汉语隐语的语言学、社会学及文化学价值。本研究的创新表现在以下四个方面：首先，深入剖析汉语隐语的结构与造词，把握汉语隐语结构与造词的一般性特点和特殊性规律，构建汉语隐语的结构与造词法体系；其次，通过对隐语类辞书中部分汉语隐语词条进行造词理据分析，观察其造词理据的多元性，并对部分隐语辞书进行校勘；第三，对仍在使用但呈式微态势的活隐语"调侃子"等进行田野调查，并通过对其性质、语域、使用主体等要素的分析而得出结论，认为"调侃子"实为两种功用不同的隐语，对其使用的动态变化情况进行观察，并通过隐语表层透视深层的社会、历史、文化等信息；第四，对全国首部以"词典"命名的汉语隐语辞书《全国各界切口大词典》（吴汉痴/胡汉痴主编，上海东陆图书公司，1924年）进行较为全面的研究，包括对词典内容与版本的介绍，序作者、著作者与使用地域等内容的考辨以及对相关语言学价值的挖掘等。

本书分为上、下两编，上编为"现代汉语隐语理论研究"，下编为"现代汉语隐语个案研究"。上、下编各包括五章。具体研究如下：

第一章"绪论"。本章主要介绍汉语隐语的性质及称谓，并对隐语与相关术语进行区分，通过对隐语内涵与本质特征的分析，廓清学界对诸多概念的混同；划分汉语隐语研究的历史分期，并对不同时期的汉语隐语研究进行综述；介绍隐语研究概况、选题的语料来源、研究价值、研究方案、研究方法等。

第二章"现代汉语隐语概貌"。本章主要对现代汉语隐语的使用群体进行介绍，以商业隐语为视角，依据其行业群体进行细致划分，以此反映汉语隐语的分布及特点。根据行业分类，汉语商业基本隐语共分为衣着、饮食、加工制造、建筑、医药、瓷器古玩、典当金融、其他各行、工商业通用等九大类，并对各类商业基本隐语进行概况介绍。本章对搜集到的汉语商业隐语进行语料建库与分类。

第三章"现代汉语基本隐语结构与造词研究"、第四章"现代汉语数词隐语结构与造词研究"。该二章以汉语基本隐语和数词隐语为研究对象，观察汉语隐语的结构与造词，分别从构词法和造词法两个方面进行分析。对汉语隐语的结构进行分析并重点分析隐语的特殊式结构，并对汉语基本隐语造词法进行了较为全面的分析，总结出汉语基本隐语的声音、文字、截取、意义等四大造词法及其特点与规律，汉语数词隐语的语音、文字、截取、意义、文化等五大任意指代造词法及其特点与规律。通过对汉语隐语结构与造词的研究，全面了解和把握汉语隐语结构和造词的一般性特点和特殊性规律，从而建立起对汉语隐语客观、真实、全面的科学认识。

第五章"上编结语"。该章是对上编"现代汉语隐语理论研究"的总结。从 20 世纪以来汉语隐语研究的状况看，汉语隐语研究并未得到学界足够的重视，对于汉语隐语结构和造词的分析探究仍不够全面，结论仍不够清晰。本书对汉语隐语语料库中的全部语料进行剖析，力求得出全面、客观的研究结论。我们认为：汉语隐语是汉语词汇系统的有机组成，也是汉语共同语词汇的重要来源之一；普通的汉语隐语结构和造词体现了其作为汉语词汇的一般性特点，而独特的结构和造词不仅体现了汉语隐语的个性，也体现了汉语词汇的复杂性与多元性。

第六章"活隐语'调侃子'的调查与研究"。"调侃子"是正在使用但呈式微状态的活隐语语料，实为"汉侃子"和"回侃子"两种不同的汉语隐语，"汉侃子"是汉族社会少数人所运用的游戏类隐语，"回侃子"是回族社群所运用的商业隐语。本章通过对活隐语语料的调查与分析，说明隐语的生存状态与发展趋势，同时也体现了汉语隐语研究的价值所在。

第七章"《全国各界切口大词典》相关研究"。《全国各界切口大词典》为汉语史上首部以"词典"命名的汉语隐语辞书，本书从宏观的角度对该词典的内容和版本进行了全面介绍，并概括说明了该词典所蕴含的巨大语言学、社会学价值，并对其进行了使用地域、著作者等有关问题的考辨。

第八章"现代汉语隐语造词理据汇释"。理据探求是解开汉语隐语名称的"密码锁",其目的是探究汉语隐语和事物命名之间的关系,让隐语语素义与隐语词义"挂钩",并在二者之间架起文化和认知的桥梁。本章所选的现代汉语隐语词条皆未曾有其他学者进行过理据的"解密"。

第九章"现代汉语隐语辞书校勘"。本章选取 20 世纪以来较有代表性的汉语隐语辞书,对其中的部分隐语词条进行词形、引用、释义、理据分析等方面的考证、校勘工作。

第十章"下编结语"。该章是对下编"现代汉语隐语个案研究"的总结。通过对隐语"个案"的研究以及 20 世纪以来汉语隐语的理据分析与辞书校勘,我们认为:汉语隐语由隐秘走向公开,是使用泛化的结果,该种情况表明汉语隐语不仅本身反映着一定的社会、历史和文化现象,其动态性的表现也反映着词汇与社会、文化间的互动;汉语隐语研究不仅具有较高的语言学价值,同时具有巨大的社会学和文化学价值,其研究不可或缺。由于其社会性、时代性、地域性、理据探求等问题的难度较大,因而隐语研究鲜少有人问津,目前隐语研究依然存在研究人员少、研究成果少等现状,这些现象亟待改善。

关键词:现代汉语隐语,结构,造词,理据,隐语个案

Abstract

Chinese secretlanguages form an indispensable part of Chinese vocabulary, which is also a source of the vocabulary of Chinese common language. The study of Chinese secret languages not only helps us to know the essential characteristics of its secrecy, but also helps us to understand its vocabulary structure and the rules of coinage, to realize the social and cultural value behind the vocabulary of this sort. This book cites the secret languages of the Chinese language in the 20th century as the corpus, and according to the formation and vocabulary, coinage and ways of application, establishes the corpus of the basic Chinese secret languages and the corpus of numerals of secret languages. Making use of literature review and field investigation, quantitative and qualitative analyses, linguistic and sociological study, macro and micro analyses, this book makes a comprehensive study of the basic Chinese secret languages and secret language of numerals, and explores the value of linguistics, sociology and cultural studies. This study is mostly an innovative one, which finds expressions in four ways: Firstly, it analyzes the structure and coinage of Chinese secret dialect, grasps its general characteristics and specific rules, and constructs the structure and word formation system of Chinese secret language. Secondly, it looks into and observes the pluralism of its coinage motivation, and tries to emend some items in some secret language dictionaries. Thirdly, it makes a field investigation on a kind of live secret dialect, which is called "Diaokanzi" ——still in use, but to a lesser extent nowadays. And through the analyses of its nature, domain and main consuming body, among other factors, a conclusion is acquired: Diaokanzi is thought to actually fall into two different secret languages according to functions. And through the observation of its dynamic change in application, and through the surface of secret language, deeper social, historical, cultural information is perceived. Fourthly, it makes a comprehensive study of *A Dictionary of Secret Dialect in All Trades* , (Wu Hanchi/Hu Hanchi as the editor-in-chief, published by Shanghai Donglu Book Company in 1924), the very first of its kind across the country, including the contents, editions, and the preface writer, compilers, and the regions distinguished where specific secret language is/was used, as well as the linguistic value of this dictionary.

This book is composed of two volumes, the first of which is entitled *The Theoretical Research of Modern Chinese Secret Language* ; the second is entitled *Case Studies of Modern Chinese Secret Language* . Each volume consists of five chapters and each chapter deals with what follows:

Chapter One serves as the Introduction. It mainly introduces the characters and appellations of Chinese secret languages, and distinguishes secret languages from relevant terminologies. Through analyzing the connotation and the essential characteristics of secret dialect, it rectifies the mistaken concepts; It divides the research stages of the secret dialects and makes a summary of each stage; It describes the general facts of present research, source of corpus, research value, research plans and methods.

Chapter Two is entitled *Survey of Modern Chinese Secret language.* It introduces the groups of users of secret language; From the perspective of commercial secret language and in accordance with classification of trades, detailed classification is conducted in order to reflect the distribution and characteristics of Chinese secret language. According to different trades, basic commercial secret language falls in nine kinds: clothing, food and beverage, processing and manufacturing, construction, medicine, porcelain and antique, pawn and finance, others, shared in industry and commerce. It also makes a general introduction to each category of commercial secret dialects. This chapter tries to build a corpus for commercial secret language and break it down to different types.

Chapter Three with the title of *Research on Structure & Coinage of Basic Secret Language of Modern Chinese*, and Chapter Four *Research on Structure and Coinage of Numerals Secret Language of Modern Chinese*, both chapters take basic and numerals secret language for research objects, observe the structure and coinage of secret language, and makes analyses in areas of word formation and coinage. These chapters analyze the structure of secret language, with emphases laid on special structures, make a comprehensive analyses on morphology, summarize the four main ways of word-building, characteristics and the underlying rules, five ways of arbitrary reference in the course of word building: phonetics, characters, clipping, meaning, and culture, characteristics and rules. Through the study on the structure and word formation of basic secret language, comprehensive understanding and mastery is achieved of the general characteristics and special rules of structure and word formation of the secret language, so as to establish objective and genuine and all-round scientific cognition about Chinese secret language.

Chapter Five, as the epilogue of the first half of the edition, is the summary of the earlier edition *The Theoretical Research of Modern Chinese Secret Language*. Judging from the research situation since the 20th century of Chinese secret language, this research was not taken seriously. The relevant analyses and exploration of the structure and word formation is not all-sided, and the conclusion is not definite. This chapter is to analyze all the data in the corpus of Chinese secret language, and tries to come to a comprehensive and objective research conclusion. It is believed that the secret language forms a component part of the vocabulary system, and one of the sources of the general vocabulary of the Chinese language; general structures and word buildings of the secret language reflect the general characteristics of the vocabulary of the Chinese language, and its peculiar structure and word formations not only show the individuality and also the complexity and diversification.

Chapter Six *A Research & Investigation into the Living Secret Language "Diaokanzi"*. Diaokanzi is a living secret language corpus, still in use, but to a lesser extent, falling into two Chinese secret languages "Han Kanzi" and "Hui Kanzi". "Han Kanzi" is a secret language used by very few Han people in playing games while "Hui Kanzi" is a secret language used by Hui nationality in commerce.

Chapter Seven is a research done on *A Dictionary of Secret Dialect in All Trades*. This chapter, from the macroscopic point of view, makes an all-rounded introduction to the contents and editions of the dictionary, and outlines its immense linguistic and sociological value. Moreover, the chapter makes distinctions about the areas in which the secret language is used and compilers of the dictionary.

Chapter Eight *The Analyses on the Rationale of Word Formation in Modern Secret Language*. The exploration into rationale is to unlock the "coded lock" of nouns in secret language, with the purpose of exploring the relation between secret language and naming of matters, and "hook up" morphemes and word meaning, and build a bridge between culture and cognition. The entries covered in this chapter have never before been made rationale "deciphering".

Chapter Nine "Collation on editions of Dictionaries of Modern Chinese Secret Language". The chapter chooses representative dictionaries of secret language, and researches into and collates entries in areas of morphology, citation, paraphrasing, rationale analyzing.

Chapter Ten, as the "*Epilogue of the Second half of the edition*", through case studies on secret language existent from the beginning of the 20th century until now, and through rationale analyzing and dictionary collating, our conclusions are as follows: Chinese secret language changes from secrecy to publicity as the result of generalization of use, which shows that secret language reflects social, historical, and cultural phenomena, and its dynamics reflects the interaction between society and culture; The research into Chinese secret language is not only of high linguistic value, but of immense sociological and culturological value, which is indispensable. Because of the great difficulty in exploring the aspects of society, times, territory and rationale, only a small number of people are involved in the research of secret language. At present, the situation of small number of researchers and small amount of research result cries for improvements.

Key words: Modern Chinese Secret Language, Word Formation, Coinage, Rationale, Cases of Secret Language

目　　录

上编　现代汉语隐语理论研究

第一章　绪论 ……………………………………………………（3）
　第一节　隐语的域界 ……………………………………………（3）
　　一　隐语的定义 ………………………………………………（4）
　　二　隐语的性质与称谓 ………………………………………（8）
　　三　隐语与相关术语的区分 …………………………………（12）
　　四　隐语的分类 ………………………………………………（20）
　第二节　汉语隐语研究综述 ……………………………………（23）
　　一　汉语隐语及研究的历史分期 ……………………………（24）
　　二　现代汉语隐语研究综述 …………………………………（26）
　第三节　研究语料、价值与方法 ………………………………（43）
　　一　研究方案 …………………………………………………（43）
　　二　语料来源 …………………………………………………（44）
　　三　研究价值 …………………………………………………（44）
　　四　研究方法 …………………………………………………（46）

第二章　现代汉语隐语概貌 …………………………………（48）
　第一节　现代汉语隐语的使用群体概貌 ………………………（48）
　第二节　现代汉语商业隐语概貌 ………………………………（51）
　　一　商业隐语概述 ……………………………………………（51）
　　二　商业隐语行业概貌 ………………………………………（54）
　第三节　小结 ……………………………………………………（107）

第三章　现代汉语基本隐语结构与造词研究 (109)
第一节　现代汉语基本隐语结构分析 (109)
一　单纯隐语 (109)
二　合成隐语 (112)
三　短语隐语 (124)
第二节　现代汉语基本隐语造词法分析 (124)
一　现代汉语基本隐语的造词手段 (125)
二　现代汉语基本隐语造词法的分类与规律 (128)
第三节　小结 (181)
一　隐语结构小结 (181)
二　隐语造词小结 (183)

第四章　现代汉语数词隐语结构与造词研究 (189)
第一节　数词隐语概貌 (189)
一　数词隐语行业分布 (189)
二　数词隐语地域分布 (205)
第二节　数词隐语造词法研究 (208)
一　数词隐语造词手段 (208)
二　数词隐语造词法 (209)
第三节　小结 (222)

第五章　上编结语 (225)
一　隐语是具主观隐秘性的社会方言词汇现象 (225)
二　现代汉语隐语是现代汉语词汇的有机组成 (226)
三　现代汉语隐语结构与造词的独特性 (228)

下编　现代汉语隐语个案研究

第六章　活隐语"调侃子"的调查与研究 (231)
第一节　关于"调侃子" (231)
一　"调侃子"的发现与调查 (231)
二　"调侃子"的表现形式与相关概念 (233)

  第二节　"调侃子"的运用及造词对比分析 …………………… (234)
   一　"调侃子"运用对比分析 …………………………………… (235)
   二　"侃子"对比分析 …………………………………………… (237)
  第三节　两种"调侃子"的接触、融合与发展 …………………… (258)
   一　"歇后"形式的"汉用调侃子" …………………………… (258)
   二　"调侃"形式的"回用调侃子" …………………………… (262)
   三　两种"调侃子"的接触与融合 …………………………… (268)
   四　两种"调侃子"的生存状态与发展趋势 ………………… (269)
  第四节　小结 ……………………………………………………… (271)

第七章　《全国各界切口大词典》相关研究 ……………………… (273)
  第一节　《全国各界切口大词典》的内容、版本及影响 ………… (273)
   一　内容简介与体例编排 ……………………………………… (273)
   二　版本介绍 …………………………………………………… (287)
   三　影响与价值 ………………………………………………… (290)
  第二节　《全国各界切口大词典》相关考辨 ……………………… (296)
   一　序作者考辨 ………………………………………………… (296)
   二　作者考辨 …………………………………………………… (298)
   三　使用地域考辨 ……………………………………………… (301)
  第三节　小结 ……………………………………………………… (312)

第八章　现代汉语隐语造词理据汇释 ……………………………… (313)

第九章　现代汉语隐语辞书校勘 …………………………………… (397)
  第一节　《中华隐语大全》校勘 …………………………………… (397)
   一　释义不准确 ………………………………………………… (398)
   二　释义错误 …………………………………………………… (399)
  第二节　《中国隐语行话大辞典》校勘 …………………………… (402)
   一　释义错误 …………………………………………………… (402)
   二　转引、漏收等错误 ………………………………………… (404)
  第三节　《中国秘密语大辞典》校勘 ……………………………… (405)
   一　释义不准确 ………………………………………………… (405)

二　释义错误 …………………………………………… (410)
　　三　理据分析不合理或错误 …………………………… (417)
　第四节　多辞书汇勘 ……………………………………… (424)
　第五节　小结 ……………………………………………… (429)

第十章　下编结语 ………………………………………… (434)
　一　隐语反映社会历史和文化现象 ……………………… (434)
　二　汉语隐语研究的难点 ………………………………… (437)
　三　汉语隐语研究存在的问题 …………………………… (438)
　四　汉语隐语研究未来的发展方向 ……………………… (438)

参考文献 …………………………………………………… (441)

致谢 ………………………………………………………… (459)

后记 ………………………………………………………… (460)

上编
现代汉语隐语理论研究

第一章　绪论

　　语言是人类最重要的交际工具，亲疏关系又是人类社会化的显性特征。因此，"亲内而疏外"成为言语社团的普遍特征，这是人类自我保护和言语别同的需要。使用隐语是人类自我保护和群体别同在言语中较为显著的表现，也是人类在社会生活中为了自我保护和群体别同而表现出的一种能力。在言语交际中使用一定的隐秘性符号能够在心理上达到保护自我和内部认同的目的，如孩童能够在言语中使用某些特殊的符号（包括言语符号和非言语符号）传递与母亲间的亲密关系，而对他人则具隐秘性；学生群体也常用隐语达到群体认同，拉近群体内成员的关系，达到排外的目的，在群体内部达到较好的交际效果等。人们想与他人交流又唯恐全部被他人探知内在秘密的普遍心理，使隐语成为所有语言的普遍现象，从而成为一种"世界性的社会语言现象"（石林，1997）。

第一节　隐语的域界

　　当群体间的交流对隐秘性的诉求较为强烈时，人们便会在语言符号上下功夫，从而形成隐秘性的语言符号。例如，《好莱坞》（1939 年第 54 期，第 3 页）中《好莱坞花絮：恋爱的暗语》一个豆腐块的小文就记录了一件使用隐语的趣事："兰氏三姊妹中最有名的一个潘丽茜拉兰，同一个好莱坞的助理导演奥仑哈龙，最近也做起谈情说爱的事情来了，他们最近大有结婚的可能，但是奇怪的，是他们中间的谈话，没有一个人能够听得懂，因为他们自己创造了一些奇怪的时语，专谈情话，不作别用，所以局外人凭你怎样聪明，也无法听得懂的。"这是生活中创造并使用隐语的例子。

　　赵元任（1931）在《反切语八种》中列举了纽西兰（"新西兰"的

早期译名)、丹麦、法国等地的隐语,详细描写了汉语各地隐语的情况[①];日语中"除了犯罪集团隐语外,还包括商业隐语、女房隐语、僧侣隐语、武家隐语、文体界隐语、学生隐语等"(崔英美,2001);英语中"隐语"也是一个非常普遍、普通的词,"隐语"一词在所有的英汉词典中都能查到;我国的少数民族语言中也存在着大量的隐语,如云南丽江纳西语中的"拉策话"[②]等。隐语的创造和使用不仅是语言现象,也是群体、民族和社会现象,不同时代都会留下使用隐语的印迹,透过这些印迹我们能够了解到当时的政治、经济、文化等现象。隐语的语言学和文化学价值已经被诸多研究者认识到。曲彦斌(1997)认为隐语"是世界上几乎各种语言、各种社会文化所共有的一种非主流的语言文化现象"。郝志伦(2001:2)说:"任何民族语言中都或多或少地存在具本民族历史文化特色的隐语,任何社会、任何时代都或多或少的存在着传承、创造、使用隐语的文化现象"。隐语是人类社会客观存在的普遍而又特殊的语言和文化现象。

一 隐语的定义

"对于什么叫隐语,它的内涵和外延是什么,学术界向来的认识和看法是分歧的,模糊的"(石林,1997),这的确是目前学界隐语研究的现状。仅仅是对于"隐语"的界定,学术界的分歧就比较大,不同学者大多界定不同,即学者对隐语的定义多不相同。"隐语"到底是一种什么样的语言现象,隐语和它所隶属的语言系统到底是什么关系,目前为止,学界仍然没有定论。

在逻辑学里,定义是明确概念内涵的逻辑方法,划分是明确概念外延的逻辑方法。概念是事物本质属性的思维形式,如果没有抓住隐语的本质属性,就不能做到恰如其分地去定义它。目前学界"隐语"的定义有以下几种:

1. 词汇变异现象

认为隐语是词汇现象的学者主要有孙常叙、张永言、刘叔新、黄伯荣等。尽管诸学者主编的教材中定义的叙述并非完全相同,但都说明隐语基本的表现形式是词语,是一种词汇变异现象。定义如下:

---

① 参见赵元任《赵元任语言学论文集》,商务印书馆2002年版,第373页。《反切语八种》最早发表于1931年《中研院史语所集刊》第2本第3分。

② 参见和志武编著《纳西语基础语法》,云南民族出版社1987年版,第32页。

某些狭小的闭关自守的职业集团，或某些秘密组织，为了他们集团利益，企图在交际中保持秘密而编造出来的一些词。使用这种词说成的话是秘密语——黑话。

——孙常叙《汉语词汇》（1956）① （2006：305）

隐语就是所谓黑话。隐语是个别的社会集团为了隐蔽自己以便进行特殊活动而创造的，它的特点是秘密性。创造隐语的方式有：赋予语言里已有的词语以特殊的含义；按照一定的规则改造语言里已有的词语；引用局外人不懂的古语词、方言词或外国话的词语。

——张永言《词汇学简论》（1982：84）

隐语又称黑话，将表达的内容以外人无法明白的一个词或字组说出来或写出来，从而达到隐蔽交际的目的。隐语出于小团体或几个人保密的需要，只在内部使用，具有强烈的排他性。

——刘叔新《现代汉语理论教程》（2003：108）

隐语是个别社会集团或秘密组织中内部人懂得并使用的特殊用语。实质上就是黑话。

——黄伯荣、廖序东《现代汉语》（2017：247）

2. 语言变异现象（或语言变体）

认为隐语是语言变异现象（或语言变体），是对正常语言表达所进行的变异，但并未指明该种语言变异（或变体）具体属于哪种语言形式的变异（或变体）。持此观点的学者有曲彦斌、曹聪孙、刘中富、郝志伦、冯利华、谭汝为和董淑慧、郭熙等。诸学者的表述又有所不同，曹聪孙认为隐语是"封闭型"的语言变异现象，郝志伦认为隐语是全民语言或地域方言的"子系统"，是一种语言的特殊变异现象。他们的定义分别为：

民间秘密语不是语言，而是人们在社会生活中，出于一些集团或群体为了回避外部人了解关系其内部共同利益的言语交际内容而派生出的语言变体。

——曲彦斌《中国民间秘密语》（1990：13）

隐语是一种封闭型的语言变异现象，它的主要特点之一是秘密性。隐语是一种"语言的语言"，是语言这一人类社会交际与表达思

---

① 孙常叙：《汉语词汇》初版于1956年，由吉林人民出版社出版。

想工具的变态，是这一符号系统的附加现象。

——曹聪孙《汉语隐语概说》（1992）

秘密语是一种封闭型的带有隐秘性的语言变异现象，也是一种较普遍的语言变异现象。

——刘中富《秘密语》（1998：40）

隐语是人类社会全民语言或地域方言在社会层次上的变体，是附着在全民语言或地域方言系统上的一个子系统，是语言的一种特殊变异现象。

——郝志伦《汉语隐语论纲》（2001：8）

隐语是依附全民语言或地域方言系统而存在的语言变体。它是使用主体为维护本群体的利益而通过语音、文字等手段对词语的常规意义或搭配进行改造之后的秘密语。

——冯利华《中古道书语言研究》（2003：82）

秘密语是为了满足集团或群体内部交际而制造和使用的，带有不为局外人所知晓的隐秘性，是特殊的语言变异现象。

——谭汝为、董淑慧《民俗文化语汇通论》（2004：119）

秘密语又称隐语。这是一种典型而有特殊的社会方言，是共同语小范围的变异，是人为复杂化了的语言变体。

——郭熙《中国社会语言学》（增订本）（2006：155）

3. 言语（或符号）体系

曲彦斌认为隐语是系统性的语言或言语现象，是具有一定使用目的和具体表现的言语（或符号）体系，其定义为：

民间隐语行话，即民间社会各种集团或团体出于各自文化习俗与交际需要，而创制的一些以遁辞隐义、谲譬指事为特征的言语体系。

——曲彦斌《中国民俗语言学》（1996：162）

隐语行话又称"秘密语""隐语""市语""切口""春点"或"黑话"等，是某些社会集团或群体出于维护内部利益、协调内部人际关系的需要，而创制、使用的一种用于内部言语或非言语交际的，以遁辞隐义或谲譬指事为特征的封闭性、半封闭性符号体系，一种特定的民俗语言现象。

——曲彦斌《俚语隐语行话词典》（1996：前言3）

4. 语言（秘密语言）

石林认为隐语是语言（秘密语言），其定义为：

> 隐语俗称黑话，是同一社会集团或言语社区，为了回避外人的理解而有意制造和使用的秘密语言。
>
> ——石林《论隐语》（1997）

5. 内涵不明，指代不清

> 所谓隐语，说白了就是行话。从官场、科场，到市井各行，乃至于江湖，都有流行于圈子内的行话，大多不为外人所知晓，有时甚至带有黑话的性质，又当属于江湖切口。
>
> ——陈宝良《隐语的秘密语魅力》（2014）

第五种"内涵不明，指代不清"的概念目前还是比较多的，很多来自"兴之所至"的随意之作，我们不再举例。

以上五种观点基本反映了目前学界对隐语认识不尽统一的现象，仅曲彦斌就对隐语有两种不同观点，一为"语言变体"，一为"言语体系"（或"符号体系"）。给"隐语"下定义首先要抓住隐语的本质，即"隐语到底是一种什么样的现象"这个问题。综合分析上述四种观点，根据隐语的语言事实，首先否定的就是第四种观点，即隐语为"语言（秘密语言）"说，隐语只是在语言使用中的词汇现象，而不能称为"语言"。隐语是通语或地域方言词汇的变异，其使用的是通语或地域方言的语音和语法系统，尽管隐语的意义具有一定程度上的系统性，但并不能把其与通语或地域方言分立开来，成为另外的语言系统。

第一种观点"词汇变异现象"和第二种观点"语言变异现象"（或"语言变体"）为种属关系，到底哪一种观点更确切，更符合隐语使用的语言事实，是给隐语下定义应抓住的关键。作为变异现象，隐语主要表现在词语上，尽管也有语音形式的变异（如反切语八种），也有语句形式的变异（如《林海雪原》中的暗号形式），但都不是隐语的常态形式，只有词语形式的变异才是隐语的常态，才是使用最多、传播最广、传承最为久远的形式。我们认为，隐语可以从广义和狭义两个角度进行定义，广义的隐语属于语言变异现象，包括语音、词语、语句等形式的变异，狭义的隐语属于词汇变异现象。

另外，在界定隐语的社会功能时，曲彦斌在上述三定义中分别论述为"为了回避外部人了解关系其内部共同利益的言语交际内容""出于各自文化习俗与交际需要"以及"出于维护内部利益、协调内部人际关系的需要"，这三种社会功能看起来并不相同。曲氏定义并未抓住隐语的本质，故概括出不同的社会功能。主观隐秘性为隐语的本质特征，其具体表现即在于维护内部、回避外人。"各自文化习俗与交际需要"不是隐语产生的根本原因和目的，此说背离了隐语的本质特征，其并非创造和使用隐语的根本需求，而是外延表现。

综上所述，我们认为，**广义的隐语是某些社会群体内部为了对外保密而创造和使用的隐秘性语言形式（包括语音、词汇、句子等形式），属语言变异现象。狭义的隐语是某些社会群体内部为了对外保密而创造和使用的隐秘性词语，属词汇变异现象**。《语言学名词》（2011）对隐语释义为"集团内部为保守秘密而造出的词语"指的就是词汇变异现象，属狭义的隐语。本书的研究对象是狭义隐语，即仅研究作为词汇变异现象的汉语隐语。

二 隐语的性质与称谓

（一）隐语的性质

抓住性质方能界定隐语的内涵，同时也能使隐语与其他语言现象区别开来。

1. 主观隐秘性

隐语的目的和功能皆在于"隐"，为了在共同语言背景下达到"隐"的目的，实现"隐"的效果，最根本的办法是学习另外一种语言，但这种方法并不可行，群体内全体成员不可能皆去学习另外的语言（当然这种情况就不是隐语了）。对部分词语"做手脚"的隐语便成为共同语言背景下达到隐秘性目的之最理想、最便捷的选择。

主观隐秘性的表现有二：一是变异性；二是封闭性。只有变异才能使隐语在通语或地域方言环境中并与其不同，才能达到隐秘效果。隐语首先表现的就是变异，该种变异具体体现为隐语与通语或地域方言词语的不同。隐语封闭使用于一定的社会群体内部，其封闭性具体表现为群体内部的认同性和对非群体成员的排外性，如"湖湘民间商业交易中还有一些特殊的商业隐语。各行各业的隐语均有所不同，称之为'局障'，即障蔽局外人之意"（聂荣华、万里，2005：418）。只有封闭才能保持语言的隐秘。当隐语使用不具封闭性时，它也就失去了隐秘性。失去隐秘性但仍然使用的隐语就泛化为普通词语，具体泛化使用为地域方言词语或共同语词语，该种情况也就不能称其为隐语了。例如，四川地区袍哥隐语有很多已经世俗化，其通用化传承的途径主要有三种"渗入地域方言"、"进入文学艺术作品"和"最终进入共同语"（郝志伦，2013）。

主观隐秘性是隐语的本质特征，是隐语区别与其他社会方言现象以及其他语言形式的重要标志。

2. 词语性

尽管也有语音形式和文字形式的隐语（前文已论述），但这两种形式都不是隐语的常态和主要形式。学习和掌握另外的一套语音系统并非难事，这样系统性的改变破解也比较容易，所以系统性的语音变异最终被隐秘性词语形式的隐语所摒弃。若改变语言的语法系统而使之异于常规系统，从而达到隐秘之目的，这种可行性几乎没有。作为语言要素之一的词汇在隐语的创造和使用中发挥了很大的作用，能够进行部分改造，并不影响原有的语言表达，且使用者能够在原言语表达与隐语表达之间转换自如。改变部分词语作为隐语的载体，既能达到主观隐秘性的效果，又不是一种特别复杂和繁难的学习负担，适宜学习和掌握。隐语使用的该种状况符合语言的经济性原则，真正做到了"在表意明确的前提下，为了提高语言的交际效率，尽可能采用经济简洁的语言符号形式"（徐正考、史维国，2008）。故词语型隐语是隐语的常态和主要形式。

3. 创新性

隐语虽具有一定的继承性，但更为突出的是其创新性。创新性服务于隐语的本质特征——隐秘性。不同时代、不同群体的隐语便是其创新性的最好体现。如"凳子"的隐语，明清江湖称为"曲身"，旧时家具业称为"件头"，理发业称为"摆身子"，江苏等地理发业称为"后山子"，面馆称为"桥梁"，木匠称为"垫身"，捏粉人者称为"搁身子"，收旧货摊贩称为"脚子"，剔脚匠称为"托股"，旧时铜匠称为"坐山"等；"吃饭"的隐语，旧时河北等地补锅匠称为"九苗"，茶担夫称为"求汉"，吹打行称为"翻山"，北京等地当铺称为"抄付"，河北等地估衣行称为"抄富"，理发业称为"见山"，河北等地理发业称为"老胆"，旅馆业称为"打尖山"，江苏等地米市称为"香花"，竹匠称为"扒山"等。当隐语的隐秘性不强，尤其是不具隐秘性时，创新之诉求则较为强烈，如清·卓亭子《新刻江湖切要》"医药类"隐语，隐指"末药"的隐语开始为"暗老"，后改为"暗㷉"；隐指"膏药"的隐语开始为"圆纸"，后改为

"涂圆"等。

4. 社会性

社会性是由隐语的使用主体与社会之间的互动所形成。在特定的社会环境中，社会群体（乃至个人）都会有特定的社会需求，无论出于何种目的和何种需求使用隐语，隐语都能体现出时代与社会特征，体现出使用主体与社会、与时代之间的互动关系。可以说，隐语的产生都有其具体而特殊的原因，但以社会与时代为基础和前提，如"黑社会组织如果没有黑话他们就无法生存，因为他们的组织和活动是非法的，他们需要以隐语来作为联络标记，甚至在公共场所用隐语进行交际外人也不易识别。商业隐语是商人为了保护其自身的利益和与其他对手竞争的需要而产生的"（石林，1997）。山西理发社群行话的产生是因理发业"经常受到官府、黑势力的欺压""为保护自身，求得生存，需要一种社群外的人听不懂的话"（侯精一，1988）。

5. 口语性

隐语使用于口语中，主要是方言口语中，因此称说或书写记录时多没有固定的词形。如"酒"的隐语，山东、东北等地绿林、土匪、洪门，江苏等地梆子戏班隐语记录为"火山子"，山西晋南等地理发业隐语记录为"火闪子"，内蒙古等地理发业、安徽等地江湖各行业隐语记录为"火扇子"；"喝酒"的隐语，在清末以来北方等地江湖各行业中的隐语称为"搬山"，山东等地的犯罪团伙中称为"搬火山"，安徽等地江湖各行业隐语称为"搬扇子"，山东等地绿林隐语称为"搬火山子"等；"茶叶"的隐语，有的记录者写作"水上漂"（参见胡云晖的《包头理发业行话（稿本）》），有的记录者写为"水上飘"（参见侯精一，1988）。以上汉语隐语在词形上的差异多由使用群体的地域方言读音所决定，这就更加彰显了隐语在语言使用中所体现出来的口语性。

6. 地域性

由于隐语使用的主观隐秘性，跨地域的通行隐语几乎是不存在的，即使有的隐语在词语形式和隐指的意义两方面都相同，但在不同的地域会使用不同的方言读音进行表达。从上文的举例来看，隐语大多以群体或行业的使用领域在某地域通行。

另外，有的学者还认为隐语具有"戏谑性"（刘中富，1998：41）。有一些隐语的确具有戏谑性，如语言游戏类隐语"汉用调侃子"等。无论是帮会隐语、娼妓隐语还是商业隐语，都不是随随便便就能说出来的，都有一些严格的规矩，如民国时期江湖上的"八大块"等，都不具戏谑性。隐语是否具戏谑性还要根据其使用的语境和情况而定，多不是由词语本身所决定，即使有少数隐语具戏谑性色彩义，也不能称其为隐语的特点。

(二) 汉语隐语的称谓

汉语隐语的称谓众多，历史上有"隐语""廋辞""反语""葫芦语""锁子语""纽语""三折语""市语""查语""锦语""芦子语""回且语""方语""声嗽""瞎子语""麻雀语""春点""切口""切语""行话"等，有学者做过统计，仅民国以后关于民间隐语的称谓将近有四十个，历史文献上有关的隐语名称多达五十余个（石林，1997）。

目前学界对隐语的称谓未尽统一，从该类专书或辞书的名称就可以窥见一斑。如刘中富的专著《秘密语》、郝志伦的专著《汉语隐语论纲》、潘庆云主编的《中华隐语大全》、陈崎主编的《中国秘密语大辞典》、曲彦斌主编的《中国秘语行话词典》和《中国隐语行话大辞典》等，甚至在同一学者的学术论著中也出现了不同的称谓，如曲彦斌就先后给这种语言变异现象起过多个名字，"民间秘密语"（1990）、"隐语"（1994a）、"秘语行话"（1994b）、"民间隐语行话"（1995）、"民间隐语行话"（1996a）、"隐语行话"（1996b）等。目前学界的称谓有"隐语"，如孙常叙（1956，以各学者论著的初版时间作为排序的标准，下同）、高名凯（1963）、张永言（1982）、曹聪孙（1992）、曲彦斌（1994）、石林（1997）、郝志伦（2001）、刘叔新（2003）等；有"秘密语"，如曲彦斌（1990）、刘中富（1998）、谭汝为和董淑慧（2004）、陈崎（2002）等，另外还有"民间隐语""隐语行话""秘密语""黑话""行话"等。在研究中，多位学者注意到了这种现象，作为一个科学术语，称谓不统一乃至混乱必将影响该类语言现象的研究及该学科的发展。这种现象不仅是历史上的遗留，"在历代汉语文献或口语中，关于这种语言形式或现象的叫法较杂，颇不一致"（曲彦斌，1994：前言1）。要进行隐语研究，绕不开"隐语"的称谓问题。石林（1997）认为应该"改变过去学术界称说不统一的混乱现状。学术术语的统一是学术成熟的标志"，曲彦斌（2007）也谈到应对"隐语"进行"性质与正名"。这也是本研究首先要解决的问题之一。曲彦斌（2019）"主张于历代众多的称谓用语中筛取由来有自而又文化意蕴深厚的宋元以来蹴鞠（古代足球）行业隐语行话《圆社锦语》之'锦语'，用为与'隐语行话'同质并行的别名'雅号'，以文化的视野对隐语行话称谓用语进（行）洗礼'雅正'。"我们认为，大可不必启用一个"石化"称谓。

历史称谓的不一致,并不能说明以后就无法统一,"隐语"从其历史发展来看,已经不再是多义词,其称谓不仅要与历史一脉相承,还要符合目前的语言事实和该种语言现象的本质。"秘密语"和"秘语"是历史上没有的称谓,没有必要在多个称谓的基础上使用原本没有的称谓。从目前的称谓来看,"隐语"是用得最多的称谓,也是这一具有主观隐秘性的语言变异现象的主流称谓。"隐语"作为该种语言变异现象的称谓,既能体现该种现象的本质特征,又能遵循约定俗成的原则,在众多称谓中,应该是最为科学的称谓。我们建议,应将以上各称谓统一起来,运用"隐语"一称,真正改变学界定义该种语言现象时自说自话的现象。无论是从造词手段、还是从使用的社会主体或通行地域等角度,只要具有主观隐秘性本质特征的语言变异现象(主要表现为词汇变异)都是隐语,如"反切语""行话""黑话"以及从各地调查中发现的"流儿言""番话""言子话""延话""调侃子"等都是隐语,是隐语在不同时代、不同地域的异名同实称谓而已。

三 隐语与相关术语的区分

目前学界对于隐语外延的认识仍比较模糊,对相关词汇变异现象还缺乏较为清晰的区分标准,与名称上带"语"的各种词汇现象混为一谈。如"汉语的隐语与黑话、暗语、行话等不是同一个层级上的概念,隐语是包容性极强的上位类型,双关语、歇后语、委婉语、黑话、暗语、行话等是以隐秘性为特征,以社会交际需要和人类思维进化为前提发展出来的下位类型"(祝克懿,2003);"隐语作为一种变异现象,在其自身的语域范畴属上位类型。随着历史的发展和语言的进一步分化、多样,出现了很多下位类型,如歇后语、委婉语、暗语、黑话、行话等各种隐语"(武小军,2007)等。"双关语"属于修辞学术语,和隐语不是同一种现象,自然不能称为隐语的下位,"歇后语"是熟语的一种,也不是同类性质的语言变异现象,学界早有定论,在此毋庸赘言。尽管隐语中有些运用"歇后"截取(也称"藏词")的手段所创造,但隐语与歇后语的本质不同,不能把二者混同。"委婉语"亦和隐语有本质的区别,不属同一类语言形式(详下)。

鉴于此种情况,我们需要搞清楚的几个问题是:黑话、暗语、行话、委婉语到底有什么关系?它们和隐语的本质特征是否相同?是否有着同样的社会功能?抓住各种语言现象的本质特征,是判断它们是否为同一种词汇现象的根本。唯有如此,才能避免概念上的混淆,以及称谓上的混同和混乱现象，有利于研究的进一步深入。

（一）隐语与市语、俗语

《中国商业文化大辞典》收"市语"条，并释为"就是民间秘密语及俗语的别称，即市俗语言"，"市语主要指市井工商各行的行话、隐语"[①]。王镁（2008：前言1）说："市语，顾名思义，即市井小民的口头语言。"从市语的语言事实可以看到市语的内涵，市语是带有市井特点的口语词汇变体。从《宋元明市语汇释》所汇释的词条来看，多为隐语，主要来自宋·陈元靓《事林广记·绮谈市语》、明·汪云程《圆社锦语》、明·风月友（一作"风月中人"）《金陵六院市语》、明·无名氏《行院声嗽》、明·田汝成《西湖游览志余·委巷丛谈》，以及杂剧、词曲、小令等中的市语。王镁（2008：前言2）认为"从现存的各种材料来看，市语与当时全民共同语的差异，主要在语汇上。这些语汇的行话色彩很浓，有的干脆就是隐语，具有一定的排他性，为行业之外的人们难于索解。"从语言事实和社会状况来看，在当时盛行隐语的宋元明社会，市语当为隐语。《中国商业文化大辞典》的释义符合市语作为隐语的语言事实。从王氏的定义来看，把世俗语言等同于市语，其外延明显大于隐语，该种情况是对市语的广义界定，界定的基础有二：一则因为二者皆是带有使用群体特点的词语，二则因为世俗语言中的有些词语的确来自世俗化了的隐语。因此，从广义的角度而言隐语是市语的一个来源。广义的市语是一个有一定包容性的称谓，既包括世俗的俗语，也包括某些隐语和已经世俗化之后的隐语。市语就如同今天的俗语，没有人给它下一个确切的定义，到底什么样的词语是俗语，什么样的词语不是俗语，在使用时，人们心目中的俗语其实是一个较为宽泛而模糊的概念，似乎有标准，那就是使用于市井民间，运用于口语中较为土俗的词语。但"雅"和"俗"的标准却又不是十分清晰。俗语的来源有哪些，什么样的词语才能被称为俗语，这都是语言研究一直没有解决彻底的难题。温端政（2000：序言3）在《语海》的序言中就谈到了这个问题，"俗语是否有广义和狭义之分？如何界定狭义俗语？这是至今尚无定论的有争议的学术问题。"从目前的语料和研究来看，我们认为，狭义的市语就是隐语，而广义的市语是指世俗词语，包括一定数量世俗化之后的隐语。但二者是不同的语言现象，因为二者具有本质上的不同，狭义的市语只适应于隐秘性的社会群体，具有开放性并反

[①] 傅立民、贺名仑主编：《中国商业文化大辞典》，中国发展出版社1994年版，第1408页。

映日常市井生活的词语只能是广义的市语。

（二）隐语与切口

"切口"原指运用反切手段创造的词语型隐语，后泛指隐语。如1924年（民国十三年）由上海东陆图书公司印行、吴汉痴主编的"国内第一部集切口之大成的词典"（1989年影印说明），《全国各界切口大词典》描写就是社会各界隐语。《全国各界切口大词典》收录的隐语并非全部由反切手段创造，运用反切手段创造的隐语只占少数，"切口"仅是隐语的一个别称。清·陈国屏《清门考原·各项切口》，"切口"即指"隐语"。文中说："近代人事日非，暗号隐语日多，不独秘密党会，利用切口交通，而商贾小贩，均以隐语交易，江湖术士更不须论矣。"（陈国屏，1990：250）这里不难看出，"切口"和"隐语"属于异名同实的两个称谓。文中所收隐语多不是由反切的手段创造，如"弟老"隐指"徒弟"，"难过"隐指"不和睦"，"脱节"隐指"作错事"，"放生意"隐指"不正当之营业"等。旧时多用"切口"指称隐语，民国以后较少使用。由此可见，"切口"之名缘起于运用反切手段创造的隐语，这是切口的本义和语源义，后来不再特指，而用其泛指隐语。

（三）隐语与黑话

黑话到底和隐语是属于什么关系，该问题在学界已争论多年。意见分为两派。

一派认为"黑话"为隐语的一个子类，即为下位类别之一，认为非法集团使用的隐语为黑话，支持该观点的学者有刘中富、曹聪孙、祝克懿、曹炜、武小军、刘宏丽等。曹聪孙（1992）认为"隐语是一种具有明显的封闭性质的词的秘密语。其中为一定的社会集团，例如帮会、黑社会、罪犯、吸毒者、色情行业等内部使用的话，可称为'黑话'"；刘中富（1998）认为"'黑话'是专用于对社会发展有侵害作用的黑社会组织或集团的，'黑话'是一个贬义词"；祝克懿（2003）认为："隐语是包容性极强的上位类型，双关语、歇后语、委婉语、黑话、暗语、行话等是以隐秘性为特征，以社会交际需要和人类思维进化为前提发展出来的下位类型"；曹炜（2005）认为"隐语与黑话不是一码事，黑话只是隐语的一种，当然是极为重要的一种，但不是隐语的全部，有些隐语并不属于黑话"；武小军（2007）认为"现在称之为'黑话'的，其语域范围有限，主要指地方帮会、黑社会等社会组织或行业内部使用的话，黑话应当属隐语的一种"；刘宏丽（2008）认为："'秘密语'是属概念（也称上位概念),'黑话'是种概念(也称下位概念)。"另外《语海·秘密语分册》、《中国百科大辞典》也持该种观点,前者把秘密语分为三个部分,其中之一为"帮派结社、秘密团体和犯罪集团内部所通行的黑话"[①],后者把"黑话"释为"通常指帮会、流氓、盗匪小集团使用的一种秘密语"[②]。

另一派认为隐语与黑话之间所指相同,二者属于异名同实,代表学者有高名凯、孙常叙、张永言、曲彦斌、刘叔新、黄伯荣、石林、孙一冰[③]等,他们在其论著和教材中都很明确地表达了这一观点,另外,《辞海》《汉语大词典》《中国语言文字学大辞典》等辞书的"隐语"词条也为该观点。随着研究的不断深入,对语言事实的认识不断明晰,越来越多的研究者持该种观点。

由于清末至新中国成立初期社会动荡不安,帮会以及一些非法社会群体的影响很大,与其他社会群体(如商业群体)相比,他们所使用的隐语社会影响力最大,加之多数秘密群体为非法群体,从而在主观印象上形成了人们对"黑话"的定位。黑话是隐语的俗称,而不是专指,黑话之"黑"为"秘密的""不公开的"义,并非指"非法的","非法的"一定是"秘密的""不公开的",但并非"秘密的""不公开的"就一定是"非法的"。高名凯(1999:449)针对这个问题就专门说过"带有秘密性也不见得就是坏事,要看秘密的目的如何",如过去的革命党人进行地下工作,现在的一些特殊职业部门(军事、公安刑侦等部门)进行一些较为隐秘的工作等,无论是革命党人还是军事、公安等部门,无论是黑社会组织和群体,还是行业群体,他们使用的隐语都可以俗称为"黑话",因为它们都是秘密的,不公开的。所以,"黑话"和"隐语"是具同一性质的相同语言现象,而不能从使用群体划分为两种不同的词汇变异现象。

从民间对"黑话"的使用及称说情况来看,"黑话"并非和"隐语"有着种属和感情色彩上的严格界限。"江湖黑话"又俗称为"春点"、"调侃儿"(云游客,1988:4;连阔如,2005:2)、"调侃子"(邵燕梅,2011)等名称。无论是江湖上哪种行业或哪种群体使用的隐语都可称为

---

① 参见钟敬文主编《语海·秘密语分册》,上海文艺出版社1994年版,"凡例"第1页。
② 参见《中国百科大辞典》总编辑委员会编《中国百科大辞典》第2版(3),中国大百科全书出版社2005年版,第2164页。
③ 参见孙一冰《隐语行话黑话秘笈释义》,首都师范大学出版社1993年版,"前言"第1页:"'隐语行话黑话',只是一种习惯的提法。实际上,包括行话、黑话在内,切口、暗语、春点(唇点)、市语、锦语、方语、俏语、杂话、查话、秘密语等,都是对隐语的称呼。"另见其论文《隐语行话黑话浅析》(《公安大学学报》1994年第3期)。

"江湖黑话","黑话""调侃儿""调侃子"等都是隐语的俗称。另据我们在郯城县马头镇所做的田野调查也可以说明这个问题,"回用调侃子"（在回民社群中使用的"调侃子"）被当地人称为"黑话"或"江湖话",是运用"侃子"（即秘密性词语）说的话（邵燕梅,2011）。从使用情况与人们目前的理解来看,"黑话"既指不同于通语或地域方言的隐秘性词语,也指运用隐秘性词语说的话。如熹葆著的《江湖黑话》（1992）、杨毅编著的"江湖黑幕档案"之二的《黑话》（1998）中的"黑话"不仅指隐秘性词语,也指运用隐秘性词语所说的话。也就是说在人们的普遍认识中"黑话"具有狭义和广义两种所指,前者为狭义的黑话,后者为广义的黑话,狭义的黑话为一般性所指。这和隐语的定义是完全一致的。无论是专指隐秘性词语,还是指运用隐秘性词语所说的话,"黑话"皆并非专指"非法的"隐语①,并不带有贬义色彩。

综上所述,我们认为,狭义的"黑话"即为隐秘性词语,即隐语。从狭义的角度而言,隐语与黑话为同一所指,为异名同实。广义的"黑话"是指运用秘密性词语（即隐语）所说的话。

（四）隐语与秘密语

秘密语（或秘语）是现代学者使用的名称,源于对隐语的释义,是"秘密词语"的简称,在各类辞书中均未找到"秘密语"（或"秘语"）条。"秘密语"（或"秘语"）是在解释隐语的过程中创造的简称短语,该短语最好仅作为释义词语使用,不能应用于术语称谓。对于术语类概念的使用应本着科学、严肃、慎重的原则,不能随便摒弃传承使用的原有术语,而使用其他词语。由此可见,隐语与秘密语（或"秘语"）属异名同实关系,但前者为传承使用的术语,后者为解释该术语而产生的短语。

（五）隐语与行话、行业语

要搞清隐语与行话、行业语的关系,首先应明确行话和行业语是否为同一种现象。

行话与行业语是否为同一概念,学术界亦存在分歧。我们认为,行话和行业语是两个不同的概念,二者不能混同。行话是传统行当中专门制造

---

① 语言学名词审定委员会:《语言学名词·2011》,商务印书馆2011年版,中对"黑话"（译为argot）定义为"黑社会集团内部说的秘密话",我们认为该种定义不符合"黑话"使用的客观语言事实,从使用群体的性质（是否为黑社会集团）和语言形式（词语形式、话语形式）两方面缩小了"黑话"的内涵。

的行业隐语，如旧时粥店用"横篙"隐指"筷子"，"斧头"隐指"黄豆芽"，旧时玉器业用"双尖"隐指"玉簪"，"系臂"隐指"玉镯"等，这些词语都可以在通语或地域方言中找到相应的词语，应用它们的目的就是为了隐秘，主观隐秘性是其本质特征。行业语是行业的专门术语，"就现代汉语的行业语而言，它是汉民族社会中各行业由于工作的需要而使用的专门的词和语"（张旺熹、刘中富等，1987）。如教育行业语中的"教案"是指教案，也称课时计划，教师经过备课，以课时为单位设计的具体教学方案，教案是上课的重要依据，通常包括：班级、学科、课题、上课时间、课的类型、教学方法、教学目的、教学内容、课的进程和时间分配等，"课件"是根据教学大纲的要求，经过教学目标确定，教学内容和任务分析，教学活动结构及界面设计等环节，而加以制作的课程软件。"行业语词不为行外理解，不是行内人故意制造，而是由于不同的工作岗位、不同的劳动对象决定的，它没有秘密性"（武占坤、王勤，2009：219）。行业语没有可替代性的词语。

我们认为，行话应是行业性的隐语，属隐语范畴，而行业语是行业性的科学术语，二者为不同性质的词汇现象，前者具隐秘性，而后者不具隐秘性。《现代汉语词典》（第7版）"行话"释义为"某个行业的专门用语（一般人不大理解的）"，"行业语"释义为"行话"（2016：516）。我们认为，这是本质上混同两个概念所造成的。

(六) 隐语与禁忌语、委婉语

禁忌语是"指人们在言语交际活动中，由于语言禁忌的习惯力量，不愿或者不敢说出某些词语而用另一种词语来代替的词语"，委婉语是指"有语言禁忌导致的词语"（唐作藩，2007：337、617）。正因为禁忌语和委婉语都是对原词语的禁忌或避讳，二者皆具有替代性词语形式，从表面上看二者与隐语相同，故致二者与隐语混淆。造成该种混淆状况的根本原因在于没有抓住隐语的本质特征——主观隐秘性。如《中国商业文化大辞典》释义"隐语"时把隐语形成和社会功能概述为"社会上某些阶层集团或社会群体出于各自的文化习俗需要，如避讳或避免局外人了解"（傅立民、贺名仑，1994：1408），就没有抓住隐语的本质特征，若抓住隐语的本质则不会认为隐语是根据"文化习俗"的需要，"避讳"局外人了解而形成。少数隐语的形成可能跟文化习俗有关，但文化习俗一定不是隐语形成的主要原因。某词语是否为隐语不能仅从形成的角度进行考察，而是要考察其形成后是否具主观隐秘性。很显然，禁忌语、委婉语不具主观隐秘性。这是区分它们的关键所在。下面具体论述禁忌语、委婉语与隐语之间的区别。

1. 本质特征不同

隐语具主观隐秘性，禁忌语、委婉语只是为了某种文化习俗的需要而改换词语，不具隐秘性。这是隐语与禁忌语、委婉语区分开来的重要标志。本质特征的不同，决定了禁忌语、委婉语与隐语是不同的社会方言词汇现象，是不同的词汇变异现象。它们间的具体不同表现在以下三个方面：

（1）使用目的不同。隐语的目的就是对外进行隐蔽和保密；禁忌语、委婉语的目的则是为了符合某种民俗文化或民俗心理而进行避讳或委婉。

（2）社会功能不同。隐语的使用是社会群体对某种共同利益（未必是正当利益）的追求，从而达到对外保密的效果；禁忌语、委婉语的使用多是基于某种深层次民俗文化心理（如风俗习惯、文化习俗、宗教信仰等）的需要而达到避讳或委婉的效果。

（3）语言形式的开放性不同。禁忌语、委婉语是开放的，不具有隐秘性，了解所属的民族、阶级或社团的民俗或者信仰等文化现象，很容易理解和使用；隐语是封闭的，具有极强的群体排外性，在外部语境中，仅由群体内部成员使用，从而达到对外隐秘的语言效果。

2. 使用主体和服务对象不同

隐语使用于一定的行业、帮会等社会性群体，使用主体为具有相对封闭性的群体成员；禁忌语、委婉语则使用于具有某种相同民族文化或民俗文化心理的群体，如村落、民族乃至国家，使用主体为不具封闭性的群体成员。其使用群体不同，即隐语所服务的对象不同，隐语服务于一定的社会群体（包括行业、帮会等），该社会群体为了某种共同的利益而使用；禁忌语、委婉语服务于有着共同文化习俗的社会群体，该社会群体为了共同的社会心理、民俗文化、风俗习惯、宗教信仰等使用。

3. 语言项目的性质不同

隐语是使用于通语或地域方言语境中的语言变异现象，禁忌语、委婉语则是语言变体。尽管隐语和禁忌语、委婉语都是作为替代性词语使用于通语或地域方言中，但作为语言项目，它们的性质不同。隐语和通语或地域方言词语之间是使用语域的不同，在需要对外保密时使用隐语，不需要时则不使用隐语，仍然使用通语或地域方言词语。隐语对于通语或地域方言词语而言是不同质的，它不在正常的通语或地域方言表达中使用，只在群体内部需要对外保密时使用（当然由于言语表达的习惯，使用隐语的内部成员在内部言语交流时可能有时也会使用），隐语一旦跳出这个封闭性的圈子而大众化、世俗化，其性质就发生了变化，严格意义上说，就不能再称其为隐语，只能称其为来自隐语的一般词语；禁忌语、委婉语是在正常的言语表达中使用，无须对外还是对内保密，只要是具有同样民俗文化心理的使用者都明白这些词语的意义，使用的语域可能会随着文化心理、交际对象有所改变。如"死"是具有各种民俗文化的民俗都忌讳的说法，在不同的场合，针对不同的逝去者，使用者就会选择不同的词语进行表达。再如，北方地区过春节都要吃水饺，水饺从锅内捞出来时，若是煮破了，家里人都会说"挣了"（寓意挣钱）或"笑了"（寓意开心），在一年中最初的、也是最盛大的节日中播种下人们对未来的美好祈愿，而在平时则无须这种禁忌而专门去讨口彩了。

正因为隐语和禁忌语、委婉语在言语使用时性质不同，隐语使用者在使用隐语时需要进行专门的学习记忆，不管使用者具有什么样的文化背景，进入了隐语使用的封闭性圈子，对外表达若牵涉到需要保密时都要强制性地使用隐语；而使用禁忌语、委婉语则不需要专门学习，具有相同民俗文化心理的使用者都能够理解和运用相同的禁忌语、委婉语，在成长的过程中就已经具备了这种民俗文化的心理基础。

4. 使用的语域不同

隐语使用于特定需要对外保密的语域，一般不在日常生活的正常言语交流中使用；禁忌语、委婉语使用于日常生活中的正常言语交流。

抓住了隐语与禁忌语、委婉语以上所论述的几点不同，就能够把它们之间的关系理顺，就能够区分出它们之间的差异。由于隐语中有极少数源于某种禁忌，导致了这部分词语的归属成为一个难题，甚至有的学者也搞不清楚。例如，商业的"八大块"，万建中（2001：424）在《禁忌与中国文化》中称为"禁忌语"："旧时商业界也流行一套大体相同的禁忌语，称作'八大块'或'十八块'。"在《中国民俗史·民国卷》（钟敬文主编）中称为"商业隐语"："民国时期，商业界流行一套大体相同的商业隐语用语，称作'八大块'或'十八块'"（万建中、李少兵，2008：106—107）。产生这种概念上的混淆，主要在于未能把握二者的本质特征。"八大块"或者"十八块"确由商业禁忌的民俗心理产生，其使用于商业领域，且对外保密，这种情况不同于开放性的禁忌语，如船家忌"翻船""沉船"，而"把'船帆'改称'船篷'，姓'陈'改言姓'耳东'"（王艾录、司富珍，2007：159）。"八大块"和"十八块"的创造和使用都有着深层次的商业民俗心理，其不仅达到了内部心理规约，而且也达到了对外保密的效果和目的，应被认为是源于禁忌的隐语。

来源于行业、群体文化习俗等禁忌心理的词语，若其使用群体不具开放性，而在事实上达到隐秘之目的，该部分源于禁忌的词语应被视为隐语。如上文谈及的"八大块"在不同的群体会有不同的表现形式（可能会有个别形式相同，但不能否认其有不同的群体心理基础），"块者，即忌也。""'八大块'因南北风俗有别，语言各异，略有不同。""八大块"就是八种忌讳。《江湖通用切口摘要》中的江湖"八大块"是指"梦曰混老、虎曰巴山子（火、虎同音，亦忌火，火曰三光）、猢狲曰棍斗子、蛇曰柳子（茶、蛇同音，亦忌茶，曰青）、龙曰海柳子、牙曰瑞条、桥曰张飞子、伞曰开花子、塔曰钻天子、伙食曰堂食"，而在生意行，"八大块"有所不同，做梦为"团黄粱子"，桥为"悬梁子"，老虎为"海嘴子"，龙为"海条子"，蛇为"土条子"，兔子为"月宫嘴子"，塔为"土堆子"，牙齿为"柴"（刘平，2005：216-217）。妓女的"八大块"和江湖、商业也还是存在着一定的区别，这八种禁忌分别为"龙、虎、梦、灯、桥、塔、鬼、哭"，这八种禁忌要在日常生活中分别说为"海条子、海嘴子、幌晾子、亮子、海空子、锥子、倭罗子、撒苏"，在日常生活中要绝对避开使用正常的词语，这与该行当使用主体（妓女）的深层次心理有关，"生为女人，又做了妓女，心灵上压力很大，因为这属于'丑行'。一次为妓，终生为人所耻，可是世上又有职业性妓女，于是女人为自己找到一种'解脱'，就是活着时尽量赎尽自己的'罪恶'，'赎'的办法之一便是禁忌"（曹保明，2004：64）。从该种语言形式的本质而言，"八大块"应分属于各自不同群体的禁忌语，但由于使用语域的变化，对于各使用主体来说，它们不仅仅使用于各自内部的言语交际，也使用与外人的交流中，使它们的性质发生了变化，"八大块"便具有了一种主观上的隐秘性，在这种情况下，在对外使用的语域中，它们就应该是隐语。另外，也有少数隐语是用婉曲的方式造成的委婉语，如内蒙古等地理发业称"瘸子"为"路不平"，若用在日常的口语交流中，没有任何隐秘的目的和功能，只是为了让听者在心理上能够愉快地接受，就不是隐语，若具有隐秘的目的和功能，不仅对群体内使用，更重要的是对群体外使用，就是隐语。旧时老虎灶业忌讳"水""水货"，有关"水"的词语皆由于避讳而改称，这种源于禁忌，具有对外隐秘性，只在某特定行业或群体中使用的词语属于隐语。

四 隐语的分类

隐语有多种分类标准，其依据标准不同，分出的类别也不相同。非言语形式的隐秘性符号（如用手势、表情等态势语）不属于我们研究讨论的范畴和内容。隐语的分类有多种依据，曲彦斌（1999）在《中国秘密语大辞典》（2002）的"代序"《汉语民间秘密语语源探析》中把汉语民间秘密语语源分为源于历史典故、源于有关社会群体当行行事和事物、源于社会民俗事物、源于语言文字游戏、源于流行市语、源于自身衍生拼合、源于反切语、源于外来语等八种基本来源类型。

汉语隐语的分类一般有两个标准：使用群体和语言形式。使用群体多少不一，则汉语隐语的类别多少不一。汉语隐语辞书一般依据使用群体对汉语隐语进行分类。关于使用群体的分类及所分类别详见第二章"现代隐语概貌"。本部分主要根据汉语隐语的语言形式进行分类。

（一）词语型隐语

词语型隐语是词语形式的隐语。例如，旧时茶楼用"叉起"隐指"衣架"，绸缎业用"叉开"隐指"剪刀"，押当业用"叉开"隐指"裤子"等。词语型隐语是隐语的基本类型，是隐语中最为普遍、最为稳定、分布最广泛的形式，该种形式的历史最为悠久、传承最为久远。"在所有汉语隐语行话中，语词形态隐语行话是一种起源最早，运用最广泛，内容最丰富，具有表现形式最繁杂的基本形态"（郝志伦，2001：201）。

词语型隐语运用各种手段所创造（如语音、文字、拟声、截取等手段），能够反映出隐语的"一般特征和独特的社会属性"（刘中富，1998：33）。词语型隐语是言语表达中对理解起关键作用的词语，运用这些词语替换下通语或地域方言的相关词语，必定会造成理解上的困难。对群体外的听话者而言，即使能够听懂部分非关键性词语，也没法进行语码转换，语码转换带来的障碍势必造成解码的困难，从而无法理解语义。对群体外而言，虽然改动的只是部分词语，实际上达到的是无法理解的效果，感觉说着同样的话，却无法真正理解语义，词语型隐语达到的是事半功倍的效果，体现了隐语的"词语性"。自有隐语以来，词语型隐语就发挥着其他形式无法替代的优势，成为隐语大家庭中最为重要的一支，甚至可以用"一枝独秀"来称谓它在隐语中的地位。

从狭义的角度而言，隐语就是隐秘性的词语，一般所指的"隐语"即为词语型隐语。词语型隐语是词汇学研究的重要内容之一，也是我们研究的对象。我们所指的现代汉语隐语就是指现代汉语词语型隐语。

（二）语音型隐语

语音型隐语用改变整个语音系统来创造的隐秘性言语表达方式。常见的类型为反切语（也称为反语），如赵元任在《反切语八种》中所谈到的八种"反切语"、广西灌阳的"二字语"（陈振寰、刘村汉，1982）、湖北襄阳的"捻语"（陈振寰、刘村汉，1984）、广东惠东的"双音话""三音话"（陈延河，2000）、胶东"me-ka 式反切语"（姜元昊，2012）、徐州 mɛ-kɑ 式反切语（于琴，2014a）、广东梅州的"下市话"（曲彦斌，2016；于琴，2017）、安徽"塞瓦子"和"市门语"（于琴，2017）、山东曹县回族"谈语"（于琴，2018）等。创造语音型隐语的方法相对来说比较简单，因为语音系统的改变总比——改变词语要简单得多，"一种语言的音素无论怎么繁复，比起词类来总是少好些倍；论语音上辨得出的音素一个语言至多不过有百把来个，论音韵上的音类或音位，至多不过几十个"（赵元任，2002：363）。这种运用系统性的语音手段来构造的隐语，几乎可以毫不费力地把所有的词语、句子都能够用隐语表达出来，"在反语流行地区，不管男女老少，也不管识字的还是文盲，大家对反语都运用自如，对答如流"（石林，1997）。例如，曹县回族"谈语"的语音规则"要把一个字拆成'声母'和'韵母'两个部分，以'妈'为例：声母 m，韵母 a，读音为 ma；若在反切秘密语中拼读，便在声母后加一个韵母 ai，称为 mai，在韵母前加一个声母 k，称为 ka，这样一个音节变成了两个音节，妈 ma 读成了 mai-ka"（于琴，2017）。正因为这种情况，语音型隐语在隐秘性上就失去了它的优势，对于相同地域的人来说，所操方言相同，语音系统相同，如若改变自然大家都听得懂，这样的隐语相对于方言区内部实则没有任何意义。即使对于方言区域以外的人，该种语音规律也特别容易找到，抓住了该种隐语的语音规律，也就说明其失去了隐秘排外的功能，自然就能不称其为隐语了。所以目前这种运用语音手段改变语音系统的隐语已不多见。

从严格的意义而言，语音型隐语只是一种具有隐秘性的言语表达方式。近几年来，由于国家语言保护工程的开展，各地的反切式隐语在语言调查中不断被发现，但目前皆呈式微状态，多地几近失传，随着该种表达形式的减少乃至消失，语音型隐语也就失去了实际意义。需要特别注意的是，语音型隐语不同于利用语音手段所创造的词语型隐语，也就是说不能把利用语音手段所创造的隐语称为语音型隐语。

（三）语句型隐语

语句型隐语是用语句表达特定隐秘性含义的一种表达方式。一般作为特定的接头语（一般称为暗号）使用，有的句子没有什么任何意义，能够对接上且隐秘排外是使用该种隐秘表达形式的目的。语句在通语或地域方言中表达的意义与隐秘性表达使用时往往有较大的差异，甚至毫不相关，句子中的词语没有任何具体的意义，整个语句作为一个整体被当作一种特定的符号使用。如《林海雪原》中的暗号，如"天王盖地虎""宝塔镇河妖""一座玲珑塔，面向青带，背靠沙""正晌午时说话，谁也没有家"等。

从严格的意义而言，语句型隐语只是一种临时性的隐秘性语言符号而已。该种形式不是本书研究的范畴和内容。

（四）文字型隐语

文字型隐语是用特定的文字进行隐秘性交流的书面语形式，如典当业中的"当字"①、湖南江永的"女书"② 等。文字型隐语多用于书面表达，"当字"是为了维护自身的商业利益而掩人耳目，"女书"则反映了在神权、君权、族权、夫权沉重压迫下的女性为了维护自身权利、保护个人隐私的一种无声反抗，也是争取个性自由的一种有力抗争。

文字型隐语不同于利用文字手段创造的词语型隐语，也就是说不能把利用文字手段创造的隐语称为文字型隐语。文字型隐语创造和使用的是不同于通语或地域方言的文字体系，利用文字手段创造的词语型隐语使用的是与通语或地域方言相同的文字体系。

（五）代号型隐语

代号型隐语是指运用字母代指一定意义的隐语形式。代号型隐语多使用于情报机构、间谍或特务组织中，特殊的政治环境中，该种隐语也会被创造并使用，1927 年大革命期间叶守桢所做的《关于组织工作给党中央的请示报告》一文中大量运用了代号型隐语，例如，"S. Y. 是 Socialist Youth 即社会主义青年团中'社会主义青年'两个单词的首字母缩写"，"C. P. 则是 Communist Party 即共产党两个代词的首字母缩写，是中国共产党的代号"（王海云，2013）。

第二节 汉语隐语研究综述

隐语诞生于语言的创造和使用，但对其有意识的研究却比较晚。我们

---

① 参见曲彦斌《中国典当史》，沈阳出版社 2007 年版，第 181—185 页。
② 参见湖南省文史馆组编《湖湘文史丛谈》（第 3 集），湖南大学出版社 2008 年版，第 419—422 页。

在汉语隐语及研究历史分期的基础上对现代汉语隐语研究现状进行了较为全面的综述。

一 汉语隐语及研究的历史分期

人类自从有了语言，在群体交流中隐语就相伴而生了。从文献记载来看，隐语的历史源远流长。有文献记载的汉语隐语历史非常悠久，"从既存文献考察，中国汉语的民间秘密语滥觞于先秦，发达于唐宋，盛兴于明清，传承流变至今，存在一个源远流长的历史和传承流变的轨迹。其中，唐代是它的成熟时代"（曲彦斌，1997）。而对于汉语隐语进行自觉的研究却远远晚于先秦，这与隐语应用于口语有关，直至唐宋才有了专门记录和描写隐语的记录。综观汉语隐语及汉语隐语研究的历史，可以分为以下几个时期。

1. 萌芽时期（先秦—南北朝）

该时期隐语用例及"隐语"称谓散见于文献中，如《吕氏春秋·重言》："荆庄王立三年，不听而好隐。成公贾入谏，王曰：'不穀禁谏者，今子谏，何故？'对曰：'臣非敢谏也，原与君王隐也。'王曰：'故不设穀矣？'对曰：'有鸟止于南方之阜，三年不动不飞不鸣，是何鸟也？'王射之曰：'有鸟止于南方之阜，其三年不动，将以定志意也；其不飞，将以长羽翼也；其不鸣，将以览民则也。是鸟虽无飞，飞将冲天；虽无鸣，鸣将骇人。贾出矣，不穀知之矣。'明日朝，所进者五人，所退者十人。群臣大说（通"悦"），荆国之众相贺也。"[①] 尽管该种"隐"是运用隐喻手段的修辞现象，但不可否认它即为隐语的源头，汉语隐语自此开始了它不断的分化与发展、继承与演变。自先秦以来，汉语隐语（亦作"隐""讔"或"廋辞"）先后出现过五个意义，分别是（1）密谈；（2）谜语的早期形式；（3）婉曲的表达方式，即隐喻手段；（4）私语；（5）隐秘性词语。"隐秘性词语"一义形成于晋代，见于《华阳国志》卷八《大同志》："夜缒出睿，使宣旨，告诸村，期二月十日，同时讨特。手书隐语曰：'在彼杨水'。睿先诣特降。"[②] 自该义于晋代形成后，"隐语"一词便成为单义词，不再指称其他意义。该时期只是汉语隐语使用的萌芽时期，未见汉语隐语研究的相关文献。

2. 自觉描写时期（隋唐—明清）

至隋唐时期，汉语隐语发展蔚然成风，应用于很多社会群体，有多种

---

① （周）吕不韦著，（汉）高诱注：《吕氏春秋》，上海书店出版社1986年版，第220页。
② （晋）常璩辑撰，唐春生等译：《华阳国志》，重庆出版社2008年版，第362页。

称谓，如宋·曾慥《类说》卷四引唐·无名氏《秦京杂记》中记载："长安市人语各不同，有葫芦语、锁子语、纽语、三折语，通名，市语。"再如"唐代戏曲家崔令钦《教坊记》中所记的伶人行话；唐孙棨《北里志》中所记载京城妓院的隐语"（郝志伦，2001：202）等，由此说明隐语自隋唐以来已经成为较为普遍的语言和社会现象，引起了人们的关注。"江湖诸行隐语行话，就今所见文献可据者，其上限在唐代"（曲彦斌，1991：7）。隋唐时期应是汉语隐语自觉描写时期的发端，自宋代以降，涌现出对汉语隐语的大量描写，如宋代有陈元靓的《绮谈市语》；明代有汪云程的《圆社锦语》、风月友（一作"风月中人"）的《金陵六院市语》、程万里的《六院汇选江湖方语》、田汝成的《委巷丛谈》、无名氏的《行院声嗽》；清代有翟灏的《通俗编·识余》、卓亭子的《新刻江湖切要》、唐再丰的《江湖通用切口摘要》等。该时期应是汉语隐语研究的真正发端。

3. 现代汉语隐语研究时期（民国—至今）

1924年（民国13年），吴汉痴任主任编辑的《全国各界切口大词典》由上海东陆图书公司出版，这是中国第一部以"词典"命名的隐语类辞书。有词条、释义及理据探求等项目，是第一部具现代语言学意义、涵盖广泛使用领域的隐语类辞书，是隐语研究史上具有划时代意义的重要里程碑。1931年赵元任在《历史语言研究所集刊》二本三分册上发表论文《反切语八种》，运用现代语言学的描写方法对语音型隐语进行全面的调查、描写，从此隐语研究走上了运用现代语言学理论与方法研究的时期，即现代汉语隐语研究时期。从时间跨度而言，该时期基本囊括了20世纪以来的汉语隐语研究（包括21世纪初叶的2000年—至今，其时间跨度较短，且汉语隐语的研究一脉相承，并未有研究方法上的突破和创新）。根据研究的状况，现代汉语隐语研究时期可以分为四个阶段：

（1）奠定基础阶段（1924—1959）

《全国各界切口大词典》奠定了该阶段运用描写语言学的方法进行隐语研究的基调，1931年赵元任发表论文《反切语八种》，更使隐语研究踏上现代语言学研究之路，引领并形成了该时期对"反切语"描写和研究的高潮，从而成为该时期的代表性研究。这一阶段的成果还有：容肇祖《反切的秘密语》（《歌谣》周刊52期，1924年）、曾周《词的秘密语》（《（北平）世界日报》国语周刊169期，1934年12月22日）、陈志良《上海的反切语》（《说文》月刊1卷合订本，1939年）、陈叔平《潮汕的反切语》（《中国语文》1940年第3期）、黄金义《拆字口语》（《语文知识》1953年第4期)、陈祺生《旧时代无锡粮食业的常用切口》(《语文知识》1957年12期)。值得一提的是,侯甲峰的《友云楼笔记:数字暗语》分上、下两文专门对多个行业的数字隐语及造词理据进行了介绍(分别见1943年《三六九画报》13期14页和14期12页)。另外,陈国屏《清门考原》(上海联谊出版社1933年版)、云游客《江湖丛谈》(北平时言报社1936年版)、李子峰《海底》(上海百新书店1940年版)、刘联珂《中国帮会三百年革命史》(澳门留园出版社1941年版)、孙悦民《家理宝鉴》(沈阳中国三理书社1946年版)、朱琳《洪门志》(中华书局1947年版)等著作中也辑录了大量的隐语。

(2) 停滞阶段 (1960—1979)

周荐 (1995:90) 认为60年代中叶至70年代下半叶是词汇学研究的停滞时期,"从'文化大革命'开始到它结束后的一段时间这十二三年里,中国是一片文化荒漠",隐语研究同样不能摆脱这种厄运,此阶段的隐语研究成果仅有1962年马国凡的一篇论文《论隐语》(《内蒙古师院学报》1962年第1期) 独树一帜。

(3) 发展与繁荣阶段 (1980年至今)

该阶段汉语隐语研究成果丰富、形式多样、领域广泛、种类繁多。不仅有对隐语的田野调查、描写与分析,也有对文献史料中隐语的挖掘、整理与研究;不仅有对语言事实的分析研究,也有对理论体系的创立和建设。由于该阶段在汉语隐语研究中的重要地位,下文重点对该阶段的汉语隐语研究成果进行概括综述。

二 现代汉语隐语研究综述

新时期隐语研究肇始于民间(或民俗)文学研究,隐语作为民间智慧与文化的象征,得到了民间文学和民俗学研究领域的重视,容肇祖[1]、闻一多[2]、顾颉刚[3]、钟敬文等先生都肯定了汉语隐语的文学与民俗学价值。从语言角度对汉语隐语进行研究起步较晚,但由于隐语较高的语言学价值,汉语隐语研究很快摆脱了文学与民俗学研究的束缚,成为真正意义上的语言研究。在词汇学研究的"繁荣时期(七十年代末——九十年

---

[1] 参见容肇祖《反切的秘密语》,《歌谣》1924年第52期。
[2] 闻一多:《说鱼》,辑录于南开大学文科研究所边疆人文研究室编《边疆人文》(第二卷·第三、四期),昆明,1945年。
[3] 顾颉刚:《谜史原序》,参见钱南扬《谜史》,上海文艺出版社1986年版,序第9页。

代）"（周荐，1995：91），汉语隐语也有了较为深入、广泛的研究，迎来了现代汉语隐语研究的发展与繁荣阶段。

（一）现代汉语隐语的综合研究

20世纪80年代后，汉语隐语的研究成果非常值得关注。综合性研究的著作有：曲彦斌《中国民间秘密语》（1990）、《江湖隐语行话的神秘世界》（署名冷学人，1991）、《中国民间隐语行话》（1991）、《中国隐语》（1994）、刘中富《秘密语》（1998）、郝志伦《汉语隐语论纲》（2001）、黄星《认知语言学框架下的隐语研究：以四川帮会隐语为例》（2011）等。另外，曲彦斌《中国乞丐史》（上海文艺出版社，1990年）、《中国典当史》（上海文艺出版社1993年版）也分别涉到了乞丐行、典当业中的隐语。以上几部综合性隐语研究专著是从全方位的视角，运用现代语言学研究方法的第一批研究成果。这些成果运用大量隐语语料，主要从语言学、民俗学、文化学等角度对汉语隐语进行了较为宏观的研究。值得一提的是，曲彦斌在汉语隐语研究的基础上挑起了"民俗语言学"的大旗，拓展了汉语隐语的研究视角，是文化语言学在语言与民俗文化结合进行研究的一个突破。曲氏从民俗语言学的角度连续写出了多部专著，不仅为了解隐语打开了一扇窗口，也让人们认识到隐语在语言中的地位和作用，对汉语隐语研究的推动作用很大。曲氏著作文献资料丰富，但几部专著篇名基本相同，内容也大同小异，重复现象较为严重。《秘密语》（刘中富）以饶有趣味的语言表达深入浅出地介绍隐语，与其说该书是一本学术专著，不如说它是一本有关汉语隐语的普及性读物，运用文学性语言列出章节（如"云遮雾绕 扑朔迷离""拨云驱雾 透视玄机""情脉相依 有合有离""猫鼠两立 各为所需"等），能够引起普通读者的阅读兴趣，对隐语的认识起到了一定的作用，从严格意义来说尚不属于语言学性质的研究，当然更不能称为汉语词汇研究。《汉语隐语论纲》（郝志伦）是一部基本立足于语言学、并向文化学拓展和延伸的汉语隐语研究成果。全书主要分为史论、结构论、人文论三大部分。史论部分介绍了先秦以来的汉语隐语及其研究状况；结构论部分对语词形态的汉语隐语结构的分析，并归纳汉语隐语有语音、词法、句法、文字、修辞等构词形式；人文论部分介绍了汉语隐语的隐型和显型文化特征。郝氏归纳了汉语隐语的五大构词形式，认为"大部分汉语隐语行话在形态结构上均有其理据特征和系统规律"（2001：221），并依各类对部分汉语隐语进行了理据分析等，突破并超越了之前的汉语隐语研究。但语音、文字、修辞构词为造词形式，词法、句法构词为结构形式，二者混同在一起称为"构词形式"实为不妥。

再者，把利用语音手段创造的"语词形态"的汉语隐语与对通语或地域方言语音系统进行加工、改造的语音型隐语等同起来，亦值得商榷。

该阶段的隐语研究论文主要有：叶骏《简论隐语》（《上海师范大学学报》1982年第2期）、王希杰《黑话说略》（《汉语学习》1989年第5期）、曹聪孙《汉语隐语说略——一种语言变异现象的分析》（《中国语文》1992年第1期）、孙一冰《隐语行话黑话浅探》（《公安大学学报》1994年第3期）、沈明《现代隐语的社会语言学考察》（《民俗研究》1994年第3期）、石林《论隐语》（收录于《语言研究论丛》第7辑，南开大学出版社1997年版）、刘中富《秘密语社会化的表现及其原因》（《汉语学习》1997年第1期）、彭幼航《解读隐语》（《学术论坛》2000年第4期）、祝克懿《论隐语及其下位类型》（《汉语学习》2003年第4期）、郝志伦《隐语行话演变原因初探》（《西南民族大学学报·人文社会科学版》2003年第12期）、郝志伦《论隐语行话的通用化传承》（《达县师范高等专科学校学报》2004年第1期）、曹炜《关于汉语隐语的几个问题——兼论隐语与黑话的区别》（《学术月刊》2005年第4期）、曲彦斌《曲彦斌〈中国民间隐语行话〉关于隐语行话的"性质与正名"的论述》（《文化学刊》2007年第1期）、刘宏丽《秘密语系列词间的关系和各自的界定》（《山东师范大学学报·人文社会科学版》2008年第1期）、曲彦斌《现实社会生活视野下的隐语行话》（《学术交流》2010年第1期）等。该阶段隐语研究论文体现了多角度、全方位的研究思路，学者注重对隐语性质、分类、命名、演变与传承等问题的探讨，推进了隐语本体研究，同时也反映了学界对于隐语和相关语言形式之间关系的模糊认识，以及由此产生的不合理的分类。

在隐语性质、内涵等方面对隐语研究起到较大的推进作用、较有影响的论文主要有《汉语隐语说略——一种语言变异现象的分析》（曹聪孙）和《论隐语》（石林）。下面对二文进行简单的梳理和评述：

《汉语隐语说略——一种语言变异现象的分析》（曹聪孙，1992）一文认为"隐语是一种封闭型的语言变异现象"，作者充分认识到"它的特殊的音系构造要联系到语音学；它特殊的词汇现象要牵扯到词汇学。一般地说，隐语没有自己的另一套语法构造。所以，隐语和语法学的关系不是很紧密的。"在对隐语内涵和外延的认识上，作者从"隐语是什么"和"隐语不是什么"两个方面展开，该研究思路更能够揭示隐语的本质特征以及与其他社会方言现象之间的区别，但对于后者的分析深入不够。另外，该文补充至《反切语八种》中的语例"第二"条，即《西湖游览志余·尾巷丛谈》中"杭人以二字反切一字以成声者"的例子,如"秀"为"鲫溜","团"为"突栾"等,这些语例是用语音(反切)手段创造的词语型隐语,反切手段并不能改变语言的语音系统,这些隐语仍是用词语形式作为载体使用的。故不能把它们认为是"音的秘密语",应是用语音手段构造的"词的秘密语"。

《论隐语》(石林,1997)是运用多角度对隐语进行研究的论文。该文开篇即点明隐语研究的语言学价值,从"隐语的历史渊源""隐语的称谓""学术界对隐语的认识""隐语的类型"等方面对隐语进行语言学上的"界定",进而探讨了"隐语产生流行的原因"。第一,该文较客观、全面地阐述了隐语研究的难点和焦点。如隐语的溯源一直以来是汉语隐语研究中的难点之一,时代性称谓的不同导致了隐语称谓众多的现状,"隐语始称于春秋,在其后的元、明、清和现当代都流行使用,是诸多称谓中使用最早、流行年代最久和分布地域最广的一种称谓。反语始称于南北朝,在清代以后这一称谓很流行。市语始称于唐代,在其后的宋、元、明、清和现当代都流行使用。春点始称于清代,现当代仍在使用"。"学术界对隐语的认识"亦是一个焦点问题,文中提及"对于什么叫隐语,它的内涵和外延是什么,学术界向来的认识和看法是分歧的,模糊的"。第二,强调了研究的全面性和客观性是全面、正确认识隐语的基础。"只有从表现形式、使用对象、流行范围、社会功能以及语言的关系等五个方面对隐语进行分析研究,才能对隐语有一个客观全面的认识",从而认识到"隐语没有自己独立的语音系统、基本词汇和语法结构,它只能在某种语言或方言的基础上有意识地隐去或改变本音本义而达到隐秘排外的目的","隐语不是一个承续系统,是苟且偷生的"等现象和特征。第三,发出倡议并提出要求对隐语称谓进行学术上的统一。作者根据统计了文献资料中多达五十多个的隐语别称,并针对隐语称谓不统一的现象,提出"随着各地各种隐语材料的不断发现,以及隐语研究文章的不断见报,对隐语进行综合评述,对隐语的众多称谓进行统一已经具备了条件",抓住隐语的本质特征是界定某种语言现象是否为隐语的最好标准,"隐秘排外性,这是不同类型隐语的共性以及它们不同于行话、谜语、禁忌语等社会方言的特征"。基于此,作者提出"我们认为应将黑话、反语、缩脚语等秘密语统称为隐语,改变过去学术界称说不统一的混乱现状。学术术语的统一是学术成熟的标志"。该文是有一定高度和深度的汉语隐语本体研究,但仍有些问题提出后却未见有充分的论述或论证,如作者提到的"对于什么叫隐语,它的内涵和外延是什么,学术界向来的认识和看法是分歧的，模糊的"，下文并没有对这个问题进行深入的论述，而仅是列举了学术界对该问题的分歧和争议。

(二) 现代汉语隐语的分类研究

现代汉语隐语的分类较多，但目前对其进行分类研究的隐语类型并不多，除了商业隐语研究的数量较多外，近年来作为违法犯罪的毒品交易增多，也就出现了新兴的涉毒隐语。本节主要介绍商业隐语和犯罪隐语的相关研究。

1. 商业隐语研究

作为最具稳定性、传承性、普遍性的隐语成员，商业隐语在社会生活尤其是经济生活中的作用不容忽视，但商业隐语研究却与使用的现实很不相符。目前在学术界，商业隐语在语言研究领域还没有得到足够的重视，语料缺乏整理，语言形式缺乏研究。商业隐语对于商业文化的潜在作用，商业隐语作为隐语的语言形式特点，商业隐语的创造和使用具有何种理据性等等，都有待于进一步挖掘、整理和研究。目前对于汉语商业隐语的多数研究还只限于从商业文化的角度对各隐语条目进行描写释义，如在《商业文化》上发表的一些论文：大河《五彩斑斓的商业隐语》(1994年第1期)、《旧时理发行业隐语》(1995年第1期)、《古董业隐语》(1995年第1期)、《杂货业隐语》(1995年第4期)、《花鸟业隐语》(1995年第5期)、《采参业隐语》(1996年第3期)、《南货业隐语》(1996年第3期)、尽之《大写数词与隐语数词》(1995年第5期)、何长华《旧时饮食业隐语》(1995年第6期)、《旧时医药界隐语》(1996年第4期)、《旧时车业挑运业隐语》(1997年第4期)、《旧时商界的数字隐语》(1997年第5期)、《旧时镖业隐语》(1998年第1期)、祯书《旧时民间江湖生意类隐语》(1997年第1期)等。还有一些知识性介绍的商业隐语文章，如《浅谈商业行话》(《商业研究》1990年第1期)、《古玩道上，行话就是试金石》(《北京纪事》2010年第8期)、《古玩行业的数码隐语》(《科学大观园》2002年第10期)等。

从社会语言学的角度对有关商业隐语进行调查、描写的论文主要有侯精一《山西理发社群行话的研究报告》(《中国语文》1988年第2期)，潘家懿、赵宏因《一个特殊的隐语区》(《语文研究》1986年第3期)，潘家懿《山西晋南的秘密语"言子话"》(《运城师专学报》1988年第3期)，柯小杰《荆楚木瓦工行话浅析》(《民俗研究》1992年第4期)，邵燕梅《山东郯城马头镇"调侃子"现象调查研究报告》(《语文研究》2011年第2期)等。

2. 犯罪隐语研究

由于太平盛世，犯罪隐语的使用越来越少，对于犯罪隐语的研究也较少。《盗窃犯法罪隐语分析》（王卉，2010）介绍了北京、上海、广州、昆明、长沙、福州、沈阳、西安等地的盗窃犯罪隐语；《太原犯罪隐语研究》（于琴，2015）对太原犯罪隐语的表现形式、造词及特点进行了研究。二文选取的语料皆从辞书而来，并没有运用新语料进行研究，正如《盗窃犯法罪隐语分析》（王卉，2010）一文中说"盗窃犯罪隐语新词较少，旧词语缺乏更新换代"。

涉毒隐语是近些年来汉语隐语中使用较多、创新较快的犯罪隐语，是毒品犯罪分子在光天化日之下进行毒品交易勾当的"保护伞"，俗语云"有毒品买卖，就有隐语存在"，但"道高一尺，魔高一丈"，公安缉毒人员想尽办法破译毒品犯罪分子的涉毒隐语，破获了一起起毒品交易案件。因此，关于涉毒隐语的研究也开始从无到有。目前的研究仅限于对涉毒隐语的种类、造词进行了分析，研究的学者也较少。涉毒隐语的特点和种类的研究目前有《近年来涉毒隐语的新特点及识别思路》（欧阳国亮，2015a）、《我国出现的几类新型涉毒隐语研究》（欧阳国亮，2017）两篇论文，关于造词分析的论文有《大陆与台湾地区涉毒隐语造词法比较研究》（欧阳国亮，2016）、《毒品隐语指称的意向性分析》（张月庆，2016）两篇论文，还有一篇应用型论文《应用语言学视角"毒品隐语查询系统"》（欧阳国亮、储烨，2016）。对涉毒隐语进行综合研究的目前只有《中国当代毒品犯罪隐语研究》（欧阳国亮，2015b）。

（三）现代汉语隐语的田野调查、描写与研究

发现隐语难，调查隐语更难，这是由隐语的主观隐秘性所决定的。但仍有许多学者通过辛苦的田野调查展示了不同地区、不同群体的不同隐语，给我们提供了丰富鲜活的隐语语料。发现、调查、描写与研究汉语隐语的论文（目前该方面的著作阙如）主要有：陈振寰、刘村汉《襄阳捻语》（《广西师范大学学报·哲学社会科学版》1984年第3期），潘家懿、赵宏因《一个特殊的隐语区——夏县东浒"延话"（隐语）调查纪实》（《语文研究》1986年第3期），侯精一《山西理发社群行话的研究报告》（《中国语文》1988年第2期），潘家懿《山西晋南的秘密语"言子话"》（《运城师专学报》1988年第3期），高炯《山西理发社群行话补说》（《中国语文》1990年第5期），柯小杰《荆楚木瓦工行话浅析》（《民俗研究》1992年第4期），林伦伦《广东揭西棉湖的三种秘密语》（《中国语文》1996年第3期），张天堡《淮河流域民间反切语》（《淮北煤炭师

范学院学报》1996年第3期)，潘渭水《福建建瓯"鸟语"探微》(《中国语文》1999年第3期)，邵朝阳《澳门博彩隐语研究》(《中国语文》1999年第4期)，陈延河《广东惠东的"双音话"与"三音话"》(《方言》2000年第3期)，邵朝阳《澳门博彩语研究》(北京语言大学博士学位论文，2003年5月)，王卉《广州地区犯罪隐语现状浅析》(《边缘法学论坛》2007年第2期)，潘家懿、郑守治《粤东海陆丰戏班、道坛隐语考察》(《韩山师范学院学报》2009年第2期)，邵燕梅《山东郯城马头镇"调侃子"现象调查研究报告》(《语文研究》2011年第2期)等。以严谨求是的治学态度进行田野调查，并做出符合语言事实的描写，所得到的语料都是汉语隐语的宝贵财富。

(四) 现代汉语隐语结构与造词研究

该阶段汉语隐语研究关注到了隐语词语的结构与造词研究，但成果不多，形式只有论文。该类论文主要有：曹德和《隐语词汇构造规律探津》(《江苏教育学院学报·社会科学版》1995年第1期、李宇明《析字构词——隐语构词法研究之一》(《语文研究》1995年第4期)、刘中富《汉字字形特点与秘密语造词》(《汉字文化》2003年第3期)、郝志伦《汉字构词论略》(《达县师范高等专科学校学报·社会科学版》2005年第1期)等。《隐语词汇构造规律探津》一文全面分析汉语隐语造词，其他各文仅从字形角度分析汉语隐语造词特点。下面重点介绍《隐语词汇构造规律探津》和《析字构词》二文。

《隐语词汇构造规律探津》(曹德和，1995)一文从五个方面对汉语隐语造词进行分析：一、利用语音联想构造隐语；二、利用文字特点构造隐语；三、利用语法分布构造隐语；四、利用所指联想构造隐语；五、利用多种方法构造隐语。每种造词类型又根据不同的造词方法分为若干下位类型，如"利用语音联想构造隐语"分为"直接谐音""包藏谐音""匿形谐音"三种；"利用文字特点构造隐语"分为"分解重组""以整代零""直接截取""换字截取""直接释形""比较释形""局部释形""换字局部释形""笔画示意""笔端示意"十种；"利用语法分布构造隐语"分为"头代尾""尾代头""两头代中间"三种；"利用所指联想构造隐语"分为"建立在比喻基础上的语义联想""建立在借代基础上的语义联想""建立在夸张基础上的语义联想""建立在倒反基础上的语义联想""建立在避讳基础上的语义联想""建立在用典基础上的语义联想"六种。作者对汉语隐语造词进行层层剥笋般地分析，仿佛揭开了汉语隐语神秘的面纱。但有些造词方法存在着认识上的错误，有些仍然值得商榷。

例如"利用语法分布构造隐语"的说法是错误的，从目前的语料看，语法分布不是创造隐语的方法，如该文举例说明"头代尾"的形式有"高头大"隐指"马"、"金华火"隐指"腿"等；"尾代头"的形式有"倒"隐指"东"、"歪"隐指"西"、"郎神"隐指"二"等；"两头代中间"的形式有"捋须"隐指"虎"、"门汉"隐指"外"等。这些隐语都是在词语的基础上截取而创造，并非利用语法分布而创造。隐语创造利用的是词语，创造后的隐语仍然作为词语使用，跟语法之间没有关系，不能因为藏字（字指代隐指对象所代表的词语）位置不同，就认为是语法分布的原因；有些造词法之间存在着重复或矛盾，如"匿形谐音"中举例"富贵有"隐指"鱼"，"哑口无"隐指"盐"等，这种造词法和"利用语法分布构造隐语"是矛盾的，也和"利用多种方法构造隐语"是重复的。再者，由于隐语造词的隐晦曲折，隐语大多不是由单一的方法创造，造词方法之间显得较为混乱。关于隐语造词法的命名，为了追求形式上的整齐，有的显得不得要领，如"分解重组""以整代零"等，命名还是要以符合语言事实和语言研究的事实为基础，该文若能够把一般隐语和数词隐语分开分析，则一定会注意到这两类词语造词上的区别。

《析字构词》（李宇明，1995）是较早、较全面地从辨析字形的角度研究汉语隐语造词法（该文称为"构词法"）的文章，对字形造词法的分析较为细致深入，归类较为合理。作者把"析字构词"总结为八种类型，分别是：（一）直拆；（二）蕴含；（三）指点；（四）画形；（五）意会；（六）偏取；（七）形近；（八）数头。该论文的副标题为"隐语构词法研究之一"，希望能够看到作者在"改换通语词语""承袭已有词语""重新构造词语"等方面对隐语造词进行的后续研究。该文也未把汉语基本隐语和数词隐语分开分析，不同体系的造词法混杂在一起，不利于对汉语隐语造词建立全面、清晰的认识。

近些年来隐语的结构与造词研究大多对历史语料进行分析，如《〈通俗编〉隐语研究》就是对清·翟灏的《通俗编》的隐语从谐音、拆字、藏词、改字、借代、反切、谜语等方面进行的造词研究。

进入 2010 年开始有学者从认知语用学的角度，利用"自主-依存"框架对汉语隐语造词和使用进行解读，目前有两篇文章和一本专著，分别是《自主-依存框架中的隐语理解机制》（黄星、徐盛桓，2010）和《黑话的自主-依存模式解读》（邹春玲、李轶男，2010），认为隐语的理解过程是"从依存成分回溯到自主成分的一种整理、动态、复杂的推理过程。这个过程以相邻/相似关系为基础，以说话人和听话人相同或相似的心理模型为重要条件，是在意向性因素和语境因素的共同作用下进行的非线性的整合过程。"（黄星、徐盛桓，2010）黄星的著作《认知语言学框架下的隐语研究：以四川帮会隐语为例》则是从认知语言学读隐语进行的全面研究。

除基本隐语外，汉语隐语中还有大量使用频繁的数词隐语。由于基本隐语和数词隐语的创造方法多不相同，分别分析将有助于全面认识汉语隐语的造词，有助于全面建立汉语隐语的造词法体系。专门对数词隐语造词研究的论文有：尽之《大写数词与隐语数词》（《商业文化》1995年第5期）、丰文秀《神秘的民间数字隐语》（《百科知识》1996年第10期）、王志家《汉语数码隐语说略》（《广州市公安管理干部学院学报》2000年第1期）、彭幼航《五光十色的数字隐语》（《广西广播电视大学学报》2000年第3期）、彭幼航《中国数字隐语试析》（《广西社会科学》2000年第5期）、吕永进《汉语隐语行话中的数字表示法》（《烟台师范学院学报·哲学社会科学版》2005年第3期）、盛光希《数字行话的构成及特征分析》（《湘潭师范学院学报·社会科学版》2006年第1期）等。以上研究皆能以一定语料为基础，对汉语数词隐语进行词形乃至文化上的剖析，发现并归纳出数词隐语造词的一些特点，如专门用于数词隐语的造词方法"数笔画法""数露头笔画法""数横笔法"以及运用对联形式对数词顺序进行规定的方法等。但就目前的研究来看，数词隐语的造词研究还缺乏以大量语料作为支撑的研究成果，还未建立起数词隐语的造词法体系，研究亟待进一步深入。

（五）现代汉语隐语辞书的编纂

隐语应用于口语，且随时代、社会的变迁而发生变化，这些变化不仅表现在隐语形式的变化，也表现在隐语数量的变化。要想留存住汉语隐语这份语言财富，除描写、分析、研究外，汉语隐语辞书的编纂则尤为基础和重要。该阶段汉语隐语类辞书（包括工具辞书性质的著作）有：曲彦斌《中国秘语行话词典》（书目文献出版社1992年版），孙一冰《隐语行话黑话秘笈释义》（首都师范大学出版社1993年版），曲彦斌《中国隐语行话大辞典》（辽宁教育出版社1995年版），潘庆云《中华隐语大全》（学林出版社1995年版），曲彦斌《俚语隐语行话词典》（上海辞书出版社1996年版），少光、林晨、陈一江《中国民间秘密用语大全》（广东人民出版社1998年版），陈崎《中国秘密语大辞典》（汉语大词典出版社2002年版），刘延武《中国江湖隐语词典》（中国社会科学出版社2003年版）。《中国秘语行话词典》是新中国第一本隐语类辞书，正如作者自己所说的"此书具有填补空白以应读者急需的性质"（曲彦斌，1997）。辞书收录了自唐宋至民初有关文献的 12000 余条隐语，属隐语考释型专门工具书。各条目基本内容包括：词条（部分系短语）、注音、按义项分别加以简明解释（说明其大体流行年代、社会群体、地区及语义）、书证（先录据以立为条目的直接文献，其次是征引见于各种文献的书证、用例）、考释（主要阐述其源流、用典及构造方式，或参考线索）。下面重点对较有影响的几部隐语类辞书进行述评。

1. 《中华隐语大全》

潘庆云主编，学林出版社 1995 年版，全书"汇集各种秘密社团、社会群体、违法犯罪团伙内部通行和民间流传的隐语一万四千多条"（参见本词典《凡例》），是一部中型隐语类辞书。

（1）该辞书具有较强的实用性，具体表现如下：

1）是首部以汉语隐语使用群体为序进行编排的隐语类辞书。该种编排的最大优点在于方便不同需要的读者从使用领域和使用团体中使用和检索。该辞书把汉语隐语使用的社会群体分为三十三个，它们分别是：市井隐语、娼妓隐语、赌博隐语、绿林隐语、盗贼隐语、江湖隐语、丐帮隐语、江湖郎中隐语、巫卜星相隐语、宗教隐语、文体隐语、商贾百业隐语、宫廷太监官场隐语、刑狱隐语、三点会隐语、哥老会隐语、清帮隐语、洪帮隐语、其他帮会隐语、太平天国隐语、民间隐语、夫役仆从隐语、敌特隐语、盗窃隐语、流氓隐语、诈骗隐语、抢劫隐语、走私贩私、投机倒把隐语、拐卖人口隐语、贩毒吸毒隐语、其他犯罪隐语、港台隐语等。

2）该辞书所辑录的汉语隐语来源广泛。该辞书的汉语隐语从时间而言，上起宋元，下讫当代；从地域而言，不仅包括内地，也包括港台和海外。《凡例》中介绍"流行时间自宋元起，直至当代"，"地域范围广及大陆各省市，港、台、东南亚及其他国家和地区华埠流行的各类隐语"。

3）词条编排合理。辞目后注明流行时代、流行地域、使用群体（《凡例》称为隐语性质）、释义，方便读者全面了解隐语的意义及使用状况。

（2）辞书编纂的工作量之大，不完善之处在所难免，下面仅以"商贾百业隐语"为例，谈该辞书的不足之处：

1）隐语词条缺少出处。所收词条是来自编著者的田野调查还是辑录于其他文献，该辞书对词条的出处没有标注，这一点使其作为辞书的严谨性和科学性大打折扣。

2）词条词形错误严重。该问题表现得尤为突出，具体情况列举如下：

①为考求本字而篡改历史文献中的隐语词形。《凡例》称"词目尽可能考出本字，以本字立目"，即对于所收词条的词形加以改造后立目，该种做法违背了隐语创造者的初衷，同时也掩盖了隐语的隐秘性本质。创造隐语的目的为避人耳目，创造的隐语尽量多层次"加密"，如运用谐音、形近等手段，尽量不用本字。从文献中辑录的很多隐语在该辞书中被编著者进行了想当然的词形修改。例如辑录自《全国各界切口大词典》中的所有"湾"字条隐语都被改为"弯"字（该情况同《中国秘密语大辞典》），所有的"儿"缀隐语皆去掉了"儿"（绸缎业隐语"灵成儿"、丝经业隐语"向青儿""言午儿"等）。这些词条并非通过编著者亲自调查而来，而辑录自不同文献中，并不是属于词形错误。再者，我们不能根据今人的语感揣度古人的语感，不能以此地域的语感揣度彼地域的语感，不能因为今天的吴方言较少"儿"缀词，而把所有的"儿"缀词全部去掉"儿"缀（参见第七章第一节中的"'儿'缀隐语记录了清朝初期吴方言的特点"）。

②没有考求理据，随便更改词形。例如，把卖糕者隐语"躩跷"（隐指卖糕摊贩）写为"缁跷"（420页），"躩跷"运用谐音法而创作，"糕""高"谐音，踩高跷，人则站得高。变成"缁跷"则没有任何来由了（参见第七章"躩跷"的造词理据分析）；把置船行隐语"溜浪"（隐指船篷）改为"溜风"（435页），同样为随意更改。该隐语运用功能指代造词，船篷是船上的遮盖物，能够遮风挡雨，故"挡"风而不是"溜"风，"溜浪"是指浪打在船篷上，能马上"溜"下去，而不能进入船舱内；卖糖果隐语"瓦花"（隐指百合糖）写为"瓦片"（369页），从百合糖既像瓦片又像花的特点而对其进行隐指；钱庄业隐语"叉边铛"写为"叉边销"（367页），《全国各界切口大词典·杂业类·钱庄》："叉边铛：洋钿带哑，或色次，要人贴水也。""铛"，《广韵》都郎切，平声端母唐韵，形容撞击金属的声音，"叉边铛"说明银元的成色不好，敲击时声哑，写为"销"则缺少理据性；卖白糖粥者隐语"唤薛荔"（隐指卖白糖粥者叫卖时所敲的梆子）写为"唤霹雳"（417页），是缺少文化基础而想当然的更改，"薛荔"是梵语 Preta 的译音，指饿鬼，当然不是指梆子的声音像"霹雳"（参见第八章"唤薛荔"条理据分析）。

③形近而产生的错误词形。例如，把卖花者隐语"绿珠"（隐指郁李花）写为"录珠"（405页）、禽鸟业隐语"山困子"（隐指拍子鸟）写

为"山困子"(364页)、卖京货隐语"莲蓬"(隐指纽扣)写为"蓬蓬"(433页)、混堂隐语"苦馨子"(隐指茶杯)写为"苦馨水"(399页)、收旧货隐语"大蓬"(隐指袍子)写为"大莲"(363页)等。这些错误只要编纂时细心就可以避免。另外,丝经业隐语"起课脑"(隐指烧饭司务)写为"起脑课"(416页)、海鱼行隐语"大滑头"(隐指海鳗)写作"大滑"(363页)皆是由于不细致所出现的低级错误。

3) 释义的不准确。辑录于历史文献中的部分隐语,在运用现代汉语进行释义时,出现了释义的不准确乃至错误,该部分隐语释义的勘误参见第七章第二节"辞书隐语词条勘误"。

2.《中国隐语行话大辞典》

曲彦斌主编,辽宁教育出版社1995年版。该辞典在《中国秘语行话词典》的基础上扩编而成,编纂花费了编著者大量心血,正如该辞典在《跋》中所说的"隐语行话大多流布于下层文化的五行八作、三教九流之中,难登'大雅之堂',否则,就不成为隐语行话了。由于其特性,决定了它词义的隐蔽性,流传范围的狭窄性。要想了解它、掌握它、研究它,非得一番寒彻骨的苦功不可","在具体的编纂中,做了大量细致的收集、整理、归纳和总结的工作,从书中大量的征引和例证中,可以看出作者梳理了大量的古今文献,还做了许多实际的调查,也可以看出,无恒志者、无精心者,是绝做不出此种成果。"[1](王之江,1994)在占有大量资料的前提下,在已有同类辞书编写经验的基础上,《中国隐语行话大辞典》显现出了它独有的魅力。

(1) 作为大部头的隐语辞书,《中国隐语行话大辞典》在客观性、广泛性方面堪称典范,其优长之处具体表现在以下三个方面:

1) 首次从文化人类学的高度对隐语现象进行考察,把隐语视为一种民俗语言文化形态,把对隐语行话的研究作为民俗语言学的一个重要分支[2]。该辞书收集整理了大量隐语,为汉语隐语的深入研究提供了大量研究素材,丰富了民俗语言学乃至文化语言学的研究成果。

2) 收条丰富且注重语料出处,力求反应语言事实。"选收唐宋迄今社会诸行群体流行的语词形态隐语行话约20000余条","释语,悉以现

---

[1] 参见曲彦斌主编的《中国隐语行话大辞典》,辽宁教育出版社1995年版,"续编"第186页,王之江撰写的"跋"。

[2] 参见曲彦斌主编的《中国隐语行话大辞典》,辽宁教育出版社1995年版,"前言"部分。

代汉语简括说明大致流行时代、地域、行业群体及基本语义，皆依有关文献或调查材料认定"，"词条及释文引录文献中的原缺字、字迹漫涣（按：当为'漫漶'）不清难以确辨者，以'□'代之；错讹、衍误者，于释文中说明"（参见"例言"）。这些皆反映了编著者对语言事实的尊重，客观、平实反映语言事实也是其严谨、务实治学态度的体现。例如：

瓢把子 piáo bǎ·zi ①清末民初京津等北方江湖社会谓头目。《江湖丛谈》："他们这行儿不拘在什么省市码头地方都有头儿，调侃儿叫瓢把子。地方小的只有一个瓢把子。大地方还有大头儿，叫总瓢把子，在总瓢把子之下还有许多小瓢把子。"① ②旧时江湖土匪谓后卫。（472页）

苦□ kǔ□ 一作"醯物"。宋代市语谓醋。《绮谈市语·饮食门》："醋；醯物；苦□（字不清）。"（346页。按：该条在其他当代隐语类辞书中未见收录）

3）占有丰富翔实的汉语隐语资料。编著者对古今有关文献、调查资料和研究报告进行了搜集和整理，"除正编外，续编均为首次公开发表的第一种《隐语行话研究事典》、《中国隐语行话编年纪事简表》和《中国隐语行话简明地图》，以及话语形态、谣诀形态、副语言习俗形态的隐语行话和反切秘密语文献选辑，从而在这部辞典中比较全面的综合展示了中国隐语行话的古今概貌"（曲彦斌，1997）。

（2）在深入性和细节性方面，该辞典略有欠缺。具体表现在以下三方面：

1）出现了一些转引错误，如词条词形上的错讹、释语中某些字或词形体上的错误等。这些错讹之处若细心则可避免。例如（此处只举一例，其他见下编第九章"现代汉语隐语辞书校勘"。下同）：

玉鮍：旧时卖花行谓白兰花。《切口·卖花》："玉鮍：白兰花也。"（739页）

《全国各界切口大词典·杂流类·卖花》："玉鮇：白兰花也。"

按：词条词形错误，误把"鮇"作"鮍"。"鮇"指鱼脑骨，可做装饰品（参见《汉语大词典》"鮇"条），"玉鮇"喻指白兰花如玉制的鱼脑骨，故用"玉鮇"隐指白兰花。而"鮍"则没有来由，即不体现造词理据。

---

① 云游客著，叶蕊标点：《江湖丛谈》，中国曲艺出版社1988年版，第464页。

2) 部分词条的释语规范性不强。所收录的历时隐语词条有一些没有用现代汉语通用词语进行解释,多直接录入原释语,且对隐语造词理据的探索不够深入。例如:

青饽子:旧时卖蔬菜行谓挞苦菜。《切口·菜蔬行》:"青饽子:挞苦菜也。"(500 页)

按:编著者直接录入源出辞书的释语,并没有告诉我们"挞苦菜"是一种什么样的蔬菜。其原因在于编著者没有搞清楚"挞苦菜"是吴方言对"乌塌菜"(也称为"塌棵菜",参见《现代汉语词典》"乌塌菜"条。吴方言也称为"塔菜")的称谓,就只能原样录入了。

3) 音序法编次适合年轻读者群阅读和检索,但有些多音字词条的编次和注音标音问题欠缺规范性。例如,《全国各界切口大词典》中火腿业有一隐语条为"衖塘"(隐指火腿正中的一段),"衖"字有两个读音,一为 xiàng,今写作"巷",一为 lòng,今写作"弄",而不是"巷子"的"巷"。《汉语大字典》《汉语大词典》《国际标准汉字大字典》[①] 等辞书均标为两个读音,"衖塘"当为"衖唐",今写为"弄堂",不应为"巷塘"。"弄堂"为方言词,使用于上海、苏州等地吴方言区,指"小巷",如清·梁绍壬《两般秋雨盦随笔·衖堂》:"今堂屋边小径,俗呼衖堂,应是弄唐之讹。宫中路曰弄,庙中路曰唐,字盖本此。"[②]《官场现形记》第四十回:"瞿大老爷新公馆在洋街西头第二条衖堂。"[③] 而该条在本辞典中写为"巷塘",且在音序中标明"xiàng",错误明显。再如,"血"字条的隐语全部收了在"xiě"下,如"血""血红倒儿""血红司马""血红野子"等条。"xiě"为"血"字的口语读音,其书面读音应为"xuè",以上诸词条应在规范的书面读音下列条。这同时也说明,辞书编纂不宜以口语读音作为规范的语音标准。另外,该辞书对所有词条标注现代汉语读音,方便读者认读和正音,但并未考虑到古音和方言读音的问题,也未注意到分词连写等问题。

3.《中国秘密语大辞典》

陈崎编著,此书是进入 21 世纪后产生的首部隐语类大型辞书。

---

① 参见蓝德康主编《国际标准汉字大字典》,电子工业出版社 1998 年版,第 709 页。
② (清)梁绍壬:《两般秋雨盦随笔》,上海古籍出版社 1982 年版,第 5 页。
③ (清)李伯元:《官场现形记》,岳麓书社 2014 年版,第 492 页。

（1）与其他隐语类辞书相比，收条最多、编排最为合理，并注重汉语隐语造词理据的分析，体现了较高的语言学价值。其价值具体体现在：

1）收条范围广泛、词条数量最多。"古今全国各地书面文字记载以及大量口头流传"（参见"凡例"）的隐语都在收条之列，收录隐语词条达 31000 条之多，是目前收录隐语词条最多的隐语辞书。

2）词条编排客观、真实、全面，并注重挖掘隐语的造词理据。辞目后标注流传时间、流传地域、流行范围（行业）等，释义后注重语源的探讨以及辞目的出处和例证。隐语造词理据正是其隐秘和神秘之源头，正因如此激发了学者对其进行探求的欲望。该辞书做出了更为深入的尝试，对很多隐语进行了理据上的探求，体现了较高的语言学价值。例如：

【青饽子】旧时蔬菜行。指塔菜。因其倒置的形状像馒头，色碧绿，故称。（738 页）

按："塔菜"，又称为"乌塌菜"或"塌棵菜"，主要栽培于长江流域，见过、吃过"塔菜"的读者自然会明白，但从来没见过该种蔬菜的人自然在大脑中不会存在一个具体的形象，对该种蔬菜的形象描述不仅给读者建立了一个较为客观的印象，更重要的是说明了该隐语的造词理据。

3）"附录"部分有较高的学习和参考价值。"附录"有两部分，一是"秘密语稀见文献资料会钞"，一是"秘密语研究论著要目"，能够让读者全面了解汉语隐语的语言事实及研究状况，尤其是一些珍贵的汉语隐语语料及相关文献的辑录具有较高的使用价值。

4）修正历时性隐语类辞书的讹误。之前的部分辞书多为简单机械、照本宣科式收录历史性隐语词条，对源出辞书的错讹之处不加辨析，甚至有的辞书直接忽略有错讹的词条，不予收录。而《中国秘密语大辞典》能够对其中一些错讹之处予以纠正（但并未指出源出辞书的错讹），这是其进步之处。例如：

【长大人】旧时赁彩业。指开路神。因其形象高大，故称。（238 页）

《全国各界切口大词典·手艺类·赁彩业》："长大人：开神路也。"

按:"开神路"当为"开路神"之讹误,"长大人"是利用开路神的躯体高大的特点所创造的隐语,故不是"开神路"。该辞书订正了《全国各界切口大词典》的释语错误。

5)能够对出版时间在前的同期辞书的错讹之处予以纠正、不确之处予以解释,使读者能够正确理解源出辞书相关隐语的词形、释义等。例如:

【天井】旧时砌街匠。指阳沟。因其流进清水,用于洗涤,故称。(171 页)

【暗流】旧时砌街匠。指阴沟。因其上有盖板掩遮,故称。(1408 页)

《中国隐语行话大辞典》:"暗流:旧时筑路行谓街道的排水沟渎。"(5 页)

《中国隐语行话大辞典》:"天井:旧时砌街匠行谓排水沟。"(605 页)

《全国各界切口大词典·工匠类·砌街匠》:"暗流:沟渎也。""天井:流水沟也。"

按:"沟渎",《现代汉语词典》释义"沟渠",《汉语大词典》释为"犹沟洫","沟洫"释为"田间水道"。砌街匠砌的显然不可能为田间的沟渠,而应指街道或庭院的沟道,与"天井"对比而言,一个为"暗",即流水的沟不显于地面,为"阴沟";一个为"天",则指流水的沟朝向"天",没有遮挡,即显于地面,为"阳沟"。《中国秘密语大辞典》对"暗流""天井"两隐语的释义更符合现实情况。另,此二隐语在源出辞书中属于同一行业,《中国隐语行话大辞典》却用了两个不同的名称,一个为"筑路行",一个为"砌街匠"。

(2)《中国秘密语大辞典》亦有其不足之处,具体体现在以下几方面。

1)缺少原始引文。隐语词条出处后面没有原始引文,导致词条释义与原出处缺乏对照,给读者理解隐语带来一定的困难。尤其是对历史性词条的辑录,更应该标注原始引文,尽管该做法会给编著者增加工作量,但却会给读者的阅读和理解带来较大的便利。

2)没有认真对照原辞书词形,存在一定数量的词形错误。具体表现在:

①谐音词形错误。如"爂"是用加工药材的方法隐指药,《全国各界切口大词典》中皆为"爂"。而该辞书有的词条中写作"爂",如"爂工"隐指药、"爂包子"隐指药包或药袋子、"煎爂"隐指煎药、"派爂"隐指卖春药药方者等,有的写作"汉",如"汉火"隐指药、"汉苗"隐指药线、"末汉"隐指粉末状药物、"罗汉"隐指涂有药末的膏药等;山货业隐语"湾老"(隐指秤钩)、雨伞业隐语"湾老"(隐指伞柄钩)、卖京货隐语"湾钩"(隐指耳环)、竹器业隐语"湾箩"(隐指捕虾笼)、剪刀匠隐语"湾脚"(隐指剪刀把)、砌街匠隐语"湾头"(隐指铁锤)等皆引自《全国各界切口大词典》,原词形为"湾",《中国秘密语大辞典》皆写为"弯";南货业隐语"攞把"(隐指粉丝)写为"罗把"等,这些都是由同音所记写的不同词形,尽管隐语对谐音的要求很宽泛,但后出辞书应尊重原辞书词形,词形不要随便改动(若原辞书有错误,当然可以校正)。

②形近词形错误。如收旧货隐语"洪量"(隐指酒壶)写为"红星"、剪刀匠隐语"帖钿"(隐指剪刀轴两边加铜片)写为"帖细"、米店隐语"软谷"(隐指糯米)写为"软壳"("谷"的繁体"穀"与"壳"的繁体"殼"形近)、驴夫隐语"搬色儿"(隐指装运行李)写为"搬包儿"、收旧货隐语"晌签筒"(隐指钉靴)写为"响筌筒"(晌、响形近,签、筌形近)、轿夫隐语"杠柴头"(隐指坐轿子的瘦人)写为"扛柴头"等。由形近而导致的错误,其根本原因在于没有认真对隐语进行分析,如隐指酒壶的"洪量",说明酒壶内所盛的酒量大,故不可能为"红星",米店隐语"软谷"隐指糯米,是从糯米的软、糯特点入手,"谷"是类属,是庄稼和粮食的总称,当然不是指"壳"了。

③其他词形错误。例如,丝经业隐语"划消青"(隐指姓蒋者)写为"划消儿"、花卉业隐语"雪团囵"(隐指绣球花)写为"雪里飑"等。

少数释义中运用方言词语,规范性仍有待加强。尽管编著者编写辞典时会把规范性的释语作为释义的标准之一,但仍有少数释义仍然使用方言词语,如《中国秘密语大辞典》隐语收条及其释语中的"霉方"隐指"乳腐"、"米方"隐指"醉乳腐"、"白方"隐指"糟乳腐"等,释语中的"乳腐"为方言词;再如"满口"隐指"汤团",释语中的"汤团"也为方言词。另有多处释语中用到了"锅子"指锅、"面"指面条、"黄芽菜"指大白菜等皆为方言释语。

第三节 研究语料、价值与方法

一 研究方案

进行现代汉语隐语研究离不开对现代汉语隐语语料的广泛搜集、调查、整理与研究，同时也离不开对现代汉语隐语类辞书的综合性研究。具体研究方案如下：

(一) 建立汉语隐语语料库

汉语隐语数量极大，除来自辞书收集的大量隐语外，还有相当丰富的隐语语料存在于各地文献与相关论著中，民间仍有一些隐语有待挖掘与整理。本研究以汉语隐语辞书为基础、以田野调查为补充，选取20世纪以来的汉语隐语作为主要研究内容[①]（自1924年出版的《全国各界切口大词典》至今），建立相对封闭的现代汉语隐语语料库。该语料库包括两个语料库：现代汉语数词隐语语料库和现代汉语基本隐语语料库。数词隐语是指作为数码、数字使用的隐秘性词语，基本隐语是指除数词隐语外的其他隐秘性词语。

(二) 进行专题词汇研究

本书分别对基本隐语和数词隐语两个语料库中的现代汉语隐语进行专题研究。汉语基本隐语以名词为主，有少数的动词、形容词，对其主要进行词语结构、造词特点的分析研究，并对造词理据进行相关探讨；对汉语数词隐语主要进行造词特点的分析研究。通过分别性研究，力求较为全面地把握汉语隐语构词和造词的一般性和特殊性规律和特点，获得对汉语隐语较客观全面的认识，得出汉语隐语研究的一般性结论。

(三) 校勘隐语类辞书

对比各隐语类辞书，对汉语隐语词条的讹误现象进行校勘，以期完善汉语隐语辞书等工作，如校对词形，补充释义，完善义项，补充、深化、完善理据分析等。由于隐语研究属于语言研究的"冷僻田地"，隐语辞书

[①] 本书以"现代汉语隐语研究"为题，即因为语料源自1924年起，属于现代汉语阶段。尽管有传承语料，由于应用于口语中，本书一律认定为现代汉语隐语语料。行文中多不注明"现代"二字。

编纂以及相关研究自然也"人迹罕至",因此隐语辞书的问题相对较多。加之校勘隐语不仅仅要把关注点放在各个不同的语言点上,还要涉及社会、历史、时代、文化等诸多因素,因此,隐语类辞书校勘工作的难度很大。正因如此,隐语类辞书的编纂和校勘等工作皆具开创性,尤其是隐语类辞书的校勘将不仅有助于汉语隐语类辞书编纂的规范性,也将为其他语文类辞书的编纂和修订服务。

二 语料来源

本书汉语隐语语料的文献来源主要有四:汉语隐语辞书及论著、各地志书及地方性资料、田野调查。

汉语隐语辞书的语料来源主要参见本书"参考文献"的"辞书、志书及地方性文献类"文献。田野调查的语料主要是"调侃子"和鲁南琴书隐语。"调侃子"是山东省郯城县马头镇的隐语现象。该现象在不同社群中表现为不同的形式,一种为汉族社群中的"汉用调侃子",一种为回族社群中的"回用调侃子"。具体调查、描写与研究见第六章"现代汉语隐语个案'调侃子'研究"。鲁南琴书隐语目前已经不再使用,是20世纪流行于苏北鲁南一带的琴书艺人使用的隐语,琴书艺人自称为"江湖黑话""行里话"或"黄春点",其隐指的内容主要是大量的生活用语,例如,"码梁子"隐指人,"空码"隐指普通老百姓,"金刚码"隐指闯江湖的人,"掐线的"隐指拦路抢劫的人,"清子"隐指匕首或刀,"喷子"隐指手枪等。

三 研究价值

隐语反映了人类的语言创造和更新能力,"隐语使用者对隐语熟练的创造和使用能力,体现了他们对自己语言的声母、韵母和声调的准确的感性分辨能力,从而为语言学者对该语言语音系统的认识提供了可靠的参考"(石林,1997)。隐语的语言学、社会学、文化学价值已经得到学界重视,考察汉语隐语的词汇结构和造词特点,也是对汉语词汇研究的补充和完善。以汉语商业隐语为例,在语言研究的基础上,结合社会学、文化学、民俗学等学科研究方法对汉语隐语进行较为系统的研究,不仅能够体现汉语隐语的语言学价值,同时也能够挖掘并体现其社会学、文化学以及商业学等价值。

(一)廓清汉语隐语与汉语词汇的关系

汉语隐语与汉语词汇的关系,以及与汉语共同语词汇之间的关系,目前学界尚未明确,大学现代汉语教材对汉语隐语的定位也未尽统一,很多学者对此采取谨慎的态度,尽量回避谈及此问题。曹炜(2004)把"隐语和黑话"作为"现代汉语"(指汉民族共同语,即普通话)的词汇类聚之一。周荐、杨世铁(2006:575)评论曹氏著作时注意到了这个问题,"书中所谈到的隐语和黑话,算不算现代汉民族的'共同语',是一个值得讨论的问题"。通过对汉语商业隐语的研究,我们认为汉语隐语是汉语词汇的成员,但不是汉民族共同语的词汇成员,而是汉民族共同语词汇的来源之一。汉语隐语兼具地域方言和社会方言的性质,使用泛化并失去隐秘性的汉语隐语若仅使用于地域方言中,则为地域方言词语,若使用范围扩大而成为通用词语,则为汉语共同语词语。

(二)有助于全面认识汉语隐语的结构与造词

汉语商业隐语研究作为汉语隐语研究的载体,其稳定性和传承性体现了隐语的一般特点和规律。对汉语商业隐语词汇结构和造词规律的分析、研究,将是汉语词汇研究的补充和完善,能够反映出汉语造词的一般特点和规律。隐语造词是在原有词基础上的新造的同义词,同一个概念在隐语中能够创造出不同的词语来表示,如"头发"在旧时内蒙古呼和浩特理发业的隐语中为"草儿",在旧时内蒙古等地的理发业中为"茬儿"或"苗",在旧时山西等地的理发业中为"苗儿"或"谷",在旧时广州等地理发业中为"青丝子"或"乌云",在旧时山西夏县等地的商业中为"丝儿"等,多角度的汉语隐语造词反映了汉语造词的灵活性。系统性的汉语隐语研究不仅有助于认识汉语隐语的结构与造词,也将有助于全面认识汉语词汇的结构与造词规律。

(三)隐语研究体现了词汇研究的多学科性

周荐(2008:46)在《20世纪中国词汇学》中评价《上海俗语切口》(薛理勇,1992)说:"将切口纳入到一个地方社会风俗的研究中来,这种认识值得引起注意。"的确,汉语隐语的创造和使用离不开一定的时代、社会及文化条件,对其研究亦应结合诸多视角,从而揭示汉语隐语形成、创造和使用的多元因素。因此,汉语隐语研究较好地体现了汉语词汇研究的多学科性。

(四)填补现代汉语隐语系统研究的空白

现代汉语隐语目前尚缺乏较为深入、系统的研究,我们把现代汉语隐语分为基本隐语(除数词隐语外的隐语)和数词隐语,并对这两个语料库中的隐语语料进行较为系统的分析、研究,力求填补现代汉语隐语系研究的空白，该项研究不仅是对现代汉语词汇研究的补充，也是汉语研究的重要组成部分之一。

四 研究方法

现代汉语隐语研究不能局限于平面描写出词语的意义，要深入研究词语构造与变化的特点，还要深入研究其构造形成的理据和发展变化的深层原因。本书在严谨务实的治学态度前提下，借助国内外有关语言学理论，注重研究方法的更新和研究内容的创新，采用计算机技术建立汉语隐语数据库，根据研究目的对数据库进行分类整理，并进行相关的数据分析。同时，本研究又不刻意求新，只要能说明问题，能论述清楚，没有必要专门自创新的术语。我们研究的目的在于能够比较全面地反映现代汉语隐语使用的基本面貌，力求全面认识现代汉语隐语的结构和造词理据，能够体现出现代汉语隐语研究在汉语词汇研究乃至汉语研究中的意义和价值。

（一）语言学与社会学、商业学、文化学研究相结合的方法

隐语作为一种特殊的社会现象，从语言形式来看，属词汇学研究对象；从其与社会的关系来看，属社会语言学研究对象；从使用主体来看，反映了使用主体的主观需求，属社会现象，为社会学研究对象；从其使用领域而言，反映了使用领域的主客观现象和内容。例如，从商业隐语而言，属商业现象，为商业学研究对象；从民众生活的民俗心理来看，属文化现象，为文化学研究对象。所以，多学科相结合、多角度相贯通的研究将有利于开展对现代汉语隐语的全面性研究。各领域和群体使用的隐语不仅反映社会、语言、民俗等现象，同时也反映着各自的功能和目的，反映着一定的理念和文化。我们立足词汇研究，利用语言、社会、文化的多重视角，揭示现代汉语隐语的词汇结构、形成特点与内部规律等。

（二）文献资料与田野调查相结合的方法

本书的现代汉语隐语语料来源有两种途径：一种来自文献资料，包括汉语隐语类辞书词条和相关文献资料（如地方志、方言志、民俗志等志书以及各类隐语调查文献等）中的隐语词条；一种来自我们田野调查所获得的第一手资料，田野调查的语料不仅能够很好地补充文献资料的单一来源，而且能够如实地描写和反映出现代汉语隐语在当今经济言语生活中的实际使用状况。以文献语料为主体，以调查语料为补充，丰富翔实的语料更利于全面、清晰地认识现代汉语隐语。

（三）宏观与微观研究相结合的方法

宏观上从探求汉语隐语演变发展的内在规律着眼，微观上则着重从汉

语隐语的造词、构成与理据着手，运用相关语言学理论对汉语隐语的词汇结构、构造特点及相关文化背景进行解释或考证。例如，在造词法研究中注重将整体造词法的综合研究和具体隐语造词的个体研究相结合。整体造词法的综合研究将有助于我们更好地认识汉语隐语的造词机制，更有利于全面认识和分析隐语；具体隐语造词的个体研究将有助于我们更加清晰地认识到隐语造词的个性特点，反映其造词背后的时代背景、社会状况、文化现象等因素。将两种研究相结合，能够更好地揭开汉语隐语构词和造词的神秘"面纱"。

（四）定量统计与定性分析相结合的方法

本研究利用计算机数据库技术建立有一定数量的可操控语料数据库，并对其进行定量统计，同时对得到的统计数据进行描写分析。通过对研究对象内部各要素的数据统计，能够客观地反映现代汉语隐语事实的概貌，也能为研究该词汇现象提供较为有力的语言基础，还能够增强研究结果的信度。在定量统计分析的基础上，再对现代汉语隐语进行定性分析，即对语言各要素中存在的某些特点、性质进行归纳、总结，从而对现代汉语隐语进行较为深入、系统的研究。

（五）汉语隐语研究与地域方言研究相结合的方法

"从语言的角度说，社会方言没有自己的语音系统、基本词汇和语法结构，社会方言在不同地区是借地域方言的形式而存在的"（钱曾怡，2008：5）。隐语的使用离不开地域方言，从严格意义而言，跨地域的隐语是不存在的（失去隐秘性而通行的隐语已称为地域方言或共同语词语，其来源为隐语，严格来说已不能称为"隐语"）。"从社团方言和地方方言的区别来说，地方方言是语言所直接产生的在地区上的变体，社团方言却既可以是语言所直接产生的在社团上的变体，又可以是语言的地方变体的变体"（高名凯，1995：437）。所以，无论是结构，还是造词，现代汉语隐语都以地域方言为基础，离不开地域方言的语音、词汇与语法，对现代汉语隐语的研究不能画地为牢，孤立于地域方言之外，只有与地域方言相结合才能更好地认识现代汉语隐语的结构并解释其造词。

第二章 现代汉语隐语概貌

现代汉语隐语渗透到语言使用的所有领域，尤其是需要隐秘的领域，隐语的使用与使用群体的利益以及安全等有着密切的关系。能够体现隐语概貌的则是使用隐语的社会群体，使用隐语的社会群体越多，隐语就越丰富。不同时代和社会背景下，隐语使用的群体会有所变化和不同，创造和使用的隐语也大多不同。

第一节 现代汉语隐语的使用群体概貌

从第一部现代汉语隐语词典《全国各界切口大词典》（1924）到最新的现代汉语隐语词典《中国江湖隐语辞典》（刘延武，2003），有多部辞书反映了现代汉语隐语使用的概貌。下面列举三部辞书进行说明。

《全国各界切口大词典》（1924）分为商铺类、行号类、杂业类、工匠类、手艺类、医药类、巫卜类、星相类、衙卒类、役夫类、武术类、优伶类、娼妓类、党会类、赌博类、乞丐类、盗贼类、杂流类等共计18类，以商业隐语为主。

《中华隐语大全》（潘庆云，1995）中分为32类，分别是：市井隐语、娼妓隐语、赌博隐语、绿林隐语、盗贼隐语、江湖隐语、丐帮隐语、江湖郎中隐语、巫卜星相隐语、宗教隐语、文体隐语、商贾百业隐语、宫廷太监官场隐语、刑狱隐语、三点会隐语、哥老会隐语、清帮隐语、洪帮隐语、其他帮会隐语、太平天国隐语、民间隐语、夫役仆从隐语、敌特隐语、盗窃隐语、流氓隐语、诈骗隐语、抢劫隐语、"走私贩私、投机倒把隐语"、拐卖人口隐语、贩毒吸毒隐语、其他犯罪隐语、港台隐语。该辞书除"港台隐语"依地域，其他隐语皆按照使用群体进行分类，大致能够反映现代汉语隐语的使用概貌。

《中国江湖隐语辞典》（刘延武，2003）共辑录十九大类及若干小类隐语，分别是：

一、杀人、伤害隐语

二、抢劫、抢夺、绑架隐语

三、强奸隐语

四、盗窃隐语

  （一）入室盗窃隐语

   1. 入室盗窃隐语

   2. 溜门隐语

   3. 其他入室盗窃隐语

  （二）扒窃隐语

   1. 扒手名称隐语

   2. 扒窃作案名称隐语

   3. 扒窃地点、部位、物品隐语

   4. 扒窃对话隐语

  （三）拎包隐语

  （四）偷自行车隐语

  （五）其他偷窃隐语

五、诈骗隐语

六、流氓隐语

  1. 名称隐语

  2. 不正当性关系隐语

  3. 殴斗隐语

七、走私、倒卖隐语

  1. 人员、议价隐语

  2. 走私、倒卖物品名称隐语

八、吸毒、贩毒隐语

九、赌博隐语

  1. 赌博、赌徒名称隐语

  2. 赌场、赌具隐语

  3. 赌博隐语

十、窝赃、销赃隐语

  1. 窝赃隐语

  2. 销赃隐语

3. 吃赃、分赃隐语

十一、江湖秘密帮会隐语

    1. 天地会

    2. 红帮与哥老会

    3. 青帮与青红帮

    4. 大刀会与红枪会

    5. 白莲教与八卦教

    6. 理门

    7. 一贯道

    8. 江相派

    9. 长春会

    10. 东北土匪

十二、盘问、联络隐语

十三、对公安、保卫和依法处理的隐语

    1. 对公安、保卫、劳改、劳教场所的隐语

    2. 依法处理隐语

    3. 口供隐语

十四、人称及相关隐语

    1. 对警察、积极分子隐语

    2. 违法犯罪人员间的称呼隐语

    3. 一般人称隐语

    4. 姓氏隐语

    5. 人体器官隐语

十五、物品隐语

    1. 枪炮械具

    2. 服装鞋帽

    3. 票证

    4. 证明

    5. 烟酒食品

    6. 房屋、建筑物、胡同

    7. 生活用品

    8. 工业品

    9. 车辆

    10. 动物

十六、数称隐语
    1. 一般数称
    2. 货币及数称
    3. 其他数称
十七、方向、气候、场所隐语
    1. 方向、气候
    2. 地域、场所
十八、日常生活用语隐语
十九、其他隐语

该辞书在使用领域上的划分标准不统一，所分的类别有交叉，如"数称隐语"几乎应用于所有使用群体。十二至十八类隐语也应该分属于不同的使用群体，很明显前后标准不统一。

第二节　现代汉语商业隐语概貌

商业隐语与其他使用领域的隐语相比，更能够敏感地反映民众日常生活和民俗文化，涉及社会生活的各个层面，丰富多彩的商业隐语如同展开的一幅幅画卷，生动地刻画着不同的商界生活以及民众日常生活，勾勒出商界各业的共同心理以及不同的社会与时代风貌。本节以现代汉语商业隐语为视角来看现代汉语隐语的大致概貌。

一　商业隐语概述

商贾百业隐语，又称商业隐语。商业隐语会因商业的类别和使用隐语群体的多少而分出不同的类别。本章的现代汉语商业隐语语料并非从商业学的角度对其进行科学分类，我们力求在以商业隐语语料为研究对象的基础上，以点带面，力求在宏观上把握现代汉语隐语的构词和造词特点及相关的社会、文化特征等。

（一）商业隐语及其作用

"商业是一种在生产之外独立地媒介成商品交换的经济活动，要完成这个经济活动过程，除需有专门的商人外，还必须拥有一定量的专门的商业货币投资。因而，商业、商人、商品货币投资三者密切联系在一起。商业的基本职能在于专门对商品交换起中介作用；同时为了实施基本职能，商业还有一些附带职能，包括商品的运输、保管、分类、编配，以及为商品经营活动服务的其他业务活动。"① 商业作为一种独立的经济活动，是由商人来参与进行的，商业和商人也是紧紧地联系在一起的，可以说没有商人无从谈起商业，没有商业也就没有商人。商人在参与商业活动中所使用的带有商业特点的语言可以称为商业语言，在某种时代、社会或环境下，商人为了商业利益的最大化，他们会创造和使用一定的商业隐语。商业隐语是指在商业活动中使用的隐语。商业隐语在所有的隐语中分布最为广泛，稳定性和传承性最强，无论在何种时代，处于何种社会条件都会或多或少地存在一定的商业隐语。只要社会中存在着商业，商业隐语就有着创造和使用的可能，尤其在商业为主或经济非常发达的社会中，商业隐语更是普遍而正常的现象。商业隐语相伴于商业而创造、使用、发展乃至于传承。在商业类词典中，"商业隐语"是和"商业"一样的基本、普通词条，如《英汉经贸词典》②《简明英汉商业辞典》③《21世纪汉英经济实用词典》④《英汉新编实用财经贸易大词典》⑤ 等。在宝石业中，"jargoon"（源于jargon）就是指"商业隐语"（周国平，2002：170）。在商业活动中，商业隐语始终发挥着它潜在的作用，尽管它不是言语的主体或主导，但其作用总是和商业利益紧密相连。无论是企业的组建与运作，还是面临某种选择，商业隐语都发挥着不可忽视的作用。如《传奇改变世界汽车工业的六巨头》一书中有这么一段话，"在20世纪70年代末80年代初克莱斯勒的经济危机中，艾科卡是一个引人注目的人物。那是高地公园的一个非常紧张的阶段，两组危机经理都采纳了麦克纳马拉在福特公司所提出的一些想法和商业隐语，各种讨论总是围绕着那些选择来进行"（Richard A. Johnson，2006：264）。可以说，商业隐语已成为经商的技能和商业成功的一个秘密法宝。

汉语商业隐语有着悠久的历史，在辽阔的疆土上有着极为广泛的分布，商业隐语也成为所有坐贾行商经商的语言基本功。随着中国社会经济的迅猛发展，商业化水平的不断提高，商业隐语开始成为商业经营中的潜规则。如果不懂得商业隐语，商业过程必然受到一定程度上的制约，"不

---

① 参见实用百科全书编委会《实用百科全书》，开明出版社1993年版，第176—177页。
② 参见李俊、王景余《英汉经贸词典》，北京出版社1998年版，第216页。
③ 参见张旭《简明英汉商业词典》，天津人民出版社1992年版，第269页。
④ 参见21世纪汉英经济实用词典编写组《21世纪汉英经济实用词典》，中国对外翻译出版公司2005年版，第922页。
⑤ 参见赵康齐、徐启江《英汉新编实用财经贸易大词典》，武汉大学出版社2007年版，第152页。

是内行的人而又对某行产生一些兴趣，或者有必要与某行打一点交道时，还真得要把有关的行话了解一些才行。比如说近年来文物古玩的市场又出现了许多传承很久的行话，例如，花瓶叫'长颈'，香炉叫'宝鸭'，铜镜叫'双圆'，茶壶叫'吞口'，花卉画叫'彩描'，水墨山水画叫'青描'，等等"（仲富兰，2009：329）。帮会、犯罪集团等社会群体使用的隐语可能会因时代和社会的变迁、社会团体的消失而销声匿迹，而商业在任何时代、任何社会制度下都不会消失，商业隐语一定会或多或少地存在着。在一些行业内部，商业隐语的使用从来就没有间断，如古董、古玩行业的经营者则一直使用、传承并积极创造着新的商业隐语。即使暂时中断使用，随着社会条件允许和行业发展，商业隐语随时可能被重新激活和发展，如上海古玩行业又开始传承和创造着商业隐语等。

（二）商业隐语的特点

在诸多隐语中，商业隐语最具稳定性和传承性，且跨时代性和跨地域性最强。商业隐语除了具有隐语的主观隐秘性、词语性、社会性之外，商业隐语还具商业性、行业性等特点。

主观隐秘性是隐语的存在基础和本质特征，也是隐语与其他社会方言的区别。商业隐语创造和使用之目的不是为了保密而保密，而是为了达到一种商业利益乃至商业利益的最大化而进行保密。例如山西夏县编苇业的隐语，尽管其使用范围很窄，只使用于编织苇子出售苇子的农民，但其主观上的隐秘就达到了商业利益的最大化。"原来这一带，到处长满了茂密的芦苇和藤条，村民们世代以编织苇席和簸箕为生，为了维持这一行业的独立性和本身的经济利益，他们中间便产生了这一套商业隐语"（马鸣春，1999：90）。商业隐语的商业性、利益性是创造者和使用者追逐的最终目标。尤其对于一些奸商来说，他们不仅追求商业利益，更加追求一种不合理乃至不合法的利益或利润，商业隐语更成为他们的保护伞，"交易中，还形成了一整套的商业隐语。商业隐语俗称'掌'或'吃语'，它是为了对顾客和同行隐瞒交易情形、成本及零售价格，以便暗中加价。"（陈新民、张小林、马健，2004：219）

行业性是商业隐语体现所经营的行业特点，是商业性最重要的表征。由于不同行业经营的内容不同，谈论的内容也会因行业的不同体现出区别性。如服装店经营者多在言谈中替换使用的是服装类及相关词语，如"贴身"（隐指短衫）、"光身"（隐指长衫）、"长飘"（隐指汗巾）、"压风"（隐指袍子）、"遮风"（隐指皮袍子）等；顾绣业主要替换使用绣品类的饰品称谓，如"隔春"（隐指门帘）、"衬池头"（隐指床帷）、"衬头"（隐指枕头）、"海青"（隐指童装）、"亮壳"（隐指眼镜套）、"暖手"（隐指茶壶套）等装饰性物品和能够体现装饰性物品的隐语。

地域性较强的商业隐语能够在一定程度上反映该地域的经济面貌以及风俗民情。金线业、丝绸业、丝经业、顾绣业等行业存在着大量商业隐语，反映了江南作为丝绸之乡丝绸行业的发达以及行业分类的细化，反映了江南人所崇尚的精雕细作的加工方式，同时也反映了江南地区精细而丰富多彩的丝绸艺术。

商业隐语的使用数量能够体现一定的时代性特点以及风俗民情。隐语使用的数量和程度由时代和社会的大环境所决定。在公开、公平、公正的时代和社会背景下，能够较好地保护商业利益，隐语的使用数量一定会减少。若时代和社会不能很好地保护商人的利益，隐语的使用数量一定会大大增加。

（三）商业隐语的分类

《中国商业文化大辞典》在"商业隐语"的类别中列出了估衣铺隐语、修脚行隐语、香烛业隐语、海味业隐语、木行隐语、烟馆隐语、钱庄隐语、地货业隐语、丝经行隐语、南货业隐语、猪肉行隐语、米行隐语、铁匠行隐语、漆行隐语、铜锡行隐语、泥水行隐语、皮匠行隐语、染坊隐语、成衣行隐语、金银行隐语、酒行隐语、小炉匠行隐语、浴池业隐语、旅店隐语、茶馆业隐语、饭店隐语、面馆隐语、点心铺隐语、烟土行隐语、竹器业隐语、山货业隐语、江南商界通用隐语、药商隐语、理发业隐语、古董业隐语、行医业隐语、中草药名隐语、典当业隐语等共计38类（傅立民、贺名仑，1994：1401—1408）。该词典基本以商业内容进行分类（"江南商界通用隐语"除外）。

商业涉及生活各个方面，从广义的角度而言，所有以盈利为目的的事业都是商业；从狭义的角度而言，是指专门从事商品交换活动的盈利性事业。本书所指的商业为狭义商业，研究的商业隐语即为狭义商业经营活动中所创造和使用的隐语。汉语商业隐语语料库包含领域广泛，涉及的行业众多，衣食住行无所不包，农林牧副渔无所不含。依据行业内容的大致分类，将比较客观地反映商业隐语的使用状况和大致面貌，让我们可以从宏观上勾勒出商业隐语的整体面貌，从微观上了解各类商业隐语的整体特点。

二 商业隐语行业概貌

根据现代汉语商业隐语所属商业内容的大致分类，我们分为以下九类：（一）衣着类；（二）饮食类；（三）加工制造类；（四）建筑类；（五）医药类；（六）瓷器、古玩类；（七）典当、金融类；（八）其他类；（九）工商业通用类。各大类商业隐语中又根据商业内容相同或相近分为不同的次类，次类称谓基本尊重原文献中的名称，不作改动。具体分类见下文。

（一）衣着类商业隐语

衣着类商业隐语分为三个不同的次类：纺织品及加工类隐语、服装及加工类隐语、鞋帽及加工类隐语。由于涉及行业较多，隐语全部列出篇幅较大，且行业内隐语数目多少不一，为了统一起见，每类仅列举部分隐语。横线前为隐语，后为对应的通语词语，即释义。从严格意义上说，有的隐语书写并不规范，如"棒槌"写为"棒锤"等，其主要原因是服务于隐秘性而使用音同、音近或形近字所致。

1. 纺织品及加工类商业隐语

纺织品及加工类隐语有布匹业、绸缎业、丝经业、棉花行、织补业、染色业等隐语。该业隐语主要隐指各类纺织品、纺织方法、工具、价格、人物等名词性称谓，另外有少数动作性词语。例如：

（1）布匹业隐语

丁娘子——沪产窄幅布　　　飞花——梭布
漂货——羽纱　　　　　　光面——洋缎子
暖身——绒布　　　　　　席法——凹凸纹布
歪浏——斜纹布　　　　　西布——绒呢

（2）绸缎业隐语

悲墨——墨色　　　　　　不睬——素色
绝好——黄色　　　　　　叉开——剪刀
吊色——好　　　　　　　方面大耳——防范
二成——减（价）　　　　二千八——利钱
漫——没有　　　　　　　盖人——赊欠
斗儿——姑娘　　　　　　蜜浮儿——钞票

（3）丝经业隐语

圈公——蚕茧　　　　　　高圈——高级茧子
吴王——本金加佣金　　　剥羊枣——抽蚕丝
会会——蚕茧　　　　　　里虫——蚕蛹
汤头——水　　　　　　　测规——方姓
搭青——吴姓　　　　　　打路头——招徕主顾
点王——主人　　　　　　丁的儿——郑/陈/程姓
丁括——好　　　　　　　顶宫儿——房屋

(4) 丝线业隐语

代条——略细的丝线　　　　　肥条——略细的丝线
龙洒——绣花用的丝线　　　　男女锁——略细的丝线
尖条——缝衣服用的丝线　　　浜洒——绣粗花用的丝线
文明龙——女子缚髻线　　　　文明线——女子缚髻线

(5) 金线业隐语

倒大——绕线的陀螺　　　　　套——束紧
兜转——络纱用的架子　　　　屈身——作揖
十具——真　　　　　　　　　西贝——假
向天子——工作台　　　　　　中心子——棉纱线

(6) 缫丝匠、茧行隐语

里虫——蚕蛹　　　　　　　　会会——蚕茧
圈公——蚕茧　　　　　　　　高圈——高级茧子
衣公——二茬茧子　　　　　　溜条——缫好的蚕丝
吴王——本金加佣金　　　　　嫩汤——煮茧的水刚沸腾
老汤——煮茧水沸腾过度　　　高影架——缫丝车
汤头——水　　　　　　　　　剥羊枣——抽蚕丝
瓢头——船钱　　　　　　　　打盆——用竹片拨蚕茧寻丝头

(7) 棉花行隐语

乌心——棉花　　　　　　　　白虫——带籽棉花
银菱子——最白的棉花　　　　筒头——棉花卷
黄皮——黄棉花　　　　　　　金樱子——黄棉花
翻头——去籽的棉花　　　　　撑背——弹弓杆
横量子——秤　　　　　　　　摊平——平棉花的模板
帮床——棉胎　　　　　　　　子瓜——弹棉花的木锤

(8) 织补业隐语

粗壳子——棉布衣服　　　　　件半——羊裘袍子
灵风——纱衣　　　　　　　　西布——呢绒衣服
软壳子——绸纱衣　　　　　　亮壳子——缎衣
大化——大洞　　　　　　　　小化——小洞

(9) 提花匠隐语

扳手——提花绳　　　　　　　利手——开始织布
登龙门——提花匠的座位　　　漂——提花线不牢
小盘头——小花纹　　　　　　样纸板——花样

停穿——暂停织布　　　　　　下放——织机经线断了
（10）织机匠隐语
经头——经线　　　　　　　　纡头——纬线
牛头——织机匠座位　　　　　扣子——织机
大敲棚——织机　　　　　　　快龙——梭子
仙人跳——织机脚踏板　　　　起机——开始织布
（11）染色业隐语
烂污——靛青　　　　　　　　咸头——石灰
千绪——棉纱　　　　　　　　较量——尺子
裂帛——剪刀　　　　　　　　财字——水
浸润——酸缸　　　　　　　　墨悲——染缸
横箫——绞布棍　　　　　　　片子——待染之衣物
加白——印白色花样　　　　　管缸——染布的头目
（12）刷染业隐语
软披——绸缎　　　　　　　　套子——袍子
脱臂——背心　　　　　　　　摆开——裤子
脱裆——套裤　　　　　　　　硬披——布
棍头——印染用的横杆　　　　花身——印版
洒子——刷帚　　　　　　　　暗——色深
亮——色浅　　　　　　　　　斗光——晒太阳
（13）染布匠、染坊隐语
三点头——水　　　　　　　　二点头——火
瘦马——理布凳子　　　　　　地龙——染布地灶
酸口缸——浸布缸　　　　　　白盐——石灰
炕料——加热用的短木棍　　　香头——酒糟
查青丘——染布匠　　　　　　大行邱——染阔幅布的工人
小行邱——染窄幅布的工人　　搭药——印染花布的工人

2. 服装及加工类商业隐语

服装及加工类隐语有衣庄业、兜带业、顾绣业、另剪业、裘皮业、估衣行等隐语。该业隐语主要有各类服装、加工材料、加工工具等称谓，且多从形状、功能等角度进行命名。例如：

（1）衣庄业隐语
遮风——皮袍子　　　　　　　长飘——汗巾
光身——长衫　　　　　　　　披氅——斗篷；披风

对合——马褂　　　　　　　团腰——裙子
压风——袍子　　　　　　　遥箭道乱——线团
（2）成衣匠隐语
包身——袍子　　　　　　　廷张烧哉——长衫
刀乱烧哉——短衫　　　　　角盒——背心
挂号——马褂　　　　　　　福根道来——粉袋
草石——尺　　　　　　　　前刀落——剪刀
（3）西装成衣匠隐语
龙头——缝纫机　　　　　　绕连——线
空装——衣架　　　　　　　拖流——浆糊
雪钳——剪刀　　　　　　　月精——进口的缝纫机针
偷空——挖花　　　　　　　红帮——做西装的工人
（4）机器缝纫业隐语
蔽影——窗帘　　　　　　　床围——床沿
单叉——长裤　　　　　　　交背衣——椅套
牛头——短裤　　　　　　　扭胸——对襟短衫
托头——枕头套　　　　　　围襟——肚兜
（5）兜带业隐语
帮兄——缚腿布　　　　　　鸡舌——小兜
柳条儿——细带　　　　　　紧腰儿——宽厚的马肚带
困腰——普通马肚带　　　　里芯子——袜带
马搭——棉被套　　　　　　牛肚——大兜
（6）顾绣业隐语
衬池头——床沿绣帏　　　　衬头——枕头
隔春——门帘　　　　　　　海青——童装
横坡——桌帏　　　　　　　靠子——椅披
亮壳——眼镜套　　　　　　暖手——茶壶套
（7）另剪业隐语
挑出——卖出　　　　　　　挑进——买进
挑夫——买主　　　　　　　头把——衣领料
拖客——裁缝匠　　　　　　硬——好
漂——不好；蚀本　　　　　瘦——小
（8）裘皮业隐语
短丛——水獭皮　　　　　　卷耳——紫羊羔皮

第二章 现代汉语隐语概貌

嫩珠——珠皮羊毛　　　　　青锋——青鬃羊皮
天德——貂皮　　　　　　　拖枪——狐皮
一斑——虎皮　　　　　　　银锋——银色鼠狼皮

（9）估衣行隐语
喜合子——小孩儿　　　　　抄富——吃饭
迟度——绸缎　　　　　　　豆鸡——衣服的大襟
罐子——褂子　　　　　　　宽乐——窟窿
懒盘子——老婆子　　　　　懒特子——老头子
斗官妞——大闺女　　　　　照敢饶——这个人
小下一——原价对折后减一角　旱酸——喝水

3. 鞋帽及加工类商业隐语

鞋帽及加工类隐语有鞋业（包括鞋业、卖草鞋摊贩、木屐业、绱鞋行、皮匠等）、缝袜业、帽业（包括帽业、制帽匠）等隐语。该业隐语主要隐指各类鞋帽、加工工具的称谓。例如：

（1）鞋业隐语
对合——有梁的鞋子　　　　尖头——女鞋
尖吞——尖口鞋　　　　　　双根子——鞋梁
圆头——圆头鞋　　　　　　圆吞——圆口鞋
托脚——鞋衬里　　　　　　踢土——鞋底

（2）卖草鞋摊贩隐语
煞清——稻草去壳　　　　　风凉——凉鞋
乱头——稻草　　　　　　　绚子——稻草绳
青须——水草　　　　　　　摊底——草鞋
卖挂虫——卖草鞋　　　　　栏干——草鞋耙

（3）木屐业隐语
钻脚——钉子　　　　　　　长衬——木底靴
硬面子——皮革　　　　　　硬衬——皮面木屐
托底——木屐底板　　　　　草桥关——草鞋面的木拖鞋
长链条——麻线　　　　　　谢公屐——底面有两只木齿的木屐

（4）绱鞋行隐语
成样——剪子　　　　　　　大山——刀子
夹板行——绱鞋行　　　　　引路侯——绱鞋用的针
窝囊——鞋楦子　　　　　　小开山——锤子
混水鱼——水刷子　　　　　锋刃——锥子

(5) 皮鞋匠隐语

八宝——皮匠担　　　　　天平称——扁担
月亮——切皮的砧板　　　承前——包鞋头
上衬——配鞋底　　　　　引子——猪鬃
蔽尘——鞋面　　　　　　吃老——麻线

(6) 缝袜业隐语

本连——本色布袜　　　　草连——单袜
广连——白袜　　　　　　蝴蝶头——袜后跟布
龙骨——袜梁　　　　　　龙身——袜底撑
千张——包脚布　　　　　双连——夹袜

(7) 帽业隐语

顶宫儿——男帽　　　　　横困——女帽
凉兜——纱帽　　　　　　闪光——缎子
里子——大红布　　　　　散兜——纬帽
搭连——糨糊　　　　　　烙铁——熨斗

(二) 饮食类商业隐语

饮食类商业隐语有副食品加工与销售、餐饮业、蔬菜水果经营、鱼肉类加工与销售、粮食类加工与销售、农产品加工与销售等类商业隐语。

1. 副食品加工与销售类商业隐语

副食品加工与销售隐语有炒货行、豆腐店、麻油店、饴糖行、卖糖果者、蜜饯业、油坊、酒业、酱园等隐语。该业隐语主要隐指各种副食品、加工原料、加工工具、人物等称谓。例如：

(1) 炒货行隐语

大门——油氽豆板　　　　大炮——洋花生（多大粒）
弹子——花生仁　　　　　对合——西瓜子
兰花——糖酱开花豆　　　龙眼珠——油氽黄豆
秀才果——盐浸豆　　　　助畏——砂炒蚕豆

(2) 豆腐店隐语

白屑——豆渣　　　　　　白字田——豆腐
臭方——臭豆腐干　　　　二点头——火
虎头牌——切豆腐刀　　　香方——豆腐干
三点头——水　　　　　　净白衣——豆腐皮

(3) 油坊隐语

白梅——乌桕子　　　　　摆老——黄牛

逼照——榨油床　　　　　　薄板——豆饼
大口——油缸　　　　　　　大笠帽——蒸料釜
车把老——油坊工人　　　　老虎——熬油灶
大轮子——石磨　　　　　　浑老——豆油
清老——菜籽油　　　　　　滑老——麻油
（4）麻油店隐语
挨月——磨芝麻酱　　　　　打斗子——舂芝麻
打焦——炒芝麻　　　　　　顶交——麻油
膏筋——芝麻酱　　　　　　大元——大钵
条鬼子——驴子　　　　　　老虎——炒芝麻的灶
（5）蜜饯业隐语
紫丁——葡萄干　　　　　　白瓤尖——瓜仁
草干——白梅干　　　　　　褐酸——青梅
黑钻头——药橄榄　　　　　金佛条——糖萝卜条
小口——蜜渍樱桃　　　　　卫生丸——糖莲子
（6）饴糖行隐语
白屑——冰糖屑　　　　　　本间——黄糖
东白——日本白糖　　　　　广块——冰糖
雀沙——红糖　　　　　　　火车——太古糖
三温——带黑色的白糖　　　三边——白糖
（7）卖糖果者隐语
琵琶——糖慈姑片　　　　　双响——糖枇杷
瓦花——百合糖　　　　　　地铃——荸荠糖
恶心——糖藕　　　　　　　苦生——杏仁糖
麻壳——糖花生仁　　　　　歪嘴——糖桃子
（8）酒坊、造酒匠、糟坊隐语
乐水——酒　　　　　　　　倒把锤——酒提子
门里大——酿酒缸　　　　　花——掺入酒中的水
干炮子——不掺水的酒　　　花酒——掺水的酒
揩老——煮酒　　　　　　　虫屑——麦曲
酒把子——酿酒师傅　　　　汽大——蒸饭
软腰——糯米　　　　　　　望高——酒做得好
（9）酒店隐语
三西——酒的总称　　　　　软货——黄酒

硬货——烧酒　　　　　　落花——茄皮酒
苦口——药酒　　　　　　红老——红玫瑰酒
清口——白酒　　　　　　在手——酒杯
沾唇——酒碗　　　　　　伴客——下酒菜
撑口棒——筷子　　　　　坐头——买酒之处

（10）酱园隐语
米方——醉腐乳　　　　　顶青——臭腐乳
白方——糟腐乳　　　　　甜卜——糖酱萝卜
甜黄条——糖酱黄瓜　　　甜尖——糖酱竹笋
甜条——糖酱瓜　　　　　甜芽——酱生姜片
霜降——红酱　　　　　　蜜口——甜酱
撕口——辣酱　　　　　　酸口——梅酱

（11）造酱匠隐语
肚枪——麦子　　　　　　白渡——麦饼
黄渡——豆饼　　　　　　仰天——酱缸
粒子——黄豆　　　　　　红油——辣油
红泥——酱渣　　　　　　过酱——酱袋

（12）盐业隐语
白砂——盐　　　　　　　青龙——秤
屯祁山——盐仓　　　　　盐猁狲——盐务委员
盐老鼠——验盐人员　　　盐木头——缉私人员
盐野猫——收纳盐税人员　仰高——高抬盐价

2. 餐饮类商业隐语

（1）茶楼业隐语

茶楼，也称为茶馆，不仅是人们解渴放松的地方，也是人们休闲、娱乐的场所，还发挥着承接洽谈各种事务、举行一些活动等多方面的功能。该行业隐语主要为茶水和用品用具名称，多从特点、功用等角度命名。该行有茶楼业、茶食业、茶叶行、茶担夫、熟水店等隐语。例如：

1）茶楼业隐语
津——水　　　　　　　　苦口子——茶叶
黄连汤——茶　　　　　　青子——茶杯
劈面见——穿衣镜　　　　摆子——茶壶
隔阳——帘子　　　　　　缆子——毛巾
老相——炉子　　　　　　叉起——衣架

步步高——梯子　　　　　　　　高明——照明灯

2）茶食业隐语

对交——巧果　　　　　　　　　风化——酥饼
椒盐含口——烧饼　　　　　　　焦桃——桃肉糕
千层——云片糕　　　　　　　　琴条——香糕
月亮——饼　　　　　　　　　　云带——白米粉糕

3）茶叶行隐语

碧螺——茶叶精品　　　　　　　红片——红茶
绿片——粗制绿茶　　　　　　　嫩尖——嫩茶叶
雀舌——色形俱佳的嫩茶叶　　　洒屑——茶末
先春——茶叶　　　　　　　　　银针——细形茶叶

4）茶担夫隐语

滑老——麻油　　　　　　　　　浆斗——酒杯
浆壶——酒壶　　　　　　　　　酱滑老——酱油
靠大——椅子套　　　　　　　　毛树——竹筷
汉——饭　　　　　　　　　　　扇——茶水
扇叶——茶叶　　　　　　　　　求汉——吃饭
求扇——喝茶　　　　　　　　　浆头——酒

5）熟水店隐语

兜帽——熟水店　　　　　　　　老虎头——烧水的灶
青——水缸　　　　　　　　　　坦口——大铁锅
提子——小水桶　　　　　　　　天青——水
起势——水沸腾　　　　　　　　罢势——水不沸腾

（2）饮食业隐语

饮食业的经营形式有饭店、小吃店铺（如面馆、粥店、点心铺等）、小吃摊（如卖馄饨摊贩、卖糕摊贩、卖饼摊贩、卖芋艿摊贩等）。各行皆有当行隐语，多见于食品、用具名称及部分经营用语。例如：

1）饮食业隐语

白尘——面粉　　　　　　　　　白果——鸡蛋
拜万寿——没饭吃　　　　　　　北方壬癸——水
煏热——油锅　　　　　　　　　扁口——鸭子
玻璃——清汤　　　　　　　　　带子——猪肠

2）饭店业隐语

白切——盆装水煮肉切片　　　　白斩——盆装鸡肉块

拆炖——蹄髈　　　　　　　　大龙爪——猪蹄
黑水——酱油　　　　　　　　圈子——猪肠
阳春——客人吃的第一碗饭　　添头——客人吃的第二碗饭

3）面馆隐语

甲鱼——猪头肉与猪脚爪面　　本色——鲍鱼面
高叫——鸡肉面　　　　　　　金丝——鳝鱼面
金丝托黑——鳝背面　　　　　荒荣——蛋炒饭
取水——鱼头面　　　　　　　辣灰——胡椒粉
净面——手巾　　　　　　　　桥头——桌子
桥梁——凳子　　　　　　　　千①子——筷子

4）粥店隐语

赤老稀——赤豆粥　　　　　　绿老稀——绿豆粥
稀老——白粥　　　　　　　　大尾鲞——咸白菜
斧头——黄豆芽　　　　　　　海蛆——海蜇
横篙——筷子　　　　　　　　霉方——腐乳
青头——蔬菜　　　　　　　　腻口——糖粥
细黄米——桂花　　　　　　　尺八——孩童

5）厨子隐语

拌山头——菜肴　　　　　　　穿浆子——鱼
骨外——肉　　　　　　　　　黑儿——酱油
虎爪——生姜　　　　　　　　青杠子——葱
丙条子——引火用的纸吹　　　衬片——砧板

6）点心铺隐语

对合——饺子　　　　　　　　封口——糖粥
汽块——馒头　　　　　　　　紧口——烧卖
满口——汤团　　　　　　　　球子——汤包
酭头——酒酿　　　　　　　　上升——糕

7）卖馄饨摊贩隐语

白索——粉丝　　　　　　　　墨水——酱油
红粒——虾子　　　　　　　　大夹——大街
旱桥——馄饨担　　　　　　　挨老——买主
冰清——生意不好　　　　　　热烘烘——生意好

---

① 千，与"签"音同。

8）卖糕摊贩隐语

叫红——玫瑰糕　　　　　　　镶砂——夹砂猪油糕

滑条——猪油糕　　　　　　　净白条——白糖糕

松块——黄松糕　　　　　　　滑头——油

挽老——卖糕篮　　　　　　　躙跷——卖糕商贩

9）卖饼摊贩隐语

蟹壳黄——圆小饼　　　　　　满天星——芝麻饼

大满口——大烧饼　　　　　　盘香——油酥饼

面衣——油煎饼　　　　　　　摊喜——草头饼

着大棋——卖饼的人　　　　　滑头——油

10）卖芋艿摊贩隐语

滑子——芋艿　　　　　　　　揎郎——抹碗布

叉老——叉芋艿的叉子　　　　彻骨——熟

带毛——芋艿未熟　　　　　　劈水——舀水的勺子

上色——红曲　　　　　　　　赤老——红糖

3. 蔬菜水果经营类商业隐语

蔬菜水果经营隐语有蔬菜业和水果业等隐语。该业隐语主要有各类蔬菜、干菜、水果、干果等称谓，以及经营活动中的人物称谓和少数动作性词语。例如：

（1）蔬菜业隐语

1）蔬菜行隐语

无事草——葱　　　　　　　　百仙——雪里蕻

棒——茄子　　　　　　　　　刺虫——黄瓜

翠带——豇豆　　　　　　　　蹲鸥——芋艿

倒开牡丹——大蒜　　　　　　杜道人——丝瓜

繁簇——莴苣　　　　　　　　非非子——韭菜

黄卵生——南瓜　　　　　　　薯蓣——山药

2）卖蔬菜摊贩隐语

矮株——小白菜　　　　　　　地根——萝卜

红茄——辣椒　　　　　　　　菊花草——蒿菜

癞头——生姜　　　　　　　　兰花——韭菜

无心——蕹菜　　　　　　　　鹦官——菠菜

3）地货业隐语

白条——萝卜　　　　　　　　宝塔——玉米

闭翼——卷心菜　　　　　　常青——白菜
触角——菱角　　　　　　　地龙——藕
花边——芥菜　　　　　　　球子——西瓜
水浸花——芹菜　　　　　　泥块——红薯
团头——冬瓜　　　　　　　湾头——南瓜

4）笋干业隐语

刀口——截下的老笋头　　　凤尾尖——嫩尾笋干
黄玉——中等质量的笋干　　老虎头——切笋的铡刀
玉斑——阔大的笋干　　　　吉玉——质地较好的笋干
羊角——小而嫩的笋干　　　托根——截下的老笋根

（2）水果业隐语

水果业隐语包括水果行隐语、卖水果摊贩隐语、山果业隐语、桂圆行隐语等。该业隐语主要隐指各类水果、干果及少数经营用语。例如：

1）水果行隐语

多子——石榴　　　　　　　艳秋——海棠果
干橑——梅子　　　　　　　红宝珠——山楂
水栗——菱　　　　　　　　青果——橄榄
林擒——苹果　　　　　　　七绝——柿子
虬卵——柿子　　　　　　　荷荮——莲蓬
蜡兄——枇杷　　　　　　　鸟衔残——樱桃

2）卖水果摊贩隐语

潮甘——蜜橘　　　　　　　大球子——香橼
带壳杨梅——荔枝　　　　　地裂——荸荠
福八字——福橘　　　　　　合掌——佛手
红火球——山楂　　　　　　滑肠——柿子
滑头——李子　　　　　　　黄球——杏子
嫩面——苹果　　　　　　　落礼——桃子

3）山果业隐语

齿——佣金　　　　　　　　告示——钱票
邪子——客商　　　　　　　爨邪子——请客商吃饭
吃星子——称重时暗中多报数量　顺邪子——交易成功

4）桂圆行隐语

正贰——桂圆最佳品　　　　正全——二等桂圆
正三——三等桂圆　　　　　三全——四等桂圆

沙元——小桂圆　　　　　　　泡元——颗粒大的质次桂圆
白花——破碎桂圆　　　　　　五元——质次桂圆

4. 鱼类肉类加工与销售隐语

鱼类肉类加工与销售隐语捕鱼、售鱼业（包括渔业、渔民、渔夫、鱼行、鲜鱼行、海渔行、海味业等）隐语、鱼类肉类加工与出售业（包括咸货行、猪肉业、火腿业等）隐语。该业隐语主要隐指各种海产品、肉类食品的名称、捕鱼、售鱼、加工工具等名词性称谓。例如：

（1）渔业、渔民、渔夫隐语
滑水——捕鱼用胶皮服装　　　克笼——鱼筌
清斗子——捕虾篮　　　　　　条枪——鱼叉
扒水——船桨　　　　　　　　余太——大鱼网
温头公——冬天下水捕鱼的人　财神把子——火把

（2）鲜鱼业隐语
穿浪子——鱼（总称）　　　　八邱——泥鳅
白饭——小虾　　　　　　　　白刃——刀鱼
笆子——鲫鱼　　　　　　　　常湖春——河蚌
滑头——鳗鱼　　　　　　　　化龙——鲤鱼
金钻子——黄鳝　　　　　　　跳虫——河虾
铁锁——鲈鱼　　　　　　　　钻泥——泥鳅

（3）海渔业隐语
柔鳞——鲨鱼　　　　　　　　润身——鲇鱼
石玉明——牡蛎　　　　　　　茅蓬——龙虾
大滑头——海鳗　　　　　　　乌壳——汕头毛蚶
小亥——河豚鱼　　　　　　　大鲜——大黄鱼
小鳞——小黄鱼　　　　　　　银带——带鱼
圆玉——鲍鱼　　　　　　　　冰墨——鲜乌贼鱼

（4）海味业隐语
玉吉——鱼翅　　　　　　　　玉斑——鲟鱼骨
招风——鱿鱼　　　　　　　　毛虫——刺参
开洋——小虾肉干　　　　　　瑶柱——干贝
凉帽——鳖裙　　　　　　　　招菜——紫菜

（5）咸货行隐语
长髯——鱿鱼　　　　　　　　手照——鲳鱼
蛳螺——优质鳓鱼鲞　　　　　松瓜——黄鱼鲞

岫云——海蜇　　　　　　　银面——带鱼
玉带——鳗鱼干　　　　　　越肉——蟹浆

（6）猪肉业隐语

长耳公——猪　　　　　　　白球——猪脑
必正——猪心　　　　　　　爱字——猪头
兜食子——猪肚　　　　　　荷花苞——猪爪
门枪——猪舌头　　　　　　千里灯——猪眼
气袋宝——猪肺　　　　　　干——肉瘦
托底——砧板　　　　　　　枪子——秤

（7）火腿业隐语

熏儿——火腿　　　　　　　薄浆——火腿汤
刀口——零段火腿　　　　　荷花——脚爪
保肉——火腿皮　　　　　　八面威——风肉
狗包——香肚　　　　　　　狗肾——香肠
乌膏——火腿油　　　　　　道童——火腿产地浦江
鹤翼——砍火腿的斧头　　　华巧——蒋姓

5. 粮食、食品类加工与销售隐语

粮食、食品类加工与销售隐语有粮食销售类（包括粮食行、米店、陆陈业①、豆麦业等）隐语和粮食、食品加工类（包括磨坊、打面匠等）隐语。该业隐语主要隐指各类粮食作物、食品、加工工具等名词性称谓。例如：

（1）粮食业隐语

稔籼——早稻米　　　　　　白野——晚稻米
稔秋——糯米　　　　　　　乌珠——黑糯米
屑子——芝麻　　　　　　　泡儿——黄豆
仙子——客商　　　　　　　呛儿——大麦

（2）米店隐语

劈头——白米　　　　　　　软壳——糯米
平头——罗籼米　　　　　　戳皂——糙米
蒲兜子——米包　　　　　　无私——格米棒
新香——有香味的粳米　　　向上——量米的升

---

① 陆陈业，即六陈业。六陈指大米、大麦、小麦、大豆、小豆、芝麻六种粮食，以其可以久藏，故称"六陈"（参见《汉语大词典》"六陈"条），陆陈业指粮食交易行业。

折腰——斛子　　　　　　　小花边——银角子
方心——铜钱　　　　　　　扁老二——铜元
（3）陆陈业隐语
宝女——安豆　　　　　　　八木——籼米
佳人——糯米　　　　　　　屑子——芝麻
草种——籼稻　　　　　　　葫椒——红粮
剖肚——小麦　　　　　　　枪儿——大麦
（4）豆麦业隐语
冰屑——芝麻　　　　　　　滚菜——黄豆
红仙——小麦　　　　　　　红珠——赤豆
绿珠——绿豆　　　　　　　蓑衣——大麦
细料——草籽　　　　　　　细珠——菜籽
（5）磨坊隐语
头洒——头号精白面粉　　　杜虫——小麦
膏老——面筋　　　　　　　隔开——筛子
虾须——大麦　　　　　　　外壳子——麸皮
大番饼——磨盘　　　　　　长条子——面条
（6）打面匠隐语
白头——面粉　　　　　　　皮子——馄饨皮
条子——面条　　　　　　　银丝——细面条
裙带——阔条面　　　　　　菇屑——制面时撒的干粉
黄骠——压面用的竹杠　　　骑黄骠——制面工人

6. 农产品加工与销售类隐语

农产品加工与销售隐语有山货业、南货业等隐语。山货业以经营山区器具、土产为主，其隐语多为货品名称；南货业主要经营来自南方的食品、物品等，其隐语多为食品、物品的称谓。因该类隐语包含物品较多，故单列一类。例如：

（1）山货业隐语
地蛇——马鞭笋　　　　　　虎啸——竹梢
泥尖——冬笋　　　　　　　黄袍加身——枇杷
秀才——青梅　　　　　　　引鸟含——樱桃
扁豆——刀　　　　　　　　大兜——大竹筐
青龙——竹竿　　　　　　　青叶子——茶叶
软蛇——绳索　　　　　　　湾老——秤钩

（2）南货业隐语

满口——白糖　　　　　　泉水——砂糖
满块——冰糖　　　　　　扁口——瓜子
水火生——葵花籽　　　　小相公——南瓜子
龙睛——桂圆　　　　　　黑皱皮——黑枣
莽草——茴香　　　　　　白衣——豆腐皮
硬壳——胡桃　　　　　　云头——木耳

（三）加工制造类商业隐语

加工制造类商业隐语包括生活用品加工、制造与修理类隐语、金属冶炼、加工与销售类隐语、文化商品制造类隐语等三大类。

1. 生活用品加工、制造与修理类隐语

生活用品加工、制造与修理类隐语有家具业、皮箱业、灯笼业、白藤业、藤器匠、编苇工匠、席子业、箍桶匠、绳索匠、磨刀匠、磨镜匠、补缸匠、补锅匠、补碗匠、烧窑匠、香烛业、雨伞业、扎花匠、制箩匠、竹器业等隐语。该业隐语主要隐指各类物品、加工工具、人物称谓等，另有少数动作性词语。例如：

（1）家具业隐语

四平——桌子　　　　　　件头——凳子
方件——方凳　　　　　　披匣——衣橱
壁立——衣架　　　　　　六曲——屏风
横困——床　　　　　　　斜躺——炕床
靠把——炕桌　　　　　　描平头——写字台
茶靠把——茶几　　　　　息脚——椅子

（2）皮箱业隐语

官扁——最大的牛皮扁箱　官方——最大的牛皮箱
抄背——小皮箱　　　　　市扁——普通牛皮扁箱
市方——普通牛皮　　　　靭①子——牛皮
耳朵——箱子的环　　　　飞子——日本进口皮纸

（3）灯笼业隐语

堂光——悬挂于室内的灯笼　　放洋——大号灯笼
三号——大型门挂灯笼　　　　中连——大号小灯笼

---

① 靭，同"韧"。

香光——二号小灯笼　　　　大班——班夫所用的大灯笼
撑亮子——灯笼杆　　　　　车元——人力车灯

(4) 白藤业隐语

白骨——剥皮后的藤条　　　水四栋——普通木藤箱
新港木——木藤　　　　　　水三栋——较粗的普通木藤
湖细奎——细匀的白藤　　　蛇口——枪杆藤
奎粗——绞索用的粗白藤　　木粗——船缆用粗木藤

(5) 藤器匠隐语

高搁——藤茶几　　　　　　靠手——藤桌
托身——躺椅　　　　　　　高跷——藤衣架
四方——藤橱　　　　　　　金人——藤灯架
万罗——字纸篓　　　　　　推轮子——儿童坐车

(6) 编苇工匠隐语

板——道路；土地　　　　　行——家；房子
约行——猪圈　　　　　　　尖崔——白面馍馍
梦崔——窝窝头　　　　　　来子——水
宝成套——鞋　　　　　　　约——猪
流金——狗；坏蛋　　　　　调——唱
归行——回家　　　　　　　万——说
到——好；漂亮；整齐；干净　范——少；小；便宜；

(7) 席子业隐语

广襮——最阔的席子　　　　白条——最狭长的席子
白草——粗草席　　　　　　宁襮——宁波所产的席子
瓯襮——温州产的席子　　　软心——细草席
草筋——苎麻为经的席子　　地皮衣——铺地席
首靠——枕席　　　　　　　较量——尺子
直头——长度　　　　　　　横头——宽度

(8) 箍桶匠隐语

手汲——水桶　　　　　　　百口——锯子
吃木虎——斧子　　　　　　昆仲——炊桶
老三老四——马桶　　　　　买路——凿子
吃圆线的——箍桶匠的自称　斗落踢瓜——箍桶匠
合瓜瓣——箍桶担　　　　　劈地龙——剖竹制篾
劈开——斧头　　　　　　　劈木龙——锯子

(9) 绳索匠隐语

缆子——普通绳索　　　　石脚索——系船帆的绳索
黄皮——黄麻条　　　　　头缆——海船所用的缆绳
绿丝——棕榈绳　　　　　白经——白麻
二缆——比船缆略细的绳索　宁条——南货店用小绳索

(10) 磨刀匠隐语

高庄行——磨刀的行当　　对口青子——剪刀
湾脚——剪刀把　　　　　龙——蘸水用的水刷
海——水桶　　　　　　　单口青子——刀

(11) 磨镜匠隐语

照妖——镜子　　　　　　圆光——圆镜
坐马——磨镜匠的凳子　　黄——男主人
蒙花——未婚女子　　　　托亮——磨镜匠
劈开——仆人　　　　　　月梭——成年女佣

(12) 补缸匠隐语

丙日子——补缸匠　　　　大腰——坛子
鳝子——凿子　　　　　　黑粉——铁砂
刚骨——铁攀子　　　　　穿响子——凿洞
小郎——铁锤　　　　　　咸头——盐卤

(13) 补锅匠隐语

朝天子——锅　　　　　　将军令——罐子
玉团儿——火炉　　　　　五夜转——茶壶
铧锹——熔铜器　　　　　双燕——抽风箱
五霸手——补锅匠　　　　掉角——补缸

(14) 河北省补锅匠隐语[①]

黑争——锅　　　　　　　鹤眉——铐子
瓦窑——旅店　　　　　　拨——钱
黄金塔——窝头　　　　　辘辘头——铺盖卷
缠手——大锤子　　　　　闹海龙——小锤子
吃火龙——火钳子　　　　巴得——人
定海针——弯钻　　　　　风柜——风箱

[①] 注明使用地域的汉语隐语亦按照行业进行分类，由于该类语料多来自地方性文献中，故单列。下同。

单柜头的——补锅匠　　　　　老仓胡——老头儿
老仓虎——老太太　　　　　　搬火山——喝水
九苗——吃饭　　　　　　　　烧红——生火
苗鲜亮——吃喝得很好　　　　苗不丘——东西少

(15) 补碗匠隐语

大汉——大碗　　　　　　　　小汉——小碗
满汉——盖碗　　　　　　　　道子——钉碗的担子
硬尖——钻子　　　　　　　　搭连——铜丝襻
马——扯弓　　　　　　　　　穿——（碗上）碎纹多

(16) 河北省补碗匠隐语

破家鬼——剪刀　　　　　　　五雷轰顶——补碗用的砧
补丁锤——小锤　　　　　　　吃土龙——钻子
仙人衣——补碗匠身前的垫布　红瓦——盆子
顾鲁子——补碗匠　　　　　　空中悬月——招徕用小铜锣

(17) 烧窑匠隐语

滩气——碗　　　　　　　　　摆风——盘子
子缸——钵　　　　　　　　　大件——景瓶
叉嘴——茶壶　　　　　　　　含口——杯子
九子——小杯子　　　　　　　框榔——模型
戊己——土（原料）　　　　　拨焰——烧火工人
指邱——制陶坯的工人　　　　描画——花草景物

(18) 香烛业隐语

辟邪——安息香　　　　　　　沉水——沉香
赤骨——速香　　　　　　　　牛头——檀香
清幽——棒香　　　　　　　　石叶——芸香
斗光——最大的蜡烛　　　　　还魂——劣质蜡烛
龙凤——花烛　　　　　　　　三拜——最小的蜡烛
通宵——二斤重的蜡烛　　　　开花——二两重的蜡烛

(19) 雨伞业隐语

洒子——伞　　　　　　　　　洒开——伞骨
撑天——伞柄　　　　　　　　湾老——伞柄钩
搁老——伞柄横销　　　　　　托根——伞的小骨
飞子——皮纸　　　　　　　　溜水——皮纸漆

(20) 卖洋伞摊贩隐语

遮天——洋伞　　　　　　　光头——伞柄
擎天——伞杆　　　　　　　凉架——洋伞担子
洒开——伞骨　　　　　　　撑腰——伞小骨
钳老——钳子　　　　　　　条子——铁丝

(21) 扎花匠隐语

百瓣生——扎花匠　　　　　中条——花树的主干
支条——花枝　　　　　　　玉子——花瓣
托花——叶子　　　　　　　触头——花芯
耀圆——装饰用的圆珠　　　建绒——丝带

(22) 香烛业隐语

辟邪——安息香　　　　　　沉水——沉香
赤骨——速香　　　　　　　牛头——檀香
石叶——芸香　　　　　　　线柱——线香
大四支——四两重的蜡烛　　小四支——略轻于四两的蜡烛
还魂——劣质蜡烛　　　　　斗光——最大的蜡烛
三拜——最小的蜡烛　　　　龙凤——花烛

(23) 竹器业隐语

白篮——最大的竹筐　　　　斗子——淘米的竹箩
合地——捕鱼用的竹罩　　　戤身——竹椅
横身——竹榻　　　　　　　扒土——竹畚箕
合子——竹箱　　　　　　　平头——竹箩
起手——簸箕　　　　　　　出白——筛子
隔青——竹笠　　　　　　　隔阳——竹帘

(24) 竹器匠隐语

千人眼——笼筛　　　　　　万人眼——格筛
铜罗——笾　　　　　　　　蝴蝶——剖篾刀
百脚——锯子　　　　　　　刻孔——钻子
内家——男主人　　　　　　杀横——女主人
穿头——工钱　　　　　　　潮——看
定盘——慢慢做　　　　　　杀关——快些做
扒山——吃饭　　　　　　　盘山——喝酒

(25) 修竹器匠隐语

卧虎——工具箱　　　　　　青子——锥子

砍山子——斧子　　　　　　捆天绳——弓弦
盘龙——放原料、铺盖的箱子　拨云散——小镰刀
黄袍——工作围裙　　　　　　惊街鞭——招徕生意的唤铁

2. 金属冶炼、加工与销售类隐语

金属冶炼、加工与销售隐语有采金行、冶坊、金箔匠、铁器业（包括铁器业、铁器店、铁匠）、铜锡行（包括铜锡行、铜匠、锡匠、锡箔匠）、银楼业（包括银楼业、银匠）、翻砂匠等隐语。该业隐语主要隐指各类金属、器具、工具、人物等名词性称谓以及少数动作性词语。例如：

（1）采金行隐语

头绪——金子　　　　　　碟洼——小水坑
泡子——大水坑　　　　　飞台子——矿井里的台阶
嘎拉——石块　　　　　　板光——水桶
摇簸子——领班人　　　　字匠——算账先生
灰——水　　　　　　　　吹——刷
捆——停　　　　　　　　打——分配
窄巴糜费——生活困难　　观景——做梦

（2）冶坊隐语

天地——熔铁炉　　　　　窝子——铁锅
斗子——铁汤锅　　　　　软红——熟铁
硬相——生铁　　　　　　鼓动——风箱
黑老——煤　　　　　　　撮子——铁凿子
重泥——大釜　　　　　　申三——一尺三寸口径的铁锅
大海——头号团底汤罐　　洋汤——头号空底汤罐

（3）打金箔匠隐语

叶子——金箔　　　　　　锭子——剪好的金子
衬方——铁墩子　　　　　碰衬——锤子
斜锋——切金箔的刀　　　排——打金箔
扁庚通——打金箔匠　　　击棋盘——切金箔的工匠

（4）铁匠行隐语

九炼头——钢　　　　　　怕风火——铁
养红料——煤炭　　　　　红摆——熔铁炉
抽风——风箱　　　　　　吃硬——火焰
扇红——铁匠　　　　　　木鱼——打铁用的砧子

(5) 铁器店隐语

薄片子——刀	鲳鱼——小侧刀
天平——铁板	不动——铁锁
不了——铁门环	叉儿——铁夹子
除泽焦——锅铲	交木——钉子
了鸟——窗扣	劈水——勺子
四通——铁丝网	醒客梦——钟

(6) 铜锡行隐语

寸块——铜块	青方——铜片
紫薄——紫铜皮	点铜——质量最好的锡
低身——最劣质的锡	笔管——质量较次的锡

(7) 铜匠隐语

抽手——风箱	叉儿——剪刀
道长——锤子	方印——铁凳子
火瘤——风炉	挞平——锉刀
摊斗——熔铜的锅	坐山——凳子

(8) 打锡箔匠隐语

定支——锡	地平——铁砧
天打锤——铁锤	大卜——铁片
清水纸——衬锡纸	打尺六——打锡箔匠
挨老——打锡	倒执锤——使劲锻打锡块

(9) 锡匠隐语

大肚——锡瓶	事件——锡盘
虎头——锤子	狗牙齿——钳子
蝴蝶板——木地板	踏癀——酒壶
笠帽——锅	狮子头——火炉
弹嘴——茶壶	蒸万——锅
三事——烛台与香炉	五事——烛台、香炉与花插

(10) 银楼业隐语

不离——别针	横云——簪
连理——耳环	发录——床饰
压黛——钗	条脱——手镯
绕指——戒指	均薄——瓶子
落珠——盘子	错落——酒具

偏提——茶壶或酒壶　　　　　　匏子——酒杯
(11) 银匠隐语
珑璁——锤子　　　　　　　　　搭锤——木柄铁锤
哑锤——木锤子　　　　　　　　摇——扇子
时双——剪刀　　　　　　　　　雀尾——铁杆
相公——风炉　　　　　　　　　熟底——熔银锅
(12) 翻砂匠隐语
斗子——坩埚　　　　　　　　　接口——勺子
乌屑——砂　　　　　　　　　　阳门——熔铁炉
浑条——铁杆　　　　　　　　　签子——模型
天平——盖板　　　　　　　　　威勇邱——翻砂匠

3. 文化商品制造类隐语

文化商品制造隐语有爆竹业、纸张业、笔墨业、裱画业（包括裱画业、裱画行）、封套业、成佛匠、画船匠、颜料业、印刷匠、账簿业等隐语。该业隐语主要隐指各类物品名称。例如：

(1) 爆竹业隐语
满地红——最小的爆竹　　　　　百子——小爆竹
金钱——甩炮　　　　　　　　　宁升——大号爆竹
高升——二号爆竹　　　　　　　边升——三号爆竹
九龙治水——条型花炮　　　　　追星——燃放后腾空的花炮

(2) 纸张业隐语
白关——毛六纸　　　　　　　　闪影——蜡光纸
竹帘——毛太纸　　　　　　　　陆五边——毛边纸
六印——参皮纸　　　　　　　　人山洋皮——日本产的皮纸
康边——细质草纸　　　　　　　贡川——上等毛六纸
五千——切都纸　　　　　　　　皮料敲背——太古笺
青细——洒金笺　　　　　　　　切黄中——纸媒纸

(3) 笔墨业隐语
品玉——羊毫笔　　　　　　　　对颖——大号毛笔
黄尖——狼毫水笔　　　　　　　绿颖——绿毫的水笔
穿腰——排笔　　　　　　　　　十里红红毫的旱笔
松烟——质佳的墨　　　　　　　煤条——质次的墨

(4) 裱画业隐语
荒资——纸　　　　　　　　　　旗儿——绢子

青资——刀子　　　　　　　压重——柜子
声嗽——秘密语　　　　　云衬——绫边裱的画
大条——中堂　　　　　　大翼——大对
本衬——用纸边裱的画　　鼻涕——了解；明白
市衬——画裱得好　　　　荷叶了——将东西裹扎好

（5）封套业隐语

梅官——大号梅红纸封套　　梅百——二号梅红纸封套
梅中——三号梅红纸封套　　官包——最大的信封
百子——最小的信封　　　　行包——小信封
梅官全——带封套的梅红纸帖子　中使——最小的封套

（6）成佛匠隐语

大佛——如来像　　　　　慈悲——观音像
讳法——韦陀像　　　　　欢喜——布袋和尚像
灵子——佛头　　　　　　座子——佛身
云盖——神龛　　　　　　画骨——刻木刀
塑灵生——成佛匠　　　　开光——雕刻神像的眼睛
开金声——雕刻神像的嘴　托身——雕塑神像的腿脚

（7）画船匠隐语

描钿庄——漆画大号船　　描砂飞——涂画中号船
描踏脚——涂画小船　　　打衬子——涂清漆打底
打小样——画花鸟　　　　开盘子——画人物
漂记认——在船上写字　　清笼头——画船头

（8）颜料业隐语

翠石——绿色　　　　　　丹砂——银朱
鹅黄箔——瓦金　　　　　花箔——花金
纹箔——皱金纸　　　　　鹅黄屑——瓦银
娇桃——胭脂　　　　　　青石——虾青
蛇粪——藤黄　　　　　　衣黄——赭石
银屑——铅粉　　　　　　赭屑——黄丹

（9）印刷匠隐语

星子——铅字　　　　　　上条——排字
摘星子——撮取铅字　　　挂额——放上印刷机
打头校——打印第一遍清样　插花——加花纹边

（10）账簿业隐语

市斗——无格线的方账簿　　　　市大——无格线的账簿
通天——有格线的账簿　　　　　通大——略大的有格线账簿
通斗——有格线的方账簿　　　　黄草——质量最差的账簿
关大——蓝布面的清账簿　　　　公大——略小的蓝色布面方形账簿

4. 工具加工与制造类隐语

工具加工与制造隐语有车木匠、秤戥业（包括秤戥业、制秤业）、剪刀店（包括剪刀店、剪刀匠）、造船匠等隐语。该业隐语主要隐指各类器具、加工工具等名词性称谓。例如：

（1）车木匠隐语

累圆——车木的机器　　　　　龙头——车头
轮皮——皮带　　　　　　　　狭片子——车刀
斜片子——斜刃车刀　　　　　断条——锯子
顶块——帽子模型　　　　　　搁身——栏杆

（2）秤戥业隐语

青龙——秤　　　　　　　　　白蛇——戥
提头——秤钮绳　　　　　　　星子——戥锤
月儿——秤锤　　　　　　　　方干——秤杆毛坯
钉星子——钉秤花　　　　　　较龙头——校秤
光条子——加工秤杆毛坯　　　滑条子——磨秤杆
会馆——秤花秤锤相配，称出一斤为十四两四钱的秤
双钩——秤花秤锤相配，称得一斤为十五两三钱的秤

（3）剪刀店隐语

强大——大剪刀　　　　　　　平大——二号剪刀
平小——小剪刀　　　　　　　并头夹——针夹剪
花尖——绣花剪刀　　　　　　钢大——剪钢皮的剪刀
铜大——剪铜皮用的剪刀　　　鼻尖——剪鼻毛的剪刀

（4）剪刀匠隐语

炉灶上——剪刀匠　　　　　　做快口——锻打剪刀
做亮——锉刀锋　　　　　　　扎脚——用藤丝绕缠剪刀脚
上亮——漆藤丝　　　　　　　上套——涂防锈油脂
帖钿——剪刀轴两边加铜片　　湾脚——做剪刀的弯圈

（5）造船匠隐语

护水——船头　　　　　　　　边青——船帮

鸡胎——船舵　　　　　　　水障——船舷
猪头索——船缆　　　　　　象门——桅杆
羊角——缆桩　　　　　　　马面——桅杆座

(四) 建筑类商业隐语

1. 原材料类隐语

原材料类商业隐语有木板业、石匠、淘沙匠、砖灰行等隐语。该类隐语主要隐指各种材料、加工品、工具等名词性称谓，另外有少数动词和形容词。例如：

(1) 木板业隐语

先皮——最长的木板　　　　木倭——杂木
旗块——方形木材　　　　　三连——二丈七尺的木板
双连——一丈八尺的木板　　连半——一丈五尺的木板
桶木——一丈三尺的木板　　八水排——七尺二寸长的松木板
丈水寸——九尺长的松木板　平半——对剖木材
瓜分——把木材剖成四部分　寸柳——一寸厚的曲柳板

(2) 石匠隐语

毛刺——石料　　　　　　　明清——路界石
平方——石板　　　　　　　浑条——铁杆
弹正方——墨线　　　　　　光嘴——铁凿子
登桩——石础　　　　　　　将插——石级
大开口——石狮子　　　　　硬心肠——墓前的石人像
登步——河岸　　　　　　　琢璞通——石匠

(3) 山西晋南石匠隐语

叶片子——衣服　　　　　　亮子——蜡烛；灯
龙——水　　　　　　　　　皮条子——狗
钎子——筷子　　　　　　　迷儿——耳朵
灰儿——石匠　　　　　　　柴灰——木匠
拨儿——男孩儿　　　　　　安身——坐
将——走　　　　　　　　　冷——多

(4) 淘沙匠隐语

分明——淘箩　　　　　　　进宝——竹斗
流走——沙石　　　　　　　踏道——河埠
淘头——溪滩　　　　　　　屯流——小河
思切——淘沙者　　　　　　流——没有收获

（5）砖灰行隐语

坚老——石子　　　　　　粒子——黄沙
叶瓣——纸筋　　　　　　满地白——石灰
水门汀——水泥　　　　　松成——三合土
天平——大号方砖　　　　地平——二号方砖
红鱼——红墙砖　　　　　水晶——大号墙砖
泥晶——二号墙砖　　　　薄罗——小且薄的墙砖

2. 建造类隐语

建造类商业隐语主要指各类建筑工匠隐语，有木匠、木瓦工匠、泥瓦匠、土工行、砌街匠等隐语。该类隐语主要隐指工具名称，其中湖北等地木瓦工匠隐语涉及的内容较宽泛，不仅有对行业工具、工作过程、工匠等的隐称，还有大量隐语隐指日常生活的有关内容，包括常见姓氏、行为动作、饮食等。例如：

（1）木匠隐语

百宝斤头——斧头　　　　必正——墨线
较量——鲁班尺　　　　　起心——起纹线的刨子
削角——起圆线的刨子　　送动——铁锤
穿墙——制作安装房门　　洒一洒——锯一锯
吃——敲钉子　　　　　　开风洞——制作和安装窗户
顶天——建房屋　　　　　飘——斜，不正

（2）江苏木匠隐语

白袍小将——小锤　　　　朝天瞪——大刨子
望天吼——大刨子　　　　大将军——斧头
过肚清——小圆刨　　　　龙骨——麻板
吃兽龙——锯子　　　　　擂不死——擂箍子
钱来——刮板　　　　　　小霸王——扳钳
吃盘龙——圆规　　　　　小好汉——催箍子

班母——墨斗的墨线一端扣一个小勾，以便在木料上弹线

鲁妻——在木匠工作台上钉着的卡子，可以把需要刨的木板的位置固定

半榫子——斧头等木工工具的柄不能安装成满榫，前边留一点儿空隙，以表示谦虚

拿虾——木匠见到骄傲自满不懂行规的同行，会千方百计地给他出难题

(3) 河北木匠隐语
角木蛟——大刨子　　　　　马五——小刨子
宋江——矩尺　　　　　　　奎木狼——锛子
娄金狗——小搂锯　　　　　砍山——斧子
里搂——掏木屑的扒子　　　斗木獬——墨斗
母留——墨斗　　　　　　　玄武——锛
打章——翻身　　　　　　　麻头——边上，边沿

(4) 湖北木瓦工匠隐语
祖流子——线砣　　　　　　张飞剑——钉子
江湖——墨斗　　　　　　　量天子——尺
蜜蜂子——锯子　　　　　　琴子——锯子
柯——做活儿　　　　　　　柯杰——剁断
柯桥——剁破　　　　　　　柯阳——上工
南老故老——收工　　　　　南老上调——上工
东梅——蔬菜　　　　　　　宝川——藕
水老——海带　　　　　　　老菜——肉
退壳子——花生　　　　　　元老——蛋
口刁——吃喝　　　　　　　让香走——吃东西
发造——走路　　　　　　　科老匠老——石匠
劈老匠——木匠　　　　　　科方老——篾匠
打不进——石姓　　　　　　隔河叫——杜姓

(5) 泥瓦匠隐语
步步高——梯子　　　　　　白石——石灰
地平——方砖　　　　　　　聚宝盆——石灰桶
翘饼——瓦片　　　　　　　十一——黄泥
土著——砖　　　　　　　　拖平——刮泥刀
拭漂——刷泥帚　　　　　　出山——盖瓦屋
做龙门——开窗　　　　　　通天光——开天窗
实拆——砌墙头　　　　　　使白——粉刷墙壁

(6) 河北泥瓦匠隐语
登车——抹子　　　　　　　马五——小抹子
斩龙剑——瓦刀　　　　　　普天盖——屋瓦
地铺坛——方砖　　　　　　装房心——方砖
聚财箱——灰斗　　　　　　聚宝盆——石灰桶

师眼绳——线　　　　　　　　白线上的——瓦匠
黑线上的——木工　　　　　　天亮——为房屋开天窗
（7）砌街匠隐语
大好老——石块　　　　　　　分路——界石
零件——细石　　　　　　　　升高——阶石
托老——泥土　　　　　　　　湾头——木柄铁锤
暗流——阴沟　　　　　　　　天井——阳沟

3. 装潢类隐语

装潢类商业隐语有装潢业、髹漆业（包括髹漆业、漆匠）等隐语。该类隐语主要隐指各类装潢类物品等名词性称谓。例如：

（1）装潢业隐语
堂翼——大幅对联　　　　　　中翼——普通尺寸的对联
琴翼——小幅对联　　　　　　中堂——大幅画
中条——普通尺寸的堂画　　　立条——小幅堂画
虎皮——用槟榔笺书写的对联　素挽——用白纸书写的对联

（2）髹漆业隐语
白染——白漆　　　　　　　　朱染——红漆
隐光——生漆　　　　　　　　天青——绿油
光滑——亮油　　　　　　　　川占——黄蜡
洒开——涂漆折扇　　　　　　生亮——广漆折扇

（3）漆匠隐语
滑水——油料　　　　　　　　料水——白铅粉胶水
红坯——猪血　　　　　　　　坯子——瓦灰
挞平——刷帚　　　　　　　　招风——市招
挞黑通——漆匠　　　　　　　光脸子——油漆门面

（4）河北漆匠隐语
工——红色　　　　　　　　　六——绿色
九——紫色　　　　　　　　　漆栓——棕刷
雀啼——图案　　　　　　　　活箍头——花边
死骨头——色线；皮条线　　　找头——两面均漆图案

（五）医药类商业隐语

1. 行医类隐语

行医类商业隐语是指行医者（或以行医为主者）使用的隐语。该行有医生、摆摊郎中、施药郎中、针灸郎中、游医、点痣者、卖性药治性病者、医小孩痨病者、医眼病卖眼药者等隐语。该类隐语主要隐指医生、病人及其他人物、病情、症状、治疗程序与方法等名词性称谓及少数动作性词语。例如：

(1) 医生隐语

济崩公——医生	汗火——有钱的医生
煤火通——名医	吃跶党——摆摊卖药者
寸铃——摇虎撑治病者	提空——卖药方者
跳将煤——卖假药者	观音党——烧香朝山卖药者
天平党——挑药担卖药者	苦口朝阳——诊所
皮恩——眼科	丸煤——丸药
大票——大药方	小票——小药方
煤琴——锭子药	弹弦子——诊脉
占气——查看病人的脸色	探底子——问病源
开票——写方子	纪煤——拿中药

(2) 游医隐语

推子——虎撑	推包——摇虎撑治病者
细公——女人	巾老——教书先生
剪披——学生	油生——光棍
琉璃生——贫穷人家	润屋生——富裕人家
立门头——幕宾	生死——人
古生——蠢人	土偶——呆人
我犹未免——乡下人	汉韩忌彭——歹人
念将通——好人	介葛来朝——外地人
蒂固生——本地人	真八——山中人
乡党——在乡下游走行医	照镜——看病
开讲——讲价	杜江州——借客栈
采珠子——摸乳房	拿攀——性交

(3) 点痣者隐语

星子——痣	浆——药
浆巾——点痣药	星杜子——点痣图
盛浆——药瓶	浆挑——竹签
上浆——药点	星满——痣多的人

(4) 卖性药治性病者隐语

软账——治毒疮卖春药者	引乐——春药

潘细——媒婆　　　　　　　紫纱襄——梅毒病人
根青——梅毒发病者　　　　开天庭——梅毒严重者
马客——女人　　　　　　　寡马——寡妇
俊俏儿郎——年轻男子　　　双五百——小姐
受点——男主人　　　　　　掌随——女主人
力才——卖婆　　　　　　　苍通——年老

（5）医小孩痨病者隐语

阴积——积食痨　　　　　　走马——牙疳
流胆——黄病　　　　　　　请奶子——割奶痨
中膛——儿童腹胀　　　　　泼卯水——吐出虫子
追七节——打蛔虫并去积食　七节通——治疗儿童各种疾病者

（6）医眼病卖眼药者隐语

天球——眼球上生点状物　　天皮——眼翳
油——眼睛发痒　　　　　　天半红霞——红眼病
焰边——眼睑糜烂　　　　　天络——眼中的红丝
天粪——眼屎　　　　　　　白果——眼白
漂——流眼泪　　　　　　　招汉——卖眼药者
井梧摇落——光棍　　　　　高搁——闲汉

（7）摆摊郎中隐语

山根子——各种草药　　　　汉屑——各种药粉药末
矮尊——药瓶　　　　　　　大套——药箱
都盛——药盘　　　　　　　扯皮——锉刀
当阳——帐篷　　　　　　　捻子——摆摊加工并出售草药者

（8）摆地摊治病者

邱八——帮闲汉；兵　　　　珠履三千——有钱的客人
木俑——呆子　　　　　　　倒影枯杨——下流光棍
闻雷启蛰——蠢人　　　　　沉速为身——乡下人
井通——住在街市的人　　　毛油生——乡村中的无赖
坐坊——总甲　　　　　　　占谷——地上摆几瓶药行医卖药
打连片——用嘴叫卖　　　　点斤——看病

（9）施药郎中隐语

念课——疾病　　　　　　　立汉——药瓶
叉子——针　　　　　　　　汉苗——药线（传统敷药法）
描景——身体图及各种标本画　沙希——事情

念课子——病人　　　　　　四平——摆摊郎中
罗腔——谎言　　　　　　　畚——腹泻，泻如水状
落里——腹泻　　　　　　　吊——痛
段——脓　　　　　　　　　丁——呕吐
发斗——溃烂　　　　　　　麻念课——治病
念课响——痊愈　　　　　　贵——着急；急切
推送——使人无话可说而离去　弄缸——说别人的好处
喝西皮——吹牛　　　　　　意怪——难堪，疼痛不止
召骇——恐惧　　　　　　　也儿——忧愁

（10）针灸郎中隐语

叉儿——针　　　　　　　　青绒——艾叶绒
熏筒——竹筒　　　　　　　煤条——点火针灸的纸卷
苦身子——身体穴位插满针的木偶
点穴——把针刺入穴位，并在针上灸艾绒

2. 药材销售类隐语

药材销售类商业隐语有药业、药商、摆草药摊者、撑大伞卖药者、卖疮药者、卖药糖者、卖药丸者、骑驴卖药者、烧香朝山兼卖药者、卖药道士、卖药僧人、卖药妇人、参燕业、放山行等隐语。该类隐语主要隐指药品、人物、经商过程、环节等名词性称谓及少数动词、形容词性词语。例如：

（1）药业隐语

叭哒——杏仁　　　　　　　白条——鲜生地
白衣——扁豆壳　　　　　　不断——钩藤
苍狗虱——芦藤子　　　　　催生符——莲花瓣
相见欢——合欢花　　　　　鸟宿——桑枝
恼客草——臭梧桐　　　　　地龙——山药
地精——鲜首乌　　　　　　地毛簧——茅根
离娘焦——玫瑰花　　　　　满天星——荠菜花
天穿——凌霄花　　　　　　葛巾——丝瓜络
观音枝——西河柳　　　　　红娘——桑葚
洋珠球——豆蔻　　　　　　天鹅眼——乌豇豆
相思子——红豆　　　　　　绛珠——花椒
莽草——八角茴香　　　　　望江南——石决明
红信石——砒霜　　　　　　明石——皮硝

石花——云母石　　　　　　倒开莲蓬——蜂房
凤凰衣——孵蛋壳　　　　　百脚——蜈蚣
海蠹——牡蛎粉　　　　　　海漂蛸——乌贼鱼骨
龙牙——贝母　　　　　　　坎气子——地鳖虫
清客衣——蝉蜕　　　　　　五谷虫——粪蛆

(2) 浙江药业隐语

海通——药行经理　　　　　栈房——别家的药店
七八——货物　　　　　　　没拉儿——无货
稀来——收购　　　　　　　献山——质量好
朱——不好，坏　　　　　　朱点——便宜

(3) 药商隐语

杂奴——最低价格　　　　　神高子——最上等的货
汤李子——入水成丸的药　　放条子——卖假人参者
根根子——卖参、三七者　　凄凉子——卖假龙骨者
皮行小包——卖药人　　　　聚麻——卖药兼做戏法者
古董——不爽快的顾客　　　生死——人
割顶生死——这个人　　　　念三——和尚
火生——富人　　　　　　　水生——穷人
柳叶生——兵　　　　　　　酸生——秀才
朝阳生——生意人　　　　　千张生——乡下人
乱巴生——赌钱人　　　　　海巴生——要饭的乞丐
秧希——小孩儿　　　　　　达来——送来
盖对——说价钱　　　　　　乃胡——强行推销药物
勃来——生意兴隆　　　　　呆——生意清淡

(4) 摆草药摊隐语

滴滴金——旋复花　　　　　对节东——牛膝
干荷盏——荷叶　　　　　　忽地笑——金灯草
黄花子——吴茱萸　　　　　箭头草——紫花地丁
江南花——黑牵牛花　　　　绛丝——紫草
金盏银台——水仙花　　　　苦苡——甘菊
满圆春——丽春花　　　　　木笔——玉兰
破郁——枳壳　　　　　　　菩提子——薏苡
齐苨——桔梗　　　　　　　墙头草——紫罗兰
青树——藿香　　　　　　　秋白萼——玉簪花

如利——防风　　　　　　　商草——贝母
铜锤——莲蓬　　　　　　　西柳——檀木
玄戊子——地黄　　　　　　涯丹——百合花
壮阳子——枸杞　　　　　　香苗——菖蒲

(5) 卖药糖者隐语

铺货捻地——不密实的药糖　河塘——卖糖的场地
车白——糖　　　　　　　　朝番子——锉药料用的锉刀
郭子——熬糖的锅　　　　　肥山——担子
聚宝盆——放药糖的盘子　　乃合——香料
白秋——酱油　　　　　　　车对——小云锣
响子——锣　　　　　　　　捕通——扇子
恳子——本钱　　　　　　　大方——铜钱
大银方子——银元　　　　　青儿——年幼的顾客甜头
青公——男顾客　　　　　　青婆——女顾客
超色——敲锣卖药糖者　　　港下——那边
簿下——这边　　　　　　　隔里——胡同
顽顽——售罄　　　　　　　戴——刚刚出门
候——归来　　　　　　　　尖——小

(6) 卖药丸者隐语

粒粒——药丸　　　　　　　安跳子——盛药丸的瓶子
飞幌——招贴　　　　　　　外跳皮——包药丸的纸
爆工——牛黄　　　　　　　跳粒粒——卖药丸者
点儿——男主人　　　　　　大沟子——女主人
老乃——妻子　　　　　　　小巴戏——小孩儿
贸儿——小男孩儿　　　　　沟儿——小女孩儿
告潮——去　　　　　　　　皂告——到处兜揽生意
造古——有生意　　　　　　跌古——无生意
桂儿——生意不好　　　　　区儿——生意小

(7) 骑驴卖药者隐语

鬼儿——驴子　　　　　　　冷灰窑——庙宇
窑屯儿——村庄　　　　　　拖鬼儿——骑驴卖药者
窑塞子——人　　　　　　　横塞子——病人
安腿子——暂住　　　　　　毛伦子——有生意

（8）撑大伞卖药者隐语

受笼——药箱　　　　　　遮阳——伞
推轮子——车子　　　　　托股子——车垫子
欢仙客——狗　　　　　　昌皮——撑伞推车卖药的人
摆轮——停车　　　　　　赶——把车子推得快些

（9）卖疮药者隐语

不平——疮口　　　　　　潮洞——溃口
仁子——药线　　　　　　封口——膏药
红流——血　　　　　　　闪子——药粉
透——用刀把脓疮划开　　清洞——清洗疮口

（10）卖膏药者隐语

青子——刀　　　　　　　同子——铁锤
朝奏——香　　　　　　　罗——膏药
汉火——药　　　　　　　末汉——粉末状药物
罗汉——涂有药末的膏药　香工——卖膏药只收香火钱的人
半月——弹弓　　　　　　弹弓图——打弹弓兼卖药的人
搔麻子——头　　　　　　披子——脸
照子——眼睛　　　　　　喷气洞——鼻孔
兜风——耳朵　　　　　　扭条子——脖子
龙爪——手指　　　　　　虎爪——脚趾
托天——手掌　　　　　　冰藕——胳膊
青丝——头发　　　　　　交条子——辫子
大瓠子——肚皮　　　　　软条子——腰
桃花源——肚脐　　　　　金刚子——脚
泥桩——脚踝　　　　　　罩地——脚掌
金星子——男性生殖器　　攀——女性生殖器
鑛①子——血　　　　　　涂圆——摊开膏药

（11）烧香朝山兼卖药者隐语

熯工——药　　　　　　　熯包——药包或药袋
熏条——香　　　　　　　拱党——烧香朝山卖药者
上道——看病的钱　　　　结缘——赠送药与人
行道——看病　　　　　　道运高——生意好

---

① 鑛，同"矿"。

（12）僧人、道人卖药隐语

汞末——药	再粒——药丸
香头——药	乾坤——盛放药的口袋
请风——招幌	呼灵子——旗子
觇佛骨——看病	填榜子——开药方
寻头——兜售药	黄凉——病人
凉索——病人的家属	火头生——卖药的道士

（13）妇人卖药隐语

料子——药	淌——看病
扣响——兜售时游说	闯堂——进入人家住宅
二毛子——小孩儿	蒙花子——姑娘
拖青板柴——背着药袋到处卖药的妇女	

（14）参燕业隐语

棒锤——吉林人参	边江——头条江参
别直——高丽参	大尾——上等高丽参
花旗——西洋参	太极——东洋参
白草——假充的吉林人参	石居子——假充的高丽参
赛光——假充的西洋参	玉匙——燕窝
外鲁南——一种燕窝	暹罗——一种燕窝

（六）瓷器、古玩类商业隐语

1. 瓷器类隐语

瓷器类商业隐语有瓷器业、缸坛行、换碗者等隐语。该类隐语主要隐指各类瓷器、工具、人物等名词性称谓。例如：

（1）瓷器业隐语

漂货——细瓷碗	呆货——粗瓷碗
泥绿——菜碗	强大——最大的碗
淡描——大碗	仰面——脸盆
登大——缸	洒青——荷花缸
案伴——花瓶	承黑——笔洗
承香——花盆	含口——酒杯
茶瓢——茶匙	瓢羹——汤匙

（2）缸坛行隐语

宁码——最大的坛子	加大——二号坛子
宁大——三号坛子	大行司——四号坛子

中行司——五号坛子　　　　小行司——六号坛子
花码——盛放花雕酒的酒坛　大摆——大腐乳坛子
（3）换碗者隐语
亲口——碗　　　　　　　　多嘴——壶
翻边——盘子　　　　　　　小亲口——杯子
插销——碗担子　　　　　　轻头——锡箔灰
插把——换碗者　　　　　　掌要——男主顾
掌倪——女主顾　　　　　　大守子——仆人
吐——蚀本　　　　　　　　王——赚钱

2. 古玩收藏、加工与销售类隐语

古玩收藏、加工与销售类商业隐语有古董业（包括古董业、买卖古董者）、玉器业（包括玉器业、卖玉器者）、玉器加工业（包括雕玉匠、打眼匠）、珠宝业等隐语。古董、玉器业隐语从外形、特点、功用等角度隐指各类古董、玉器、珠宝等，及经商中存在的现象和买卖过程等。加工业隐语主要隐指玉器加工工具、加工过程以及加工的玉器等。例如：

（1）古董业隐语
傲客——水晶　　　　　　　蔽风——围屏
长颈——花瓶　　　　　　　吞口——茶壶
亲口——碗　　　　　　　　仰承——痰盂
山根——玉器　　　　　　　见藻——足炉
清福——瓷佛，玉佛　　　　洒开——瓷盘；瓷盆
聚蚍膏——古油灯　　　　　暮登——床
大口——笔洗　　　　　　　食墨——砚台
耀壁——对联或画轴　　　　彩描——花卉画
青描——墨画山水图　　　　三分——鼎或爵
松毛——官帽上的翎子　　　红披——官帽上的红缨子
（2）买卖古董者隐语
黄货——真货　　　　　　　妙货——假货
抵件头——买卖古董者　　　吃黑——买卖古董牟取暴利
叫盘子——开价　　　　　　提盘子——多讨虚价
削盘子——减价　　　　　　熏货——用新物伪制古董
（3）玉器业隐语
草坯——未制成器物的玉石　羊脂——白玉
云根子——璞玉　　　　　　老山——质量好的玉

新山──质量较次的玉　　　星圆──圆玉弁
旗胜──方玉块　　　　　绿云──翠玉
红云──翡玉　　　　　　不断──玉环
荷苞──玉簪　　　　　　双尖──玉簪
满头──玉花　　　　　　鸡翼子──装饰在帽子旁边的玉
细条子──玉箸　　　　　系臂──玉镯
门星──帽子上装饰用的块玉　接引子──玉壶
(4) 卖玉器者隐语
横梁──玉簪　　　　　　圈子──玉耳环
搔头──玉钗头　　　　　手箍──玉镯
湾子──玉锁　　　　　　扁库子──玉鼻烟壶
插角──帽边的佩玉　　　顶块──帽子上的佩玉
(5) 琢玉匠隐语
搭手──金刚砂　　　　　圆片子──圆铁片
作凳──雕玉的架子　　　出头──妇女的头饰玉
半月──玉耳环　　　　　横交──玉簪
大砂──镶嵌在戒指上的玉　围指──玉戒指
小星──帽上的块玉　　　作锦──取出毛坯进行加工
打大车──做大件玉器　　打小车──做小件玉器
(6) 打眼匠隐语
尖嘴──打眼用的钻　　　钳老──打眼时固定用的木条
笃锤──小榔头　　　　　腰兜──钻孔用的木盆
扯手──打眼用的弓形竹竿　贯通──打眼匠
贯块头──在玉块中钻孔　贯圆头──在珠中钻孔
(7) 珠宝业隐语
圆头子──珠子　　　　　双锋──形状不圆的珍珠
草圆──质量较差的珍珠　糯米──小珠子
老光──年久的珍珠　　　新光──新产的珍珠
硬货──真珍珠　　　　　倭口圆头──日本产的珍珠
东圆头──东北所产的珍珠　黄货──假珍珠
框子──珠环　　　　　　圆皮子──放珍珠的盒子
挖井子──耳挖子　　　　掸鬖──珠钗
弹鬖──珠钗　　　　　　盘头──珠花

（七）典当、金融类商业隐语

1. 典当类隐语

典当类商业隐语有押当业、当铺等隐语。典当业主要以当铺的形式进行经营，其隐语主要从形状、特点、功用等角度隐指各类典当物品。北京地区当铺隐语则主要运用谐音的方式隐指经营和生活用语。例如：

（1）典当业隐语

安身——椅子	四平——桌子
浮图——烛台	扒泥——耳挖子
垂耳——耳环	金钢箍——手镯
圈指——戒指	压发——簪子
云根——宝石	叉开——裤子
穿心——马甲	挡风——袍子
大毛——狐皮、貂皮等贵重毛皮	小毛——羊皮
幌子——长衫	对耦——马褂
遮头——帽子	中供——香炉
硬货龙——金子	软货龙——银子
耀光——金刚钻	彩牌子——古画
墨牌子——古书	高照——灯

（2）北京地区当铺隐语

得合——当行	豆官呢儿——闺女；大姑娘
勒特特——老妇	抄付——吃饭
进将——准备营业	搂闪——拉屎
妙以——没有	报端——不多
闹——指示代词"那"	照——指示代词"这"

2. 金融类隐语

金融类商业隐语有金银业、钱庄业等隐语。金银业指金银货币行业。该行隐语主要指各种货币名称，多从材质、颜色、形状、国别等角度命名。钱庄隐语主要从外形、颜色等特点对各式银钱币钞进行隐称，另外还有少数隐指经营过程中的动词性词语。例如：

（1）金银业隐语

大条——生银	纹银——加工后的白银
东洋——日本金币	法郎——法国金币
马克——德国金币	磅——英国金币
平——金子的计数单位	标金——买空卖空

（2）钱庄隐语

花边——银元	直儿——铜钱
内方——铜钱	四开——双毫角子
八开——小角子	叉边铛——成色不足的银元
打票——到钱庄去汇兑银票	括洋水——收取成色差额

（八）其他类商业隐语

其他商业隐语包括休闲服务和生活服务两大类商业隐语。文化娱乐休闲服务类商业隐语包含文化休闲、娱乐休闲、日常生活休闲等隐语。生活服务类商业隐语服务于人们的日常生活，涵盖的内容非常广泛，有日杂百货销售服务、日常生活起居及技巧性服务、日常生活体力性服务、红白喜事服务、牲畜贸易及中介服务以及其他服务等隐语。

1. 文化娱乐休闲类隐语

文化娱乐休闲隐语包括文化休闲和娱乐休闲两类隐语。

（1）文化休闲隐语

文化休闲隐语有卖字人、刻字匠、乐器业等隐语。卖字人隐语主要隐指写字的各种工具、书写的各种字体，刻字匠隐语主要隐指各种刻字工具，乐器业隐语主要隐指各种乐器等。例如：

1）卖字人隐语

搠黑生——写字人	方池——砚台
黑茶——墨	尖锋——笔
摊面——纸	端毫——正楷字
蹬大——隶书字	连毫——草书字
湾形——篆字	大黑——大字
小黑——小字	抛钩——送字

2）刻字匠隐语

梓生——刻字匠	印色——印泥
座子——印泥缸	大脚——大号刻字刀
三角——三角刻字刀	斜剔——斜刀锋刻字刀
图书——图章	叶象——招牌

3）乐器业隐语

悲帝子——瑟	悲栗——筚篥
参差籁——箫	沉明——磬
东宛——古筝	翻宫——琵琶
横籁——笛子	横挑——胡琴

红牙——梆子　　　　　　　笙客——管
梅花——喇叭　　　　　　　鸣——凤笙
捺瑟——檀板　　　　　　　阮——月琴

(2) 娱乐休闲隐语

娱乐休闲隐语有卖扯铃摊贩、卖叫虫摊贩、卖弹弓摊贩、卖西洋镜摊贩、卖纸鹞摊贩等隐语。该类隐语主要隐指各类娱乐休闲用品、加工工具、现象、昆虫、人物等名词性称谓。例如：

1) 吹糖人、捏粉人摊贩隐语

饷担——糖担子　　　　　　迎贵人——铜锣
有利——火　　　　　　　　饴子——糖
贵人——儿童　　　　　　　搁身子——凳子
片子——铁刀　　　　　　　散子——粉

2) 卖扯铃（空竹）摊贩隐语

点巧——扯铃　　　　　　　独角——半边扯铃
白条——扯铃用绳　　　　　地黄牛——竹制陀螺
响——扯铃发声的高低　　　顾风——买主
卖风——未卖先扯的招徕行为　　弓子——扯铃的两根杆子

3) 卖叫虫摊贩隐语

草魂——金铃子　　　　　　黑屑子——墨铃子
灰绪——灰钟儿　　　　　　蒲芦——螟蛉
叫哥哥——蝈蝈　　　　　　蒲错——蟋蟀
脚儿——能鸣叫的小青虫　　结戒——纺织娘

4) 卖弹弓摊贩隐语

弯月——弹弓　　　　　　　的子——靶子
粒珠——弹子　　　　　　　鸟头喷——大竹筒弹弓
喷管——小竹筒弹弓　　　　行道——生意
硬子——专卖弹弓的人　　　硬瓜——卖弹弓兼教武艺的人

5) 卖西洋镜摊贩隐语

描景——画片　　　　　　　立打靶——看西洋镜
乌拉——鼙鼓　　　　　　　拿响子——铜钹
黑响子——小云锣　　　　　架——看客坐的凳子
憨东——小孩看客　　　　　老郎——男看客
天表——云　　　　　　　　常圆明——太阳
披迷——起雾　　　　　　　震公——雷

飞六——雪　　　　　　　　露销——霜

6）卖纸鸢摊贩隐语

高飞——风筝　　　　　　膀——风筝翅
枯骨——竹竿　　　　　　风琴——风筝响器
叨——放风筝线　　　　　耍子——线
肚子大——风筝下坠　　　挺腰——风筝上升
不稳——风筝飘摇　　　　肥肉——白纸
线逛子——线轴　　　　　抖——飘风筝

(3) 日常生活休闲隐语

日常生活休闲隐语有花卉业、卖花摊贩、禽鸟业等隐语。该类隐语主要隐指各类花卉、禽鸟名称。例如：

1）花卉业隐语

安石——石榴花　　　　　白萼——玉簪花
丹若——石榴花　　　　　海红——山茶花
韩终——李花　　　　　　旱莲——木芙蓉
红踯躅——杜鹃花　　　　百倍——牛膝花
拒霜——木芙蓉　　　　　婪尾春——芍药花
疗愁——萱草　　　　　　六出——栀子花
满地——玉蕊花　　　　　满院春——虞美人花
缦华——茉莉花　　　　　米囊花——罂粟花
那悉茗——素馨花　　　　柰奈花——茉莉花
梅弟——山矾花　　　　　牛棘——蔷薇花
女郎——木兰花　　　　　女史——水仙花
秦半两——金钱花　　　　青棠——合欢花

2）卖花摊贩隐语

白香——梨花　　　　　　穿天——凌霄花
垂丝——西河柳　　　　　帝女——菊花
儿女花——萱草　　　　　挂金灯——鼓子花
隔江明——李花　　　　　汉帝——杏花
汉三分——金银花　　　　侯桃——木笔花
黄香——蜡梅　　　　　　铃儿草——竹叶兰
急解锁——半枝莲　　　　柳香——百合花
绿珠——郁李花　　　　　季女——玉簪花
寄春——梅花　　　　　　蛱蝶——射干旗花

阶前草——麦门冬花　　　　　惊睡客——瑞香花
3）禽鸟业隐语
毕方——灰鹤　　　　　　　　避株——吐绶鸟
催耕——布谷鸟　　　　　　　错落——鸧鹒
怠意——斑鸠　　　　　　　　倒悬——猫头鹰
独春——翡翠鸟　　　　　　　独立——鹭鸶
独夜——野鸡　　　　　　　　扶老——秃鹫
黑尻——鹳雀　　　　　　　　苦姑——鹧鸪
绿衣郎——鹦鹉　　　　　　　秦吉了——白色鹦鹉
青耕——青鹊

2. 生活服务类隐语

生活的内容丰富多彩，生活服务隐语一定是多方面的。目前，从我们所整理的生活服务隐语来看，主要包括日杂百货销售服务隐语、日常生活起居及技巧服务隐语、日常生活体力服务隐语、红白喜事服务隐语、牲畜贸易及中介服务隐语及其他服务隐语等。

（1）日杂百货销售服务隐语

日杂百货销售服务隐语有杂货业、广货业、卖京货摊贩、卖花带摊贩、卖花样摊贩、烟店（包括烟店、卖水烟摊贩）、卖眼镜摊贩、扇子业、花粉业、卖婆（专门到富绅家兜售物品的老年妇女）等隐语。该类隐语主要隐指各种杂货、各类人物等名词性称谓。例如：

1）杂货业隐语
白石——石膏　　　　　　　　大条——广胶
小条——黄明胶　　　　　　　黄占——黄蜡
晶石——明矾　　　　　　　　显红——苏木
绿条——绿胶　　　　　　　　繁火——红花
韧身——白藤　　　　　　　　蜀晶——川矾
水硍——磨刀石　　　　　　　桃边——草纸
子薄——竹篾　　　　　　　　紫壳杨梅——花果

2）广货业隐语
高脚照——洋灯　　　　　　　幕光——灯罩
手撑天——洋伞　　　　　　　胰子——肥皂
花露——香水　　　　　　　　鉴容——镜子
漉齿——牙刷　　　　　　　　螺筒——洋袜
润容——膏油（面霜）　　　　面布——手巾

抹月——搪瓷脸盆　　　　　　抹嘴——手帕
3) 卖京货摊贩隐语
逼头——骨簪　　　　　　　　唤娇娘——拨浪鼓
揩白——水粉　　　　　　　　莲蓬——纽扣
帮土——鞋面布　　　　　　　光六——货担
毛冷——绒头绳　　　　　　　拈线——引针
湾钩——耳环　　　　　　　　沿重条——镶鞋布
点唇——胭脂　　　　　　　　扎头——丝线
4) 卖花带摊贩隐语
横子——尺子　　　　　　　　交子——剪刀
夹条——长巷　　　　　　　　花瓣——花带
寸瓣——宽花带　　　　　　　沽瓣——细花带
道——生意　　　　　　　　　道高——生意好
道低——生意清淡　　　　　　信头——男顾客
劈开——女买客　　　　　　　黄花——小姑娘
5) 卖花样摊贩隐语
空子——花样　　　　　　　　蓬空子——鞋子花样
小空子——童鞋花样　　　　　头空子——枕头花样
断子——剪刀　　　　　　　　漂子——白纸
呵子——走街叫卖　　　　　　守庄子——摆摊卖花样
6) 烟店（包括卖水烟者）隐语
丹桂——皮丝烟　　　　　　　广潮——潮烟
洒青——青条烟　　　　　　　白奇——淡味旱烟丝
广潮——潮烟　　　　　　　　条末——烟屑
元条——普通旱烟　　　　　　陈奇——中等旱烟
号湾——上等旱烟　　　　　　壮脑——鼻烟
硬货——青条烟　　　　　　　软货——皮丝烟
鸡腿——烟袋　　　　　　　　道远——抽烟客
7) 卖眼镜摊贩隐语
招亮——眼镜　　　　　　　　花招——老花镜
平亮——平光眼镜　　　　　　眼前亮——近视眼镜
招子枪——眼镜腿　　　　　　招子包——卖眼镜的人
招壳——眼镜框　　　　　　　乌骨——玳瑁边镜框

8) 扇子业隐语

聚头——折扇　　　　　　开撑——扇骨
桃叶——细质葵扇　　　　清水——白纸扇面
洒光子——洒金扇面　　　重矾——上等白纸扇面
尖寸——销往日本的折扇　蜜鸡心——小号葵扇
蜜牛心——大号葵扇　　　玄寸——乌纸扇
月子——团扇　　　　　　僧寸——和尚用的折扇

9) 花粉业隐语

艳容——宫粉　　　　　　艳容片子——粉纸
晕脸——胭脂水　　　　　滑头水——生发油
嫩面——香皂　　　　　　凝脂——蜂蜜
喜字——胭脂片　　　　　炉食——芸香

10) 卖婆隐语

挨才——女佣　　　　　　挨通——仆人
闺琴——小姐　　　　　　高瓦檐——富贵人家
矮瓦檐——贫穷人家　　　令公儿——奴仆
鬼摇头——相貌丑陋的人　力八——雇工
力才——卖婆　　　　　　披纸捐——买卖衣服
捐活口——买卖人口　　　捐头面——买卖首饰

(2) 日常生活起居及技巧服务隐语

日常生活技巧性服务隐语有理发业（包括理发业、理发店、理发匠）、旅馆业、沐浴业（包括沐浴业、浴室、剔脚匠）等隐语。理发业隐语主要包括服务项目、理发用具、生活用语、人物等，旅馆业隐语主要包括旅店内用品和旅客称谓等，沐浴业隐语主要包括物品名称、服务内容、人物称谓等。例如：

1) 理发业隐语

扯茬儿——剃光头　　　　扯断筋——按摩膀子
扯断藕——提臂膀　　　　长苗子——剪刀
抄子——小梳子　　　　　来子——毛巾
起快——磨刀石　　　　　冒头丝——假发
鏖条儿——鏖刀布　　　　辫子丘山——男顾客上门理发
津子——水　　　　　　　老天——吃肉
漂些——慢　　　　　　　千些——快
地皮份儿——庄稼人　　　灯笼腕儿——赵姓

滴水——兵　　　　　　　　　底——造水

2）旅馆业隐语

朝天——桌子　　　　　　　尺八——床
戳身——竹椅子　　　　　　光盘汤——洗脸水
天牌——被子　　　　　　　地牌——垫被
陪夜——便器　　　　　　　四柱套——蚊帐
头架——枕头　　　　　　　打尖山——吃饭
揣元宝——吃汤圆　　　　　小老鼠——窃贼
吼生——唱戏的　　　　　　马上诉——妓女

3）沐浴业隐语

大汤——浴池　　　　　　　挂灯——澡堂开门
收灯——澡堂关门　　　　　摸摸子——搓背
下活——修脚　　　　　　　打黄子——洗澡
小拦子——小毛巾　　　　　大拦子——浴巾
并头——枕头　　　　　　　打龙身——擦背师傅
生把子——陌生人　　　　　象子——不正派的人

4）剔脚匠隐语

画五圣——剔脚趾　　　　　画山水——剔脚掌皮
画皮——剔脚师傅　　　　　摇板缝——擦脚趾缝
批子——剔脚刀　　　　　　蜡条——蜡烛
托股——凳子　　　　　　　交儿——手巾

(3) 日常生活体力服务隐语

日常生活体力性服务隐语有船夫、脚夫、轿夫、驴夫、马夫、敲更人、樵夫、人力车夫等隐语。多对各行常用物品和现象进行隐称。例如：

1）船夫隐语

瓢儿——船　　　　　　　　瓢后灵——船舵
顶天快——桅杆　　　　　　平六——船橹
龙尾——船尾　　　　　　　掠波——手扳桨
遮水——船栏　　　　　　　顶公——芦席
老大——船夫　　　　　　　推波——划船
蛇皮抖——逆风　　　　　　蛇皮送——顺风

2）脚夫隐语

摩肩——脚夫　　　　　　　双甩头——扁担

荷包——铺盖　　　　　　　　挽兜——篮子
方笼——箱子　　　　　　　　络底——麻绳
方耳朵——留心防贼　　　　　盖各子——客人

3）轿夫隐语
兜力——轿夫　　　　　　　　兜子——轿子
山兜——山轿　　　　　　　　二条龙——轿杠
挡驾——轿子扶手　　　　　　搭肩——轿板
满天——轿顶　　　　　　　　透光——轿灯
遮羞——轿帘　　　　　　　　抬财神——抬男性坐的轿子
抬观音——抬女性坐的轿子　　杠柴头——坐轿的瘦人

4）驴夫隐语
鬼子——驴夫　　　　　　　　鬼斗儿——驴车
鬼叫儿——驴子　　　　　　　小叫子——小驴子
斗行——驴车行走　　　　　　搬色儿——装运行李
搬皮儿——载运客人　　　　　放食——（驴）吃草

5）马夫隐语
边杖——马夫　　　　　　　　四脚子——马
盘子——马车　　　　　　　　横山——马鞍子
横嘴——马勒　　　　　　　　提令——马缰绳
头经——拴马的绳　　　　　　幺二三——马鞭

6）敲更人隐语
鎯子——更锣　　　　　　　　竹鱼——更梆
亮——火　　　　　　　　　　亮条——蜡烛
亮皮子——灯笼　　　　　　　长条子——巷子
偷牛——半夜　　　　　　　　扯软把——小偷儿
扯硬把——强盗　　　　　　　洒细条——下雨
发威——刮风　　　　　　　　上帐子——起雾

7）樵夫隐语
吃松毛——柴贩子　　　　　　蓬山——柴禾
千斤——柴担　　　　　　　　套索——捆柴绳
钩锋——砍柴刀　　　　　　　一条龙——扁担
大蓬——软柴　　　　　　　　一千头——蛇

8）人力车夫隐语
本身——车主人　　　　　　　苦身——雇车拉车的车夫

代四脚——人力车夫　　　　托身——坐垫
挡风——门帘　　　　　　　兜子——车身
拉手——车杠　　　　　　　照路——灯
撑亮——灯笼　　　　　　　歪伦——生意
通行——行车执照　　　　　挨诸葛——接班出车
撑圈——打气　　　　　　　捉正——修车

(4) 红白喜事服务隐语

红白喜事服务隐语有红白帖行、吹打行、吹鼓手、堂名行（堂名，指乐班。旧时乐班习惯起堂名）、冥品业、冥品店、赏彩业等隐语。各类隐语主要隐指各行常见物品、事项等名词性称谓及经营类动词性词语。例如：

1) 红白帖行隐语

红事——喜事　　　　　　　白事——丧事
挑路——喜娘　　　　　　　亮光——花灯
糊老——棺材　　　　　　　万腔——傧相
鸣佗——吹鼓手　　　　　　利庆过宠——男仆
酸头——媒人　　　　　　　天帐——彩棚
站堂——奏乐　　　　　　　圈吉——结算账目

2) 吹打行隐语

红摆伦——喜事　　　　　　白摆伦——丧事
了帐——老年死者　　　　　博人怜——年轻早逝者
入木——入棺　　　　　　　升位——入轿
鸣老——吹喇叭　　　　　　打免带——打钹
键老——敲鼓　　　　　　　青绳子——吊唁的客人
红绳子——贺喜的客人　　　翻山——吃饭

3) 吹鼓手隐语

喘子——唢呐　　　　　　　都鲁子——鼓
扇风——钹　　　　　　　　喷子——唢呐
穴乐——碗　　　　　　　　叶子——请帖
桥啦——臭　　　　　　　　切啦——死者
宣啦——埋葬死人　　　　　驾梁子——吹笛
俏——走　　　　　　　　　串三——醉

4) 堂名行隐语

鸣雏——小堂名　　　　　　挂白——送迎丧事

挂红——送迎喜事　　　　　　　一支锏——拜客时吹奏的曲子
抢上山——吃饭时唱的曲子　　　打眼腔——拍鼓
细打——敲十次锣鼓　　　　　　开腔——唱戏

5）冥品业隐语

摆子——纸扎钟表　　　　　　　包子——纸手提箱
顶天——纸屋子　　　　　　　　长门——纸橱子
多攀——纸茶壶　　　　　　　　飞轮——纸车子
长甲——纸长衫　　　　　　　　短甲——纸短衣
对洒——纸马褂　　　　　　　　蠹老——纸或草扎成的人马
扁脸汉——纸车夫或轿夫　　　　老表——纸扎的替身

6）贳彩业隐语

白披——孝衣　　　　　　　　　绣披——嫁衣
满头——新娘头花　　　　　　　招风——旗子
不夜——灯　　　　　　　　　　盖日——伞
高照——灯架　　　　　　　　　花流星——花轿
不素——彩绸　　　　　　　　　长大人——开路神
幽流星——魂轿　　　　　　　　材幔——棺材罩

(5) 牲畜贸易及中介服务

牲畜贸易及中介服务隐语有马市、牛羊市、耕牛行、生猪行、割骟行等隐语。该类隐语主要隐指各类牲畜名称、交易过程、生活物品、人物称谓等。例如：

1）马市中介隐语

北客——卖马的贩子　　　　　　南客——买马的贩子
老客——马贩子　　　　　　　　捅马屁股的——马市经纪人
大货——成年骡马　　　　　　　小货——小骡小马
嘎——价格　　　　　　　　　　不懂嘎——外行
讲嘎——说秘密语　　　　　　　撑口袋——压价或抬价
上托——帮买方压价　　　　　　撤托——帮卖方抬价

2）牛羊市中介隐语

长脸子——驴　　　　　　　　　春子——牛
爬山子——羊　　　　　　　　　短腿——猪
大耳朵——猪　　　　　　　　　拱把——猪
二龙——猪　　　　　　　　　　搂金子——狗
黑毛子——猪　　　　　　　　　高腿——牛、马、驴、骡等大牲畜

过失——牛肉；羊肉　　　　　既失——猪肉

窑壳——房屋　　　　　　　　扎目——服装；穿着

踩壳——鞋子　　　　　　　　种壳——粮食

裸搬——油（多指动物油）　　裸——油的总称

3）猪牛行隐语

黄古——雄黄牛　　　　　　　黄仕——雌黄牛

水古——雄水牛　　　　　　　水仕——雌水牛

豆子——小牛　　　　　　　　金钓——公猪

拖肚——老母猪　　　　　　　苗头——小猪

拴头——猪栅栏

4）割骟行隐语

邦邦——狗　　　　　　　　　风子——骡子

海棠——老母猪　　　　　　　小浆子——小猪

坷垃——半大的猪　　　　　　苗子——马尾红缨

卧虎——切蹄用的凳子　　　　灯笼——装刀用的小包

小楗子——劁猪刀

5）屠宰行隐语

流通生——屠夫　　　　　　　相容——牛

长髯公——羊　　　　　　　　帝子相——猪

尖锋——杀猪刀　　　　　　　叶锋——斧头

放到——宰杀牲畜　　　　　　撂倒——宰杀牲畜

(6) 其他各行服务隐语

其他各行服务隐语有收旧货、收卖锭灰、疍船行、电信业、煤炭行等隐语。旧货涉及众多物品，因而收旧货隐语的数量较大。隐语主要隐指各类事物，基本为表示各类事物名称的名词。收卖锭灰在1949年新中国成立之前是较常见的行业，属回收废旧物品行业，尤其在南方，比如上海，"当初迷信盛行，除了大小月底家家户户要烧纸锭之外，平时祭神供祖烧剩的纸锭灰也很多。这些粉灰仍可做提炼锡箔的原料。上海的锡箔店属于'绍帮'，所以收纸锭灰的便多绍兴人了"（戴敦邦，1989：44）。社会的需要使该行业从业人员较多，说明了该行业存在的必要性。新中国成立后，烧锭灰的人少了，社会不再需要，起码不是大规模地需要了，该行业就逐渐消失了。隐语也就成了记录该行业的见证。疍船是旧时水上运输工具，主要隐指船及船体各部分。例如：

1）收旧货隐语

怜旧通——收旧货者　　　东登——椅子
朝天——桌子　　　　　　挡风——长衫
大蓬——袍子　　　　　　步尘——鞋子
断机子——剪刀　　　　　躲儿——招牌
负龙——扁担　　　　　　拨公——算盘
寸头——尺　　　　　　　大量——茶壶
遍天遮——雨伞　　　　　卷友——席子

2）收卖锭灰隐语

高身——好锭灰　　　　　低身——差锭灰
坏——假锭灰　　　　　　白货老——有纸钱的锭灰
夹杂——混有垃圾的锭灰　红脸老——香灰
行贩——收卖锭灰者　　　脚下——主人
坤老——女主人　　　　　跳码头——往别处收灰
上工——出门收锭灰　　　椿——假灰掺入真灰

3）疍船行隐语

把手——船舵　　　　　　撑天——桅杆
戳浪——船篙　　　　　　海瓢——船身
划水——船橹　　　　　　溜浪——船篷
龙头——船头　　　　　　鼠尾——缆绳
拖泥——锚　　　　　　　象角——舵柄
迎风——船帆　　　　　　江司——船夫

4）信局业隐语

长路——远途信件　　　　短路——短途信件
快飞漂——邮船　　　　　飘风——鸡毛信
烧角——火焦信　　　　　包封——包裹
上找——邮资已付的信　　下找——邮资未付的信
长头——商号的庄信　　　重头——内装银元的信件

5）煤炭业隐语

乌块——烟煤　　　　　　桃乌——无烟煤
过锋——熟煤　　　　　　柏枝——细条木炭
提条——大条木炭　　　　乌金——木炭
飞尘——炭末　　　　　　乌砂子——煤屑

（九）工商业通用类商业隐语

工商业通用类商业隐语指使用于工商业界的日常生活类隐语。根据目前辑录的语料，主要有工商业通用隐语和商业通用隐语。

1. 工商业通用隐语

工商业通用隐语多为某一地域的工商业通用，隐称行业性不强的一般性词语，如饮食、天气变化、对人的姓氏称谓等。下面列举的是使用于四川等地的工商业通用隐语：

摆尾子——鱼　　　　　　　摆子——刮风
查檐子——做梦　　　　　　长冠子——鸡
粉粉子——大米　　　　　　拱头子——猪
江片子——猪肉　　　　　　亮子——蜡烛；灯
漫水——油　　　　　　　　老焦——胡姓
老摆——余姓　　　　　　　老补——冯姓
老吹——萧姓　　　　　　　老拱——朱姓

2. 商业通用隐语

商业通用类商业隐语有商界、商行、商贩等隐语。该类隐语主要隐指经营活动、人物称谓、日常生活等词语。例如：

（1）商界隐语

老板——店主　　　　　　　头柜——资深店员
主客——顾客　　　　　　　阿大——店经理
阿二——店协理　　　　　　狱狮——店员
出店——店中杂役　　　　　老司务——店中杂役
点王——主人　　　　　　　火头军——店中厨师
看清——监督店员者　　　　康白大——洋行中的买办
小开——老板之子　　　　　掮客——经纪人
三壶——学徒　　　　　　　往来——店铺之间的交易
廊檐五圣——租借店家地方营业者
待帮——店主欲辞退店员　　点元宝——盘账
除帽子——交易中硬性除去回扣
丢飞包——店员遇到家人、熟人卖货不收钱
串头——店主给店员加薪　　飞过海——在账外作弊
卖小蛇——遇到熟人，减价出卖货物
分手——店主与店员解除雇佣关系
另就——店主辞退店员　　　挂龙——账房先生作弊写假账

洋不过手——银洋需要当场验看
还汤——学徒被辞退后，经介绍人调停重新回到店铺
（2）江苏商界隐语

里账——商行的财物总账　　　内佣——从卖方收取的佣金
快拿——孬货；蹩脚货　　　　外佣——从买方收取的佣金
外账——商行的出纳账　　　　礼封子——新年红包
相哥——商店的学徒　　　　　相公——商店的学徒
跑外水——采购员　　　　　　冒盘子——批发价开高了
会了——吃亏　　　　　　　　来了——合算；便宜

（3）商行隐语

板头——炕　　　　　　　　　风子——口门
广营——集市　　　　　　　　升子——饭
崔——馒头　　　　　　　　　范梦——小米；谷子
老阳——太阳；天气　　　　　老阳——归行太阳落山；天黑
老阳运哩——老天刮风　　　　今阳——今天
明阳——明天　　　　　　　　前阳——前天
打——吸；喝　　　　　　　　打卖——喝酒
打吸——抽烟　　　　　　　　哨——喝
哨来——喝水　　　　　　　　糊——吃
糊升——吃饭　　　　　　　　调弯儿——唱歌；唱戏；演节目
代板——走路　　　　　　　　乃——买；取
乃蛇——买苇子　　　　　　　乃范齿——生孩子
联——偷　　　　　　　　　　联攀儿——说媒
运——刮风　　　　　　　　　晚——大；老
斤——慢　　　　　　　　　　篓悦——高兴；喜欢
廉——不好；丑；坏　　　　　本同——席子的价钱贵

第三节　小结

　　词语敏感地记录着人类社会生活的变化，敏感地书写着人类的文化和不同的民族心理。隐语作为人类语言的变异现象，不仅反映了人类使用新词语、创造新词语的巨大能力，而且清晰地记录了各行各业以利益为本的普遍心理以及对同行或群体外刻意防范的深层心理。隐语不仅是一种语言

现象，也是一种文化现象。

　　汉语隐语一般以地域方言为背景而创造和使用，群体是其创造和使用的相对封闭的社会性结构，同时隐语也反映着性质与特点、变化与发展等信息。例如，汉语商业基本隐语的行业概貌不仅反映了旧时商业的大致分类、汉语商业隐语的行业分布和使用概况，也记录和书写着行业的变化与发展。有的行业随着社会的需要与否而兴起或消亡，商业隐语从某种程度上反映着该行业的兴衰乃至消亡。商业隐语就如同消亡后行业的化石，永远刻写着行业的历史。在目前的社会生活中"收卖锭灰"行业已经消亡了多年，但反映该行业的隐语却为我们留下了永远的记录，通过隐语我们可以了解到该行业经营运作的一些情况，如在哪里有这个行业，做这个行业的都是什么人，为什么会有这个行业，纸锭灰有什么作用，以及当时的社会背景等。在上海，收卖纸锭灰多是绍兴人，"上海的锡箔店属于'绍帮'，所以收纸锭灰的便多绍兴人了"，"当初迷信盛行，除了大小月底家家户户要烧纸锭之外，平时祭神供祖烧剩的纸锭灰也很多。这些粉灰仍可做提炼锡箔的原料"（戴敦邦，1989：44）。作为造船史上和运输业中发挥过巨大作用的"蛋船"，曾经在清代发挥过巨大作用，"嘉庆初年，上海附近聚集的沙船约三千五六百只……浙江也有许多与沙船大小近似的'蛋船'、'三不象船'等经常往来天津一带"（吴琦著，1999：202）。"宁波港是浙江古港。其特型船是蛋船，又名三不象，通称宁船。北航天津、营口，一年可往返三次"（张静芬，1998：241）。蛋船被新兴的船只取代，随之蛋船行便消失了，但蛋船行隐语却记录着该行业的点点滴滴，通过隐语我们还可以了解到更多关于该行业的经营、兴衰以及与之相应的社会时代背景等。

第三章　现代汉语基本隐语结构与造词研究

本书所辑录的 20 世纪以来的现代汉语隐语，双字隐语占主导，多字隐语亦呈上升趋势。从现代汉语隐语的结构来看，其形式较丰富，除与汉语地域方言或通语词语相同的结构外，还有一些由隐语独特造词特点所形成的特殊结构形式。现代汉语隐语的词汇性质决定了隐语结构形式与地域方言或通语词语结构形式的一致性，而特殊的造词手段又彰显了现代汉语隐语结构的独特性。对现代汉语隐语结构的分析，是对隐语内部结构的解剖，属静态的结构观察；对现代汉语隐语的造词分析，是对词语创造和形成的理据探究，属动态的造词观察。本章试图从静态和动态两个角度对现代汉语隐语进行较为全面的解读。

第一节　现代汉语基本隐语结构分析

从语素间的结合关系而言，现代汉语隐语包括单纯隐语、合成隐语和短语隐语。单字隐语皆为单纯隐语，合成隐语和短语隐语的数量较大。隐语结构与通语相同的我们称为"普通式"，不同的称为"特殊式"。

一　单纯隐语

除单字隐语外，双字、多字单纯隐语有与汉语通语或地域方言相同的联绵、叠音、音译等普通单纯形式，还有一些特殊的单纯形式，如通过谐音、反切、拆字等手段创造的隐语。单纯运用谐音、反切、拆字等手段创造的隐语，多不能根据字面意义与隐指意义联系起来，也不能由字面意义确定其内部的结构关系，所以该种运用特殊手段形成的隐语我们也处理为单纯形式。为了较为清晰地看出现代汉语隐语结构与现代汉语词语的区别，我们把与通语词语结构形式相同的隐语称为普通式单纯隐语；与通语词语结构形式不同的隐语称为特殊式单纯隐语。

(一) 普通式单纯隐语

普通式单纯隐语多是指运用通语或地域方言中已有的单纯词隐指有一定关系或关联的隐指对象（多为名词）的隐语。依据语音，普通式单纯隐语有以下几种常见形式，见表 3.1 "普通式单纯隐语"。

表 3.1　　　　　　　　　　普通式单纯隐语

双声	毕方①——灰鹤	琵琶——糖慈姑片	鸳鸯——木码
叠韵	珑璁——锤子	齐苊——桔梗	蒨蔓——诸葛菜花
非双声叠韵	蝴蝶——剖篾刀	猢狲——店员	琥珀——蜜枣
叠音	咪咪——猫	哼哼——猪	结戒——纺织娘
音译	康白大——央行买办	悲栗——觱篥	安石——石榴花

(二) 特殊式单纯隐语

特殊式单纯隐语是指单纯运用谐音、反切、拆字、歇后（或歇前）截取等手段创造的无义字串所构成的隐语。特殊式单纯隐语是汉语隐语特有的单纯形式，该类隐语结构的特殊性决定于其造词的特殊性。根据创造手段的不同，特殊式单纯隐语包括单纯谐音隐语、单纯反切隐语、单纯拆字隐语、单纯歇后或单纯歇前隐语。

1. 单纯谐音隐语

对应通语或地域方言词语，单纯运用谐音所创造的无义字串称为单纯谐音隐语。谐音为隐语创造的常用手段，但在运用中标准较为宽泛，既可以音同，也可以音近，有的甚至仅要求听感上的模糊接近，如声母或韵母的相同或相近。

(1) 双字单纯谐音隐语

单纯由谐音所构造的双字隐语，二字间不存在语义间的联系，尽管有些隐语和通语或地域方言的词语形式相同，也不能按照通语或地域方言词语内部的语义联系进行分析。例如：

片我——皮袄　　　　　　闪宫——傻瓜
拴户——说话　　　　　　豆夭——大衣
豆鸡——衣服的大襟　　　片模——大毛衣服（谐：皮毛）

---

① "毕方"在上古属双声连绵词。其双声不能根据今音来判别，因"古无轻唇音"，上古"毕"与"方"皆为重唇音，"毕"为帮母（质韵、入声），"方"为帮母（阳韵、平声）。

罐子——裓子　　　　　　豆子——犊子，小牛
郭子——锅子　　　　　　文奔——王八
得合——当行　　　　　　虎啸——竹梢
旱酸——喝水　　　　　　悍迟——喝茶

(2) 多字单纯谐音隐语

单纯运用谐音手段构成的多字隐语，其谐音字之间没有意义上的联系，不能构成合成或短语结构，应视为单纯隐语。即使有的隐语中附加"子""儿"等词缀，其对应的通语或地域方言词语也并非单纯形式，由于各字间并不存在意义上的联系，多字隐语只能看成一个整体，本书一律界定为单纯隐语。例如：

懒盘子——老婆子　　　　懒特子——老头子
照敢饶——这个人；此人　湍干子——兔羔子
斗官妞——大闺女　　　　豆官呢儿——闺女；大姑娘
西合子——小孩子　　　　喜合子——小孩子
荷荷子——小孩子　　　　洗玄分儿①——媳妇
西厢方——新媳妇　　　　勒特特——老妇

2. 单纯反切隐语

对应通语或地域方言词语，单纯运用反切所创造的无义字串称为单纯反切隐语。隐语创造中反切的标准较为宽泛，不同于语音学上严格的反切概念，该种情况亦是由隐语的隐秘性本质特征所决定。若严格遵循语音学的标准和要求创造隐语，这样的隐语很容易在较短时间内被群体外掌握语音规律后成功破解，从而造成隐语不"隐"的局面。

(1) 双字单纯反切隐语

从我们目前所掌握的隐语语料来看，双字反切单纯隐语的数量较少，多运用方言音系进行反切，由于该类隐语追求的仅是一种语音的近似性，反切上下字多不能严格对应被切字的读音。另外，有的被切字并不直接与隐指对象相对应，如"戳"与"皂"反切出"糙"，但隐指对象为"糙米"。例如：

围口——掉换　　　　　　戳皂——糙米
缩蟹——小　　　　　　　草石——尺
顿哈——多　　　　　　　掠局——驴②

---

① "洗玄分儿"其中"洗分儿"与"媳妇儿"谐音，"玄"为附加的干扰字。
② 参见公众号"高自宝的沂蒙村庄行走"之《大砚疃的神秘语言"调侃儿"——大砚疃、何家砚疃等六个砚疃行走纪实（之二）》。

（2）反切型多字单纯隐语

运用反切手段构成的多字隐语，其反切汉字之间没有意义上的联系，不能构成合成或短语结构，应视为单纯隐语。一般情况下，直接按反切顺序排列反切上字和下字，但也有逆序排列反切字所构成的隐语，"胡果古诣"隐指"伙计"是顺序，"果胡诣古"则是逆序，显然后者的隐秘性更强。例如：

胡果古诣——伙计　　　　果胡诣古——伙计
刀乱烧哉——短衫　　　　廷张烧哉——长衫
福根道来——粉袋　　　　遥箭道乱——线团

3. 单纯拆字隐语

对应通语或地域方言词语，单纯运用拆字手段创造的无义字串称为单纯拆字隐语。拆字是常见的隐语创造手段之一，该手段得益于汉字形体结构可拆分的特点，即合体字可以拆分为不同的独体字，独体字也可以拆分为不同的笔画。拆解后的笔画或文字（包括笔画或文字的变体）之间没有语义上的任何联系，所以认定为单纯隐语。

（1）双字单纯拆字隐语

对应通语或地域方言词语，单纯运用拆字手段所构造的双字隐语称为双字单纯拆字隐语。双字单纯拆字隐语把通语或地域方言词语中的一个汉字直接或间接拆为两个汉字。例如：

一大——天　　　　　　　人干——本钱
八木——籼米　　　　　　十一——土（黄泥）
天虫——蚕豆　　　　　　易邱——锡匠
木儿——李姓　　　　　　口天——吴姓
角马——冯姓　　　　　　双木——林姓
双口——吕姓　　　　　　宝女——安豆

（2）多字单纯拆字隐语

对应通语或地域方言词语，单纯运用拆字手段所构造的多字隐语称为多字单纯拆字隐语。拆开后的汉字组合为无义字串，表达被拆解汉字或与之相关的隐指意义。例如，"王见之"隐指"现钱"、"二千八"隐指"利钱"两条。

二　合成隐语

合成隐语是汉语隐语的主要结构类型，包括派生隐语和复合隐语。

(一) 派生隐语
1. 简单派生隐语
简单派生隐语是指由一个词缀和一个词根共同构成的隐语。依据隐语词缀的位置，简单派生隐语包括前缀型简单派生隐语和后缀型简单派生隐语两类。这两类隐语皆分为普通式和特殊式两种结构。
（1）普通式简单派生隐语
1）前缀型简单派生隐语
前缀型简单派生隐语是指词缀在前、词根在后的简单派生隐语。前缀主要有"老""圪""阿"等，"老"缀隐语数量居多。例如：

老交——顾客　　　　老乃——妻子
老口——吴姓　　　　老咪——杨姓
老抓——侯姓　　　　老拱——朱姓
老吹——肖姓　　　　老烟——陈姓
圪桩——人的躯体　　圪叉——字
圪量——挂　　　　　圪量——剪
圪载——行走　　　　圪量——买

2）后缀型简单派生隐语
后缀型简单派生隐语是指词缀在后、词根在前的简单派生隐语。后缀主要有"儿""子""头""老""么""把""罗""乎""个"等，常见且使用较多的后缀主要有"儿""子""头""老"四个。例如：
① "儿"缀双字派生隐语

交儿——手巾　　　　清儿——剃刀
月儿——秤锤　　　　磬儿——碗
横儿——秤　　　　　车儿——袋子
呛儿——大麦　　　　壳儿——稻子
肚儿——小麦　　　　潭儿——腌肉
出儿——钞票　　　　黑儿——酱油
把儿——男阴　　　　宅儿——眼睛

② "子"缀双字派生隐语

兜子——轿子　　　　框子——珠环
湾子——玉锁　　　　兜子——锅
斗子——船　　　　　瓢子——油勺子
洒子——刷帚；伞　　星子——痣
划子——汤匙　　　　显子——刀

提子——线　　　　　　　片子——铁刀
除子——镗刀布　　　　夹子——剪刀
断子——剪刀　　　　　超子——梳子
青子——锥子　　　　　抄子——小梳子

③"头"缀双字派生隐语

青头——蔬菜　　　　　香头——葱
辣头——胡椒　　　　　咸头——石灰
香头——桂花　　　　　香头——药
汤头——水　　　　　　甜头——糖
酸头——梅子　　　　　坐头——箩
横头——宽度　　　　　寸头——尺
苗头——小猪　　　　　滑头——油

④"老"缀双字派生隐语

托老——泥土　　　　　蠹老——乌灵
元老——煤灰　　　　　湾老——秤钩；伞柄钩
扎老——鱼　　　　　　搁老——伞柄横销
方老——量米的斛　　　褂老——上衣
钳老——钳子　　　　　秋老——烟
皮老——牛肉　　　　　坚老——石子
滑老——麻油　　　　　膏老——面筋

⑤其他后缀的双字派生隐语

隐语中的后缀较为丰富，还有"公""么""把""罗""和""浏"等。运用这些后缀构成的隐语数量较少。"公""把"与其他后缀相比具有一定的实义。例如：

-公

圈公——茧子　　　　　细公——妇人
衣公——二茬茧子　　　拨公——算盘
顶公——芦席　　　　　相公——风炉

-么

夹么——训练　　　　　眼么——钱
洗么——好处费　　　　掌么——账房

-把

靠把——炕桌　　　　　拱把——猪
插把——换碗者　　　　捋把——黄圆粉

-罗

溜罗——看；瞧；扫视　　　兜罗——佛手

纹罗——金柑　　　　　　　薄罗——小且薄的砖墙

和

照和——好；漂亮　　　　　躲和——跛足的人

-古

跌古——无生意　　　　　　造古——有生意

-浏

酸浏——醋鱼面　　　　　　歪浏——斜纹布

（2）特殊式简单派生隐语

特殊式简单派生隐语是指单纯运用谐音、拆字等特殊手段创造无义字串充当词根，然后附加词缀而构成的简单派生隐语。特殊式简单派生隐语为多字后缀型隐语，后缀主要有"儿""子""头"。特殊式简单派生隐语为特殊式多字隐语，语料库中共计该类隐语32条（包括不同使用领域的同义隐语），从目前的语料来看，仅包括拆字、谐音两类。例如：

1）拆字类简单派生隐语

人言儿——书信　　　　　　点王儿——主人

盖各子/盖各儿——客人　　　非非子——韭菜

言午儿——许姓　　　　　　圈吉儿——周姓

子丝儿——孙姓　　　　　　三反儿——潘姓

人奉儿——薪水　　　　　　西贝——贾姓

2）谐音类简单派生隐语

荷荷子——孩子　　　　　　喜合子——小孩子

西合子——小孩子　　　　　懒特子——老头子

懒盘子——老婆子　　　　　湍干子——兔羔子

洗玄分儿——媳妇　　　　　豆官呢儿——大闺女；大姑娘

2. 复杂派生隐语

复杂派生隐语是指由两个（或两个以上）词根或词缀语素构成的派生隐语。复杂派生隐语为普通式多字隐语，该类隐语基本为三字隐语。根据词根和词缀数目可以分为多词根复杂派生隐语和多词缀复杂派生隐语。

（1）多词根复杂派生隐语

多词根派生隐语是指多词根、单词缀的复杂派生隐语。多词根复杂派生隐语是复杂派生隐语的基本结构形式，数量较多。根据词缀的位置，多词根复杂派生隐语分为后缀型多词根复杂派生隐语和前缀型多词根复杂派生隐语。

1）后缀型多词根复杂派生隐语

后缀型多词根复杂派生隐语是指词缀附在词根之后的复杂派生隐语。该种隐语为多词根复杂派生隐语的强势组合结构。常见的后缀主要有"子""儿"，另外"老""头"等少数后缀。例如：

蜜浮儿——钞票　　　　笋框儿——腿
气筒儿——鼻子　　　　草条儿——香烟；烟丝
相思子——红豆　　　　鬼斗儿——驴车
灵扇子——母亲　　　　劈邪子——桃子
尝玩子——铁板　　　　酱滑老——酱油
红脸老——香灰　　　　九炼头——钢

2）前缀型多词根复杂派生隐语

前缀型多词根复杂派生隐语是指词缀附在词根之前的复杂派生隐语。例如：

圪飘飘——茶叶　　　　圪翻翻——烙饼
阿和酿——小菜　　　　阿官仔——阔绰的侠客

（2）多词缀复杂派生隐语

多词缀复杂派生隐语是指多词缀、单词根的复杂派生隐语。根据词缀的位置，该类派生隐语分为前后缀型复杂派生隐语和后缀型复杂派生隐语两类。

1）前后缀型复杂派生隐语

前后缀型复杂派生隐语是指同时具有前缀和后缀的复杂派生隐语。例如：

圪叉子——字　　　　　圪针儿——胡子
圪桩子——人的身体；身上　圪渣子——药

2）后缀型复杂派生隐语

后缀型复杂派生隐语是指同时具有多个（一般为两个）后缀的复杂派生隐语。例如：

气老儿——馒头　　　　混子儿——梦
旋子儿——油徽子（一种食品）　片子儿——刀
元老子——帽子　　　　觅老儿——眼睛

（二）复合隐语

复合隐语是现代汉语隐语常见的结构形式。"双字组合在现代汉语中比单字和其他多字组合体所占比重都大，是一种强势组合，最具成词的能力"（周荐，2004：130）。汉语隐语亦是如此。从结构而言，复合隐语的结构形式同通语或地域方言词语一样，也深受汉语句法结构规律的影响，有大量普通结构的复合隐语，但也有独特的汉语隐语结构形式，我们分别称为普通式复合隐语和特殊式复合隐语。本节我们仅对现代汉语双字复合隐语进行结构分类。

1. 普通式复合隐语

普通式复合隐语是指能够套用汉语句法结构分析的复合隐语，包括定中格、状中格、支配格、补充格、陈述格、联合格、重叠格、递续格等复合隐语。

2. 特殊式复合隐语

特殊式复合隐语是指不能套用汉语句法结构分析的复合隐语，包括截取格和意合[①]格两类复合隐语。

（1）截取格复合隐语

单纯运用截取手段所创造的多字（此处仅对双字隐语进行讨论）隐语为截取格复合隐语。截取是汉语隐语创造的重要手段，同时也是汉语词语创造的重要手段，如歇后语就是利用歇后截取手段创造的汉语熟语类型。根据截取和隐指词语的位置，截取格复合隐语分为歇后截取复合隐语和歇前截取复合隐语两类。歇后截取复合隐语的数量较歇前截取式复合隐语的数量多，其原因在于歇后截取采用的是人们惯常的正向思维，截取前面而隐指后面。如用"双扇"隐指"门"、"近却"隐指"无"等；歇前截取属逆向思维，截取后面而隐指前面，所以数量较少，双字隐语中仅有"魔王"隐指"牛"、"衩子"隐指"裤子"两条。

[①] "意合"由周荐（1992）定义，参见《几种特殊结构类型的复合词》（《世界汉语教学》1992年第2期）。意合式复合词包括两类复合词，第一类是指像"天牛""木耳"等词语，"两个语素之间的关系，似偏正而不是偏正，像并列而不是并列，它们是以指称同一事物现象的不同性属的两个语素凑在一起，构以成词的。"第二类是指像"弱冠""皮傅"等词语，"两个语素本少组合成词的可能，但由于它们共现于典籍的某段话或常在人们的言语中使用，被人截出，凑成复合词。""以上这两类词，既不同于并列式复合词，也有别于偏正式复合词，两个语素代表的事物现象，关系并不密切，而由人们捏合在一起表示一种事物现象。鉴于这部分词有着这样一种共同点，我们可以把它们并为一个大类，拟称之为意合式复合词。"在汉语隐语中这两类词语较为常见，且数量较多，我们在本书中分开命名。第一类运用事物现象的不同性属指代事物现象的词语，我们称为"意合式隐语"；第二类运用截取方法创造的词语，我们称为"截取式隐语"。

截取格复合隐语的内部结构较复杂，有的可以按照现代汉语词语的常见结构形式进行分析，而有的却无法分析其内部结构，如"近却"（隐指"无"）、"却大"（隐指"金姓"）等隐语，其语素之间并非属同一层次，该种结构分别被学者们称为"跨层结构"（董秀芳，2002：273）、"跨层非短语结构"（江蓝生，2004）等。刘红妮（2010）针对现代汉语中的该种词汇现象，命名为"非句法结构的词汇化"（与"句法结构的词汇化"现象相对而言），"是指两个没有直接组合关系，而只是在句子先行序列上相邻的成分序列经由词汇化而成为一个独立的词的演变过程"。在汉语隐语中，尽管没有词的演变过程，但截取两个没有直接组合关系的成分成词，其跨层结构与之相同。具体隐语与所隐指意义之间的关系详见下文造词法分析。

（2）意合格复合隐语

汉语双字隐语中有一类特殊的结构形式，作为两个不同语素的汉字不存在语义上的关系，而是皆指向所隐指对象，多为所隐指对象的不同性属。例如，用"大元"（元，是"圆"的同音字，隐指"圆"）隐指"大钵"、"小元"隐指"小钵"、"香方"隐指"豆腐干"、"臭方"隐指"臭豆腐干"、"白染"隐指"白漆"、"红流"隐指"血"、"车元"隐指"车灯"、"铜大"隐指"剪铜皮用的剪刀"等。即使两个语素的性质相同，该类隐语也无法归入联合格的形式中，因为语素义间没有密切的关系，也并不相同、相近或相反、相对，而是共同服务于要说明的事物或现象主体，如用"大元"隐指"大钵"，"大"是从钵的大小而言，"元"（谐音"圆"），是从钵的形状而言；用"白染"隐指"白漆"，"白"是从漆的颜色而言，"染"是从漆的功用而言；用"车元"隐指"车灯"，"车"是从灯所使用的领域（使用于车上）而言，"元"（谐音"圆"），是从灯的形状而言。可以看出，并无语义联系的二字，捏合在一起共同指向隐指对象，该种结构的隐语我们称为意合格复合隐语，即指分别从两个不同角度指向隐指对象的双字隐语。依据双字组合中语素性质的不同，意合格复合隐语有以下几种格式：

1）形容词+形容词

"形容词+形容词"是最为常见的意合格结构，该种结构分为两种形式，一种是从两个不同的方面对所隐指的对象进行性质、状态等方面的描述，该类结构的隐语用字为两个不同的描述性语素。从该结构的词性来看，应为形容词性隐语，但隐指对象皆为名词或名词性短语。运用该种结构创造的隐语数量较多。例如：

第三章 现代汉语基本隐语结构与造词研究　119

臭方——臭豆腐干　　　　平小——小剪刀
白方——糟腐乳　　　　　小圆——黄豆
红方——山楂糕　　　　　方巧——瓦爿饼
大方——铜钱　　　　　　硬尖——钻子
平方——石板　　　　　　青方——铜片
平方——册页　　　　　　黄尖——狼毫水笔
细白——细粒稻米　　　　白野——晚稻米

2）形容词+动词

"形容词+动词"意合格隐语分别从性状和有关的动作特点两个方面对隐语主体进行描述。少数隐语中表动词性语素的字为谐音字，如"沉明"中的"明"谐音"鸣"、"黄占"中的"占"谐音"站"、"黄表"中的"表"谐音"裱"等。例如：

沉明——磬　　　　　　　黄占——黄蜡
黄表——铜边镜框　　　　青描——墨画山水图
白切——盆装水煮肉切片　白染——白漆
硬垒——砖　　　　　　　短丛——水獭皮
硬衬——皮面木屐　　　　红摆——熔铁炉
红流——血　　　　　　　黄涂——脓和烂肉

另外，还有少数"形容词+名词"的意合格结构也是从隐指物品的形状和相关动作两个方面进行描述，后面的名词性语素实际为动作所支配或关涉的物品或现象，因此该种结构也应被认为是"形容词+动词"的结构形式。例如，"平布"隐指"四号剪刀"，从剪刀的大小（平，指普通大小的）和功用（布，指剪布）两个方面对其进行描述和隐指；"灵风"隐指"纱衣"，从纱衣的特点（灵，指灵便的、轻盈的）和功能（风，指透风）两个方面对其描述和隐指；"黄浆"隐指"豆腐皮包肉"，从豆腐皮包肉这种食品的两种食材的角度出发，从色彩（黄，指豆腐皮为淡黄色的）和效果（浆，指产生浆液）两个方面对其描述和隐指等。

3）形容词+数/量词

"形容词+数/量词"意合格复合隐语的结构特点是：前字描述隐指对象的性状，后字是隐指对象性状所关涉的数量。"形容词+量词"结构在意合格复合隐语中较"形容词+数词"结构常见。例如：

元条——普通旱烟　　　　圆寸——圆形墨
玄寸——乌纸扇　　　　　广块——冰糖
高圈——高级茧子　　　　红粒——虾子

赖八——混杂的小鱼　　　　　　正贰——桂圆最佳品

4）名词+形容词

"名词+形容词"意合格复合隐语的结构特点是：前字从所关联的地域、事物、现象等方面，后字从性质、特点等方面对隐指对象进行描述和隐指。该类隐语的隐指对象皆为名词或名词性短语。从前字语义来看，"名词+形容词"意合格复合隐语又分为两种形式，一种是前字表示隐指对象与某地域或环境存在某种关联性，为"地域（或环境）+性状"类；一种是前字表示隐指对象与某物品存在某种关联性，为"物品+性状"类。

①"地域（或环境）+性状"类

津元——天津产咸梭子蟹　　　徽尖——徽州产的箬竹叶
东白——日本白糖　　　　　　宁大——三号坛子
杭大——一种较小的红腐乳　　土尖——上海产的梭子蟹
市方——普通牛皮箱　　　　　市扁——普通牛皮扁箱

②"物品+性状"类

根据隐指对象与语素所指物质间的关系，"物品+性状"意合格复合隐语又可分为两种类型，一类是隐指对象与前字所指称的物品有直接关系，如"车元"隐指"人力车灯"，"车"直接指向"人力车"；一类是所隐指对象与前字所指称的物品有间接关系，如"草圆"隐指"质量较差的珍珠"，"草"并非直接指代"青草""干草"的"草"，而是指像草一样、粗糙、不细致的性状，再引申指"质量差的"，该种形式多运用比喻或夸张的手段，从性状、特点等方面对隐指对象进行描述。为了对比二者的区别，我们分别称之为"直接物品"类和"间接物品"类。

A."直接物品"类

车元——人力车灯　　　　　　铜大——剪铜皮用的剪刀
松黄——京团　　　　　　　　米方——醉腐乳
钢大——剪钢皮的剪刀　　　　泡元——颗粒大的质次桂圆
地平——铁砧　　　　　　　　地平——方砖

B."间接物品"类

沙元——小桂圆　　　　　　　螺尖——细长的高品质笋干
玉吉——鱼翅　　　　　　　　桃乌——无烟煤
草圆——质量较差的珍珠　　　天平——铁板
天平——盖板　　　　　　　　天平——晾晒布的高架子

5）名词+名词

根据前字、后字所指名词性语素间的语义关系，"名词+名词"意合格复合隐语结构又分为同义（近义）型、异义型和偏义型三种形式。

①同义（近义）型

前字和后字所指相同或相近，隐语多在特点、性质、功能等方面比喻或比拟隐指对象。该类隐语多为通语或地域方言词语，词语义多指不同的人、动物、事物、现象等，隐语义多为通语或地域方言词语的比喻义。例如：

棒槌——吉林人参　　　　祖宗——丝包袋
桥梁——凳子　　　　　　窝囊——鞋楦子
障壁——镜套　　　　　　蛳螺——优质鲫鱼鳌
笠帽——锅　　　　　　　乾坤——盛放药的口袋
耳朵——箱子的环　　　　将军——锁
凤凰——鸡　　　　　　　斤两——傻子

②异义型

前字和后字所指为不同的地点、事物或现象等，隐语所指称的地点、事物或现象等与隐指对象有着直接或间接的关系。例如：

江州——旅馆　　　　　　戊己——土
铧锹——熔铜器　　　　　毛刺——石料
兰葱——芹菜　　　　　　兜力——轿夫
汉火——药　　　　　　　汗火——有钱的医生
兜帽——熟水店　　　　　棚纱——棚灯
蒲芦——螟蛉　　　　　　膏筋——芝麻酱

③偏义型

前字和后字所指为不同的地点、事物或现象等，但只有一字与隐指对象相关联。例如：

规矩——圆规　　　　　　锋刃——锥子
主客——顾客　　　　　　边杖——马夫

6）名词+数/量词

"名词+数/量词"意合格复合隐语的结构特点是：前字为与隐指对象相关的人、事物或现象等，后字为表示数目、顺序或数量单位的数量词。例如：

棚圈——织补用的框架　　箱块——箱形冰糖
僧寸——和尚用的折扇　　申[①]三——一尺三寸口径的铁锅

[①] "申"隐指一尺的铁锅。

申四——一尺四寸口径的铁锅　　　松块——黄松糕

7) 名词+动词

"名词+动词"意合格复合隐语的结构特点是：前字从相关的地域、场所、特点，后字从相关的动作特点共同指向隐指对象。例如：

宁升——大号爆竹　　　　　　春占——江浙产的黄蜡
蜀占——四川产的黄蜡　　　　警晃——枪
龙洒——绣花用的丝线　　　　川占——四川产的黄蜡

8) 数/量词+形/动词

① "数/量词+形容词"

"数/量词+形容词"意合格复合隐语结构的前后两字分别从两方面对隐指对象相关数量和性状特点进行描述。隐指对象皆为名词或名词性短语。例如：

块方——大油豆腐　　　　　　条达——筷子
五元（圆）——质次的桂圆　　二元——七号团底汤罐
二尖——五号空底汤罐　　　　三尖——六号空底汤罐

② "数/量词+动词"

"数/量词+动词"意合格复合隐语结构的前后两字分别从两方面对隐指对象相关数量和动作特点进行描述。隐语为动词性，但隐指对象皆为名词或名词性短语。例如：

三分——鼎　　　　　　　　　三拜——最小的蜡烛
二洒——二号白面粉　　　　　三洒——三号白面粉
条洒——最粗之丝线　　　　　条脱——手镯

9) 数/量词+数/量词

"数/量词+数/量词"意合格复合隐语结构的前后两字皆指向与隐指对象相关的数量。例如：

寸块——铜块　　　　　　　　件半——羊裘袍子
七八——货物　　　　　　　　件头——凳子

10) 动词+形容词

"动词+形容词"意合格复合隐语结构的特点是：前后两字分别对隐指对象的相关动作（包括主、客观动作）和性状特点等进行描述。该种结构的隐语为动词性，但隐指对象为名词性。例如：

蹬大——隶书字　　　　　　　敲硬——官盐印章
登（蹲）大——缸　　　　　　摊喜——草头饼
摇红——灯　　　　　　　　　靠大——椅子套

托瘦——瘦肉面　　　　　　压重——柜子
处尖——质量较差的乌笋干　　衬方——铁墩子
横小——香蕉糖　　　　　　撑亮——灯笼

11) 动词+数/量词

"动词+数/量词"意合格复合隐语结构的特点是：前后两字分别对隐指对象的相关动作和表示性状的数量进行描述。隐指对象皆为名词。例如：

飞六——雪　　　　　　　　熏条——香
衬片——砧板　　　　　　　摊张——煎饼
念三——和尚　　　　　　　念四——道士

12) 动词+动词

"动词+动词"意合格复合隐语结构的特点是：前后两字分别从不同的动作或状态对隐指对象进行描述，但前后两字并非递续关系，动作的发出者或支配对象相同，两种动作或状态也不分时间上的先后。该种格式根据隐指对象的词性分两类：体词类隐语义和谓词类隐语义。

①体词性隐语义

该类隐语的前后两字分别对人、动物、物品等所涉及的动作和状态进行描述，故隐指对象为人、动物、物品等体词或体词性短语。有的隐语前后两字的意义相同或相近，但却指与隐指对象相关的不同动作，严格来讲应为意合格结构，而不是意义相同或相近、相反或相对的联合格结构。例如，"绕连"隐指"线"，"绕"与"连"为线有关的两种动作；"包封"隐指"包裹"，"包"和"封"是包装包裹的两种动作。该类的其他隐语再如：

托照——梳妆台　　　　　　绣披——嫁衣
交叉——裤子　　　　　　　抄背——小皮箱
通动——大木梳　　　　　　仰承——痰盂
搭连——铜丝襻　　　　　　送动——铁锤
拿攀——蚌　　　　　　　　搭连——糨糊
挫割——肉　　　　　　　　逼照——榨油床
开撑——扇骨　　　　　　　生死——人
兜转——络纱用的架子　　　仰承——水缸
张移——门　　　　　　　　捉拍——锤子

②谓词性隐语义

该类隐语的前后两字直接对隐指对象相关动作和状态进行描述，故该类隐语和隐指对象皆为谓词或谓词性短语。例如：

叉卖——下针	潜垛——藏起来
过宠——浸黄豆	架托——端盘子
推送——使人无话可说而离去	打吸——抽烟
打卖——喝酒	摆飞——下雪
达来——送来	漫失——没有
挠逮——好	代藏——伙计暗中收取回扣

三　短语隐语

从结构来看，短语隐语分为普通式和特殊式两类。普通式短语隐语有定中、状中、支配、陈述、补充、递续、紧缩、数量、助词、的字等短语形式；特殊式短语隐语包括截取式和意合式两种短语形式。截取式短语隐语分为歇后短语隐语和歇前短语隐语（该类隐语的造词分析见本章第二节中的"截取造词法"），列举如下：

大吉大——猪舌	锅碗瓢——打；揍
乌烟瘴——呛；味道	耳闻目——猪肚
雨后天——青色	哧不楞——灯
真赃实——饭	天长地——酒
大战马——抄手（食品）	八面威——风肉
一年到——猪头	二人对——面条
刺毛漏——水	至亲好友——不赊欠
拦中半——猪腰	瘟不拉——臭
一奶同——兄弟姐妹	屯祁山——盐仓
四方四——方桌、酱豆腐、豆腐干一类方的东西	

第二节　现代汉语基本隐语造词法分析

研究汉语隐语，全面认识汉语隐语，不仅要掌握其词语结构，还要把握汉语隐语的造词规律。"造词方法是使用具体词素组织成词的方式和方法"，"造词的素材和方法可以决定词的结构。可是词的结构却不能完全反映造词方法"（孙常叙，2006：82）。"只从静态的角度把词的结构方式描写出来，对于全面了解词的构造来说，是不够的"（刘叔新，2005：

100)。现代汉语隐语研究亦是如此,对隐语造词①理据的探究有助于认识隐语的创造和形成的手段、方法,有助于加深对隐语本质特点的了解,有助于在掌握词语结构的基础上全面认识现代汉语隐语。

隐语的创造建立在通语或地域方言词语或已有知识概念和表达的基础之上,与人类语言创造之初对新事物、新概念的命名有着本质上的不同,也就是说"任意性"不是隐语造词的性质和特点,隐语造词很好地体现了"语出有源""语出有因"的创造理念。隐语的创造和新词语的创造在这一点是有相同之处的。隐语相对于通语或地域方言词语而言,无疑也是一种"新词",在对隐语造词的理据分析中,隐语是依附于通语或地域方言而创造的,它和通语或地域方言之间的联系是自然的,更是无法割断的。

一 现代汉语基本隐语的造词手段

同通语或地域方言词语一样,隐语同样反映着人类对客观世界的认识和理解,记录了人类社会与文化生活,隐语的创造和使用是人类创造、使用语言的良好范例。现代汉语隐语同样是汉语言社会与文化生活的反映和记录,其构成、创造的方法和手段,与汉语通语或地域方言词语的构词方法和造词手段具有一致性。

现代汉语隐语无疑是现代汉语系统的成员,是汉语词汇在社会团体和特殊语境的变异形式,是汉语词汇系统中的特殊成员。汉语隐语在已有知识和概念之上,运用通语或地域方言构词材料以及大致相同的构词方式所构成。构词材料相同、构词方式大致相同,所创造的词语却和通语或地域方言词语不同。造成这种现象的根本原因在于隐语造词视角的不同,重新组配通语或地域方言中已有造词手段或运用新造词手段,从而形成新词。隐语创造过程中运用到的造词手段主要有:

(一) 拟声

拟声是人类造词最原始的手段,运用该种手段创造的词语具有极强的声音形象性,便于理解和记忆,如"哼哼"隐指"猪","咪咪"隐指"猫"等。由于运用拟声手段创造的隐语隐秘性较弱,故该类隐语数量较少。

---

① 从隐语的结构而言,不仅有词的形式,也有短语的形式,本书所指的"造词"是指隐语的创造,既包括词的形式的隐语创造,也包括短语形式的隐语创造。

(二) 语音

利用母语或外民族的语音创造隐语的手段称为语音手段。隐语基本使用于口语中，利用通语或地域方言语音并对其进行改造，是隐语创造常用的手段之一。利用语音创造隐语不外乎两种形式，一种是单纯利用语音手段，如"喜"隐指"小"、"豆官呢儿"隐指"大闺女"等是单纯运用谐音隐指；一种是把语音作为综合手段之一运用于隐语的创造之中，如"打尺六"隐指"打锡箔匠"便运用了意义和语音造词法所创造，"打"表示打锡箔匠的动作，"尺六"谐音"赤佬"，吴方言指"鬼"，因为锡箔是用来叠成或糊成元宝形焚化给鬼神所用。

(三) 文字

对汉字进行改造并创造新词语是汉语隐语常用的创造手段，把汉字进行拆解和组配，使其外在形式发生变化，从而达到隐蔽之目的。如"丘八"一词便是利用拆字手段创造，目前已经泛化成为汉语共同语词语，被《现代汉语词典》所收录。运用文字手段创造隐语有两种形式，一种是单纯利用文字手段，一种是把文字手段作为综合手段之一而使用于隐语创造中。

(四) 语义

在意义上对通语或地域方言词语"做手脚"，使用同义、反义、古义、方言义语素或词语等创造隐语。运用语义手段创造的隐语须从通语或地域方言词语本身入手，与词语所关涉的人、动物、事物等无关。例如，用"老焦"隐指"胡姓"，"焦"与"胡"为同义词；用"津"隐指"水"，"啖"隐指"吃"，隐语"津""啖"分别是"水""吃"的古代汉语同义词；用"不睬"隐指"素色"，"彩"（彩、睬音同）与"素"为反义语素，"老歪"隐指"郑姓"，"歪"与"正"（正、郑音同）为反义词。

(五) 截取

截取是汉语较为古老的一种造词手段，如"友于"出自《尚书·周书·君陈》中的"惟孝友于兄弟"，用"友于"指兄弟友爱之义，即是对"友于兄弟"的截取。这种方法又被称为"'割裂'式的借代"（蒋绍愚，2007：89），运用割裂经典文献的方法而创造的词被称为"典故词"（吴金华，2008）。而在隐语创造中，截取的位置、字数都更为自由，可以对词、短语、语句等形式进行截取，用其中的一部分去隐指另外一部分或局部。根据截取位置的不同，该手段主要有两种形式：歇后截取和歇前截取。

（六）修辞

作为语用手段，修辞应用于隐语创造中，不仅使隐语带有明显的语用特点，而且成为创造大量隐语的重要手段。可以毫不夸张地说，用隐语隐指通语或地域方言词语，并替代通语或地域方言词语使用，就是运用了"借代"这种修辞手段。隐语创造中常见的修辞手段有比拟、比喻、夸张等。例如用"小虎"隐指少妇、"月亮"隐指圆桌、"千斤"隐指柴担就是分别运用了比拟、比喻、夸张等修辞手段。

（七）联想

联想运用于隐语创造，以相关性为基础。隐语创造中的联想不是语法学中的联想关系（即类聚关系）[1]，而是一种联想意义，但又比词汇学中作为主要语义类型之一的联想意义[2]要宽泛，隐语创造不仅仅从词语意义本身，即内容的角度联想相关的意义或事物，也可以从字形、词形，即形式的角度联想出事物或特点等。例如，有对文字字形的联想，如把繁体的"為"联想为很多丝线缠绕在一起、把"尹"字联想为粪勺子、把箱子联想为"井"字等；还可以从文化、道德等角度进行联想，如用"丙丁"隐指火、用"阴宗"隐指月亮、用"十二"隐指栏杆等是基于对文化的联想（详见第八章"丙丁""阴宗""十二"条理据分析）；把生意人做买卖时每斤缺少一两货物的现象称为"没福"、缺少二两货物的现象称为"无禄"、缺少三两货物的现象称为"折寿"等是基于对道德文化的联想。联想也是隐语继承与创新的主要手段之一，如明·朱有燉《诚斋乐府·乔断鬼》中用"青资"[3]隐指刀子，后代的隐语"青子"则不仅仅隐指刀子，还可以隐指剃刀、锥子等尖利工具；清·卓亭子《新刻江湖切要·亲戚类》中"孙子"的隐称先为"子户"，后改为"重欠"，"未嫁

---

[1] 参见唐作藩主编《中国语言文字学大辞典》，中国大百科全书出版社2007年版，第368页。类聚关系（联想关系）是指"在同一组合位置上可以互相替换的语言单位通过联想和类比所形成的纵向关系"。

[2] 参见唐作藩主编《中国语言文字学大辞典》，中国大百科全书出版社2007年版，第383页。联想意义是"一种主要的语义类型。有些词语，当人们一听到或读到它们时，会马上联想别的事情来，那么，这些词语就具有一种能引起读者（或听者）联想的意义"。

[3] "青资"从刀子两方面的特点对其进行隐指。青，指刀发出青色的光；资，指刀刃的锋利。

女"的隐称先为"半儿"改为"桃蕊"①等，皆是对不同现象的联想而进行的创新。另外，连环式联想也是创造隐语变体的手段，如"回侃子"用"挠子"隐指数词6（详见第六章第二节中的"数词'回侃子'造词法分析"），是对阿拉伯数字"6"的字形联想，其变体"痒痒""自在""快活"则都是在"挠子"的基础上所进行的"多重式、连环式的联想"（邵燕梅，2011）。

（八）文化

神话、传说、典故、诗词歌赋、民俗风情等文化现象皆可以成为隐语造词的手段。该手段的具体表现形式有两种，一种由文化现象触发后运用其他手段创造隐语，即文化作为创造隐语的动因，如民俗文化中的避讳、禁忌以及行业中的规定等都可能成为创造另外词语隐指相关现象或物品的促动性因素。例如，回族社群对"猪""血"等的禁忌，从而创造另外的词语来指代；豆腐店禁忌说"火"，而用"二点头"隐指；粥店忌讳说出"蚀本"，"蛰"与"蚀"音近，因此而改称等。另一种是运用诸多文化因素创造隐语，如"双五百"隐指小姐（详见本节"双五百"条造词分析），"阴宗"隐指月亮等。前一种形式的隐语数量极少，这是由隐语的隐秘性所决定的，毕竟语言禁忌不是隐语创造的目的，后一种形式的隐语带有较为浓厚的文化色彩。

隐语的创造可以运用一种手段，也可以运用多种手段，运用单一造词手段创造的隐语非常容易"破解"，要想加强隐语的隐秘性，设置多重屏障，增加思维的曲折性，就必然会选取不止一种手段，即运用综合手段去创造，这正是隐语之所以称为"隐"语的精髓和关键所在。

二 现代汉语基本隐语造词法的分类与规律

隐语是在通语或地域方言已有词语的基础上所创造和使用的词语，从某种程度上可以认为是已有词语的"新词语"，在遵循词语创造基本规律的前提下，隐语更多地表现为"词出有因、语出有源"，"语词理据是语词发生、发展的促动因素，因而总是先于语词的形成而存在，而对它的发掘和阐释则是后来人沿着历史线索向前所作的推求"（王艾录、司富珍，2007：5）。在构建现代汉语隐语造词法体系的基础上，对于汉语隐语造

---

① "桃蕊"指桃花花苞，该隐语是把未嫁女比喻为含苞待放的桃花。如唐·温庭筠《春梦宴罢寄宋寿先辈》："窗间桃蕊宿妆在，雨后牡丹春睡浓"中以拟人化的手法把"桃蕊"描述为宿妆犹在的少女，隐语"桃蕊"则是对少女进行拟物性的喻指。

词理据探求之目的即在于发掘和阐释隐语形成和发展的促动因素，以期补充、完善汉语词汇发生、发展的理据动因，拓展汉语词汇学研究的领域和范畴。

早在1956年，孙常叙在《汉语词汇》中强调了研究汉语造词法的重要性，"造词结构是造词活动的结果，造词素材和方法是形成造词结构的语言原因"（1956：78）[①]，现代汉语基本隐语的造词分析，是对现代汉语隐语进行的动态研究，该研究将有助于全面认识现代汉语隐语的造词体系。运用诸多造词手段，现代汉语隐语造词共有四法：声音造词法、文字造词法、截取造词法、意义造词法。

（一）声音造词法

根据象似性关系，通过描摹所隐指对象直接或间接的声音创造隐语的方法称为声音造词法。根据所描摹声音的来源分别有自然界声音、汉语语音、外来语语音等，声音造词法分为拟声指代造词法、汉语语音指代造词法（简称为语音指代造词法）和音译指代造词法。

1. 拟声指代造词法

拟声指代造词法是指通过描摹自然界声音（如动物的叫声、人或相关动作发出的声音等）创造词语并指代隐指对象的方法。拟声造词法是较为原始的创造词语方法，又称为"摹声造词法"（孙常叙，2005：183）。运用拟声创造的隐语和通语或地域方言中的拟声词（也称为象声词）不同，前者表示的是事物或概念，而后者仅表示某种声音，是声音在听觉上的表象。例如，"哼哼"在隐语中指"猪"，而在通语或地域方言中只表示声音，当然这种声音未必只是猪发出的。通语或地域方言中也有少数运用拟声造词法创造表示概念的词语，这些词多为汉语基本词，如"鸭"名的由来即来自它"呷呷"的叫声。为了和通语或地域方言中的拟声造词法区别开来，我们称运用拟声创造隐语指代隐指对象的方法为"拟声指代造词法"（下文各类具体创造隐语的方法皆加"指代"称谓，不再赘述）。

运用拟声指代造词法创造的隐语没有单字形式，因为单字形式在口语中表达的是单个音节，故无法较为形象、准确地描摹声音。有些拟声隐语并非单纯模拟声音，在词语创造中又附加了其他手段，但这类隐语的造词大多较为简单。例如，"当当"隐指"钟"，"咪咪"隐指"猫"，"咯咯

[①] 另参见孙常叙《汉语词汇》（重排本），商务印书馆2006年版，第83页。

儿"隐指"吹风机"和"电推子","叫哥哥"隐指"蝈蝈"等皆是对自然声音的直接模拟;"珑璁"隐指"锤子"(银匠隐语)不是对锤子敲打声音的直接模拟,而是用金玉声("珑璁"原指金玉声)借指银匠用锤子锻打银子的声音,从而隐指锤子;"邦邦"隐指"狗","绵绵"隐指"羊"等是对自然声音的谐音改变后所隐指;"老咪"隐指"杨"姓,"老嘎"隐指"理发推子"等在自然拟声的基础上附加词缀而构成隐语;"油梆梆"隐指卖油人肩挑油担卖油时,手敲的长方形"木鱼鼓","油当当"隐指云朵形"铁牌"等,是附加了物品使用用途而构成隐语。

除了单纯运用拟声创造的隐语外,还有少数隐语把其作为手段之一,如"小笃锤"隐指"小锤",在对特点和类属综合的同时加入了"笃"这个拟声元素,标明小锤敲击的声音。由于拟声造词的形象性,拟声隐语在实际使用中的隐秘性不强,故该类隐语的数量不多,拟声指代也不是能产的隐语造词法。

2. 语音指代造词法

(1) 谐音指代造词法

谐音指代造词法是指运用谐音手段对隐指对象的通语或地域方言词语进行加工并创造词语指代隐指对象的方法。完全利用谐音手段创造的隐语都是单纯隐语(详见本章第一节中的"单纯隐语")。按照隐语构词的字数(在谐音隐语中,字数与音节数目对等),谐音隐语包括单字谐音隐语、双字单纯隐语和多字单纯隐语。在隐语结构分析中已列举了双字谐音隐语和多字谐音隐语(详见本章第一节中的"特殊式单纯隐语")。

隐语创造对谐音的要求非常宽泛,主要考虑音感上的相似度,这种相似度是一个非常模糊的标准,完全同音的情况较少,完全不同音就背离了谐音的创造原则。从音节的声母、韵母、声调三个要素而言,一般情况是两个要素相同或相近方能构成谐音,如声母和声调相同或相近、韵母和声调相同或相近、声母和韵母相同或相近皆能构成谐音。任何一个要素相同或相近皆不能构成谐音。根据语料库中的谐音语料,谐音隐语基本分为两类,一类是声母和声调相同或相近的隐语,该类隐语是谐音隐语的常见形式。如"秒"隐指"买"、"扇"隐指"上"、"喜"隐指"小"、"贺"隐指"好"、"六"隐指"绿"、"闷"隐指"卖"、"饶"隐指"人"、"探"隐指"躺"、"旺"或"忘"隐指"外"、"杜"隐指"大"、"系"隐指"下"、"照"隐指指示代词"这"、"闹"隐指指示代词"那"等;一类是韵母和声调相同或相近的隐语,如"汉"隐指"饭"、"灰"隐指"水"等。该类隐语的数量较少。以上关于声母、韵母和声调的分析建立在汉语共同语音系基础之上，尽管方言中读音的相似度与共同语不同，如"杜"和"大"在共同语音系之下并不谐音，但在上海、苏州等地的北部吴语中却读音相同，但谐音创造隐语的原理相同。有少数谐音隐语不是从听感上很容易就能感受到谐音，其原因在于创造隐语时又附加了其它手段。如"架"隐指"开车"，"开车"即"驾驶"，运用的是"架"和"驾"谐音（同音）；"桥"隐指"查看货物状况"，运用的是"看"的同义词"瞧"与"桥"的谐音（同音）；"嘎"隐指"价格""钱""数目"等，运用的是"嘎"与"价"的谐音，"价"中古为见系二等字，"嘎"是"价"的中古音记音等。

（2）反切指代造词法

反切指代造词法是指运用反切手段对隐指对象的通语或地域方言词语进行加工并创造词语指代隐指对象的方法。反切是较早利用到隐语创造中的方法，隐语的早期名称有反切语、切语、切口等皆是指运用该种手段创造的隐语。如明·田汝成《西湖游览志余·委巷丛谈》提到的"以秀为卿溜，以团为突峦，以精为卿令，以俏为卿跳，以孔为窟笼，以盘为勃兰，以铎为突落，以窠为窟陀，以圈为窟峦，以蒲为鹘卢"①。其中的隐语皆运用反切法创造。运用该种方法创造的隐语，通过读音反切后其意义很容易被破解，故后来较少使用。在隐语创造中，为了增加理解上的难度，增强隐语的隐秘性，反切指代造词法对语音的要求没有严格的标准，反切上字和切字的声母相同或相近、反切下字和切字的韵母相同或相近都可以构成反切，切字的声调可以相同，也可以不相同。反切的读音大多依据使用地域进行拼读，即运用方言进行拼读。例如，"缩蟹"隐指"小"、"草石"隐指"尺"、"顿哈"隐指"多"是直接反切；"围口"隐指"掉换"，是用"围口"反切出"换"、"戳皂"隐指"糙米"，是用"戳皂"反切出"糙"；"刀乱烧哉"隐指"短衫"、"福根道来"隐指"粉袋"、"廷张烧哉"隐指"长衫"、"遥箭道乱"隐指"线团"、"胡果古诣"隐指"伙计"，是四字隐语两两反切；"果胡诣古"隐指"伙计"则是在反切的基础上附加了逆序所创造。

3. 音译指代造词法

音译指代造词法是指运用译音手段对隐指对象的通语或地域方言词语进行加工并创造词语指代隐指对象的方法。译音是隐语使用中有一定

---

① 施奠东主编：《西湖文献》丛书，（明）田汝成辑撰：《西湖游览志余》，上海古籍出版社 1998 年版，第 370 页。

外在条件限制的手段,该种手段的运用与隐语创造和使用的地域有关,如该地域是否具有一定的开放度,是否会产生语言和文化上的互动、碰撞等,该地域的人们是否可以接触到少数民族或外民族语言等。运用音译指代造词法创造的隐语数量极少,这主要与使用地域的开放度有关,如上海地区的商界隐语"康白大"隐指"洋行买办","康白大"是comprador的音译。

(二) 文字造词法

文字造词法是指运用汉字形体创造隐语的方法。利用汉字创造隐语,这是汉语隐语的特色,也是汉语词汇的特色,这也说明了"汉字和中国文化具有互相印证、互相解释和互相依存的关系"(王宁,2017:141)。利用汉字创造隐语是由汉字的形体所决定的,"绝大部分汉字在形体上均有可离析的特点,或可拆解为偏旁、部件,或可拆解为笔画"(刘中富,2003),通过对汉语基本隐语语料的分析,文字造词法包括字形拆解指代造词法、部分字形指代造词法、字形包含指代造词法、字形联想指代造词法等创造方法。这些造词法皆是通过汉字字形变化创造词语的方法,可以说是"孳生造词"在汉语隐语创造中的具体应用。

1. 字形拆解指代造词法

字形拆解指代造词法是指把隐指对象的通语或地域方言词语字形拆解为由其偏旁、部件或笔画所构成汉字后创造词语指代隐指对象的方法。拆解后的字形结构未必是汉字的文字学结构,有些隐语也并非汉字直接拆解后的组合,而是经过了一定的处理加工,如对原拆解汉字或拆解后的汉字运用变形(直接变形、描述变形、谐音变形)、拆解后附加词缀等手段。该特点也与隐语的隐秘性相吻合,增加理解难度的同时也强化了隐秘性。该类隐语创造中的"加密"方式具体表现为不同的字形拆解变形方式。根据字形拆解方式的不同,字形拆解指代造词法又分为直接拆解指代造词法、描述拆解指代造词法和谐音拆解指代造词法。后两种拆解法皆是对汉字拆解后部件的间接变形,因而隐蔽性更强。

(1) 直接拆解指代造词法

直接拆解指代造词法是指把隐指对象的通语或地域方言词语的汉字字形直接拆解开来创造词语并指代隐指对象的方法。从字形而言,有些隐语拆解后会有一些形体上的改变,如单人旁"亻"变为"人",两点水"冫"变为"二",三点水"氵"变为"三"等。例如:

十一,隐指黄泥。由"土"直接拆解。

一大，隐指天。由"天"直接拆解。

双口儿、双口份儿，隐指吕姓。由"吕"直接拆解。

口天儿，隐指吴姓。由"吴"直接拆解。

木易儿，隐指杨姓。由"杨"的繁体直接拆解，其中"易"与"昜"形近。

言午儿，隐指许姓。由"许"的繁体直接拆解。

三酉/三酉儿，隐指酒。由"酒"直接拆解。"三酉儿"附加"儿"缀。

十具，隐指真。由"真"直接拆解。

木土，隐指杜米。由"杜"直接拆解。

天虫，隐指蚕豆。由"蚕"直接拆解。

前刀落，隐指剪刀。由"剪"直接拆解。

人奉儿，隐指俸禄、薪水。由"俸"直接拆解。

王见之，隐指现钱。由"现"直接拆解。

二千八，隐指利钱。由"利"直接拆解。

人干，隐指本钱。由"本"直接拆解。

人言儿，隐指书信。由"信"直接拆解。

人俞子，隐指小偷。由"偷"直接拆解。

口刁，隐指吃喝。是由"吃喝"联想到"叼"，由"叼"拆解。

八木，隐指籼米。由"米"拆解，并把上面两点变体为"八"。

二成，隐指减价。由"减"拆解，其中的"成"与"咸"在形体上相似。

（2）描述拆解指代造词法

描述拆解指代造词法是指拆解隐指对象的通语或地域方言词语的汉字字形，对拆解后的部分字形进行象形或比喻性描述创造词语并指代隐指对象的方法。例如：

盖人，隐指赊欠。由"欠"拆解为"⺈"和"人"，并把"⺈"描述为"盖"而构成。

盖各、盖各儿、盖各子，隐指客人。由"客"拆解为"宀"和"各"，并把"宀"描述为"盖"而构成。"盖各儿"和"盖各子"又分别附加了后缀"儿"和"子"构成。

冠木，隐指宋姓。由"宋"拆解为"宀"和"木"，并把"宀"描述为"冠"而构成。

点王、点王儿，隐指主人。由"主"拆解为"丶"和"王"，并把

"丶"描述为"点"而构成。

角马,隐指冯姓。由"冯"拆解为"冫"和"马",并把"冫"描述为"角"而构成。

宝女,隐指安豆。由"安"拆解为"宀"和"女",并把"宀"描述为"宝"而构成。

圈吉儿,隐指周姓。由"周"拆解为半包围结构"冂"和"吉",并把半包围结构描述为"圈"而构成。

子丝儿,隐指孙姓。由"孙"的繁体拆解为"子"和"系",因"系"像"丝"的繁体从而被描述为"丝"而构成。

方面大耳,隐指防范。由"防"拆解为"阝"和"方",并被分别描述为"大耳"和"方面"而构成。

方耳朵,隐指防贼。由"防"拆解为"阝"和"方","阝"被描述为"耳朵"而构成。

(3) 谐音拆解指代造词法

谐音拆解指代造词法是指拆解隐指对象的通语或地域方言词语的汉字字形,对拆解后的部分字形进行谐音加工、处理创造词语指代隐指对象的方法。例如:

邱八,隐指兵。由"兵"拆解为"丘"和"八","丘"用其谐音字"邱"替代而构成。

西贝,隐指假。由"假"的谐音字"贾"拆解为"西"和"贝"而构成。

油三,隐指酒。由"酒"拆解为"氵"和"酉","酉"用其谐音字"油"替代而构成。

三反儿,隐指潘姓。由"潘"拆解为"氵"和"番","番"用其谐音字"番"替代而构成。

走小儿,隐指赵姓。由"赵"的繁体拆解为"走"和"肖","肖"用其谐音字"小"替代而构成。

2. 部分字形指代造词法

部分字形指代造词法是指运用隐指对象的通语或地域方言词语的汉字字形的部分或该部分的相似形体创造词语并指代隐指对象的方法。部分字形指代造词法把拆解后的部件直接或间接地运用到隐语创造之中。与拆解指代造词法相比,运用部分字形指代造词法创造的隐语隐秘性更强。根据隐语创造中的实际情况,我们把部分字形指代造词法分为部分字形直接指代造词法、部分字形描述指代造词法、部分字形谐音指代造词法、部分字形附加指代造词法等四种造词法。

（1）部分字形直接指代造词法

部分字形直接指代造词法是指直接运用隐指对象的通语或地域方言词语的汉字字形的部分形体创造词语指代隐指对象的方法。例如：

工，隐指红色。"工"是"红"的部分字形。

走，隐指赵姓。"走"是"赵"的部分字形。

力八，隐指雇工。雇工实为"男仆"，"力"是"男"的偏旁，"八"是繁体"僕"的右下部变体（也可以认为是右上部的变体）。

子河的，隐指李姓。"子"是"李"的部分字形（"河的"表姓氏）。

（2）部分字形描述指代造词法

部分字形描述指代造词法是指对隐指对象的通语或地域方言词语的汉字字形中的部分形体进行象形或比喻性描述，并运用该种描述创造词语指代隐指对象的方法。例如：

盖客，隐指米客。"盖"是对"客"偏旁"宀"的比喻性描述。

方字头，隐指妻子。"妻"字的上部好像和"方"字上部的一点一横相似，故象形描述为"方字头"。

三划儿，隐指王姓。"三划"是"王"字的三横，故描述为"三划儿"。

包字头，隐指颜色稍微次一些。包字头是对"次"右部"欠"的字头描述；

点儿，隐指男主人。"点"是"主"上面的一"点"，故描述为"点儿"。

二点头，隐指火。"二点"是指"火"字上面的两点，故描述为"二点头"。

二点儿，隐指伙计。"二点"是指"伙"右侧"火"字的两点，故称为"二点儿"。

二点儿，隐指火腿产地义乌。"二点"是指繁体"義"上部的两点，故称为"二点儿"。

圈河的，隐指周姓。"圈"是对"周"半包围结构"冂"的描述（"河的"表姓氏）。

（3）部分字形谐音指代造词法

部分字形谐音指代造词法是指对隐指对象的通语或地域方言词语的汉字字形的部分形体进行谐音上的加工、处理，并在此基础上创造词语指代隐指对象的方法。该类隐语数量极少。例如：

易邱,隐指锡匠。"易"是"锡"的部分字形直接指代,"匠"的部分字形为"斤",看成近似的"丘",并谐音造词为"邱"。

(4) 部分字形附加指代造词法

部分字形附加指代造词法是指运用所隐指对象的通语或地域方言词语的汉字字形的部分形体创造汉字,并在该汉字基础上附加其他语素创造词语指代隐指对象的方法。例如:

木儿,隐指李姓。"木"是"李"的偏旁,并附加后缀"儿"构成。

老口,隐指吴姓。"口"是"吴"的部分字形,并附加前缀"老"而构成。

老良,隐指女看客。"良"是用来表示女性的"娘"的部分字形,并附加前缀"老"而构成。

六头子,隐指山货行的执事或行主。山货行为商行之一,"六"是"商"的上部变体,并附加"头子"而构成。

百宝斤头,隐指斧头。"斤"是"斧"的偏旁,并在前面附加"百宝",后面附加词缀"头"而构成。

非非子,隐指韭菜。"非"是"韭"的上部偏旁,重叠后附加后缀"子"构成。

以上四种造词法是对利用部分字形创造隐语方法的大致归类,有的隐语创造方法并非很单纯,如"方字头""包字头""三划儿""点儿""两点儿"等既是对部分字形的描述,也是在描述基础上的附加。

3. 字形包含指代造词法

字形包含指代造词法是指运用隐指对象的通语或地域方言词语的汉字字形的全部或部分创造含有该字形的其他汉字,并利用创造后的汉字再创造词语指代隐指对象的方法。相比拆解、部分字形指代造词法,该种方法的隐秘性更强些,但运用该种方法创造的隐语较少。例如:

皮恳,隐指眼科。"恳"与"眼"有相同的偏旁"艮",由眼皮指代眼睛,由眼睛指代眼科。

尖,隐指小。"尖"字含有"小"。

齿,隐指人。"齿"字含有"人"。

笑齿,隐指八路军。"笑"字的下面可以看成八路军的"八","齿"字含"人",即为八路军。

碜齿,隐指山里人。"碜"字中包含"石",由"石"联想到"山","齿"字包含"人",即为山里人。

琴邱，隐指工匠。"琴"上部的"王"少一横即为"工"字，即包含"工"，"邱"与"匠"都包含"斤"，也属字形包含法。

马途，隐指骂人。"马"是"骂"的声旁，属部分字形指代法；"途"中含有"人"，属字形包含法。

4. 字形联想指代造词法

字形联想指代造词法是指根据隐指对象的通语或地域方言词语的汉字形体联想出与其外形相似的某种物品，或把具某外形的物品联想为与其相似的汉字形体从而创造词语指代隐指对象的方法。该种方法是把汉字作为一个整体进行联想，联想的基础是汉字形体与物品外形上的某种相似性。例如：

方坑，隐指总甲。"方坑"是对"总甲"二字上面的一个个方形想象而来。

乙字，隐指钩子。"乙"是对"钩子"外形上的想象。另，"乙"古义有"曲"义，也有可能用古义。

背井，隐指背着粉箱。"井"是对"粉箱"外形上的想象。

为为，隐指丝。繁体"為為"像多条丝线缠绕在一起。

几，隐指丝中扎暗绳的作弊行为。繁体"幾"像在丝中做了手脚。

尹，隐指粪勺子。"尹"的外形像一把长长的粪勺子。

鸟笼子，隐指孟姓。"孟"的外形像鸟笼。

两落水，隐指金姓或金华。"金"字上方像屋脊，下雨时雨水从两边落下。

圪叉、圪叉子，隐指字。汉字的形状像一条条小棍交叉在一起。

横杆子，隐指王姓。"王"的形状就像三条横着的杆子。

(三) 截取造词法

截取造词法是指运用截取手段创造隐语的方法。隐语造词截取的内容非常广泛，从来源而言，可以是来自文献中的资料，也可以是民众的口语，可以来自于共同语，也可以来自方言；从形式而言，可以是词语、短语，也可以是句子（句子可视为多字短语）；从截取内容的长短而言，可以是双字形式，也可以是多字形式等。根据截取和隐指的位置不同，截取创造隐语一般包括两种造词法：歇后截取造词法和歇前截取造词法（跳跃式截取的隐语极少，语料库中"月梭"一词我们认为属于跳跃截取指代造词法，详见第八章"月梭""翻宫"条分析）。

1. 歇后截取指代造词法

歇后截取指代造词法是指从词语、短语、句子等形式中截取前面或其中一部分创造词语，后面或其中一部分与隐指对象词语形式相同、相近、相反、相对或相关的隐语创造方法。因该种方法常见于歇后语的创造，因此我们称之为"歇后"。该种方法也被称为"藏尾"（王勤，1980：137），运用该种方法创造的歇后语被称为"截尾语"（温端政、周荐，2000：129）或缩脚式歇后语（孙维张，1989：244），因这些名称运用得较少，且"截"会产生"保留"（截取）还是"去掉"（截去）的歧义，故本书采用大众、广泛型的称谓"歇后"。运用歇后截取方法创造的隐语，我们称为歇后式隐语。

　　直接截取前面而隐指后面，是最为直接的歇后造词法，创造的过程中会使用一些隐蔽方法，如谐音就是经常运用的"加密"手段，截取和隐指的两部分之和多数小于截取的"母体"形式，也属于一种"加密"手段。这两种情况都会造成理解上的障碍，增加隐语的隐秘性。根据创造隐语时所截取"母体"形式，歇后截取指代造词法包括双字词语或短语歇后截取指代造词法、三字词语或短语歇后截取指代造词法、四字词语或短语歇后截取指代造词法、多字短语歇后截取指代造词法等四种。由这四种造词法创造的隐语分别称为双字词语或短语歇后隐语、三字词语或短语歇后隐语、四字词语或短语歇后隐语、多字短语歇后隐语等。

　　（1）双字词语或短语歇后指代造词法

　　双字词语或短语歇后指代造词法是指运用与隐指对象的通语或地域方言词语相同、相近、相反、相对或相关的双字词语或短语，截取前字隐指后字的方法。双字词语或短语歇后指代造词法包括双字词语歇后指代造词法和双字短语歇后指代造词法。

　　1）双字词语歇后指代造词法

　　双字词语歇后指代造词法是指运用与隐指对象的通语或地域方言词语相同、相近、相反、相对或相关的双字词语，截取前字隐指后字的方法。由双字词语创造歇后隐语的方法是，把双字词语作为截取的"母体"，截取并使用前字，用前字隐指后字。例如（括号内指歇后造词过程中增加使用的"加密"手段。下同）：

　　创，隐指陈姓。利用"创新"歇后，以"创"隐指"新"，"新""陈"反义，故用"创"隐指"陈"（反义）。

　　集，隐指刘姓。利用"急流"歇后，以"急"隐指"流"，"集"与"急"谐音、"刘"与"流"谐音（两次谐音）。

　　急河的，隐指刘姓。利用"急流"歇后，以"急"隐指"流"，

"刘"与"流"谐音,附加表示姓氏的语素"河的"(谐音)。

测规,隐指方姓。利用"规矩"歇后,以"规"隐指"矩","测""矩"后知其为方形,故隐指"方"姓(附加语素、特点联想)。

酾头,隐指酒酿。利用"酾酒"歇后,以"酾"隐指"酒",附加后缀"头"构成"酾头"(附加词缀)。

浆盘,隐指洗脸。利用"浆洗"歇后,以"浆"隐指"洗","盘"指脸盘。

成份儿,隐指士兵。利用"成事"(或"城市"等)歇后,以"成"隐指"事","事"与"士"谐音(或以"城"隐指"市","成"与"城"谐音,"市"与"士"谐音),附加表示人的隐语语素"份儿"。"份儿"隐指人,由"人人有份儿"歇前创造(两次谐音、附加语素)。

瘦,隐指小。利用"瘦小"歇后,以"瘦"隐指"小"。

漂,隐指流眼泪。利用"漂流"歇后,以"漂"隐指"流"眼泪。

漂占,隐指白蜡。"白"由歇后创造,利用"漂白"歇后,以"漂"隐指"白","占"与"站"谐音,指蜡烛站立燃烧的特点(谐音、语义联想)。

老烟,隐指陈姓。利用"烟尘"歇后,以"烟"隐指"尘","陈"与"尘"音同,并附加前缀"老"(谐音、附加前缀)。

照镜,隐指看病。利用"照看"歇后,以"照"隐指"看","病"与"镜"谐音,故曰"照镜"(谐音)。

2)双字短语歇后指代造词法

双字短语歇后指代造词法是指运用与隐指对象的通语或地域方言词语相同、相近、相反、相对或相关的双字短语,截取前字隐指后字的方法。由双字短语创造歇后隐语的方法是,把双字短语作为截取的"母体",截取并使用前字,用前字隐指后字。例如:

扇,隐指茶水。利用"山茶"歇后,以"山"隐指"茶",以"茶"指茶水。

熏,隐指肉。利用"熏肉"歇后,以"熏"隐指"肉"。

拨,隐指钱。利用"拨钱"歇后,以"拨"隐指"钱"。

老响,隐指罗姓。利用"响锣"歇后,以"响"隐指"锣","罗"与"锣"音同,并附加前缀"老"(谐音、附加前缀)。

向青儿,隐指钱姓。利用"向前"歇后,以"向"隐指"钱",并附加"青儿"表示姓氏(附加语素)。

焦青，隐指王姓。利用"焦黄"歇后，以"焦"隐指"黄"，吴方言中"王"与"黄"同音，并附加表示姓氏的语素"青"（谐音、附加语素）。

老吹，隐指肖姓。利用"吹箫"歇后，以"吹"隐指"箫"，"肖"与"箫"同音，并附加前缀"老"（谐音、附加前缀）。

划巧、划消青①，隐指蒋姓。利用"划桨"歇后，以"划"隐指"桨"，"蒋"与"浆"谐音，并附加干扰语素"巧"（或"消"）以及表姓氏的语素"青"（附加语素）。

（2）三字词语或短语歇后指代造词法

三字词语或短语歇后指代造词法是指运用与隐指对象的通语或地域方言词语相同、相近、相反、相对或相关的三字词语或短语，截取前面一至二字隐指后面一至二字的方法。根据截取"母体"的性质，三字词语或短语歇后指代造词法包括三字词语歇后指代造词法和三字短语指代造词法。

1）三字词语歇后指代造词法

三字词语歇后指代造词法是指运用与隐指对象的通语或地域方言词语相同、相近、相反、相对或相关的三字词语，截取前面一至二字隐指后面一至二字的方法。由三字词语创造歇后隐语的方法是，把三字词语作为截取"母体"，截取并使用前面一个或两个字，用来隐指后面一个或两个字（多数情况隐指后面一个字）。由于三字词语的数量较少，故用该种形式创造的隐语数量较少。例如：

安石，隐指石榴花。利用石榴的古称"安石榴"歇后，以"安石"隐指"榴"，并指代石榴花。

2）三字短语歇后指代造词法

三字短语歇后指代造词法是指运用与隐指对象的通语或地域方言词语相同、相近、相反、相对或相关的三字短语，截取前面一至二字隐指后面一至二字的方法。由三字短语创造歇后隐语的方法是，把三字短语作为截取"母体"，截取并使用前面一至二字，用来隐指后面一个或两个字（多数情况隐指后面的一个字）。例如：

对口，隐指碱。利用短语"对口剪"歇后，以"对口"隐指"剪"，"碱"与"剪"谐音（谐音）。

痞子/皮子，隐指狗。利用短语"癞皮狗"歇后，以"皮"隐指

---

① "巧"与"消"为谐音字，二者不同应是不是使用地域方言语音的变化。

"狗","痞"与"皮"谐音（谐音）。

磨赶/磨干，隐指牙。利用短语"干磨牙"歇后，以"干磨"隐指"牙","干磨"逆序后为"磨干","赶"与"干"谐音（逆序、谐音）。

双扇，隐指门。利用短语"双扇门"歇后，以"双扇"隐指"门"。

双扇，隐指门子。利用短语"双扇门"歇后，以"双扇"隐指"门"，并附加后缀"子"（附加词缀）。

三点，隐指水。利用短语"三点水"歇后，以"三点"隐指"水"。

三点头，隐指水。利用短语"三点水"歇后，以"三点"隐指"水"，并附加词缀"头"（附加词缀）。

开山，隐指斧头。利用短语"开山斧"歇后，以"开山"隐指"斧"头。

小开山，隐指锤子。利用短语"开山斧"歇后，以"开山"隐指"斧"头，"锤子"比斧头小，因此成为"小开山"（物品特点联想）。

向上，隐指量米的升。利用短语"向上升"歇后，以"向上"隐指"升"，量米的"升"与升高"升"为同音同形词。

顺风，隐指耳朵/猪耳朵。利用短语"顺风耳"歇后，以"顺风"隐指"耳朵"。

顺水家，隐指刘姓。利用短语"顺水流"歇后，以"顺水"隐指"流","刘"与"流"谐音，并附加表示姓氏的语素"家"（附加语素）。

照妖，隐指镜子。利用短语"照妖镜"歇后，以"照妖"隐指"镜"子。

（3）四字词语或短语歇后指代造词法

四字词语或短语歇后指代造词法是指运用与隐指对象的通语或地域方言词语相同、相近、相反、相对或相关的四字词语或短语，截取前面一至三字隐指后面一至二字（从理论的角度而言也应是一至三字，但隐语创造的实际并非如此，多数情况为一字）的方法。四字词语或短语歇后指代造词法包括四字词语歇后指代造词法和四字短语歇后指代造词法。

1）四字词语歇后指代造词法

四字词语或短语歇后指代造词法是指运用与隐指对象的通语或地域方言词语相同、相近、相反、相对或相关的四字词语，截取前面一至三字隐指后面一至二字的方法。由四字词语创造歇后隐语的方法是，把四字词语作为截取"母体"，截取并使用前面一至三字，隐指后面一至两字（多数情况为一字）。截取"母体"的形式基本为成语。例如：

滴水，隐指兵。利用"滴水成冰"歇后，以"滴水"隐指"冰"，"兵"与"冰"谐音（谐音）。

乌烟瘴，隐指呛。利用"乌烟瘴气"歇后，以"乌烟瘴"隐指"气"，由气味联想到"呛"人（语义联想）。

乌烟瘴，隐指味道。利用"乌烟瘴气"歇后，以"乌烟瘴"隐指"气"，由气味联想到"味道"（语义联想）。

耳闻目，隐指猪肚。利用"耳闻目睹"歇后，以"耳闻目"隐指"睹"，"肚"与"睹"谐音（谐音）。

雨后天，隐指青色。利用"雨后天晴"歇后，以"雨后天"隐指"晴"，"青"与"晴"谐音（谐音）。

民战，隐指栗子。利用"使民战栗"歇后，以"民战"隐指"栗"子。

好儿青，隐指施姓。利用"乐善好施"歇后，以"好"隐指"施"，并附加词缀"儿"和表示姓氏的语素"青"（附加词缀、语素）。

天长地，隐指酒。利用"天长地久"歇后，以"天长地"隐指"久"，"酒"与"久"谐音（谐音）。

八面威，隐指风肉。利用"八面威风"歇后，以"八面威"隐指"风"并指代风肉。

真八，隐指山中人。"八"利用朱耷的名号"八大山人"歇后，以"八"隐指"山人"，"真八"意为真正的山人，即为"山中人"（语义联想）。

团，隐指说。利用"自圆其说"歇后，以"圆"隐指"说"，"团"与"圆"同义替代（语义联想）。

2）四字短语歇后指代造词法

四字短语歇后指代造词法是指运用与隐指对象的通语或地域方言词语相同、相近、相反、相对或相关的四字短语，截取前面一至三字隐指后面一至二字的方法。由四字短语创造歇后隐语的方法是，把四字短语作为截取"母体"，截取并使用前面的一至三字，隐指后面的一至两字（多数情况为一字）。截取"母体"的形式有方言俗语或短语。例如：

高头，隐指马褂。利用"高头大马"歇后，以"高头"隐指"马"，由"马"指代马褂（语义联想）。

猿偷，隐指陶姓。利用"猿猴偷桃"歇后，以"猿偷"（中间省略"猴"，属跳跃性截取）隐指"桃"，"陶"与"桃"谐音（谐音）。

上好，隐指细丝。利用"上好细丝"歇后，以"上好"隐指"细丝"。

迷花，隐指笑。利用"迷花眼笑"歇后，以"迷花"隐指"笑"。

大战马，隐指抄手。利用"大战马超"歇后，以"大战马"隐指"超"，抄手的"抄"与"超"谐音（谐音）。

真赃实，隐指饭。利用"真赃实犯"歇后，以"真赃实"隐指"犯"，"饭"与"犯"谐音（谐音）。

一年到，隐指猪头。利用"一年到头"歇后，以"一年到"隐指"头"并指代猪头。

二人对，隐指面条。利用"二人对面"歇后，以"二人对"隐指"面"，并指代"面条"。

拦中半，隐指猪腰。利用"拦中半腰"歇后，以"拦中半"隐指"腰"，并指代猪腰。

一奶同，隐指兄弟姐妹。利用"一奶同胞"歇后，以"一奶同"隐指"胞"，即指同胞兄弟姐妹。

黄花，隐指小姑娘。利用"黄花姑娘"歇后，以"黄花"隐指"姑娘"。

双五百，隐指小姐。利用"千金小姐"歇后，以"千金"隐指"小姐"，一千等于"五百"（解释语义）。

大吉大，隐指猪舌。利用"大吉大利"歇后，以"大吉大"隐指"利"，"舌"与表示赔本、亏本的"折"本或"蚀"本谐音，为了避讳，故改为反义"利"（反义联想）。

（4）多字短语歇后指代造词法

多字短语歇后指代造词法是指运用与隐指对象的通语或地域方言词语相同、相近、相反、相对或相关的多字短语，截取前面一部分隐指后面一部分的方法。运用该种方法所截取的"母体"形式多为诗文类多字短语。由多字诗文类短语创造歇后隐语的方法是，把多字诗文类短语作为截取"母体"，截取并使用前面一部分，隐指后面一部分。截取和隐指的两部分多数小于截取"母体"的全部。例如：

近却，隐指无。利用唐·韩愈《早春呈水部张十八员外》（其一）中的"（天街小雨润如酥）草色遥看近却无"歇后，以"近却"隐指"无"。

却大，隐指金姓。利用《题邮亭壁歌》中的"（吁嗟风俗日颓败）废却大义贪黄金"歇后，以"却大"隐指"黄金"（详见第八章第一节

"却大"条理据分析)。

2. 歇前截取指代造词法

歇前截取指代造词法是指从词语、短语、句子等形式中截取后面或其中一部分创造词语，前面或其中一部分与隐指对象的通语或地域方言词语形式相同、相近、相反、相对或相关的隐语创造方法。该种方法实际是一种"藏头"形式，仿"歇后"我们称之为"歇前"。运用该种造词法创造的隐语，我们称为歇前式隐语。

歇前造词法的"加密"手段和歇后造词法大致相同。根据截取"母体"的形式，歇前指代造词法包括双字词语或短语歇前指代造词法、三字词语或短语歇前指代造词法、四字词语或短语歇前指代造词法和多字短语歇前指代造词法等。运用以上造词法创造的隐语分别称为双字词语或短语歇前隐语、三字词语或短语歇前隐语、四字词语或短语歇前隐语、多字短语歇前短语等。

（1）双字词语或短语歇前指代造词法

双字词语或短语歇前指代造词法是指运用与隐指对象的通语或地域方言词语相同、相近、相反、相对或相关的双字词语或短语，截取后字隐指前字的方法。双字词语或短语歇前指代造词法包括双字词语歇前指代造词法和双字短语歇前指代造词法。由于运用这两种方法创造的隐语数量较少，故放在一起分析（歇前指代造词法的其他各类与此相同）。由双字词语或短语创造歇前隐语的方法是，把双字词语或短语作为截取"母体"，截取并使用后字，用后字隐指前字。例如：

山，隐指关姓。利用"关山"歇前，以"山"隐指"关"。

皮，隐指肖姓。利用"削皮"歇前，以"皮"隐指"削"，"消"与"削"谐音（谐音）。

磨，隐指推。利用"推磨"歇前，以"磨"隐指"推"。

磨子，隐指推子。利用"推磨"歇前，以"磨"隐指"推"，再附加词缀"子"。

磨光，隐指推光头。利用"推磨"歇前创造，以"磨"隐指"推"。"磨光"即推光，指推光头。

磨谷，隐指推光头。利用"推磨"歇前，以"磨"隐指"推"，"谷"与光头的"光"谐音，故曰"磨谷"（谐音）。

塌，隐指坏。利用"糟蹋"歇前，以"蹋"隐指"糟"，"塌"与"蹋"谐音，"坏"与"糟"同义（谐音、语义联想）。

码子，隐指卖水的筹子。利用"筹码"歇前，以"码"隐指"筹"。

空青，隐指天晴。利用"天空"歇前，以"空"隐指"天"，"晴"与"青"谐音，故曰"空青"（谐音）。

老补，隐指冯姓。利用"缝补"歇前，以"补"隐指"缝"，"冯"与"缝"音同，并附加前缀"老"（谐音、附加前缀）。

（2）三字词语或短语歇前指代造词法

三字词语或短语歇前指代造词法是指运用与隐指对象的通语或地域方言词语相同、相近、相反、相对、相关的三字词语或短语，截取后面一至二字隐指后面一至二字的方法。由三字词语或短语创造歇前隐语的方法是，把三字词语作为截取"母体"，截取并使用后面一至二字，用来隐指前面一个字（从理论上来讲可以是一至二字，但实际情况多为前面一个字）。例如：

魔王，隐指牛。利用"牛魔王"歇前，以"魔王"隐指"牛"。

衩子，隐指裤子。利用"裤衩子"歇前，以"衩子"隐指"裤"子。

搭青，隐指吴姓。利用吴方言短语"勿搭界"①歇前，以"搭"隐指"勿"，"吴"与"勿"谐音，并附加表姓氏的语素"青"（谐音、附加语素）。

（3）四字词语或短语歇前指代造词法

四字词语或短语歇前指代造词法是指运用与隐指对象的通语或地域方言词语相同、相近、相反、相对、相关的四字词语或短语，截取后面一至三字隐指前面一至三字（从隐语创造的实际来看，隐指前面三字的情况极少）的方法。由四字词语或短语创造歇前隐语的方法是，把四字词语或短语作为截取"母体"，截取并使用后面一至三字，隐指前面一至两字。例如：

小口，隐指樱桃/蜜渍樱桃。利用"樱桃小口"歇前，以"小口"隐指"樱桃"。

必正，隐指猪心。利用"心术必正"歇前，以"必正"隐指"心"，并指代猪心。

屯祁山，隐指盐仓。利用"兵屯祁山"歇前，以"屯祁山"隐指"兵"，"冰"与"兵"谐音，由"冰"联想到颜色类同的"盐"（谐音、语义联想）。

---

① "勿搭界"条参见许宝华、陶寰编纂《上海方言词典》，江苏教育出版社1997年版，第354页；叶祥苓编纂《苏州方言词典》，江苏教育出版社1998年版，第291页。

不透风,隐指盐。利用"严不透风"歇前,以"不透风"隐指"严","盐"与"严"谐音(谐音)。

蒂固生,隐指本地人。利用"根深蒂固"歇前,以"蒂固"隐指"根深","根生"与"根深"谐音,"根生"指本地人(谐音、语义理解)。

(4) 多字短语歇前指代造词法

多字短语歇前指代造词法是指运用与隐指对象的通语或地域方言词语相同、相近、相反、相对或相关的多字短语,截取后面一部分隐指前面一部分的方法。由多字短语创造歇前隐语的方法是,把多字短语作为截取"母体",截取并使用后面某一部分,隐指前面某一部分。例如,"份儿"隐指"人"。利用"人人有份儿"歇前,以"份儿"隐指"人"。

另外,有些隐语并不仅仅单纯使用歇后或歇前的方法进行创造,而是综合使用两种造词法。隐语的创造充满玄机,连环式的、多手段造词使隐语的隐秘性更强,对于群体外的听者而言,更难以破解。有些隐语的造词就同时运用了歇前和歇后两种方法。例如:

醉钓,隐指中等品质的鳜鱼鲞。因其食用时多与酒糟一起蒸煮,"醉"由"酒醉"歇前创造,"钓"由歇后创造,利用"钓"隐指"鱼",由"鱼"联想到"鱼鲞",故曰"醉钓"。

我犹未免,隐指乡下人。利用"犹未免俗"歇后,以"犹未免"隐指"俗",再次利用"乡俗"歇前,以"俗"隐指"乡",并指代"乡下人"。

(四) 意义造词法

意义造词法是现代汉语隐语创造中运用最为广泛也是最基本的方法。

现代汉语基本隐语皆为实词,且以名词为主,所隐指对象有人、动物、植物、物品、现象、动作行为、性质特点等,造词多从所隐指的对象入手,对其性质特点、动作行为乃至于相关现象等进行把握和分析,并创造出新的词语形式。现代汉语基本隐语的造词共有四法:声音造词法、文字造词法、截取造词法、意义造词法。上一节介绍了前三种造词法,本节将重点介绍隐语造词之意义造词法。

意义造词法是指运用所隐指事物的性质、特点或语义、文化间的联系等要素创造隐语的方法。意义造词法在隐语创造过程中最为能产,其造词体现了汉语隐语系统性的造词特点。隐语造词体现了人类造词过程中丰富而复杂的思维活动,对所隐语对象进行不同于通语或地域方言词语的别样思维,抓住任何可以与所隐指对象相关联的角度和方面,重新创造出不同的词语进行指代。根据造词角度和指代方式的不同,意义造词法分为直接指代、修辞指代、文化指代、语义指代四种隐语造词法。

1. 直接指代造词法

直接指代造词法是指运用所隐指对象的动作行为、特点等要素创造词语并对其进行指代的方法。

（1）动作行为指代造词法

动作行为指代造词法是指运用动作行为创造隐语指代隐指对象的方法。运用该类造词法创造的隐语可以指代人、物等名词或名词性短语，还可以指代动作行为等动词或动词性短语。

1）动作行为指代人、物等

该类隐语为动词或动词性短语的形式，隐指的对象为名词或名词性短语，所指代的主要为人、动物、植物、物品、现象等。

①动作行为指代人

在该类隐语中，所指代的人分为两类，一类是动作的发出者，一类是动作的承受者。具体性和概括性动作行为都可以指代施动者和受动者。

A. 动作行为直接指代人

该类隐语运用动作行为指代与之相关联的人，有的动作行为是由所指代的人发出的，即指代的人是施动者，如"贯通"是指打眼匠打穿物体，"扫清"是指理发师傅扫清碎发等；有的动作行为不是由所指代的人发出的，而是由他人或他物发出的，即指代的人为被动者，如"尊老"隐指"父母"或"菩萨"，"尊敬"的动作行为不是由父母或菩萨发出，而是被动接受的。"摩肩"隐指脚夫，是由扁担发出的"摩肩"的动作，脚夫亦不是施动者。例如（本节不对具体隐语做详细阐释，有些隐语根据造词法的分析能够理解其造词的缘由、隐语及其所隐指对象之间的联系。有些稍难推敲的隐语详见第八章"现代汉语隐语造词理据汇释"。下同）：

贯通——打眼匠　　　　扫清——理发师傅
拖客——裁缝匠　　　　老板——店主
打孔——钻珠眼的工匠　搭药——印染花布的工人
出店——店中杂役　　　拨焰——烧火工人
探——专事偷窃和以假乱真者　尊老[1]——父母
尊老——菩萨　　　　　摩肩——脚夫

B. "动作行为+表人语素"共同指代人

该类隐语中的动作行为皆由所指代的人发出，在动作行为后加表人语

---

[1] "尊"亦为名词性语素，故"尊老"亦可视为名词性同义语素。

素共同指代动作的发出者。例如：

相公——商店的学徒　　　　相哥——商店的学徒
押生——轿夫；挑脚夫　　　跳生——赌客
吊工——绳索匠　　　　　　挑夫——买主

C. "动作行为+词缀"共同指代人

该类隐语中的动作行为指具某种特点的动作行为，即特点性动作行为，有的并非由所指代的人主观地发出，但也能体现该隐指对象的某种动态特点，在此基础之上附加前缀或后缀共同指代具有该种特点性动作行为的人（词缀指前缀或后缀，下同）。例如：

插把——换碗者　　　　　　躲和——跛足的人
老撒——从事理发业者　　　抖子——姑娘；女儿
巾老——教书先生　　　　　丁老——上江人

②动作行为指代动物、物品等

该类隐语中的动作行为是指隐指对象的主动或被动动作行为。如"相容"隐指"牛"，动作行为的发出者是人，"牛"是受动者；"乱戳"隐指"鲳鱼"，鲳鱼是动作行为的主动发出者；"招风"隐指"旗子"，尽管不是主动行为，但也是由旗子发出的。该类隐语和使用特点指代物品类（参见本章第二节中的"使用特点指代造词法"）隐语的结构相同，由于二者动作行为的性质不同，前者是指隐指对象的主客观动作行为，但不包括物品使用中的特点，后者仅指使用过程中的动作特点，故分为两类。

A. 动作行为直接指代动物、物品等

晒——盐　　　　　　　　　步尘——鞋子
吸——鸦片；香烟　　　　　招风——旗子
乱戳——鲳鱼　　　　　　　吹沙——鲴鱼
壁立——衣架　　　　　　　描景——画片
包封——包裹　　　　　　　踢土——鞋底
上找——邮资已付的信　　　下找——邮资未付的信

B. "动作行为+词缀"共同指代动物、物品等

喘子——唢呐　　　　　　　啃儿——饭
托儿——手　　　　　　　　除子——镗刀布
穿头——工钱　　　　　　　摆老——黄牛
削子——刨子　　　　　　　拱把——猪
坐头——笋　　　　　　　　耍子——线
喷子——唢呐　　　　　　　漂子——纸张

撮子——铁凿子　　　　　　　托子——木砧板

2）动作行为指代动作行为

①动作行为直接指代动作行为

A. 具体性动作行为指代概括性动作行为

运用某一动作或某一动作环节指代概括、综合的动作行为。例如：

架——抽（烟）　　　　　　量——买
俏——走　　　　　　　　　推——理发
踩——走　　　　　　　　　戴——刚刚出门
抖——飘风筝　　　　　　　搬——娶
设——干活；种地　　　　　摩顶——理发
挖——剪花样　　　　　　　压席——生病
放睡——按摩　　　　　　　挡驾——主人不见客
出山——盖瓦屋　　　　　　摆轮——停车
挂灯——澡堂开门　　　　　撂倒——宰杀牲畜
开腔——唱戏　　　　　　　放倒——宰杀牲畜
拿攀——性交　　　　　　　开讲——讲价
动笔——出售　　　　　　　挑出——卖出
淌酒——酿酒　　　　　　　挂白——送迎丧事

B. 概况性动作行为指代具体性动作行为

运用综合、概括性的动作行为指代某一具体性的动作行为。例如：

洒——浇铁水　　　　　　　打——嫖妓
开——我去责备别人　　　　打——分配
训——别人责备我　　　　　唱响——叫卖
运——刮风　　　　　　　　溜——遛马
过尘——染色前浸泡布　　　打吸——抽烟
承前——包鞋头　　　　　　停穿——暂停织布
起机——开始织布　　　　　点销——告班
下道——去外地采购水果　　架托——端盘子
继后——补鞋跟　　　　　　穿墙——制作安装房门
上衬——配鞋底　　　　　　罢势——水不沸腾
盐缸——在染缸中加入糟水　倒作——酒做坏了
仰高——高抬盐价　　　　　打票——到钱庄去汇兑银票
细打——敲十次锣鼓　　　　上条——排字

C. 过程性动作行为指代目的性动作行为

运用动作过程或动作过程中的某一动作或动作环节指代目的性的动作行为。例如：

描——画花草景物　　　　候——归来
赶——把车子推得快些　　扇——吹风
撒托——帮卖方抬价　　　撑圈——打气
套——束紧　　　　　　　放食——（驴）吃草
放盘——打折扣优惠　　　推波——划船
拨波——用脚踏桨而行　　打盆——用竹片拨蚕茧寻丝头
杀码——比赛　　　　　　小篷——把船上的帆篷全部放下来

D. 目的性动作行为指代过程性动作行为

运用目的性的动作行为指代具体的动作行为过程或动作过程中的具体动作或动作环节。例如：

烘——吹风　　　　　　　使白——粉刷墙壁
盘香——往外地去干活　　网浆——烤皮
传后——车夫收学徒　　　作锦——取出毛坯进行加工
烘锋——淬火　　　　　　做亮——锉刀锋
上亮——漆藤丝　　　　　净身——剖腹
网浆——烤皮　　　　　　退光——刮牲口的毛

E. 原因性动作行为指代结果性动作行为

运用原因性的动作行为指代由其所引发的结果性动作行为。该种原因性动作行为带有一定的喻指义。例如：

吐——蚀本　　　　　　　停——死亡
流——没有收获　　　　　淌——看病

F. 结果性动作行为指代原因性动作行为

运用结果性的动作行为指代导致其发生的原因性动作行为。例如：

发——生气　　　　　　　钻——枪毙
升位——入轿　　　　　　安身——坐
烧红——生火　　　　　　淡缸——在染缸中加入石灰水
撒稀——哭；流泪　　　　另就——店主辞退店员

② "动作行为+词缀" 共同指代动作行为

运用动作行为和词缀共同构成隐语，隐指与该动作行为有关的动作行为。附加的词缀有前缀和后缀。该类隐语从词形与所隐指的内容上呈现出结构和语义上的不统一，从隐语词形和结构看应属于名词性词语，但表达的却是动词性语义内容。例如：

呵子——走街叫卖　　　　　唷儿——吃
摆子——刮风　　　　　　　挨老——打锡
老扇——吹风　　　　　　　销老——学医
鸣老——吹喇叭　　　　　　圪载——行走

（2）特点指代造词法

特点指代造词法是指运用隐指对象的某种特点创造隐语并进行指代的方法。运用该种方法创造的隐语多数用来指代人、物等名词或名词性短语，少数用来指代动作行为等动词或动词性短语。

1）特点指代人、物等

①特点指代人

运用某类人的特点创造隐语指代。例如：

A. 特点直接指代人

撇列——土匪　　　　　　　憨东——小孩看客
辫子——男子　　　　　　　道远——抽烟客
提空——卖药方者　　　　　设僻——张贴告示卖药者
削光——和尚　　　　　　　老相——惯走江湖者
苦身——雇车拉车的车夫　　坐坊——总甲
紧脚——公差　　　　　　　立地——皂快

B. 特征性器官特点指代人

该类隐语先运用隐喻手段隐指具有性别特征的器官，再以该器官隐指相应性别的人。该类隐喻手段分为直接隐喻和附加隐语两种。例如：

（A）直接隐喻性器官而指代人

该类隐语数量较少，目前语料中仅有"劈开"隐指"女买客"。

（B）附加语素隐性器官而指代人

a. "性器官+词缀"共同指代人

把儿——男人　　　　　　　拨儿——男孩儿
沟儿——小女孩　　　　　　老乃——妻子

b. "性器官+表人语素"共同指代人

条生——男人　　　　　　　开生——女人

（C）"特点+表人语素"共同指代人

挨通①——仆人　　　　　　挨才——女佣

---

① "通、才、斗、把"在隐语中为表人语素。

挨斗——年轻女佣　　　　　吼生——唱戏的
力才——卖婆　　　　　　　虚娃——姑娘；女孩儿
尖生——年轻男仆　　　　　容把——小偷儿
细公——女人　　　　　　　通生——商人
字匠——算账先生　　　　　里党——同伴；同伙
古生——蠢人　　　　　　　青工——徒弟

（D）"特点+词缀"共同指代人
邪子——客商　　　　　　　文老——青年妇女
相老——老江湖（江湖老手）　源老——同行
焦老——男顾客　　　　　　户头——赊账买主
老本——理发师傅　　　　　老点——老主顾

②特点指代动物类

A. 特点直接指代动物类
速——马　　　　　　　　　拖肚——老母猪
永伴——鸳鸯　　　　　　　倒悬——猫头鹰
絮钩——啄木鸟　　　　　　尖口——鸡
扁口——鸭子　　　　　　　百脚——蜈蚣
错落——鸽庚　　　　　　　独立——鹭鸶
白壳——蛤蜊　　　　　　　扁口——海瓜子
钻泥——泥鳅　　　　　　　大头——白鱼
柔鳞——鲨鱼　　　　　　　银面——带鱼
里虫——蚕蛹　　　　　　　无骨——银鱼
润身——鲇鱼　　　　　　　对合——蚶子

B. "特点+类属"共同指代动物类
户亥——猪　　　　　　　　小货——小骡小马
大货——成年的骡、马　　　毛虫——刺参

C. "特点+词缀"共同指代动物类
扎老——鱼　　　　　　　　毛老——鸭子
滑头——鳗鱼　　　　　　　趟子——成群的马

③特点指代粮食、蔬菜及其他餐饮类

A. 特点直接指代粮食、蔬菜及其他餐饮类
满屑——碎冰糖　　　　　　恶心——糖藕
本色——鲍鱼面　　　　　　风化——酥饼
双合——山核桃　　　　　　胆生——猪肝

第三章 现代汉语基本隐语结构与造词研究　153

对交——巧果　　　　　　　里心——黄芽菜
两瓣——豆子　　　　　　　稔籼——早稻米
裸——油　　　　　　　　　软腰——糯米
长龙——本地花生　　　　　洒青——青条烟
无心——蕹菜　　　　　　　矮株——小白菜
清口——白酒　　　　　　　对合——西瓜子

B. "特点+类属"共同指代餐饮类

明脯——小墨鱼干　　　　　扣腿——火腿丁
风爪——兰溪风肉的脚爪　　软谷——糯米
铁粳——一种糯米　　　　　香粳——粒小而色斑的稻米
软货——皮丝烟　　　　　　头油——一种较次的酱油

C. "特点+词缀"共同指代餐饮类

老暄/暄子——馒头　　　　皮老——牛肉
尖子——白面；细粮　　　　滑子——芋艿
屑子——芝麻　　　　　　　粒子——实心小汤圆
浑老——豆油　　　　　　　散子——粉
滑老——麻油　　　　　　　硬头——石榴
滑头——李子　　　　　　　稀老——白粥

D. 特点直接指代花卉类

支条——花枝　　　　　　　中条——花树的主干
香苗——菖蒲　　　　　　　助娇——桃花
六出——栀子花　　　　　　占头——梅花
天香——百合花　　　　　　满地——玉蕊花
拒霜——木芙蓉　　　　　　瘦玉——素馨花
怕痒——紫薇花　　　　　　白萼——玉簪花

E. 特点直接指代服饰类

扎目——服装；穿着　　　　对合——马褂
软腰——腰兜　　　　　　　对洒——马褂
脱裆——套裤　　　　　　　对耦——马褂
双尖——玉簪　　　　　　　双圆——古铜镜
双筒——套裤　　　　　　　不断——玉环
闪面——花缎　　　　　　　双连——夹袜
光面——洋缎子　　　　　　平头——罗纺绸
平面——素缎　　　　　　　竖点——纆绸

耀光——金刚钻　　　　　千绪——棉纱
闪光——缎子　　　　　　牢结——老式的布纽扣
乌心——棉花　　　　　　灵风——纱衣
风凉——凉鞋　　　　　　老山——质量好的玉

F. 特点指代其他物品类

（A）特点直接指代其他物品类

浆——药　　　　　　　　盎——脸盆；碗
定支——锡　　　　　　　一斑——虎皮
坏——假锭灰　　　　　　夹杂——混有垃圾的锭灰
花边——银元　　　　　　软边——纸币
磨口——银元　　　　　　光明——油；灯
长门——纸橱子　　　　　阔口——缸
昆仲——炊桶　　　　　　空心——酒壶
叉嘴——茶壶　　　　　　尖锋——杀猪刀
三分——鼎或爵　　　　　仰面——脸盆
大套——药箱　　　　　　反背——椅子
亮光——花灯　　　　　　粒珠——弹子
靠背——椅子　　　　　　洒开——伞骨
烧灰——煤屑　　　　　　朝天——桌子

（B）"特点+类属"共同指代其他物品类

细料——苜蓿籽　　　　　边江——头条江参
长头——商号的庄信　　　硬圈——车圈
漂货——羽纱　　　　　　清货——金锡箔的锭灰
硬牌——磁牌　　　　　　素挽——用白纸书写的挽联
浑木——木杆　　　　　　响担——铜匠担
哑锤——木锤子　　　　　风柜——风箱

（C）"特点+词缀"共同指代其他物品类

来子——水　　　　　　　漂子——白纸
平子——面盆架　　　　　亮子——玻璃
空子——花样　　　　　　灵子——佛头
平头——竹箩　　　　　　响子——锣
碜子——沙子　　　　　　轻头——锡箔灰
洒子——伞　　　　　　　屈子——鞋子
框榔——模型　　　　　　乱头——稻草

G. 特点指代现象

呆——生意清淡	召骇——恐惧
穿——（碗上）细纹多	暗——色深
跌古——无生意	少——速度快
油——肉肥	喊声——戏
亮——火	王——赚钱
不平——疮口	鼓——生气；生病
奎称——秘密语	造古——有生意

2) 特点指代动作行为

运用特点指代动作行为的隐语数量较少，隐语创造中所运用的特点并非指动作行为的特点，而是指动作行为中所涉及的物品特点。例如，"转弯"隐指"冲泡开水"，是指茶楼里冲泡开水的大铜壶壶嘴长而弯曲的特点；"另件"隐指"油漆杂物"，是指杂物零乱、不是大件物品的特点；"甜头"隐指"卖药糖"，是指药糖具有甜味的特点等。例如：

齐——剪	反——解手
透——用刀把脓疮划开	调——唱
潮——看	溜——磨（剃头刀）
片——解大便；解小便；生孩子	

3) 特点反指指代动作行为、物品、现象等

运用特点反指后创造隐语，是更为隐蔽的加密创造方法，运用该类方法创造的隐语数量极少。特点反指后不仅可以隐指物品、现象等，极个别还可以隐指动作行为。例如：

妙货——假货（赝品）	肥条——略细的丝线
上油——一种较次的酱油	上托——帮买方压价
光点——搞毛点；搞粗糙点	标金——买空卖空

(3) 其他特点指代造词法

1) 功用指代造词法

功用指代造词法是指运用人、动物、物品等功能、用途方面的特点创造词语并指代隐指对象的造词方法。从目前语料库中的材料来看，除"功用+类属"和"功用+词缀"共同指代造词之外，运用该种方法创造的隐语绝大多数为动词或动词性短语，而隐指对象全部为名词或名词性短语。

功用属物品的特点之一。由于该特点在隐语造词中被大量运用，故单列说明。例如：

①功用直接指代物品等

A. 功用直接指代服饰、妆容及相关物品类

外套——马褂　　　　　　凉兜——纱帽
护心——背心　　　　　　贴身——短衫
遮尘——鞋帮　　　　　　遮脚——女裙
挡风——袍子　　　　　　托土——鞋底
遮风——皮袍子　　　　　遮头——帽子
围襟——肚兜　　　　　　抹嘴——手帕
搔头——玉钗头　　　　　外套——套在鞋外的木屐
围指——玉戒指　　　　　压黛——钗
托底——木屐底板　　　　晕脸——胭脂水
弹鬟——珠钗　　　　　　挡驾——零碎旧布

B. 功用直接指代粮食、蔬菜、水果及其他饮食类

润肠——猪油　　　　　　合气——大蒜
滑肠——柿子　　　　　　万鱼——鱼子
划水——鱼翅　　　　　　香腿——狗肉火腿
赶陈——长粒糯米　　　　上色——红曲

C. 功用直接指代其他物品、现象类

过相——镜子　　　　　　并头——枕头
隔青——竹笠　　　　　　通动——大木梳
托底——蜡烛签盘　　　　首靠——枕席
托头——枕头套　　　　　坯子——瓦灰
头架——枕头　　　　　　扒水——船桨
隔春——门帘　　　　　　帮床——棉被胎
拖泥——锚　　　　　　　笔管——质量较次的锡
掠波——手扳桨　　　　　遮水——船栏
法台——佛座　　　　　　把手——船舵
溜浪——船篷　　　　　　水障——船舷

②"功用+类属"共同指代物品等

熏筒——竹筒　　　　　　桶木——一丈三尺的木板
括刀——括糨糊的竹刀　　耀台——烛台
镇棍——敲击刻字刀柄的棍儿　事件——锡盘
招巾——写有治病药丸名称的布招幌

③"功用+词缀"共同指代物品等

棍儿——钱	栓头——猪栅栏
清子——剃刀	断子——剪刀
托老——泥土	脚子——凳子
座子——佛身	经头——经线
座子——器皿底部	幌子——长衫
钳老——打眼时用的木条	里子——大红布

2）外形、形状指代造词法

外形、形状指代造词法是指运用物品的外形、形状特点创造词语并指代隐指对象的造词方法。运用该特点创造的隐语是对物品等形状描述的名词或名词性短语以及动词或动词性短语，但隐指的对象全部为指代物品等的名词或名词性短语。

外形、形状属物品的特点之一，且为易察的显性特点，故单列说明。例如：

①外形、形状直接指代物品等

四方——藤橱	四方——纸轿子
倒大——绕线的陀螺	大口——笔洗
满块——冰糖	大兜——大竹筐
皱皮——馄饨	四开——双毫角子
中条——堂幅	大口——油缸
对交——裤子	麻壳——糖花生仁
粒粒——药丸	内方——铜钱
尖钻——钉子	劈头——白米
叉起——衣架	叉开——剪刀

②"外形、形状+词缀"共同指代物品等

条子——木材	片子——铁刀
条子——面条	盒子——藤箱
横子——尺子	方子——纸手巾
膏老——面筋	圈子——竹筒
倭子——杂木	末老——油菜籽
直头——长度	瓢子——油勺子
圈子——玉耳环	丝子——鸦片烟
棍头——印染过程中使用的横杆	圆子——珠子
带子——猪肠	方老——量米的斛

粒子——黄豆　　　　　　　　筒头——棉花卷

该种结构形式的隐语还有个别数隐指动词或动词性短语。如："方老"隐指"砌墙"，是运用砖的形状"方"并附加后缀"老"而创造。

3）颜色指代造词法

颜色指代造词法是指运用颜色特点创造词语并指代隐指对象的方法。运用该种方法创造的隐语多为名词或名词性短语，隐指的对象全部为物品等类的名词或名词性短语。

颜色属物品的特点之一，且为易察的显性特点，故单列说明。例如：
①颜色直接指代物品等

红——烛；灯　　　　　　　天青——水

显红——苏木　　　　　　　艳光——红颜色

青——水缸　　　　　　　　丹若——石榴花

不素——彩绸　　　　　　　常青——白菜

艳光——表皮被刀拉破后出现的血道

②"颜色+类属"共同指代物品等

月胆——玉瓶　　　　　　　红汤——豆腐汤

红油——辣油　　　　　　　金饼——橘饼

赤标——赤金　　　　　　　青果——橄榄

黄货——假珍珠　　　　　　红尾——白鲦鱼

白篮——最大的竹筐　　　　白石——石膏

红事——喜事　　　　　　　白事——丧事

③"颜色+词缀"共同指代物品等

黑儿——酱油　　　　　　　赤老——红糖

灰子——媳妇；已婚妇女　　青子——茶杯

青子——剃刀　　　　　　　赤老——绛矾

黑争——锅　　　　　　　　灰子——女人

红老——红玫瑰酒　　　　　青子——刀

银老——食用面粉　　　　　青子——锥子

4）气味、味道特点指代造词法

气味、味道特点指代造词法是指运用气味、味道特点创造词语并指代隐指对象的方法。运用该种方法创造的隐语多为名词或名词性短语，隐指的对象全部为名词或名词性短语，且多为食品类。

气味、味道属物品的特点之一，且为易感的显性特点，故单列说明。例如：

①气味、味道特点直接指代食品、物品等

忌牛①——醋　　　　　　香口——芝麻酱
蜜口——甜酱　　　　　　酸口——梅酱
腻口——糖粥　　　　　　苦口——药酒

②"气味、味道+词缀"共同指代食品、物品等

苦生——杏仁糖　　　　　酸头——醋
甜头——糖　　　　　　　香头——药
酸头——梅子　　　　　　咸头——石灰

5）使用特点指代造词法

使用特点指代造词法是指运用隐指对象的使用特点创造词语并指代隐指对象的方法。使用特点是指物品在使用过程中的特点，但并非物品自身的特点。从语料库中的隐语来看，主要指使用过程中的动作行为特点，但不同于一般的动作行为（参见本章第二节中的"动作行为指代造词法"）。运用该类方法创造的隐语多为动词或动词性短语，隐指的对象全部为物品等类的名词或名词性短语。例如：

①使用特点直接指代物品类

摇——扇子　　　　　　　插角——帽边的佩玉
张移——门　　　　　　　平铺——做饼的板
提令——马缰绳　　　　　横胸——纤绳板
横嘴——马勒　　　　　　高搁——藤茶几
横挑——挑金箔的竹签　　横挑——秤
撑背——弹弓杆　　　　　手箍——玉镯
时双——剪刀　　　　　　沾唇——酒碗
同钉——烛台的总称　　　抽风——风箱
含口——酒杯　　　　　　摇头——木漏斗

②"使用特点+类属"共同指代物品类

搭锤——木柄铁锤　　　　笃锤——小锤
提盒——工具篮　　　　　提笼——小提箱
挽兜——篮子　　　　　　披氅——斗篷
唾壶——痰盂　　　　　　套索——捆柴绳

---

① 忌牛：山西长子方言指酸。参见许宝华、[日]宫田一郎《汉语方言大词典》，中华书局1999年版，第2965页。

横籁——笛子　　　　　　　　湾①笎——捕虾的器具

③ "使用特点+词缀"共同指代物品类

交子——剪刀　　　　　　　随子——抹布
提头——秤钮绳　　　　　　夹子——剪刀
喷子——枪　　　　　　　　抄子——小梳子
批子——剔脚刀　　　　　　推子——虎撑
洒子——锯子　　　　　　　合子——竹箱子

6) 综合特点指代造词法

综合特点指代造词法是指运用隐指对象的两种或以上不同特点创造隐语并指代隐指对象的方法，简称为综合指代造词法。例如，同时运用外形和颜色两方面的特点创造隐语"紫珠"隐指"葡萄"，"黄球"隐指"杏子"等；同时运用动作和形状两方面的特点创造"涂圆"隐指动词性短语"摊开膏药"，"抬方"隐指名词"轿子"等；同时运用动作和地点两方面的特点创造"站堂"隐指"奏乐"等；同时运用物品大小与形状创造"小方"隐指"牛奶糖"，"小圆"隐指"黄豆"等。综合特点指代造词法在隐语创造中应用得非常普遍，运用该种方法创造的隐语数量较大，隐语基本为名词及名词性短语。例如：

① 综合特点指代人

吞头——人的形象　　　　　扇红——铁匠
文便——收款员　　　　　　黄凉——病人
兜力——轿夫　　　　　　　鸣佗——吹鼓手
头柜——资深店员　　　　　闺琴——小姐
行㷧——到处行走卖药者　　杀横——女主人

综合特点指代人，多是用综合特点直接指代人，但有极个别隐语创造手法更为隐蔽，手段更为曲折，不是直接用综合特点指代隐指的对象，而是运用综合特点指代某物品后，再用该物品指代人。例如"外方"隐指"客人"，就是运用了地点（外面，指宅院的外面）和形状（方形，指轿子的形状）两方面的要素来指代停落在宅院外面的轿子，用轿子再指代坐在轿子里来拜访的客人。

② 综合特点指代布匹、服装、饰品等

软披——绸缎　　　　　　　星圆——圆玉弁
绣披——嫁衣　　　　　　　头把——衣领料
圆指——珍珠戒指　　　　　顶宫——帽子

---

① "湾"为"弯"的同音字。

条洒——最粗之丝线　　　　新光——新产的珍珠
尖条——缝衣服用的丝线　　帮土——鞋面布
白披——孝衣　　　　　　　枯洒——打鞋上结子用的线
广连——白袜　　　　　　　青锋——青鬃羊皮
螺筒——洋袜　　　　　　　踩壳——鞋子
高圈——高级茧子　　　　　硬衬——皮面木屐

③综合特点指代粮食、餐饮类
小方——牛奶糖　　　　　　小圆——黄豆
横小——香蕉糖　　　　　　老鼎——陈火腿
刺条——黄瓜　　　　　　　吕青——菲律宾红糖
白方——糟腐乳　　　　　　紫条——茄子
台青——台湾红糖　　　　　甜条——糖酱瓜
滚盘——鸡蛋　　　　　　　红泥——酱渣
方巧——瓦片饼　　　　　　辣灰——胡椒面
紫丁——葡萄干　　　　　　红片——红茶
嫩尖——嫩茶叶　　　　　　膏筋——芝麻酱
白渡——麦饼　　　　　　　松块——黄松糕

④综合特点指代动物、植物、药品、建筑、设施、现象等
大滑——海鳗　　　　　　　小汤——盆池
土尖——上海产的梭子蟹　　大鲜——大黄鱼
丸煤——丸药　　　　　　　青绪——金钟儿
灰绪——灰钟儿　　　　　　绛丝——紫草
黄馨——黄茉莉花　　　　　飞六——雪
黄涂——脓和烂肉　　　　　风盘——营业的地方
白屑——中药元明粉　　　　罗汉——涂有药末的膏药

⑤综合特点指代其他物品类
温淋——开水　　　　　　　平方——册页
水泥——水门汀　　　　　　青锋——刀
房条——小轴　　　　　　　硬尖——钻子
花尖——绣花剪刀　　　　　图书——图章
红摆——熔铁炉　　　　　　叶锋——斧头
圆寸——圆形墨　　　　　　锡屑——锡粉，锡银
银屑——铅粉　　　　　　　白经——白麻
紫薄——紫铜皮　　　　　　软红——熟铁

大条——中堂　　　　　　　软片——字画、碑帖等
黑粉——铁砂　　　　　　　绿条——绿胶
本衬——用纸边裱的画　　　花箔——花金
小条——黄明胶　　　　　　黄草——质量最差的账簿
青方——铜片　　　　　　　彩描——花卉画
⑥综合特点指代动作行为
扫青——理发　　　　　　　挨月——磨芝麻酱
涂圆——摊开膏药　　　　　站堂——奏乐
市衬——画裱得好　　　　　趋笑——甜言蜜语地行骗

(4) 其他指代造词法

1) 现象指代造词法

现象指代造词法是指运用现象创造词语并指代隐指对象的方法。运用该种方法创造的隐语数量不多，但隐指对象的词性却极为丰富，不仅有名词或名词性短语、动词或动词性短语，还有形容词或形容词性短语。现象指代物品、现象指代人两类隐语的隐指对象皆为名词及名词性短语，现象指代现象创造的隐语中有一部分隐指对象为名词及名词性短语；现象指代动作行为造词法创造的全部隐语及现象指代现象造词法创造的部分隐语的隐指对象为动词或动词性短语；现象指代特点造词法创造的隐语的隐指对象为形容词或形容词性短语。例如：

①现象指代人、物等
柴灰——木匠　　　　　　　春点——扒手
斤两——傻子；做事不动脑筋的人
见藻——足炉　　　　　　　流走——沙石
三拜——最小的蜡烛　　　　喜字——胭脂片
乾坤——盛放药的口袋　　　钱来——刮板（木工工具）
公德——打醮、追荐场所所烧的锭灰

②现象指代现象
杂奴——最低价格　　　　　晚停——货物已售完
声嗽——秘密语　　　　　　无文——当归
大化（花）——大洞　　　　小化（花）——小洞
意怪——难堪，疼痛不止　　下放——织机经线断了

③现象指代动作行为
糊——吃　　　　　　　　　加码——捏肩
不严（言）——不行　　　　候潮（着）——拜访

第三章　现代汉语基本隐语结构与造词研究　　163

添钉——钉钉子　　　　　　　筑梦——睡觉
糊崔——吃馍　　　　　　　　屈身——作揖
糊升——吃饭　　　　　　　　掉角——补缸
串头——店主给店员加薪　　　讲本——卖席子或簸箕
④现象指代特点
叫——热；烫　　　　　　　　海——大
岂（奇）——少　　　　　　　晚——老；大
尖——好　　　　　　　　　　廉——不好；丑；坏
显——好　　　　　　　　　　主检——质量差
海外——虚假　　　　　　　　喘干——快
彻骨——熟　　　　　　　　　足子——殷实
上浮——轻　　　　　　　　　带毛——芋艿未熟

2）地点、位置等指代造词法

地点、位置等指代造词法是指运用地点、位置、环境、产地、发源地等创造词语并指代隐指对象的方法。例如：

①产地、发源地或来源地指代人、产品、物品等

A. 产地、发源地或来源地直接指代人、产品、物品等

东宛——古筝　　　　　　　　娄州——一种燕窝
枫江——农历七月的咸小蟹　　广潮——潮烟
花旗——西洋参　　　　　　　暹罗——一种燕窝
石浦——黄鱼干　　　　　　　惠安——最上品的鳓鱼鲞
占城——细长米粒的水稻

B. 产地、发源地或来源地+类属共同指代人、产品、物品等

番莲——铁线莲　　　　　　　北客——来卖马的贩子
南客——来买马的贩子　　　　西石——电石
招菜——紫菜　　　　　　　　山客——山区的木材商
西柳——檀木　　　　　　　　洋标——印花洋布
纸路——寺观香炉中所烧的灰　西布——绒呢
西布——呢绒衣服　　　　　　兰风——产自兰溪的风肉
山货——磨刀石　　　　　　　杭连——国产的连史纸
宁襕——宁波产的席子　　　　蜀晶——川矾

②地点、环境指代人、动物、植物等

A. 环境直接指代动植物

蒲芦——螟蛉　　　　　　　　沿岸——螺蛳

后庭——鸡冠花　　　　　　白野——晚稻

B. "地点、环境+类属"共同指代人、物等

海针——船用指南针　　　　井通——住在街市的人

塘官——木材行中的业务员　高庄行——磨刀的行当

C. "地点、环境+词缀"共同指代物品等

水老——海带　　　　　　　庙头——寺院中的锭灰

路头——乞丐扫来的街上锭灰　江西老——碎碗片

③位置指代人、物等

A. 位置指代人、物等

中堂——大幅画　　　　　　接口——勺子

背身——主人　　　　　　　顶盖儿——帽子

B. "位置+类属"共同指代物品等

头经——拴马的绳　　　　　腰兜——钻孔用的木盆

C. "位置+词缀"共同指代物品等

顶子——猪头　　　　　　　顶儿——帽子上的佩玉

D. 具体地点指代概括性地点

港下——那边　　　　　　　簝下——这边

脚下——摆摊的地方　　　　户上——海上的捕鱼区

E. 地点、位置指代动作行为

下活——修脚　　　　　　　上活——理发

乡党①——在乡下游走行医

3) 物品指代造词法

物品指代造词法是指运用物品创造词语并指代隐指对象的方法。运用该种方法创造的隐语数量较少，但隐指的对象不仅有名词或名词性短语、动词或动词性短语，还有形容词或形容词性短语。例如：

①物品指代人

A. 物品直接指代人

蹄铁——铁匠　　　　　　　寸铃——摇虎撑治病者

牛牙——开牛行的人　　　　轿腿子——抬轿的人

丹清——行时的医生，即在一段时间内求医较多的医生

B. "物品+表人语素"共同指代人

梓生——刻字匠　　　　　　锅头——从事蒸豆饼的伙计

---

① "乡党"的本义指家乡，表地点。参见《汉语大词典》"乡党"条。

碾头——油坊、碾坊的伙计　　　梓生——刻字匠

C."物品+词缀"共同指代人

巾老——教书先生　　　　　　角老——妇人

②物品指代特点

竹叶——绿色　　　　　　　　青石——虾青色

黄连——穷　　　　　　　　　蛇粪——藤黄

衣黄——赭石　　　　　　　　鱼肚——一种浅蓝如白的颜色

③"物品+词缀"共同指代动作行为

键老——敲鼓　　　　　　　　销老——学医

4) 计量、长度等指代造词法

计量、长度等指代造词法是指运用计量、长度或计量、长度单位创造词语并指代隐指对象（即物品）的方法。例如：

①计量单位指代人、物等

A. 计量单位直接指代人、物等

线柱——线香（柱，指代香。柱是香的计量单位）

条条——毛巾（计量单位重叠指代）

B. "计量单位+词缀"共同指代人、物等

件头——凳子　　　　　　　　条儿——毛巾；围单

②长度等计量单位指代人、物等

A. 长度直接指代人、物等

尺八——床　　　　　　　　　八寸——小号灯笼

B. "长度等+词缀"共同指代物品等

寸子——油豆腐条　　　　　　斗子——淘米箩

5) 加工、制作的程序或方法指代造词法

加工、制作的程序或方法指代造词法是指运用物品的加工、制作程序或方法创造词语并指代隐指对象（即物品）的方法。例如：

①加工、制作的程序或方法直接指代物品等

熯工——药　　　　　　　　　过锋——熟煤

四温——色泽微黄的白糖　　　六印——参皮纸

拆炖——蹄髈　　　　　　　　醉溜——劣质的鳓鱼鲞

水磨——豆腐　　　　　　　　印花——专染药布

席法——凹凸纹布　　　　　　土著——砖

②"加工、制作的程序或方法+类属"共同指代物品等

冰墨——鲜乌贼鱼　　　　　　熏货——用新物伪制古董

煤包子——药包或药袋　　　　搁彩生——画家
③"加工、制作的程序或方法+词缀"共同指代物品等
熏儿——火腿　　　　　　　　糊老——棺材
6) 季节、节令指代造词法
季节、节令指代造词法是指运用季节、节令或其特点创造词语指代隐指对象的方法。例如：
①季节、节令特点直接指代动物、物品等
中秋——粒大而白的稻米　　　秋风——粒圆而色白的糯米
桂花——八月中捕到的小黄鱼　芦黄——粒大而色白的糯米
②"季节、节令+词缀"共同指代动物、物品等
春子——牛　　　　　　　　　春子——蚬子
7) 种、属概念指代造词法
种、属概念指代造词法分为两类，一类是种概念指代属概念造词法，一类是属概念指代种概念造词法。种概念指代属概念造词法是指运用种概念（下位概念）指代隐指对象属概念（上位概念）的方法；属概念指代种概念造词法是指运用属概念（上位概念）指代隐指对象种概念（下位概念）的方法。例如：
①种概念指代属概念
青骹——苍鹰　　　　　　　　红蕉——美人蕉
都胜——深色山茶　　　　　　贴梗——海棠花
②属概念指代种概念
绹子——稻草绳　　　　　　　京蓼——白蘋花
五行——牛行　　　　　　　　草种——籼稻
8) 部分指代造词法
部分指代造词法是指运用物品的一部分指代全部的方法。该种方法仅用物品的一部分进行指代，不包括对物品特点（包括部分或整体特点）的描述。有些带有对隐指对象的部分特点进行描述或修辞性描述的隐语，放入"特点指代造词法"中，如"乌壳"隐指"汕头毛蚶"，"白壳"隐指"蛤蜊"，"银鳞"隐指"鲥鱼"等，并非仅指隐指对象的壳或者鳞，而是就所隐指对象的特点而言。例如：
①部分直接指代全部
肚档——炒青鱼肚　　　　　　鲜鱼——鸡肉鱼块面
全肚——肚档面　　　　　　　漏盖——手炉
双环——茶壶的总称　　　　　底轮——车子

取水——鱼头面　　　　　　荷药——莲蓬
②"部分+词缀"共同指代全部
壳儿——稻子　　　　　　　盘子——马车
轮子——车子　　　　　　　壳子——钟表
9）职权指代造词法
职权指代造词法是指运用职权或职权范围指代人的方法。例如：
①职权直接指代人
挑路——喜娘　　　　　　　看清——监督店员者
大班——洋行公司的经理　　内家——男主人
掌随——女主人　　　　　　管缸——染布的头目
掌要——男主顾　　　　　　掌倪——女主顾
江司——船夫　　　　　　　帮头——有一定资本的收锭灰者
②"职权+词缀"共同指代人
老大——船夫　　　　　　　头子——管理车夫者
阿大——店经理　　　　　　阿二——店协理
导子——操办婚丧之事中的敲锣开道者
掌么——专门代人料理婚丧等事的账房先生
10）症状、部位指代造词法
症状、部位指代造词法是指运用疾病的症状或发生疾病的部位指代疾病或病人的方法。例如：
①症状指代疾病或病人
阴积——积食痨　　　　　　根青——梅毒发病者
②部位指代疾病
中膛——儿童腹胀　　　　　焰边——眼睑糜烂
11）材料指代造词法
材料指代造词法是指运用物品的加工或制造材料指代物品的方法。例如：
白草——粗草席　　　　　　白石——石灰
沙陶——最大的釜　　　　　松子——松子糕
板光——水桶　　　　　　　毛树——竹筷
　　有的隐语运用了两步指代进行创造，如"石叶"隐指"芸香"，第一步运用两种特点指代芸草，一为"石"，即芸草生长的环境为石缝中，二为"叶"，指芸草为叶片状；第二步运用原材料"芸草"指代"芸香"。

12) 工具指代造词法

工具指代造词法是指运用工具创造词语指代隐指对象的方法。隐指的对象包括人、物等。一般情况下，隐语词条的用字并未有规范性的要求，写为同音字是较为常见的现象，下例括号中为本字。例如：

边（鞭）杖——马夫

浆巾——点痣药（浆巾如同今天的药棉）

捻（碾）子——摆摊加工并出售草药者（碾子是加工药物的工具之一）

火车——从欧美进口的太古糖（民国时期的运输工具为火车。运输工具指代）

13) 附属物指代造词法

附属物指代造词法是指运用与物品等相关的附属物品指代该物品的方法。语料库中只有"甘露"隐指"芭蕉"，即用芭蕉叶上的露水指代芭蕉。

14) 发明者指代造词法

发明者指代造词法是指运用发明者指代发明的物品的方法。语料库中只有"阮"指代"月琴"，据说月琴是有阮籍发明的。

15) 主观愿望指代造词法

主观愿望指代造词法是指根据主观愿望创造词语指代隐指对象的方法。该种方法是把主观愿望强加在隐指对象上并指代该隐指对象，语料库中只有"利市"隐指"血"，该隐语为屠宰行使用。血为红色，看到血，寓意生意能够开张，一天的生意都能够红火，体现了经营者的主观愿望。

16) 符号指代造词法

符号指代造词法是指运用符号创造词语指代隐指对象的方法。运用符号指代造词法创造的隐语极少，语料库中只有"--"隐指"减少"，是用减号"-"表示减少义。

17) 缩略指代造词法

缩略指代造词法是指运用缩略、简称等方法创造词语并指代隐指对象的方法。例如：

三壶——学徒　　　　　　　五事——烛台、香炉与花插

三身——徒弟　　　　　　　三结——最上品的桂圆

三事——烛台与香炉　　　　三素——一种较大的红腐乳

白瑞——白瑞香花　　　　　煎糟——油煎糟青鱼

三节——财神诞辰、端午、中秋节

2. 修辞指代造词法

修辞指代造词法是指运用比喻、比拟、夸张等修辞手法对隐指对象的特点、动作行为、现象等要素进行描述，并根据相应描述创造词语指代隐指对象的方法。修辞指代造词法是隐语造词中常用的方法，使用的频率仅次于直接指代造词法。修辞指代造词法主要包括比拟指代造词法、比喻指代造词法、夸张指代造词法。

（1）比拟指代造词法

比拟指代造词法是指运用比拟的修辞手法对隐指对象的特点、动作行为、现象等要素进行描述，并根据相应的比拟描述创造词语指代隐指对象的方法。比拟指代造词法包括动作行为比拟指代造词法、特点比拟指代造词法和功用比拟指代造词法（功用属特点之一，单列说明）等。

1）动作行为比拟指代造词法

动作行为比拟指代动作行为、自然现象等。例如：

撤——剃头　　　　　　　　吃——敲钉子
献山——质量好　　　　　　天哭——下雨
发威——刮风　　　　　　　勃来——生意兴隆

2）特点比拟指代造词法

特点比拟指代造词法是指运用比拟的修辞手法对隐指对象的特点进行比拟描述并创造词语指代隐指对象的方法。与特点指代造词法不同的是，运用特点比拟指代造词法创造的隐语指代的隐指对象全部为名词或名词性短语。例如：

①特点比拟指代人

小虎——少妇　　　　　　　穆子——女顾客
古董——购买药物不爽快的顾客　狲狲——店员

②特点比拟指代动物类

望上——鲵鱼　　　　　　　婆子——雌鲳鳊鱼
圈公——蚕茧　　　　　　　媳妇——老鼠
妇媳——老鼠　　　　　　　高爷——老鼠（反指）
苗头——小猪　　　　　　　淘河——翠鸟

③特点比拟指代粮食、花卉等植物类

呆子——糯米　　　　　　　佳人——糯米
霸王——辣椒　　　　　　　通情——藕节
帝女——菊花　　　　　　　女郎——木兰花

女史——水仙花　　　　　季女——玉簪花
④特点比拟指代现象、地点、物品等
迎面——纸脸盆　　　　　逼头——骨簪
道童——火腿产地浦江　　相公——风炉
筊客——管　　　　　　　硬汉——打铁用的钢砧墩
顶公——芦席　　　　　　横困——女帽
请风——招幌　　　　　　卷友——席子
借光——灯　　　　　　　拨公——算盘
震公——雷　　　　　　　呆货——粗瓷碗

3）功用比拟指代造词法

功用比拟指代造词法是指运用比拟的修辞手法对隐指对象的功用特点进行比拟描述并创造词语指代隐指对象的方法。运用该种方法创造的词语指代的隐指对象为动物、花卉、现象、物品等，全部为名词或名词性短语。

功用为物品的特点之一，加之运用功用比喻创造的隐语词形多为动词或动词性短语，故单列说明。例如：

催耕——布谷鸟　　　　　衣公——二苍茧子
送春——梨花　　　　　　师傅——磨刀石
拓郎——抹碗布　　　　　师傅——五尺（木工工具）
躺脚——袜底　　　　　　道长——锤子
吃硬——火焰　　　　　　将军——锁

（2）比喻指代造词法

比喻指代造词法是指运用比喻的修辞手法对隐指对象的特点、动作行为、现象等要素进行描述，并根据相应的比喻描述创造词语指代隐指对象的方法。比喻指代造词法包括动作行为比喻指代造词法、特点比喻指代造词法、外形、形状比喻指代造词法、功用比喻指代造词法、现象比喻指代造词法、状态比喻指代造词法等。

1）动作行为比喻指代造词法

动作行为比喻指代造词法是运用比喻的修辞手法对隐指对象的动作行为进行比喻描述并创造词语指代隐指对象的方法。运用该种方法创造的隐语分为两类，一类是动作行为比喻指代动作行为，隐指对象是表示动作行为的动词或动词性短语，一类是动作行为比喻指代人或物，隐指对象是表示人或物的名词或名词性短语。

①动作行为比喻指代动作行为

该类隐语和所隐指对象的词性相一致，皆为动词或动词性短语。例如：

咬——砸　　　　　　　　　捆——停
咬——染色之前浸泡布　　　扒山——吃饭
馈——挣（钱）　　　　　　吹——刷
套壳——试穿　　　　　　　求扇——喝茶
求汉——吃饭　　　　　　　溜马——磨剃刀
对火——吃酒筵　　　　　　问问——过磅，称分量
扳井——扒耳朵　　　　　　搬精——掏耳朵
上套——涂防锈油脂　　　　拔桩——解大便
吊线——撒尿　　　　　　　脱袍——去皮，剥皮
过河——剃胡子　　　　　　重圆——修旧鞋子

②动作行为比喻指代人、物等

该类隐语和所隐指对象的词性不同，隐语为动词或动词性短语，而隐指对象则为名词或名词性短语。例如：

抹箩——理发师傅　　　　　缠手——大锤子
招财——扫锭灰的棕帚　　　扯皮——锉刀
封口——糖粥　　　　　　　扇风——钹
咬牙——锁　　　　　　　　亲嘴——碗

2) 特点比喻指代造词法

特点比喻指代造词法是运用比喻的修辞手法对隐指对象的特点进行比喻描述并创造词语指代隐指对象的方法。运用该种方法创造的隐语分为两类，一类是特点比喻指代人或物等，隐指对象全部为名词或名词性短语；一类是特点比喻指代特点或现象，隐指对象为谓词或谓词性短语（包括动词或动词性短语以及形容词或形容词性短语）。例如：

①特点比喻指代人、物等

A. 特点比喻直接指代人、物等

（A）特点比喻指代人及身体部位等

施主——顾客　　　　　　　蚬子——小孩儿
仙郎——买主、顾客　　　　孝子——盐贩子
秧希——小孩儿　　　　　　星漂——痣少的人
水生——穷人　　　　　　　土偶——呆子
娘舅——有钱人　　　　　　黄花——小主人
木俑——呆子　　　　　　　街狗——巡警
友竹——皂隶　　　　　　　钩子——捕快
圪针——胡子　　　　　　　乌云——头发

沙包——肚子　　　　　　蚁王——胡须
白果——眼白　　　　　　天粪——眼屎

（B）特点比喻指代动物、植物、花卉类

圆玉——鲍鱼　　　　　　小亥——河豚鱼
银带——带鱼　　　　　　长髯——鱿鱼
大莲——天菊　　　　　　跳虫——河虾
乌衣——喜鹊　　　　　　泥丸——桃花
青龙——毛竹　　　　　　胜春——月季花
紫鹃——紫荆花　　　　　垂丝——西河柳

（C）特点比喻指代粮食、蔬菜及其他餐饮类

乌珠——黑糯米　　　　　瘌头——生姜
羊脂——一种糯米　　　　红仙——小麦
火球——糖山楂　　　　　肚枪——麦子
地根——萝卜　　　　　　泥块——红薯
吉玉——质地较好的笋干　白花——碎桂圆
狗肾——香肠　　　　　　莽草——茴香
金球——橙子　　　　　　硫黄——上品白鲞
红娘——桑葚　　　　　　风胖——小猪蹄
雪花——大米饭　　　　　碧螺——茶叶精品
凝脂——蜂蜜　　　　　　玉锁——肉海参
糙米——鲍鱼干　　　　　白果——鸡蛋
丹桂——皮丝烟　　　　　白皮——次等烧酒

（D）特点比喻指代建筑、店铺、服装及其他物品类

浆——洗脸水　　　　　　行——家；房子；某一处所
龙——水刷子　　　　　　棍——钱
龙门——门口　　　　　　恶根——银角子；银毫
道——生意　　　　　　　栈房——别家的药店
鸣雏——小堂名　　　　　叶象——招牌
板——道路　　　　　　　浆——掺入酒中的水
瓦窑——旅店　　　　　　温台——炕

B．"特点比喻+类属"共同指代物品

硬货——青条烟　　　　　硬货——真珍珠
嫩汤——刚沸腾的煮茧水　硬货——烧酒
软货——黄酒　　　　　　老汤——沸腾过度的煮茧水

C. "特点比喻+词缀"共同指代人、物等

鹿儿——山里的客商　　　　老昌——中年以上的男人
宅儿——眼睛　　　　　　　门儿——耳朵
星子——痣　　　　　　　　旗儿——绢子
仁子——药线　　　　　　　星子——铅字
炮子——不掺一点水的酒　　板头——炕
老马——大锤　　　　　　　吃老——麻线
飞子——毒品海洛因　　　　飞子——日本进口皮纸

②特点比喻指代特点或现象

运用该种方法创造的隐语为表示感觉类的谓词，隐指对象也为感觉类的谓词或谓词性短语，二者之间不仅是比喻与被比喻的关系，更是两种不同感受之间的交错互通（由于运用该类方法创造的隐语较少，故放在比喻指代造词法中）。例如：

辣——疼　　　　　　　　　油——眼睛发痒
飘——斜，不正　　　　　　裸搬——油

3) 其他特点比喻指代造词法

①外形、形状比喻指代造词法

外形、形状比喻指代造词法是运用比喻的修辞手法对隐指对象的外形、形状特点进行比喻描述并创造词语指代隐指对象的方法。运用该种方法创造的隐语其隐指对象全部为名词或名词性短语。

外形、形状属特点之一，由于运用该特点进行比喻创造的隐语数量较多，故单列说明。例如：

A. 外形、形状比喻直接指代人、物等

（A）外形、形状比喻指代身体部位等类

车轴——脖子　　　　　　　傻包——肚子
篓——肚子；脑子　　　　　气筒——鼻子
龙爪——手指　　　　　　　鹤顶——膝盖
虎爪——脚趾　　　　　　　泥桩——脚踝
楼杆——腿　　　　　　　　苗——头发
草儿——头发　　　　　　　冰藕——胳膊
木耳——耳朵　　　　　　　井——耳朵

（B）外形、形状比喻指代动物类

为枕——青鱼　　　　　　　大王——老虎
茅蓬——龙虾　　　　　　　鸡冠——河蚌

刺虫——海参　　　　　　银针——面杖鱼
白刃——刀鱼　　　　　　半月——青蟹
笠蓬——鮒鱼　　　　　　凉帽——鳖裙
瑶柱——干贝　　　　　　桂花——海蜓

（C）外形、形状比喻指代花卉类

扇仙——芭蕉　　　　　　缫丝——刺桐花
金粟——桂花　　　　　　燕尾——兰花
触头——花芯　　　　　　蟹爪——菊花瓣
蓬仙——石菖蒲　　　　　蛱蝶——射干旗花
鹿耳——金丝荷叶　　　　虎须——石菖蒲

（D）外形、形状比喻指代粮食、蔬菜、水果及其他餐饮类

灰——面粉　　　　　　　龙爪——生姜
元宝——香蕉　　　　　　小桃——杏子
虎爪——生姜　　　　　　合掌——佛手
虮珠——荔枝　　　　　　羊角——水笋
孵鸡——笋壳有黑点的笋　青虫——毛豆
地龙——藕　　　　　　　凤尾——质地较次的干笋
蹲鸥——芋艿　　　　　　兰葱——芹菜
螺尖——细长的高品质笋干　蓑衣——大麦
地龙——山药　　　　　　牛耳——白菜
刺虫——黄瓜　　　　　　云头——木耳
秃笔——番椒　　　　　　珍珠——芡实
馒头——脚爪的上端　　　枪杆——米苋菜杆

（E）外形、形状比喻指代服饰类

套子——袍子　　　　　　通枝——梳子
海青——童装　　　　　　白虫——带籽棉花
半月——玉耳环　　　　　龙骨——袜梁
莲蓬——纽扣　　　　　　散兜——纬帽
卷耳——紫羊羔皮　　　　荷苞——玉簪
鸭蛋——小号的扑粉　　　枝头——丝上所缚的线

（F）外形、形状比喻指代其他物品类

桥头——桌子　　　　　　扁豆——刀
灵洞——窗户　　　　　　龙牙——贝母
大卜——铁片　　　　　　地蛇——马鞭笋

蛇——苇子　　　　　　　猪缸——颜料坛
圣旨——鐾刀布　　　　　踏瘪——酒壶
尾——铁杆　　　　　　　窝囊——鞋楦子
大象——骷髅　　　　　　独龙——抬棺材的大木杠

B. "外形、形状比喻+词缀"共同指代物品等

芯儿——男阴　　　　　　球子——汤包
瓢儿——船　　　　　　　叉儿——铁夹子
闩头——火腿骨　　　　　月儿——秤锤
斗子——坩埚　　　　　　盖子——香菇
兜子——人力车的车身　　鳝子——凿子
丝儿——头发　　　　　　车子——打绳索用的架子
缆子——毛巾　　　　　　弹子——花生仁
弦子——弹棉花的弓弦　　叶子——请帖
兜罗——佛手　　　　　　道子——钉碗的担子
兜子——轿子　　　　　　瓢子——鱼肚
兜子——锅子　　　　　　琴子——锯子
盘子——脸　　　　　　　苗子——马尾红缨

②功用比喻指代造词法

功用比喻指代造词法是运用比喻的修辞手法对隐指对象的功用特点进行比喻描述并创造词语指代隐指对象的方法。例如：

A. 功用比喻直接指代身体部位、建筑、现象、物品等

天井——阳沟　　　　　　君子——箱锁
行脚——卖白糖粥的担子　栏杆——嘴巴
画骨——刻木刀　　　　　油龙——油榨
桥梁——凳子　　　　　　送客——锤子
炉印——炭结　　　　　　祖宗——丝包袋
扒泥——耳挖子　　　　　地精——鲜首乌
进宝——竹斗　　　　　　龙头——船头

B. "功用比喻+词缀"共同指代物品等

牙子——剪刀　　　　　　盘子——伞骨骨套
梁子——连接伞骨的销钉　浆子——水

③状态比喻指代造词法

状态比喻指代造词法是运用比喻的修辞手法对隐指对象的状态进行比喻描述并创造词语指代隐指对象的方法。运用该种方法创造的隐语指代的

隐指对象为表示动作行为的动词或动词性短语。该类隐语的数量极少。例如：

  马——扯弓　　　　　　　　畚——腹泻；泻如水状

4）现象比喻指代造词法

现象比喻指代造词法是运用比喻的修辞手法对隐指对象的某种现象进行比喻描述并创造词语指代隐指对象的方法。运用该种方法创造的隐语既可以指代人或物，也可以指代动作行为，还可以指代性质特点，但该类隐语的数量较少，其隐指对象既包括名词或名词性短语、动词或动词性短语，也包括形容词或形容词性短语。例如：

①现象比喻指代人、物等

A. 现象比喻直接指代人、物、动作行为等

  贵人——儿童　　　　　　　生活——生意
  观景——做梦　　　　　　　颜光——刮破后的红血道

B. "现象比喻+词缀"共同指代物品、动作行为等

  老交——顾客　　　　　　　夹么——训练；指导
  淌子——招徕生意的小锣　　老天——吃肉

②现象比喻指代特点

  道低——生意清淡　　　　　道高——生意好
  海式——大；长；高；胖　　漂些——慢些
  冰清——生意不好　　　　　脚高——善

（3）夸张指代造词法

夸张指代造词法是指运用夸张的修辞手法对隐指对象的特点、动作行为等要素进行描述，并根据相应的夸张描述创造词语指代隐指对象的方法。夸张指代造词法包括动作行为夸张指代造词法、特点夸张指代造词法、功用效果夸张指代造词法等隐语造词法。

1）动作行为夸张指代造词法

动作行为夸张指代造词法是运用夸张的修辞手法对隐指对象的动作行为进行夸张描述并创造词语指代隐指对象的方法。运用该种方法创造的隐语仅指代动作行为，故隐语与隐指对象皆为动词或动词性短语。例如：

  卸——打；伤害　　　　　　顶天——建房屋
  过海——饮酒　　　　　　　探海——清洗所钻的小孔
  盖集——先出大价钱把市场价格抬起来，使别人不能成交，再等适当时机突然用低价买到马　　　冲天——妓女从良

2）特点夸张指代造词法

特点夸张指代造词法是运用夸张的修辞手法对隐指对象的特点进行夸张描述并创造词语指代隐指对象的方法。特点夸张指代造词法创造的隐语，其指代的隐指对象分为两类，一类是隐指身体部位、花卉及物品等的名词或名词性短语，一类是表示特点的形容词或形容词性短语，从目前的语料看，只有一个形容词。例如：

①特点夸张指代身体部位、花卉及其他物品等

海——水桶　　　　　　　　海——脸盆
海——浸皮的水槽　　　　　千条——洗帚
天帐——彩棚　　　　　　　钻天——灰色鼠狼皮
满天——饭罩　　　　　　　满天——轿顶
钻天——官帽上所缀的顶子　千斤——柴担
天地——熔铁炉　　　　　　天络——眼中的红丝
玻璃——清汤　　　　　　　天牌——被子
地牌——垫被　　　　　　　千张——包脚布
千张——薄豆腐干　　　　　钻天——竹笋
天穿——凌霄花　　　　　　穿天——凌霄花

②特点夸张指代特点

神敢——不好　　　　　　　邪气——多；盛

3）功用、效果夸张指代造词法

功用、效果夸张指代造词法是运用夸张的修辞手法对隐指对象的功用、效果进行夸张描述并创造词语指代隐指对象的方法。运用该种方法创造的隐语全部为动词或动词性短语，其指代的隐指对象全部为表示物品类的名词或名词性短语。例如：

托天——手掌　　　　　　　镇海——水勺
探海——清洗所钻的小孔　　遮天——伞
擎天——伞杆　　　　　　　撑天——伞柄
撕口——辣酱　　　　　　　撑天——桅杆
闪影——蜡光纸　　　　　　放洋——大号灯笼
赶月——一种燃放后发出耀眼白光的花炮
追星——一种燃放后如流星般腾空的花炮

3. 文化指代造词法

文化指代造词法是指运用与所隐指对象相关的文化因素创造词语并指代隐指对象的方法。文化指代造词法属相关指代造词法，借助文化因素，

联想到相关的事物或现象，这些事物、现象皆不是由所隐指对象本身所决定的，而是在长期文化积淀、文化传承过程中所赋予的。文化指代造词法包括典故联想指代造词法、传说联想指代造词法、传统文化联想指代造词法等隐语造词法。

(1) 典故联想指代造词法

《现代汉语词典》对"典故"的释义是"诗文里引用的古书中的故事或词句"，在隐语创造过程中，尽管隐语使用于特定的口语场合，但也有部分隐语来自古书中的故事和词句。该类隐语又分为两类，一类来自古书中的故事，一类来自古书中的词句。

典故联想指代造词法是指运用典故，并在其中引用或创造词语指代隐指对象的造词方法。来自古书故事的隐语多基于故事内容、故事中的人物或物品而创造；来自古书词句的隐语，有的是对其中词语的直接运用，有的则是对有关词句进行一定形式变化而创造出新的词语。例如用"象子"隐指"不正派的人"，最早的出处是《尚书·尧典》："瞽子，父顽，母嚚，象傲"[1]，尧的弟弟象是个不善良的人，《孟子·告子上》汉·赵岐注"公都子曰：或人者，以为人各有性，善恶不可化移。尧为君，象为臣，不能使之为善。"[2] 故隐语中运用"象"附加后缀"子"后创造"象子"隐指"不正派的人"；用"折腰"隐指旧时量器"斛子"，来自《晋书·陶潜传》："吾不能为五斗米折腰，拳拳事乡里小儿邪！"[3] 陶渊明不为"五斗米""折腰"，斛子[4]恰恰能够称量五斗米，故用"折腰"隐指"斛子"；用"七绝"隐指"柿子"，唐·段成式《酉阳杂俎》卷十八"柿，俗谓柿树，有七绝，一寿，二多阴，三无鸟巢，四无虫，五霜叶可翫，六嘉实，七落叶肥大。"[5] 该隐语是从这一段落而来；用"玉茗"隐指"浅色山茶花"，用"海红"隐指"山茶花"，皆是从宋·陶弼的《七言绝句》而来，其诗文为"浅为玉茗深都胜，大曰山茶小梅红。名誉谩多朋援少，年年身在雪霜中。"

(2) 传说联想指代造词法

传说联想指代造词法是指运用古代传说，并在其中引用或创造词语指代隐指对象的方法。传说是指群众口头上流传的关于某人某事的叙述或某

---

[1] 王世舜：《尚书译注》，四川人民出版社1982年版，第10页。
[2] （汉）赵岐注，（宋）孙奭疏：《孟子注疏》，上海古籍出版社1990年版，第196页。
[3] 王云武、朱经农主编：《晋书》，商务印书馆1934年版，第214页。
[4] 参见《汉语大词典》"斛子"条。粮食量具。其容量古为十斗，南宋末年改为五斗。
[5] （唐）段成式撰：《酉阳杂俎》，吉林出版集团有限公司，第122页。

种说法（参见《现代汉语词典》"传说"条）。来自传说的隐语，是在对传说中的相关人物、物品或内容进行联想后运用或创造的相关词语。例如，用"鲁妻"隐指在木匠工作台上钉着的"卡子"，其功能是可以把需要刨的木板的位置固定，是由传说中的发明者"鲁妻"而命名，"相传当年木匠祖师鲁班推刨时，常需要妻子帮忙压住木板，鲁妻为了腾出时间干家务，便发明了卡子"；用"班母"隐指墨斗的墨线一端所扣的"小钩"，以便在木料上弹线，是由传说中的发明者"班母"而命名，"相传当年鲁班的母亲因要帮助鲁班掐住墨线的一端，常站得腰酸背痛，发明了这个小勾（按：应为'钩'）"；用"瞒宫"隐指一种糯米，"因其曾被允许代替粳米交皇粮"①，说明该种糯米可以欺瞒宫廷，故创造词语"瞒宫"隐指该种糯米；用"无常"隐指"死亡"，因民间传说的"勾魂鬼"黑、白无常而得名，人死亡，就如同被黑、白无常勾去了魂②，故曰"死亡"。

（3）传统文化联想指代造词法

传统文化联想指代造词法是指运用中国传统文化，并在其中引用或创造词语指代隐指对象的方法。传统文化的包容性极强，涉及人类文化生活的各个层面，运用于隐语造词的主要有五行文化、宗教文化、道德文化及其他传统文化等。例如，用"戊己"隐指"土"，其命名源于五行文化，"戊己"的原义指一旬中的戊日和己日。《吕氏春秋·季夏纪》："中央土，其日戊己。"汉·高诱注："戊己，土日。土，王中央也。"③ 古以十干配五方，戊己属中央，于五行属土，因以"戊己"代称土；用"丙丁"隐指"火"，其命名亦源于五行文化，《吕氏春秋·孟夏纪》："其日丙丁，其帝炎帝。"汉·高诱注曰："丙丁，火日也。炎帝，少典之子，姓姜氏，以火德王天下，是为炎帝，号曰神农。"④ 用"无边"隐指"钵"，其命名源于佛教文化，《周易·象传上·谦》："《象》曰：地中有山，谦。君子以裒多益寡，称物平施。"⑤ 明·释智旭释曰："佛法释者：裒佛果无边功德之山，以益众生之地。了知大地众生，皆具佛果功德山王，称物机

---

① "鲁妻""班母""瞒宫"的传说分别参见陈崎主编《中国秘密语大辞典》第1354、1060、1498页。
② 参见史仲文、胡晓林主编《中华文化大辞海》（文化习俗卷），中国国际广播出版社1998年版，第585页。
③ 许维遹撰，梁运华整理：《吕氏春秋集释》，中华书局2012年版，第133页。
④ 许维遹撰，梁运华整理：《吕氏春秋集释》，中华书局2012年版，第83页。
⑤ 黄寿祺、张善文撰：《周易译注》，上海古籍出版社2003年版，第128页。

宜，而平等施以佛乐，不令一人独得灭度。"①"钵"乃僧人之饭碗，也得佛教文化之精髓，故被赋予了神秘的佛教文化色彩，和佛法一样能施无边功德；分别用"没福""无禄""折寿"隐指用秤做买卖时少给买家一两、二两、三两货物，这是由传统的道德文化所触发创造的隐语，自古以来人们认为做了不道德的事情都要得到报应，"没福""无禄""折寿"分别按照经商的不道德等级得到不同程度的报应；用"龙"隐指"水"、"凤"隐指"女主人"、"黄"（谐音"凰"）隐指"男主人"皆是与华夏传统文化紧密相连的。运用文化指代造词法的其他隐语详见第八章"现代汉语隐语造词理据汇释"。

4. 语义指代造词法

语义指代造词法是指从隐指对象的通语或地域方言词语本身出发，对词语整体或其中的语素进行意义上的加工，如更换为同义词或同义语素、反义词或反义语素，添加、去掉或更换词缀等，并指代隐指对象的方法。

（1）同义、近义指代造词法

同义、近义指代造词法是指用同义、近义词语或语素替代通语或地域方言词语或部分语素的方法。该种造词法不从所隐指对象的性质、特点、动作、行为等角度出发，而着眼于隐指对象的通语或地域方言词语，把通语或地域方言词语替换为同义、近义词语，或把通语或地域方言词语中的部分语素替换为同义、近义语素。

替代通语或地域方言词语或部分语素的同义、近义词或语素的来源，从时间跨度而言，有的来自古汉语，有的来自近、现代汉语；从地域跨度而言，有的来自共同语，有的来自地域方言。由于它们之间很难有一条清晰的界限区分开来，我们在这里放在一起列举，部分隐语的造词理据详见第八章"现代汉语隐语造词理据汇释"。例如：

1）同义、近义直接指代

降——下（雨）　　　　　　凶平——恶
焦——胡（姓）　　　　　　恸——哭
摆津——下雨　　　　　　　悦——高兴；喜欢
涮——洗　　　　　　　　　今阳——今天
饷——钱币；价钱　　　　　胰子——肥皂
络底——麻绳　　　　　　　疲——冷；湿
掩——慢　　　　　　　　　前阳——前天

---

① （明）释智旭撰，释延佛整理：《禅解周易四书》，九州出版社2010年版，第55页。

2）"同义、近义词或语素+词缀"共同指代

耍子——开玩笑　　　　　旺子——血
輤子——装运棺材的马车　老阳——太阳
的子——靶子　　　　　　饴子——糖
宾子——男顾客　　　　　减额子——以多报少

（2）反义指代造词法

反义指代造词法是指用反义词或反义语素替代通语或地域方言词语或部分语素的方法。该种方法在隐语创造中较少使用，例如，用"架"隐指"曾姓"，该隐语的创造方法非常隐秘，两次利用谐音，"架"与"假"谐音、"曾"与"真"谐音，并运用反义指代，让"架"与"曾"之间架起联系的桥梁。再如，用"冰苗"隐指"火烫发"，即是"冰"与"火"构成反义。

运用反义指代造词法创造的隐语数量极少，该种情况取决于人们的思维方式和思维路径，反向的思维路径，即逆向思维属非常规思维方式，与常规思维的路径相反，故反义指代造词法的"产量"极低。

（3）更换或添加词缀造词法

更换或添加词缀造词法是指更换隐指对象在通语或地域方言词语中的词缀或运用其词根语素添加其他词缀的造词方法。例如：

凿有——凿子　　　　　　叉老——叉子
钳老——钳子　　　　　　袜老——袜子
褂老——上衣　　　　　　匠老——老师傅
阳老——太阳　　　　　　窝老——鸡窝

第三节　小结

现代汉语基本隐语以双字隐语为主，三字隐语次之，单字和三字以上的基本隐语数量较少。从词长看，现代汉语基本隐语符合现代汉语词汇的组合规律[①]，即双字隐语为典型格式，三字隐语为次典型格式。

一　隐语结构小结

本章第一节较为全面地分析了现代汉语基本隐语结构。单纯隐语、复

[①] 参见周荐《汉语词汇结构论》（增订版），人民教育出版社2014年版，第106—107页。

合隐语是以词为结构形式的隐语，短语隐语是以短语为结构形式的隐语。现代汉语基本隐语结构见表3.2"汉语基本隐语结构"。

表 3.2 汉语基本隐语结构

类型	结构				语例
单纯隐语	单字隐语				到（好；漂亮）、水（银钱）
	双字及以上隐语	普通式	联绵	双声	琵琶（糖慈姑片）
				叠韵	林擒（苹果）、郎当（多）
				非双声叠韵	猢狲（店员）、琥珀（蜜枣）
			叠音		咪咪（猫）、吜吜（钟）
			方言		坷垃（半大的猪）、忌牛（醋）
			音译		浮图（烛台）、玻璃（清汤）
		特殊式	谐音		宽乐（窟窿）、闪宫（傻瓜）
			反切		草石（尺）、顿哈（多）
			拆字		一大（天）、人干（本钱）
合成隐语	派生隐语	简单	普通式	前缀型	屹叉（字）、老摆（余姓）
				后缀型	躲儿（招牌）、元老（蛋）、
			特殊式	拆字类	人言儿（书信）、圈吉儿（周姓）
				谐音类	喜合子（小孩子）、懒特子（老头子）
		复杂	多词根	前缀型	屹飘飘（茶叶）、屹翻翻（烙饼）
				后缀型	酱滑老（酱油）、断机子（剪刀）
			多词缀	前后缀型	屹叉子（字）、屹渣子（药）
				后缀型	气老儿（馒头）、元老子（帽子）
	复合隐语	普通结构	偏正式	定中格	寡马（寡妇）、流金（狗）
				状中格	绝好（黄色）、顶交（麻油）
			支配格		化龙（鲤鱼）、懊票（想毁约）
			补充格		唱响（叫卖）、升高（阶石）
			陈述格		母留（墨斗）、鸟宿（桑枝）
			联合格		较量（尺子）、明清（路界石）
			重叠格		皮皮（布；被单）、曲曲（脚；鞋子）
		特殊结构	递续格	兼语式	捉正（修车）、找平（小椰头）
				连动式	放翻（晒谷的篾垫）、拆炖（蹄髈）
			截取格	歇后式	近却（无）、二龙（猪）
				歇前式	魔王（牛）、衩子（裤子）
			意合格		长飘（汗巾）、水泥（水门汀）

续表

类型	结构			语例
短语隐语	普通结构	偏正短语	定中式	红皱皮（红枣）、地皮份儿（庄稼人）
			状中式	醉后看（绣球花）、望天吼（大刨子）
		支配短语		弹正方（墨线）、唤薛荔（梆子）
		补充短语		探不着（糕）、拿不动（陈、程姓）
		陈述短语		两头光（禽蛋）、我犹未兔（乡下人）
		联合短语		金盏银台（水仙花）、老三老四（马桶）
		递续短语	兼语式	替娘闲（墨斗一端的小钩儿）
			连动式	闻雷启蛰（蠢人）、下马看（早熟稻米）
		紧缩短语		破家无归（剪刀）、离娘焦（玫瑰花）
		数量短语		六出（栀子花）、两瓣（豆子）
		助词短语		来了（合算）、便宜、会了（吃亏）
		的字结构		近河的（阮姓）、晒火啃的（买饭的）
	特殊结构	截取短语	歇后式	一奶同（兄弟姐妹）、天长地（酒）
			歇前式	屯祁山（盐仓）、不透风（盐）
		意合短语		门里大（酿酒缸）、绿老稀（绿豆粥）

二 隐语造词小结

通过分析与归纳，我们发现汉语隐语造词共有八大造词手段和四大造词方法，造词手段分别是拟声、语音、文字、语义、截取（主要有歇前截取和歇后截取）、修辞、联想、文化等，造词方法分别是声音造词法、文字造词法、截取造词法和意义造词法。运用这八大造词手段和四大造词方法，创造出琳琅满目、数量众多、使用于多群体、多领域、多地域的汉语隐语。汉语基本隐语造词法将全面揭示汉语基本隐语的形成、结构和语义内容。对汉语隐语造词法的全面分析、整理与归纳，也是对汉语隐语造词第一次全面性研究。

隐语造词和语言创造之初的造词不同，一般不会用与隐指对象完全不相关的词语对隐指对象进行指代，尽管有些词语在历史发展过程中失去了当时创造之初与通语或地域方言中相关事物之间的联系，或许我们还无法得知其间的联系，但毋庸置疑的是，隐语造词具有理据性。可以说，隐指造词是根据其指称的内容，在事物、现象、特点或原语言符号的基础上进行的"概念升华"（施立学、曹保明，2004：92）。从这个角度而言，隐语造词和信息时代所创造的新词语有着相同和相通之处，但也有不同之处，新词语的创造多是对新事物、新现象的命名，而隐语却是对已有事物、已有现象的命名。

隐语是在地域方言或通语词语基础上重新创造的词语，隐语造词显示了人类造词大同小异的心理基础。对汉语隐语造词法的研究和造词理据的探讨，将有助于揭示汉语词语创造的手段和方法，还将揭示汉语隐语与方言或通语词语之间的密切联系。"民间秘密语并不是独立的语言，它只是在大众语言的基础上创造了具有特殊含义的词语而已，这些词语在语源上与普通词语有密切的联系，可以相互求证，揭示语源"（杨琳，2008）。对汉语隐语造词的研究不仅使人们充分认识到汉语隐语造词的特点和规律，同时也有助于人们认识新词语创造的特点和规律。因此，汉语隐语造词法研究具有较为重要的词汇学乃至语言学意义。

隐语与其隐指意义之间并非直线型的关系，即使是单字隐语，也多曲折地反映其隐指意义。我们了解到汉语隐语并非只有它的理性意义，通过隐语还可以告诉我们很多方面的内容，譬如人、动物、物品或事物的性质、状态、特点、现象、动作行为等，以及相关的文化现象，如民间文化、民众心理、风俗民情等。汉语隐语也并非零散的词语，尽管数量不及通语或地域方言词语，但隐语间的联系如同通语或地域方言词语一样呈系统性。正如王力先生所说"一种语言的语音的系统性和语法的系统性都是容易体会到的，唯有词汇的系统性往往被人们忽略了，以为词汇里面一个个的词好像一盘散沙"（王力，2002：536）。汉语隐语的系统性不仅表现在词语之间的联系上，也表现在其结构形式与造词规律等方面。徐时仪（2007：258）在《汉语白话发展史》一书中也专门谈及词汇的系统性问题，"词汇系统实际上是词汇要素及其相互关系的统一体。词汇成分之间存在着语音、语义、词汇、语法、文字等聚合关系。从词汇系统中选取任意一个词汇成分作为辐射点，沿着其聚合关系辐射出去，就会形成无数个以该词汇为核心而聚合其他词汇成分所形成的聚合网络。"在汉语隐语研究中，切忌把汉语隐语和通语或地域方言脱离开来，把它们看成孤零零的一些词语，抹杀其系统性。隐语是利用通语或地域方言语境创造的并附着于通语或地域方言的词语，有些隐语在历史发展进程中，与通语或地域方言词语之间不断以不同的形式互动着，有的发展为地域方言词语，有的发展为通语词语，有些仍活跃着、正在使用着的隐语依然发挥着它独特的交际功用。汉语隐语隶属于汉语词汇，衍生于汉语词汇，作为汉语词汇的有机组成，汉语隐语同样用汉字书写，同样也能和汉语语音、语义、词汇、语法形成组合和聚合关系。

从创造汉语隐语的声音造词法、文字造词法、截取造词法中我们可以清晰地看到汉语隐语造词的系统性。下面分两表总结汉语隐语的造词法系统。表3.3"汉语基本隐语造词法系统（一）"中包括声音造词法、文字造词法、截取造词法体系；表3.4"汉语基本隐语造词法系统（二）：意义造词法"只包括意义造词法体系。因意义造词法创造的隐语与通语或地域方言的词语性质相关联，故表3.4专列"隐语性质"一栏表示隐语的词语属性，不列"语例"栏。

表3.3　　　　　　　　　汉语基本隐语造词法系统（一）

基本隐语造词法			语例
声音造词法	语音指代造词法	拟声指代造词法	咪咪（猫）、哼哼（猪）
^	^	谐音指代造词法	秒（买）、报端（不多）
^	^	反切指代造词法	胡果古诣（伙计）
^	^	音译指代造词法	康白大（洋行买办）
文字造词法	字形拆解指代造词法	直接拆解指代造词法	一大（天）、三西（酒）
^	^	描述拆解指代造词法	盖人（欠）、冠木（宋）
^	^	谐音拆解指代造词法	西贝（假）、油三（酒）
^	部分字形指代造词法	部分字形直接指代造词法	工（红）、走（赵）
^	^	部分字形描述指代造词法	三划儿（王）、点儿（主）
^	^	部分字形谐音指代造词法	易邱（锡匠）
^	^	部分字形附加指代造词法	老口（吴）、非非子（韭菜）
^	字形包含指代造词法		尖（小）、齿（人）
^	字形联想指代造词法		乙（钩子）、尹（粪勺子）
截取造词法	歇后截取指代造词法	双字词语或短语歇后指代造词法	创（陈）、熏（肉）
^	^	三字词语或短语歇后指代造词法	安石（榴花）、双扇（门）
^	^	四字词语或短语歇后指代造词法	二龙（猪）、高头（马褂）
^	^	多字词语或短语歇后指代造词法	江州（旅馆）、近却（无）
^	歇前截取指代造词法	双字词语或短语歇前指代造词法	皮（肖）、老补（冯）
^	^	三字词语或短语歇前指代造词法	魔王（牛）、衩子（裤子）
^	^	四字词语或短语歇前指代造词法	小口（樱桃）、不透风（盐）
^	^	多字词语或短语歇前指代造词法	份儿（人）

表3.4　　　　　　　汉语基本隐语造词法系统（二）：意义造词法

基本隐语造词法				隐语性质[①]
直接指代造词法	动作行为指代造词	动作行为指代人、物等	动作行为直接指代	名词性
^	^	^	"动作行为+表人、物语素"共同指代	名词性
^	^	^	"动作行为+词缀"共同指代	名词性
^	^	动作行为指代动作行为	动作行为直接指代动作行为	动词性
^	^	^	"动作行为+词缀"指代动作行为	动词性

---

① 隐语的性质是指隐语所隐指对象的性质，并非把隐语脱离隐指对象而孤立出来，如"挞平"隐指刷帚，"劈开"隐指斧头等，不能说"挞平"和"劈开"是动词或动词性短语，隐语的性质是由所隐指对象的性质而决定。为了便于了解隐语性质的大致比例，"名词性"用宋体表示，"动词性"用楷体表示，"形容词性"用斜楷体表示。

续表

基本隐语造词法			隐语性质
直接指代造词法	特点指代造词法	特点指代人	
		特点直接指代	名词性
		特征性器官特点指代	名词性
		"特点+表人语素" 共同指代	名词性
		"特点+词缀" 共同指代	名词性
	特点指代动物	特点直接指代	名词性
		"特点+类属语素" 共同指代	名词性
		"特点+词缀" 共同指代	名词性
	特点指代饮食类	特点直接指代	名词性
		"特点+类属语素" 共同指代	名词性
		"特点+词缀" 共同指代	名词性
	特点指代花卉类		名词性
	特点指代服饰类		名词性
	其他特点指代造词	特点指代其他物品	
		特点直接指代	名词性
		"特点+类属语素" 共同指代	名词性
		"特点+词缀" 共同指代	名词性
		特点指代动作行为	动词性
		特点反指指代物品、现象等	名词性
		特点反指指代动作行为	动词性
	功用指代造词法	功用直接指代物品等	名词性
		"功用+类属" 共同指代物品等	名词性
		"功用+词缀" 共同指代物品等	名词性
	外形、形状指代造词法	外形、形状直接指代物品等	名词性
		"外形、形状+词缀" 指代物品等	名词性
	颜色指代造词法	颜色直接指代物品等	名词性
		"颜色+类属" 指代物品等	名词性
		"颜色+词缀" 指代物品等	名词性
	气味、味道指代造词法	气味、味道指代物品等	名词性
		"气味、味道+词缀" 指代物品等	名词性
	使用特点指代造词法	使用特点直接指代物品等	名词性
		"使用特点+类属" 指代物品等	名词性
		"使用特点+词缀" 指代物品等	名词性

续表

基本隐语造词法			隐语性质
接直接指代造词法	其他指代造词法	综合特点指代造词法	综合特点指代人	名词性
^	^	^	综合特点指代服饰类	名词性
^	^	^	综合特点指代饮食类	名词性
^	^	^	综合特点指代动植物	名词性
^	^	^	综合特点指代药品类	名词性
^	^	^	综合特点指代建筑、设施类	名词性
^	^	^	综合特点指代其他物品类	名词性
^	^	^	综合特点指代动作行为	动词性
^	^	现象指代造词法	现象指代人、物等	名词性
^	^	^	现象指代现象	名词性
^	^	^	现象指代动作行为	动词性
^	^	^	现象指代特点	形容词性
^	^	地点、位置指代造词法	产地、发源或来源地指代人、物等	名词性
^	^	^	地点、环境指代人、物等	名词性
^	^	^	位置指代人、物等	名词性
^	^	^	具体性地点指代概括性地点	名词性
^	^	^	地点、位置指代动作行为	动词性
^	^	物品指代造词法	物品指代人	名词性
^	^	^	物品指代特点	形容词性
^	^	^	"物品+词缀"共同指代动作行为	动词性
^	^	计量、长度指代造词法	计量单位指代人、物等	名词性
^	^	^	长度指代人、物等	名词性
^	^	加工、制作的程序或方法指代造词法	程序或方法直接指代人、物等	名词性
^	^	^	"程序或方法+类属"共同指代	名词性
^	^	^	"程序或方法+词缀"共同指代	名词性
^	^	季节、节令指代造词法	季节、节令直接指代动物、物品等	名词性
^	^	^	"季节、节令+词缀"指代动物、物品等	名词性
^	^	种、属概念指代造词法	种概念指代属概念(事物、物品等)	名词性
^	^	^	属概念指代种概念(事物、物品等)	名词性
^	^	部分指代造词法	部分直接指代全部	名词性
^	^	^	"部分+词缀"共同指代全部	名词性
^	^	职权指代造词法	职权直接指代人	名词性
^	^	^	"职权+词缀"指代人	名词性
^	^	症状、部分指代造词法	症状指代病人、疾病	名词性
^	^	^	部分指代疾病	名词性
^	^	材料指代造词法	材料指代物品	名词性
^	^	工具指代造词法	工具指代人、物等	名词性
^	^	附属物指代造词法	附属物指代物品	名词性
^	^	发明者指代造词法	发明者指代物品	名词性
^	^	主观愿望指代造词法	主观愿望指代物品	名词性
^	^	符号指代造词法	符号指代现象	名词性
^	^	缩略指代造词法	缩略指代事物、现象等	名词性

续表

基本隐语造词法			隐语性质
修辞指代造词法	比拟指代造词法	动作行为比拟指代造词法	
		动作行为比拟指代动作行为	动词性
		动作行为比拟指代动态自然现象	动词性
		特点比拟指代造词法	
		特点比拟指代人	名词性
		特点比拟指代动物	名词性
		特点比拟指代植物	名词性
		特点比拟指代现象、地点、物品等	名词性
		功用比拟指代物品等	名词性
	比喻指代造词法	动作行为比喻指代造词法	
		动作行为比喻指代动作行为	动词性
		动作行为比喻指代人、物等	名词性
		特点比喻指代造词法	
		特点比喻指代人、物等	名词性
		特点比喻指代现象	名词性
		特点比喻指代特点	名词性
		其他特点指代造词法	
		外形、形状比喻指代人、物等	名词性
		功用比喻指代现象、物品等	名词性
		状态比喻指代物品等	名词性
		现象指代造词法	
		现象比喻指代人、物等	名词性
		现象比喻指代特点	形容词性
	夸张指代造词法	动作行为夸张指代造词法（指代动作行为）	动词性
		特点夸张指代造词法	
		特点夸张指代身体部位	名词性
		特点夸张指代花卉、物品等	名词性
		特点夸张指代特点	形容词性
	功用比喻指代造词法（指代物品等）		名词性
文化指代造词法	典故联想指代造词法		名词性为主
	传说联想指代造词法		名词性为主
	传统文化联想指代造词法		名词性为主
语义指代造词法	同义、近义指代造词法	同义、近义指代	名词性为主
		"同义、近义+词缀"共同指代	名词性为主
	反义指代造词法		名词性为主
	更换或添加词缀造词法		名词性为主

第四章　现代汉语数词隐语结构与造词研究

日常生活离不开数字、数码，商业生活更是如此。由于数词在生活中的重要地位，与基本隐语相比而言，其创造和使用更为敏感，更新的频率更快，变体更多。故不同地域、不同行业多会创造和使用不同的数词隐语。即使是同一地域、同一行业，不同的群体也会使用不同的数词隐语，甚至同一群体也会使用多套数词隐语，但也存在跨地域、跨行业创造和使用相同数词隐语的情况。

第一节　数词隐语概貌

任何行业和群体皆需要使用数字，即使是非商业性行为，也需要称说金钱，因此，数字隐语的使用最为普遍。本节主要以现代汉语商业隐语为视角，来观察数词隐语的概貌，根据行业内容和地域分布对商业数词隐语进行大致归类。

一　数词隐语行业分布

（一）纺织品、服装及饰品类商业数词隐语

纺织品、服装类商业数词隐语分别有服装业、线带业、丝绸业、丝经业、绸缎业、绣品业、布匹业、零布业、织布业、裘皮业、金银饰品业等行业以及丝行、茧行、绸缎棉布行、绸缎行、土布行商行与相关店铺等数词隐语，共计27套。具体隐语见表4.1"纺织品、服装类商业数词隐语"。

表 4.1　　　　　　　　纺织品、服装类商业数词隐语①

行业	地域	1	2	3	4	5	6	7	8	9	10
服装业	切口②	口	月	太	土	白	田	秋	三	鱼	无
线带业	切口	欠丁	挖工	横川	侧目	献丑	断大	皂底	分头	少丸	田心
丝经业	切口	汪提	宝儿	纳儿	箫字	马儿	木儿	古儿	成儿	药花	
绸缎业	切口	夏	料	推	钱	文	头	病	花	礼	瘆
绣品业	切口	偏	时	习	言	百	俄	之	水	越	旦
布匹业	切口	主	丁	丈	心	禾	竹	见	金	頁	馬
零布业	切口	企	洒	西	生	苦	意	哈	即	绣	球
裘皮业	切口	坦底	抽工	眠川	杀西	缺丑	劈大	毛根	入开	未丸	约花
棉花行	切口	了	败	川	晓	丸	龙	汤	千	边	欠
茧行	切口	烟	足	南	常	马	青	尺	边	脚	台
衣店	泰州	旦底	抽工	横川	杀西	绝丑	断大	毛根	入开	未丸	
绸布	泰州	狮	象	麒	麟	吼	虎	豹	鹿	龙	
织布业	泰州	旦	竺	春	罗	语	交	皂	共	旭	
布贩	大丰	香	兰	昌	书	满	劳	草	棉	求	
线带业 地线业	杭州	田	伊	寸	水	丁	木	才	戈	成	
丝行	杭州	岳	卓	南	长	人	龙	青	豁	底	
丝绸业	杭州	叉	计	沙	子	固	羽	落	末	各	汤
土布行	四川	一	丁	万	中	本	百	利	姜	孩	唐
绸缎行 棉布行	成都	许	欠	川	梳	上	高	皂	毛	丘	
布匹棉花行	成都	则	乃	心	抹	高	抄	孬	丘		

① 本章所有表格中的行业基本依据地域进行排序，先排《全国各界切口大词典》中的数词隐语，我们认为该辞书所列隐语的使用地域是以上海为中心，扩布至江浙地区乃至其他各地（参见本书第七章"《全国各界切口大词典》相关研究"），然后依照从南向北的地域进行排列。

② "切口"指辑录自《全国各界切口大词典》中的数词隐语。因为没有具体的地域指向，为了和其他地域性的数词隐语有所区别，故以"切口"标注。本章诸表中的"切口"皆同此。

续表

行业	地域	1	2	3	4	5	6	7	8	9	10
花纱业	湖南	乙	斗	仙	叉	潘	炭	才	哈	曲	
绸布店	湘潭	明	月	松	间	照	清	泉	石	上	流
织布业	湖北	明	暗	聚	宽	拐	变	夜	问	梢	
绸缎	汉口	勤	俭	持	盈	久	谦	和	受	益	多
金银首饰业	汉口	丢	眉	参	私	瓦	劳	皂	刀	弯	洗
瑞蚨祥	北京	汉	泗	淮	汝	济	恒	衡	岱	华	嵩
		瑞	蚨	交	近	友	祥	气	招	远	财

1—10（或者0—9）的数词可以循环使用，有的行业为了更为隐秘，在应用中还会创造和使用更为复杂的数词隐语。例如，丝经业隐语中，用"田汪"隐指11、"重求"隐指22、"重尺"隐指33、"重晓"隐指44、"重丁"隐指55、"重木"隐指66、"重才"隐指77、"重古"隐指88、"重成"隐指99、"文关"隐指100、"汪匹"隐指1000、"汪糙"隐指10000等。

（二）食品与餐饮类商业数词隐语

食品与餐饮类商业数词隐语包括粮食类、蔬菜水果类、水产类、副食与餐饮类等商业数词隐语。

1. 粮食类商业数词隐语

粮食类商业数词隐语包括粮食业、杂粮业、米业及相关店铺的数词隐语，共计24套（有变体的隐语只计为一套，如旧时无锡米市和旧时浙江米市皆各计为一套）。具体隐语见表4.2"粮食类商业数词隐语"。

表4.2　　　　　　　　粮食类商业数词隐语

行业	地域	1	2	3	4	5	6	7	8	9	10
粮食行	切口	席	林木	各	甲	为时	文	眼上	言尖	贺路	丑
米店	切口	只	祥	撑	边	母	既	许	烘	欠	阿
杂粮业	切口	常	落	几	时	麦	重	春	伏	求	
杂粮业	切口	勺	排	川	方	香	伦	戳	颠	欠	席
粮食业	江苏	舟	关	市	镇	乡	街	桥	井	店	
陆陈业	泰州	舟	关	市	镇	乡	街	桥	井	店	
粮食行	大丰	周	关	市	镇	香	街	巧	锦	鼎	

续表

行业	地域	1	2	3	4	5	6	7	8	9	10
粮食行	大丰	旦	竺	春	罗	语	交	皂	穴	旭	
米市	无锡	厌①	排	撑	边	磨	巧	许	孔	欠	阿丑
		卷	祥	谷	甲	同	虚	尖	烘	弯	末头
		只	兆	英	铁	如	文	搞	眼	老弯	绝
		了	旦	鹰嘴	晓	回	伦	言午	上	何路	
		集	林			一季	园华		眉毛		
		毛	木								
		重									
米市	江苏 浙江	由	中	人	工	大	王	主	井	羊	非
米市	浙江	潦	挑	横川	老方头	黄鱼头	老龙头	老线头	老扁头	老弯头	老台
		寥	半工	老南	老肖	老树			老邱	老台	
				男钿							
米行	杭州	子	力	削	类	香	竹	才	发	丁	足
粮油市	四川	宗	眉	昌	书	瓦	雍	皂	刀	龙	台
粮食行	四川	幺	按	苏	绍	外	料	俏	笨	俊	
粮食行	成都	宗	眉	仓	梳	瓦	雍	灶	刀	龙	台
粮食行	成都	由	代	冒	长	人	耳	白	令	王	
粮油行	大邑	定	眉	昌	书	瓦	雍	皂	刀	龙	台
粮行	重庆	丝	粗	天	长	丑	煞	才	撇	俏	
米业	重庆	十不杠	天不人	王不杠	罗（罗）不维	吾不扣	交不叉	皂不白	分不刀	旭不日	
粮食业	湖北	牛	地	人	工	大	王	主	井	羊	非
粮食行	武汉	由	地	人	公	大	王	主	井	羊	非
粮食行	汉口	由	中	人	工	大	五	主	井	羊	非
米行	山东	旦底	挖工	眠川	横目	缺丑	断大	皂底	分头	丸空	田心

① 旧时江苏无锡米市的数词隐语形式较为灵活，其变体形式非常丰富，如表示数目一的"厌"可以用"卷/只/了/集/毛/重"等替代，表示数目二的"排"可以用"祥/兆/旦/林/木"等替代，表示数目三的"撑"可以用"谷/英/鹰嘴"等替代，表示数目四的"边"可以用"甲/铁/晓"等替代，表示数目五的"磨"可以用"同/如/回/一季"等替代，表示数目六的"巧"可以用"虚/文/伦/园华"等替代，表示数目七的"许"可以用"尖/星搞/言午"等替代，表示数目八的"孔"可以用"烘/眼/上/眉毛"等替代，表示数目九的"欠"可以用"弯/老弯/何路"等替代，表示数目十的"阿丑"可以用"末头/绝"等替代。从表格中可以看出，旧时江苏无锡米市的基本数词隐语为该区域的第一行，其他则为变体形式。下同。

2. 蔬菜水果类商业数词隐语

蔬菜水果类商业数词隐语包括蔬菜业、水果业、山果业及相关的商行、店铺、摊贩等数词隐语，共计19套。具体隐语参见表4.3"蔬菜水果类商业数词隐语"。

表4.3　　　　　　　　　蔬菜水果类商业数词隐语

行业	地域	1	2	3	4	5	6	7	8	9	10
蔬菜业	切口	老一	如亳	燦丁	方字	折浪	筛浪	仙浪	扫浪	迁浪	药花
山果业	切口	集	道	听	西	来	滚	限	分	宿	色
菜果行	上海	衣	士	旺	小	赤	乔	线	少	欠	阳春
菜蔬行	江苏	流	段	言	晃	摸	捞	条	敲	休	支花
菜蔬行	四川	尖	幺	斩	飞	银	天	限	来	足	
菜果行	成都	流	断	言	溪	墓	闹	条	花	梢	
菜果行	成都	启	拖	心	叉	潘	梭	才	要	卧	
蔬菜行	安岳	前	衣	寸	水	丁	木	才	共	比	
小菜行	大邑	尖	书	夭	长	久	下	心	匹	纳	求
干菜行	阆中	兵	文	善	作	成	安	免	壳	庆	
菜行	重庆	田	衣	寸	水	丁	木	才	共	已	
菜行	重庆	么	按	疏	枉	外	廖	俏	笨	绞	
菜蔬行	重庆	田	衣	寸	水	丁	木	才	共	底	
菜贩	湖南	辰	庚	老	蔬	街	衡	州	庄	岩	
菜贩	长沙	江	都	神	少	歪	乱	星	哈	曲	
菜果行	武汉	叶	文	泡	插	拐	烫	西	占	求	大叶
水果行	汉口	留	月	汪	折	中	晨	星	张	爱	刘
干果行	亳州	尖	小	川	苏	圆	插	草	刀	弯	
菜行	北京	提	咧	掰	呼	扒	深	线	张	弯	歪

3. 水产类商业数词隐语

水产类商业数词隐语有水产业、渔业及各类鱼行（如海鱼行、鲜鱼行）等数词隐语，共计10套。具体数词隐语见表4.4"水产类商业数词隐语"。

表4.4　　　　　　　　　水产类商业数词隐语

行业	地域	1	2	3	4	5	6	7	8	9	10
海鱼行	切口	了	足	南	宽	如	满	青	法	丁	料

续表

行业	地域	1	2	3	4	5	6	7	8	9	10
鲜鱼行	切口	了	足	南	宽	如	龙	青	法	底	色
鱼行	江苏	流	杀	严	幌	摸	搭	条	敲	休	支花
鱼行	泰州	尖	小	川	梭	元	用	草	刀	弯	
渔业	成都	条	边	撑	梳	妥	高	黑	毛	弯	
水产业	湖北	牛	月	汪	则	中	和	壮	利	秋	
鱼行	汉口	风	为	泰	罪	吾	交	毛	分	旭	
鱼行	洪湖	聊	立	芦	户	土	吃	造	壳	弯	子
鱼行	亳州	顺天子	挖工字	顺川子	末回子	错手子	断大子	毛根子	入开子	末丸子	
鱼行	广东	己	辰	斗	苏	马	棱	墨	眉	牛	号

4. 副食与餐饮类商业数词隐语

副食与餐饮类包括饮食业、火腿业、酒业、糖业、盐业、蛋业及相关餐饮商贩与店铺等数词隐语，共计15套。具体商业数词隐语见表4.5"副食与餐饮类商业数词隐语"。

表4.5　　　　　　　　副食与餐饮类商业数词隐语

行业	地域	1	2	3	4	5	6	7	8	9	10
茶担夫	切口	料丁	利丁	财帛	苏丁	风流	晓丁	青时	托大	湾丁	成色
熟水店	切口	豆	贝	台	长	人	耳	木	另	王	合
火腿业	浙江	由	中	人	工	大	王	五	井	草	非
火腿业	浙江	苍	独	全	才	根	仙	灵	赤	草	
烟贩	四川	兹	初	天	长	丑	下	财	夯	俏	
烟草行	成都	思	初	天	长	丑	夏	才	拍	梢	
茶叶行	成都	音	色	春	水	岸	芸	里	池	千	
蛋业	简阳	叶	都	虚	差	果	赚	才	哈	老	
酒业	简阳	水	欠	川	苏	土	高	照	毛	秋	
饮食业	威远	大年初	一星管	大审苏	心中有	较场比	石板面	挨打受	乌龟王	天长地	一老一
糖业	重庆	丁不钩	天不人	王不杠	羅（罗）不维	吾不口	交不叉	皂不白	分不刀	旭不日	
油盐业	湖南	乙	斗	仙	叉	潘	炭	才	哈	曲	
盐业	长沙	乙	兜	先	义	潘	炭	柴	哈	曲	
茶行	汉口	叶	来	泡	茶	拐	烫	西	赞	球	
饭铺	河北	兵	天	原	起	磨	楼	吵	穴	贱	

(三) 加工、制造与修理类商业数词隐语

加工、制造与修理类商业数词隐语有髹漆业、裱画业、席子业、五金业、木炭业、玻璃业、木材业等行业以及相关商行与店铺等数词隐语，共计17套。具体隐语见表4.6"加工、制造与修理类商业数词隐语"。

表4.6　　　　　　　加工、制造与修理类商业数词隐语

行业	地域	1	2	3	4	5	6	7	8	9	10
髹漆业	切口	代	刚	川	风	華	劳	先	扁	求	加
铜锡行	切口	旦	衣	寸	口	丁	龙	青	戈	欠	田
冶坊	切口	丁	鞭	沿	吊	磨	汤	草	敲	挽	留
裱画业	切口	意	排	昌	肃	为	龙	细	对	欠	平
席子业	切口	气	西	沙	苦	球	屋	色	分	旭	架
皮匠	大丰	通	花	才	文	凤	用	神	托	兵	
箍桶匠	大丰	泊	舌	郑	书	仰	用	草	虎	须	
五金业	大丰	金	木	水	火	土	手	耳	玉	银	
木材行	浙江	傍	风	飞	调	边	古	隔	先	张	老傍
铜器行	杭州	豆	贝	某	长	人	土	木	令	王	合
草帽麻行	成都	兵	文	菩	作	成	安	免	可	庆	
火炭业	简阳	幺	按	苏	少	歪	斜	翘	棒	绞	
石匠	晋南	溜	夹	苍	腿	脑	摄	撮	叉	勾	大溜
补锅匠	河北	流	列	拿	吊	叉	烙	猴	决	欠	居
玻璃业	长沙	才	又	某	长	忌	土	贤	确	王	
五金行	山东	棕	红	橙	黄	绿	蓝	紫	灰	白	黑
木材业	洪湖	由	中	人	公	大	王	主	井	羊	非

(四) 医药类商业数词隐语

医药类商业数词隐语有参茸业、药业、药材业及相关商行、店铺（如药行、药铺）等数词隐语，共计10套。具体隐语见表4.7"医药类商业数词隐语"。

表4.7　　　　　　　医药类商业数词隐语

行业	地域	1	2	3	4	5	6	7	8	9	10
参茸业	切口	谦	薰	项丁	孝郎	尺郎	局郎	仙郎	少郎	欠郎	药花

续表

行业	地域	1	2	3	4	5	6	7	8	9	10
药铺	江苏	大天	地地	人光	广时	财阴	普力	天真	降宝	福子	音成
中药行	杭州	羌	独	前	柴	梗	参	苓	壳	草	芎
药业	兰溪	即儿	毛儿	参儿	苏儿	脑儿	用儿	造儿	朵儿	弯儿	寸儿
药材行	成都	音	色	春	水	岸	芸	里	池	千	
药行	安徽	天	地	光	时	阴	力	真	宝	子	成
药材业	湖南	满意子 旦底 扁担	耳边子 抽工 筷子	伞星子 眠川 撑脚架	狮子头 回回 耙头数	乌云子 缺丑 抓老子	鲁智子 断大 两头翘	凄凉子 皂底 小弯钩	霸林子 入开 眉毛散	纠头子 去丸 大弯钩	

（五）瓷器、古玩类商业数词隐语

瓷器、古玩类商业数词隐语有古董业及商行（古董旧货行）和摊贩（卖玉器摊贩）等数词隐语，共计4套。具体隐语见表4.8"瓷器、古玩类商业数词隐语"。

表4.8　　　　　瓷器、古玩类商业数词隐语

行业	地域	1	2	3	4	5	6	7	8	9	10
古董业	切口	由	申	人	工	大	王	主	井	羊	非
卖玉器摊贩	切口	旦	竺	清	罢	语	交	皂	未	丸	章
古董旧货行	重庆	许 高	欠 明	川 韩	又 苏	土 大	告 雍	照 草	毛 梅	求 湾	

（六）典当、金融类商业数词隐语

典当、金融类商行数词隐语有典当业、金融业、银楼业、金银业、钱庄业等行业及相关店铺，如当铺、钱庄、金店等数词隐语，共计15套。具体隐语见表4.9"典当、金融类商业数词隐语"。

表4.9　　　　　典当、金融类商业数词隐语

行业	地域	1	2	3	4	5	6	7	8	9	10
银楼业	切口	钱	衣	寸	许	丁	木	才	奇	长	
金银业	切口	口	介	春	比	正	位	化	利	文	成
钱庄业	扬州	夜明珠	耳朵边	散花	狮子猫	乌梅果	隆冬	棋盘	斑毛	舅子	省油灯

续表

行业	地域	1	2	3	4	5	6	7	8	9	10
典当行	杭州	口	仁	工	比	才	回	寸	本	巾	
典当业	广东	桂	栏	横	度	瘦	掯	灰	打	出	收
钱庄	湖南	么	滥	餐	搜	母	闹	抄	敲	弯	石
钱业	长沙	么	浪	参	沙	母	闹	叉	敲	湾	少
金融业	长沙	幺	浪	参	沙	毋	闹	叉	敲	弯	少
钱庄	成都	尤	代	貌	长	仁	耳	伯	令	王	
银楼业	重庆	祥	皮	昌	诗	对	劳	造	刀	云	喜
当铺	山东	由	中	人	工	大	天 王	夫 主	井	羊	非
典当业	天津	道子	眼镜	炉腿	叉子	一挞	羊角	镊子	扒勺	钩子	拳头
当铺	北京	幺	按	搜	臊	歪	料	俏	笨	缴	勺
蚨祥金店	北京	蚨	飞	去	复	返	祥	瑞	自	天	来
当铺	东北	摇	按	瘦	扫	尾	料	敲	奔	角	勺

（七）日常生活服务类商业数词隐语

日常生活服务类商业数词隐语有理发业、浴室业及相关工匠、店铺等数词隐语，共计14套（表外有旧时广东佛山理发业隐语一套）。具体隐语见表4.10"日常生活服务类商业数词隐语"。

表4.10　　　　日常生活服务类商业数词隐语

行业	地域	1	2	3	4	5	6	7	8	9	10
理发业	江苏	台	月	汪	直	中	神	星	张	休	溜
		溜	月	望	则	中	神	仙	张	爱	台
理发匠	大丰	牛	月	望	只		神	仙	张	野	
理发业	江苏 浙江	溜	欲	汪	则	中	陈	兴	张	韩	谈
理发业	山西	溜	月	汪	则	总	省	星	张	矮	泡
		溜甘	岳甘	汪甘	则甘	总甘	省甘	星甘	张甘	矮甘	泡甘
理发业	晋南	溜	月	王	知	中	伸	星	张	侯	跑
		溜干	月干	王干	知干	中干	伸干	星干	张干	候干	跑干
理发业	四川	牛	月	汪	则	中	辰	星	张	崖	足
理发业	内蒙古	溜	月	王	则	中	升	心	张	爱	足

续表

行业	地域	1	2	3	4	5	6	7	8	9	10
理发业	洪湖	留	月	汪	则	中	神	星	卦	爱	足
理发业	汉口	刘	越	汪	择	中	神	仙	张	爱	财
浴室业	亳州	知	旦	洋	利	末	龙	踢	扒	霍	

旧时广东佛山的理发业有一套数词隐语，把隐指数词1-10的隐语连在一起，听起来就像一首歌谣，如"百万军中无白旗、夫子无人问仲尼、霸王失了擎天柱、骂到将军无马骑、吾今不用多开口、滚滚江河脱水衣、皂子时常挂了白、分瓜不用把刀持、丸中失去灵丹药、千里送君终一离"（刘志文，1993：40）。

（八）文化生活类商业数词隐语

文化生活服务类商业数词隐语主要指在各种书肆、书社中应用的数词隐语，共计17套。具体隐语见表4.11"文化生活服务类商业数词隐语"。

表4.11　　　　　　　　文化生活服务类商业数词隐语

行业	地域	1	2	3	4	5	6	7	8	9	10
遂雅斋书肆	北京	但深	见遂	花房	开工	谢大	催书	人雅	自多	白异	头香
松筠阁书肆	北京	经	史	百	家	用	子	集	万	人	观
文明斋书肆	北京	文	开	丰	年	瑞	明	聚	海	上	财
会文斋书肆	北京	归	田	千	日	后	仗	国	十	年	前
荣华堂书肆	北京	久	旱	逢	甘	雨	他	乡	遇	故	知
善成堂书肆	北京	善	成	财	源	广	东	记	事	业	长
镜古堂书肆	北京	月	到	天	心	处	风	来	水	面	时
通学斋书肆	北京	诵由	诗来	闻仁	国里	政美	讲况	易接	见圣	天诸	心荣
文奎堂书肆	北京	是	非	终	日	有	不	为	自	己	身
文友堂书肆	北京	勤	俭	方	为	本	平	安	即	是	福
修绠堂书肆	北京	石	崇	好	富	家	彭	祖	寿	高	年
来薰阁书肆	北京	来	南	北	薰	东	西	生	财	有	道
开明书社	北京	开	商	丰	年	瑞	明	聚	海	上	财
富晋书社	北京	富	开	丰	年	瑞	晋	生	海	上	财
孔群书社	北京	孔	门	德	森	严	群	居	和	为	先

（九）日杂百货销售类商业数词隐语

日杂百货销售服务类商业数词隐语主要有百货业、南货业、杂货业等行业及相关商行和店铺，如八鲜行、百货行、南杂行、刀剪店等，共计19套。具体隐语见表4.12"日杂百货销售类商业数词隐语"。

表 4.12　　　　　　　日杂百货销售类商业数词隐语

行业	地域	1	2	3	4	5	6	7	8	9	10
南货业	切口	吉	如	甘	利	古	竹	兴	法	有	王
杂货业	上海	只	字	旺	测	备	拳	先	康	贝	
南货业	泰州	杂	地	川	门	马	立	斜	哄	课	
八鲜行	泰州	枝	郎	鲜	香	门	少	花	不	公	
八鲜行	大丰	斤	小	川	书	元	用	草	刀	弯	
杂货业	大丰	由	中	人	工	大	王	主	井	羊	非
杂货业	杭州	平头	空工	眠川	睡目	缺丑	断大	皂底	分头	未丸	田心
杂货业	仙游	旦底	中工	倒川	横目	缺丑	撇大	毛尾	分头	旭边	早下
南杂行	湖南	美	元	成	香	姑	周	贤	扒	齿	
百货业	长沙	公	合	上	元	正	力	人	长	生	工
南货业	长沙	公	合	上	元	正	力	人	长	生	工
杂货业	长沙	秋	来	邪	凤	土	天	西	道	合	
百货行	阆中	兵	文	善	作	成	安	免	壳	庆	
杂货行	青川/平武	刘	叶	汪	泽	中	神	仙	张	爱	菊
百货行	重庆	流	刀	汪	则	中	辰	星	张	亲	茶
杂货业	重庆	许	贝	川	义	土	告	照	毛	求	
杂货行	亳州	尖	小	川	苏	圆	插	草	刀	弯	
天祥和刀剪	北京	尽	心	努	力	干	成	功	在	眼	前
同泰刀剪店	北京	生	财	大	有	道	福	寿	保	平	安

（十）集市贸易与中介类商业数词隐语

集市贸易与中介类商业数词隐语包括集市贸易与中介商业数词隐语和牲畜业与中介商业数词隐语两大类。

1. 集市贸易与中介商业数词隐语

集市贸易与中介商业数词隐语有集市、商贩和牙行隐语，共计9套。具体隐语见表4.13"集市贸易与中介商业数词隐语"。

表 4.13　　　　　　　集市贸易与中介商业数词隐语

行业	地域	1	2	3	4	5	6	7	8	9	10
商贩	上海	只	字	旺	测	备	拳	先	康	欠	
商贩	湖北	斌	文	善	作	成	安	沔	柯	庆	
商贩	建瓯	柳	月	汪	则	中	神	申	张	艾	
商贩	佛山	之	斗	辰	苏	马	零	猴	庄	湾	收
集市	四川	杆子	夹耳子	接二连	颠三倒	撮撮数	鸭脑壳	捻指数	麦角儿	扯不抻	
行商	安岳	留	月	汪	摘	中	辰	新	当	爱	足
牙行	山西	士儿	欠	又	长	人	上	才	力	王	大一十
牙行	临夏	也帖	俩归	斜归	叉归	盘归	脑归	草归	考归	弯归	大汗
地秤牙行	河北	杏	事	春	岁	无	齐	毛	共	晚	景

2. 牲畜业与中介商业数词隐语

牲畜业与中介商业数词隐语包括牲畜业、屠宰业等行业以及市场、商行、牙行等数词隐语，共计 34 套（旧时四川大邑牛贩子隐语、旧时东北马市隐语、旧时长春马市隐语、山东郯城牛羊市隐语的新派和老派皆各计为一套）。具体隐语见表 4.14 "牲畜业与中介商业数词隐语"（牲畜交易大多通过集市进行，且多有中介参与。因该类数词隐语的数量较多，故分开列举）。

表 4.14　　　　　　　牲畜业与中介商业数词隐语

行业	地域	1	2	3	4	5	6	7	8	9	10
耕牛行	切口	加	田	南	苏	破	早	昔	寸	头	老加
生猪行	切口	平	竹	春	罗	语	交	蛇	分	旭	老平
牛猪行	大丰	狮	象	麒	麟	吼	虎	豹	鹿	狼	
牲畜市场	四川	收	拾	找	查	拐	劳	条	敲	稍	海
牲畜牙行	四川	逗	耳	太	查	拐	捞	季	条	敲	梢
屠宰业	四川	豆	背	泰	长	仁	条	拷	黄	固	
牲畜行	四川	魁首	二龙抢宝	桃园	四季发财	甩手	六位高升	七巧	叉子	勾子	
		田	衣	寸	水	丁	木	柴	共	成	
牲畜行	成都	收	拾	针	插	拐	捞	条	摘	稍	
		海	抬	斜	插	拐	捞	条	摘	梢	
猪牛马贩	大邑	咬	肝	爪	茶	磨	劳	条	敲	烧	海

第四章 现代汉语数词隐语结构与造词研究　201

续表

行业	地域	1	2	3	4	5	6	7	8	9	10
牛贩子	大邑	么	暗	书	少	歪	撩	乔	奔	绞	鸡齐
猪牛贩	大邑	止脚	工空	横川	西尾	瞎丑	断大	皂脚	入开	龙台	田心
猪牛贩	巴中	幺	双	山	四	甩手	鸭公头	楞楞数	岔口数	驼背数	小梗数
猪牛行	安岳	手	抬	歇	查	磨	劳	条	敲	烧	海
牲畜行	青川 平武	海	台	邪	擦	拐	牢	挑	敲	烧	
大牲畜行	简阳	手	台	斜	查	木	老	吊	敲	稍	
牲畜业	重庆	豆	背	泰	长	仁	条	拷	黄	斗	
牲行	重庆	海	台	斜	茶	拐	劳	条	靠	烧	
屠宰行	重庆	杜	台	斜	茶	莫	劳	条	靠	烧	海
猪牛交易行	黔江	水老关 撬老关 水钱	台老关 台老关 台钱	寸老关 寸老关 川钱	茶老关 茶老关 茶钱	为人钱 为人钱 怀钱	耳老关 耳老关 闹钱	桥老关 桥老关 桥钱	敲老关 敲老关 敲钱	弯老关 弯老关 弯钱	
牛贩牙行	广昌	笔	目	众	爻	察	捞	线	排	欠	
牲口牙行	河北	丁 可子嘎	次 门子嘎	雁 米子嘎	虎 周子嘎	慢 拐子嘎	鼠 余子嘎	才 里子嘎	取 年子嘎	欠 老子嘎	
屠夫	河北	郎干	壁子	品子嘎	吊子嘎	拐子嘎	鼠子	才子嘎	别子嘎	子嘎	
牲畜牙行	固原	尖娃子	丑儿	穴	叉	拐子	鳌子	才子	稍子	弯子	
马市①	东北	丁字嘎 叶字嘎 丁字嘎	门字嘎 坛字嘎	品字嘎 品字嘎	才字嘎 吊字嘎	拐字嘎 曼字嘎	挠字嘎 挠字嘎	捏字嘎 才字嘎 窝字嘎	叉字嘎 拐字嘎	勾字嘎 欠字嘎	
马市②	长春	叶气嘎 丁字嘎	坛字嘎	品字嘎	吊字嘎	曼字嘎	挠字嘎	才字嘎 拐字嘎	窝字嘎	欠字嘎	
牛市	鲁南	留	撇	品	格	半	搔	捏	叉	勾	整

---

① 旧时东北马市隐语为一套数词隐语，其余皆为变体形式。
② 该套数词隐语辑录自汪玢玲、李少卿主编《长春市志·民俗方言志》，吉林文史出版社1995年版，第45—46页。

续表

行业	地域	1	2	3	4	5	6	7	8	9	10
牛羊市①	郯城老	流字嘎	弹字嘎	斜字嘎品字嘎	吊字嘎方字嘎老德嘎	拐字嘎	挠字嘎痒痒嘎	柴字嘎	别字嘎	老弯嘎	
		一流	坛子	品子	吊子	拐子	挠子	柴子捏子	别子	弯子	掐子
	郯城新	一流	坛子	品子	吊子	拐子	挠子柴子		别子	弯子	
		掐子	杠子	金子	悬梁	好脸	痒痒	捏子	一拃	虾腰	
		一干紧	蘑子		老桑	麻子	自在	干不子	老拃		
		一块	扁担夹子				快活				

另外，吉林长春马市的数词隐语较为复杂，除了称说1—10十个数词外，还对其他数词有专门的隐语，例如，"留丁嘎"隐指11、"留刺嘎"隐指12、"留言嘎"隐指13、"留鼠嘎"隐指14、"留曼嘎"隐指15、"留虎嘎"隐指16、"留才嘎"隐指17、"留拐嘎"隐指18、"留欠嘎"隐指19、"坛丁嘎"隐指21、"坛刺嘎"隐指22、"两坛嘎"隐指22、"老海嘎"隐指25、"品丁嘎"隐指31、"两品嘎"隐指33、"磨嘴嘎"隐指105等（汪玢玲、李少卿，1995：46）。山东省郯城县马头镇牛羊市牙行的数词隐语也比较复杂，如分为老派和新派（参见表4.14），新派和老派的隐语称谓及变体形式皆有所不同，除了隐指数词1—10之外，对11—19间的数词也有多种隐称（详细介绍见第六章"活隐语'调侃子'的调查与研究"）。

（十一）其他类商业数词隐语

其他类商业数词隐语包括信局业、抬轿业、旧衣业、旧货业等行业及相关商行、店铺、摊贩，如旧货行、估衣店、收旧货摊贩等数词隐语，共计13套。具体隐语见表4.15"其他类商业数词隐语"。

---

① 郯城县马头镇牛羊市数词隐语共有三套，其中两套为老派，一套为新派。老派数词隐语中的第一套辑录自《郯城文史资料》（第七辑·马头镇工商经济史料专辑）119—120页；老派中的第二套和新派数词隐语皆来自该文的田野调查。

第四章　现代汉语数词隐语结构与造词研究　203

表 4.15　　　　　　　　其他类商业数词隐语

行业	地域	1	2	3	4	5	6	7	8	9	10
信局业	切口	横杠	重头	堆头	天平	歪身	平肩	差肩	拖开	勾老	满头
挑夫	山东	挖	竺	春	罗	悟	交	化	翻	旭	田
抬轿业											
收旧货	切口	口	人	工	比	才	渭	寸	本	金	首
旧衣业	杭州	大	土	田	東	里	春	軒	書	籍	
旧货业	四川	么	按	苏	少	歪	料	笑	笨	绞	齐
成衣旧货	成都	乾	元	春	罗	话	交	化	公	旭	
旧货业	北京	幺	按	搜	膿	踵	料	俏	笨	脚	勺
估衣铺	北京	肖	道	条	服	罗	俊	现	世	歪	柯
估衣行	昆明	逗	信	母	长	拐	土	兆	财	湾	分
旧货业	长沙	秋	来	邪	风	土	天	西	道	合	
旧货业	河北	土	月	姚	黄	钗	标	芝	庄	毕	
估衣行	河北	天	安	搜	梢	崴	料	敲	奔	角	勺
估衣店	北方	摇	柳	搜	膿	外	摺	撬	奔	巧	构

（十二）工商业通用类商业数词隐语

工商业通用类商业数词隐语包括各行业通用商业数词隐语、工商业通用商业数词隐语、商业、商界通用商业数词隐语等，该类数词隐语共计 31 套。具体隐语见表 4.16 "工商业通用类商业数词隐语"。

表 4.16　　　　　　　工商业通用类商业数词隐语

行业	地域	1	2	3	4	5	6	7	8	9	10
商界	上海	亘底	挖工	横川	侧目	缺丑	断大	皂底	公头	未丸	田心
各行业	上海	大年初	桃园结	东化西	不三不	自念自	支五缠	三妻四	七勿搭	十中八	紧牢固
商界	江苏	流	段	言	晃	摸	捞	条	敲	休	支花
工商界	浙江	旦底	中工	倒川	横目	缺丑	撒大	毛尾	分头	旭边	早下
工商业	四川	么	双	山	四	甩手	鸭公头	楞楞数	岔口数	驼背数	小逗数
商业行	广州	支	神	斗	苏	马	令	侯	庄	弯	享
商业	吴川	富	贵	荣	华	早	贫	穷	发	达	迟
		腰	来	仲	主	跛	龙	南	北	黄	杂
		收	顺	择	马	店	后	装	且	习	
商业	成都	乌棕	太数	马马	栽翻	老人	排子	流水	花马	肖公	

续表

行业	地域	1	2	3	4	5	6	7	8	9	10
工商业	巴中	软流	抬月	契汪	插杂	拐中	劳神	条心	敲张	梢爱	海足
工商业	大竹	么	双	山	排	甩手	鸭公头	轮轮数	夯口数	拉不伸	逛大逛
工商业	黔江	帽顶	夹耳子	蛇老关	方子数	把把数	鸭公头	轮轮数	夯口	钩钩数	
商行	六安	天	地	光	时	音	律	巧	宝	老	子成
工商业	亳州	柳	月	汪	斋	中	神	兴	张	爱	菊
工商行	亳州	主	人	千	洋	采	工	谨	顾	后	
各行业	舒城	锅铲把	对子数	桃园数	方字数	一花数	公鸭头	朗心数	叉鳖数	钩子数	
商行	夏县	一溜	大翻	居沉	套手	厚	受里	香手	笑	登手	
商号①	乳山	鱼	水	千	年	合	芝	兰	百	世	昌
商业	海阳	裕志由经	升同中旦	日千人品	旭秋工虎	东远大拐	隆桃天鼠	展园主柒	有意井别	道气羊欠	财投非卡
商号②	荣成	招鸿	财吉	童生	子财	至道	利同	市心	仙利	宫如	来江
商号	荣成	同野黑予	心外夕卜	在云雨田	此飘票风	地笑竹天	尽记言己	力功工力	生何人可	意鲜鱼羊	兴效交文
各行业	北京	流	月	汪	斋	中	深	星	张	爱	君
各行业		流	月	望	在	中	神	兴	章	挨	足
各行业		流寅	月卯	汪辰	执己	中马	人未	辛申	朔西	受戌	流执
商业行	香港	支	神	斗	苏	马	令	侯	庄	弯	享
商界	台湾	正	元	斗	罗	吾	立	化	分	旭	士

---

① 本套隐语辑录自山东省乳山市地方史志编纂委员会编《乳山市志》，齐鲁书社1998年版，第816页。这10个隐语数词分别指代0—9。

② 该套隐语辑录自荣成市民俗协会、荣成市报社编《荣成民俗》，山东画报出版社1997年版，第118页。

广东吴川的三套商业数词隐语分布代表了三个时期,"富贵荣华早贫穷发达迟"使用于民国及以前,"腰来仲主跛龙南北黄杂"使用于建国初期,"收顺择马店闹后装且习"则于当代使用①。

二 数词隐语地域分布

本书商业数词隐语数据库收录1—10的数词隐语共计280套。有2套未标明使用地域,北方地区、福建、甘肃、河南、江西、内蒙古、宁夏、天津、云南、香港、台湾等各有1套,来自于吴汉痴《切口大词典》的34套,其他各省的数词隐语按照数量多少排列,见表4.17"商业数词隐语使用地域分布表"。

表4.17 商业数词隐语使用地域分布表

省区 隐语	四川	江苏	北京	浙江	山东	湖南	湖北	安徽	广东	山西	河北	上海	东北
套	70	29	27	18	18	18	17	9	8	7	7	5	3

我们无法对所有文献资料进行穷尽式的搜集,也没有对所有地域进行撒网式调查,亦无法进行均衡地抽样调查,有些地域在我们的研究语料中没有相关隐语,但不能说该地域从未使用过隐语。但从我们的语料中可以得出这样的结论,那就是数词隐语的数量越多,行业分类越细化的地区,其商业的发达程度越高。

(一) 江浙沪地区是清末至新中国成立前商业最为发达的地区

来自《全国各界切口大词典》中的34套隐语语料,我们认为主要是使用于以上海为中心的江浙沪地区的商业数词隐语(参见第七章《全国各界切口大词典》相关研究),标明江苏、浙江、上海地域的商业数词隐语有52套。这样,江浙沪商业数词隐语的总量共计86套,远远超过其他地区,说明在清末至中华人民共和国成立初期,以上海为中心的江浙沪地区是商业活动最为活跃、商业最为发达的地区。

江浙沪地区的行业众多,有纺织品与服装业、粮食与餐饮业、加工、制造与修理业、医药与药材业、瓷器与古玩业、典当与金融业、休闲与服务业、集市贸易与零售业、牲畜与屠宰业、邮政业、旧货业等行业,从商业隐语的行业分布的广泛与均衡程度而言,其他地区皆无法与之相比,这

---

① 参见刘志文《广东民俗大观》(下),广东旅游出版社1993年版,第64页。

是由该地区的商业龙头地位所决定的。

从行业的隐语数量看，江浙沪地区的纺织品与服装业隐语数量最多，分类最细，有线带业、地线业、丝经业、丝绸业、绸缎业、顾绣业、布匹业、零布业、裘皮业，以及各种商行、店铺和摊点，如棉花行、茧行、丝行、绸布庄等，说明了江南作为丝绸之乡丝绸业的发达，从而带动了纺织品与服装业的发达。例如，顾绣业、丝行等名称也是该地区的独有商业名称，顾绣业是对上海绣品业的专门称谓，丝行是对江浙地区买卖生丝的中间商的称谓，"太湖流域盛产生丝，普遍设有丝行"①，直到现在，江浙沪地区仍是我国丝绸的最大产地，有多种丝织品出口海外，如打线丝、双宫丝、双绉、素缎绸、扎染绸、提花绸、塔夫绸等②都是代表中国特色驰名海内外的丝织品。从粮食与餐饮业的隐语数量和分类看，也能够观察到江南作为鱼米之乡的先天优势，尤其是苏中、苏北地区更是江浙沪乃至全国最为重要的粮仓之一，如泰州的姜堰镇③、南通的曲塘镇④、泰兴的刁铺镇⑤等地都是重要的商品集散与交换重镇，在解放前都被誉为"卖不尽的西北，买不尽的东南"。在《泰州印记》一书中，是这样描述清末民初的姜堰镇的："姜堰地处苏中，背靠着下河粮仓。粮食资源丰富，本来就有一个销路宽广的粮食市场，向有'卖不尽的西北，买不完的东南'之说；同时姜堰又扼江淮水陆要冲，下坝河连通里下河水网，上坝河处于通扬运河中段，船运发达，货流畅通。""往江南水陆也仅有百里之遥，可直达长江口岸与货轮衔接；陆路还有宽阔平坦的牛车道，便于独轮车运送。上海的福兴、华丰、中大、立大，无锡的久丰、茂新，南通的复兴，常州的恒丰，镇江的贻成，南京的大同、有恒，高邮的裕亨，泰州的泰来乃至宁波的大丰、天津的寿丰等面粉厂以及江南的许多粮行、酒厂都把姜堰作为采购粮食的主要市场"（47页）。另外，从仅有的火腿业隐语中也可以窥见浙江火腿业的繁荣昌盛，浙江火腿的独树一帜、声名远扬。

（二）巴蜀地区是西部农贸集市商业最发达的地区

素有"天府之国"美誉的巴蜀地区，有着悠久的商业发展与繁荣的

---

① 参见任继愈主编《中国文化大典》，山西教育出版社 1999 年版，第 2011 页。
② 参见王恒伟主编《中国商贸大百科》，吉林科学出版社 1994 年版，第 120—122 页。
③ 参见钟鸣主编《泰州印记》，中国文史出版社 2006 年版，第 6、47 页。
④ 参见乔显曾、邵建、何惠斌主编《南通名镇》，江苏科学技术出版社 1989 年版，第 129 页。
⑤ 参见蔡正山、黄永礼主编《苏北之星·刁铺乡镇工业发展论》，南京出版社 1991 年版，第 16 页。

历史，如战国时期的水利家李冰主持兴建的都江堰工程，使成都平原率先富庶起来，尤其是井盐资源的开发和利用，使该地区真正成为"天府之国"。工农业的高度发展，使巴蜀地区有了更多可供交易的农副产品，推动了整个地区以农贸为主体的商业发展。"至明清时期，巴蜀商业又发展到了一个新的阶段，以成都、重庆为首的大城市已发展成为巴蜀地区首屈一指的商业都会，二级城市如泸州、宜宾、自贡、万州的商业发展也渐成规模；以'草市'为基础的农村场镇数量日渐增多，农村集市网络逐渐发展完善，形成了依托于大城市的农村商贸体系"（戴彦，2010：52）。商业隐语就是这种商业发展概况的真实反映，有布匹与服装类商业隐语、粮食类商业隐语、蔬菜水果类商业隐语、水产类商业隐语、副食与餐饮类商业隐语、医药类商业隐语、银楼与钱庄商业隐语、日杂百货类商业隐语、集市贸易与中介商业隐语等，可见商业体系之系统性与行业分类之细化性，该种发达的商贸体系反映了巴蜀地区富庶的经济实况，尤其是集市贸易中的牲畜贸易与中介类商业隐语数量较多，有牲畜市场、屠宰业，有牲畜行、屠宰行，有猪贩子、牛贩子、马贩子，有各类牲畜交易的牙人、牙行等，反映了巴蜀地区农村商贸的发达。可见，巴蜀地区"整体的商贸水平虽不及江南……但差距已不甚大"（戴彦，2010：52）。

（三）北京、山东等地商业体现了较为浓厚的文化气息

自元代定居大都以来，北京便成为中国政治、经济和文化的核心，在清末至民国期间，尽管经济发达与开放的程度不及上海，但其文化中心的地位却无可替代。从民国至新中国成立前使用的商业数词隐语来看，几乎所有与文化相关的商业大多集中于北京，如各种书肆、书社的数词隐语，这些商业隐语在其他地区却极少见到。北京的商业数词多反映出较为深厚的城市文化底蕴和内涵，如旧时北京邃雅斋书肆有两套商业数词隐语，"但、见、花、开、谢、催、人、自、白、头"和"深、邃、房、工、大、书、雅、多、异、香"，通学斋书肆也有两套商业数词隐语，"诵、诗、闻、国、政、讲、易、见、天、心"和"由、来、仁、里、美、况、接、圣、诸、荣"，松筠阁书肆的"经、史、百、家、用、子、集、万、人、观"，会文斋书肆的"归、田、千、日、后、仗、国、十、年、前"，文明斋书肆的"文、开、丰、年、瑞、明、聚、海、上、财"，孔群书社"孔、门、德、森、严、群、居、和、为、先"等，这些商业数词隐语大多以能够反映较为深厚文化内涵的对联所表示，多以上、下两联的形式表示1—10十个数词，也有的在十个数词中既有上、下两联，也有横批，如来熏阁书肆的商业数词隐语"来、南、北、熏、东、西、生、财、有、道"，这些对联不

仅从形式上表现出了一定的商业技巧，如把书肆、书社的商名嵌入对联之中，而且在内容上也反映了经营者的主观愿望，如饱含了商家对商业经营的美好祝愿，体现出商家的商业经营文化理念乃至于人生感悟、国民忧思等（参见表4.11）。不仅书肆、书社的商业数词隐语有形式规整、语音和谐的对联形式，甚至连金店（参见表4.9中的旧时北京蚨祥金店商业数词隐语）、刀剪店（参见表4.12中的旧时北京刀剪店商业数词隐语）也通过这种形式的商业数词隐语体现出商业精神和城市文化。

山东作为儒家文化的发源地，在商业活动中也体现出了较为浓厚的商业文化理念。如旧时山东海阳商业的数词隐语"裕、生、日、旭、东、隆、展、有、道、财"不仅体现了对商业发展如旭日东升的祝福，更倾注了儒家"君子爱财，取之有道"的商业文化理念。海阳商业的另一套数词隐语"志、同、千、秋、远、桃、园、义、气、投"和荣成某一商号的数词隐语"同、心、在、此、地、尽、心、生、意、兴"皆体现了商家强调努力奋进、团结友爱、仗义疏财的商业文化精神，再如旧时山东乳山某商号数词隐语"鱼、水、千、年、合、芝、兰、百、世、昌"体现了商家对商业运行乃至人生的美好愿望和良好祝福（参见表4.16）。商业隐语的应用表现了商人的机智、狡黠，但这种带有中国传统文化、倾注中华优秀传统文化思想、形式工整、语音和谐悦耳的对联形式却给旧时商业打下了浓重的文化烙印，不得不说该种形式的商业数词隐语是商业文化的鲜明标志，也是商业精神的集中体现。北京、山东等地的商业是这种商业文化的典型代表。

第二节　数词隐语造词法研究

一　数词隐语造词手段

数词隐语基本以"组"进行整体性创造，一般以1—10（少数以0—9）为一组，10以上的数词多数在此基础上循环使用（除吉林省长春马市、郯城县马头镇牛羊市等数词隐语外）。数词隐语的造词如同基本隐语一样，可以对其进行理据性探究，尽管有些隐语我们目前还无法掌握它与事物、状态、情境等方面的联系，无法掌握它与通语或地域方言词语之间的关联，无法破解它创造的密码，但目前通过已经探知明白的数词隐语，我们相信可以掌握其造词手段和造词方法。

数词隐语的造词手段和基本隐语并非完全相同，除了语音、文字、截取（歇前或歇后）、修辞、文化、意义等手段，尤其在商业活动中还运用了态势（主要指手势）这种副语言手段进行描述并创造词语（详下），这也是数词隐语造词手段不同于基本隐语较为明显的地方，但更多的不同之处还表现在造词手段的具体运用中，即体现为造词法的不同。

二 数词隐语造词法

尽管数词隐语与基本隐语所运用的造词手段多数相同，造词法的名称多数相同，但具体造词却有着较大的不同。商业数词隐语有一套专属造词法体系，包括语音、文字、截取、意义和文化等造词法。相比基本隐语造词法层次的复杂而言，数词隐语造词法体系较为简单和明晰，其中文字造词法是数词隐语中造词手段最为灵活多变、创造的数词隐语最为丰富的造词法。

（一）语音造词法

语音造词法是指语音手段创造数词隐语的方法。在数词隐语创造中，谐音是唯一的语音手段。数词隐语中的语音造词法包括谐音直接指代造词法和谐音包含指代造词法。这两种造词法是单独创造数词隐语的方法，而辅助于其他造词法所使用的谐音只是造词过程中的手段而已，如"自念自"隐指数词5，是运用歇后造词法创造的数词隐语，仅创造过程中配合使用了"语"与"5"的谐音手段。谐音并非该隐语的造词法，故该种情况不在语音造词法中讨论。

1. 谐音直接指代造词法

谐音直接指代造词法是指在数词隐语创造中运用单音节谐音语素指代数词的方法，也称为"直接谐音法"（曹德和，1995）。谐音直接指代造词法是创造单音节数词隐语常用的方法，该种方法不仅用于个别数词隐语的创造，也可以用来创造整套数词隐语，表4.18即是运用谐音直接指代造词法创造的整套数词隐语（旧时重庆菜行隐语隐指4的"枉"除外，标为阴影斜体字）。见表4.18"谐音类商业数词隐语"。

表4.18　　　　　　　　谐音类商业数词隐语

行业	地域	1	2	3	4	5	6	7	8	9	10
粮食行	四川	幺	按	苏	绍	外	料	俏	笨	俊	
菜行	重庆	幺	按	疏	*枉*	外	廖	俏	笨	绞	
火炭业	简阳	幺	按	苏	少	歪	斜	翘	棒	绞	

续表

行业	地域	1	2	3	4	5	6	7	8	9	10
钱庄	湖南	幺	滥	餐	搜	母	闹	抄	敲	弯	石
钱业	长沙	幺	浪	参	沙	母	闹	叉	敲	湾	少
金融业	长沙	幺	浪	参	沙	毋	闹	叉	敲	弯	少
当铺	北京	幺	按	搜	臊	歪	料	俏	笨	缴	勺
当铺	东北	摇	按	瘦	扫	尾	料	敲	奔	角	勺
旧货业	四川	幺	按	苏	少	歪	料	笑	笨	绞	齐
旧货业	北京	幺	按	搜	臊	跬	料	俏	笨	脚	勺
估衣行	河北	夭	安	搜	梢	崴	料	敲	奔	角	勺
估衣店	北方	摇	柳	搜	臊	外	撂	撬	奔	巧	朽
牛贩子	大邑	幺	暗	书	少	歪	撩	乔	奔	绞	鸡齐

2. 谐音包含指代造词法

谐音包含指代造词法是指在数词隐语创造中运用多音节词语指代数词，其中一个音节与数词谐音，即谐音语素包含在多音节词语中，用多音节词语指代数词的方法，也称为"包藏谐音法"（曹德和，1995）。谐音包含指代造词法是创造多音节数词隐语的方法，运用该种方法创造的数词隐语数量较少，具体的整套数词隐语见表 4.19"谐音包含类商业数词隐语"。

表 4.19　　　　　　　谐音包含类商业数词隐语

行业	地域	1	2	3	4	5	6	7	8	9	10
药材业	湖南	满意子	耳边子	伞星子	狮子头	乌云子	鲁智子	凄凉子	霸林子	纠头子	
钱庄业	扬州	夜明珠	耳朵边	散花	狮子猫	乌梅果	隆冬	棋盘	斑毛	舅子	省油灯

该种数词隐语是使用较早的谐音形式，如清·翟灏《通俗编·识余》："有四平市语者，以一为忆多娇、二为耳边风、三为散秋香、四为思乡马、五为误佳期、六为柳摇金、七为砌花台、八为灞陵桥、九为救情郎、十为舍利子，意义全无，徒以惑乱听闻耳。"由于把数词的读音嵌入隐语之中，使用初始肯定可以"惑乱听闻"，但该种形式隐语的密码极容易破解，规律也容易掌握，故运用该种方法创造的数词隐语数量较少。

（二）文字造词法

文字造词法是运用文字手段创造数词隐语的方法。与汉语基本隐相比而言，应用于数词隐语创造的文字造词法除了仍然注重字形及变化外，对笔画及其变化也有了更为独特的关注，数词隐语创造中常见的文字造词法有字形包含指代造词法、字形解析指代造词法、字形修辞指代造词法、字头数目指代造词法、笔画数目指代造词法、横笔数目指代造词法等。

1. 字形包含指代造词法

字形包含指代造词法是运用包含数词形体、被数词形体包含或与数词共同包含某一形体的单音节语素指代数词的造词方法。该造词法仅使用于数词隐语创造中，运用该种方法创造的为单音节数词隐语。具体的整套数词隐语见表4.20"字形包含类商业数词隐语"。

表4.20　　　　　　　字形包含类商业数词隐语

行业	地域	1	2	3	4	5	6	7	8	9	10
织布业	泰州	旦	竺	春	罗	语	交	皂	共	旭	
鱼行	汉口	*风*	为	泰	罪	吾	交	毛	分	旭	
卖玉器摊贩	切口	旦	竺	清	罢	语	交	皂	未	丸	章
生猪行	切口	平	*竹*	春	罗	语	交	蛇	分	旭	老平
挑夫、抬轿业	山东	挖	竺	春	罗	悟	交	化	翻	旭	田
成衣旧货行	成都	乾	元	春	罗	话	交	化	公	旭	
商界	台湾	正	元	*斗*	罗	吾	立	化	分	旭	士
熟水店	切口	豆	贝	台	长	人	耳	木	另	王	合
铜器行	杭州	豆	贝	*某*	长	人	土	木	令	王	合
屠宰业	四川	豆	背	泰	长	仁	条	拷	黄	*固*	
牲畜业	重庆	豆	背	泰	长	仁	条	拷	黄	*斗*	

注：表格中阴影斜体字不是运用字形包含指代造词法创造的数词隐语。

从表4.20可以看出，字形包含指代造词法创造的隐语分为三种形式：

（1）数词隐语中包含数词形体。该种形式中的数词形体指数词的大写形体，例如以"旦""平""正"等隐指"一"，即其字体中包含"一"；以"竺""元"等隐指"二"，即其字体中包含"二"；以"春""泰""清"等隐指"三"，即其字体中包含"三"；以"共""分""未""翻""公""黄"等隐指"八"，即其字体中包含"八"等。

个别数词隐语在创造过程中使用了形体的变化或近似的形体，例如以"为"隐指"二"，是把"为"字的两点看成是变化的形体"二"；以

"立"隐指"六",是指其上部形体与"六"形似;以"条"隐指"六",指"条"的下部近似"六"等;有的数词隐语在创造中附加使用了其他手段,从而不能在数词隐语中直接看到所包含数词的形体,例如,以"乾""挖"隐指"一",是指二字中皆包含"乙"字,"乙"与"一"谐音,故隐指"一";以"话"隐指"五",先运用"话语"歇后,"语"中包含"五",故隐指"五"等。

(2)数词隐语包含在数词形体之中。该种形式的数词形体指数词的汉字形体,例如以"豆"包含在汉字形体"壹"之中,故能隐指"壹";以"人"隐指"伍","人"包含在"伍"之中(左偏旁为人字旁);以"耳""土"隐指"陆","耳"为"陆"的左偏旁,"土"为"陆"的右上部等。

除了偏旁的变化外,数词隐语的近似形体也被用来造词,例如"长"的繁体"長",俗体作"长",与"肆"的左边形体相同,故用来隐指"肆"。有的数词隐语在创造过程中又附加了其他手段,故不能直接在数词中看到隐语的形体,例如以"令"隐指"捌",即在创造过程中增加了谐音手段,故把"另"换为"令",使其隐秘性大大增强。

(3)数词隐语与数词之间共同包含某个形体。该种形式的数词形体指数词的汉字形体或其中的部分形体,例如以"台"隐指"叁",二者之间皆包含上部形体"厶";以"仁"隐指"伍",因二者皆包含"仁"字等。

2. 字形解析指代造词法

字形解析指代造词法是指运用多音节隐语对数词形体(多指数词的大写形体)进行解释和分析,并以此指代该数词的造词方法。该造词法仅使用于数词隐语创造中,该种方法创造的数词隐语为多音节形式(隐语使用中出现的变体除外,如用"川"隐指"三"等)。具体的整套隐语见表4.21"字形解析类商业数词隐语"。

表4.21　　　　　　字形解析类商业数词隐语

行业	地域	1	2	3	4	5	6	7	8	9	10
线带业	切口	欠丁	挖工	横川	侧目	献丑	断大	皂底	分头	少丸	田心
裘皮业	切口	坦底	抽工	眠川	杀西	缺丑	劈大	毛根	入开	未丸	约花
衣店	泰州	旦底	抽工	横川	杀西	绝丑	断大	毛根	入开	未丸	
米业	重庆	十不杠	天不人	王不杠	罗不维	吾不扣	交不叉	皂不白	分不刀	旭不日	
米行	山东	旦底	挖工	眠川	横目	缺丑	断大	皂底	分头	丸空	田心

第四章 现代汉语数词隐语结构与造词研究 213

续表

行业	地域	1	2	3	4	5	6	7	8	9	10
鱼行	亳州	顺天子	挖工字	顺川子	末回子	错手子	断大子	毛根子	入开子	末丸子	
糖业	重庆	丁不钩	天不人	王不杠	羅（罗）不维	吾不口	交不叉	皂不白	分不刀	旭不日	
药材业	湖南	旦底	抽工	眠川	回回	缺丑	断大	皂底	入开	去丸	
杂货业	杭州	平头	空工	眠川	睡目	缺丑	断大	皂底	分头	未丸	田心
杂货业	仙游	旦底	中工	倒川	横目	缺丑	撇大	毛尾	分头	旭边	早下
猪牛贩	大邑	止脚	工空	横川	西尾	瞎目	断大	皂脚	入开	龙台	田心
商界	上海	亘底	挖工	横川	侧目	缺丑	断大	皂底	公头	未丸	田心
工商界	浙江	旦底	中工	倒川	横目	缺丑	撇大	毛尾	分头	旭边	早下

上文所谈到的旧时广东佛山的理发业隐语也是一种对字形的解析，只不过隐语的音节数目更多一些，用较长的短语形式对数词进行解析指代，如用"百万军中无白旗"用"百无白"指代"一"；"夫子无人问仲尼"用"夫无人"指代"二"；"霸王失了擎天柱"用"王失柱"指代"三"；"骂到将军无马骑"用"骂无马"指代"四"，"骂"俗多写作"駡"上部形体为"四"；"吾今不用多开口"用"吾不口"指代"五"；"滚滚江河脱水衣"用"滚脱水衣"指代"六"；"皂子时常挂了白"用"皂挂白"指代"七"；"分瓜不用把刀持"用"分不刀"指代"八"；"丸中失去灵丹药"用"丸失丹"隐指"九"（"丹"喻指"丸"中的一点）；"千里送君终一离"用"千送一"指代"十"。

3. 字形修辞指代造词法

字形修辞指代造词法是指运用修辞手段描摹数词形体，并以此指代该数词的造词方法。该造词法仅使用于数词隐语创造中，运用该种方法创造的数词隐语为多音节形式。例如，"扁担"隐指"一"，"筷子"隐指"二"，皆从字形上进行比喻而隐指。具体的整套数词隐语见表 4.22 "字形比喻类商业数词隐语"。

表 4.22　　　　　　字形比喻类商业数词隐语

行业	地域	1	2	3	4	5	6	7	8	9	10
药材业	湖南	扁担	筷子	撑脚架	耙头数	抓老子	两头翘	小弯钩	眉毛散	大弯钩	
信局业		切口	横杠	重头	堆头	天平	歪身	平肩	差肩	拖开	勾老	满头

4. 字头数目指代造词法

字头数目指代造词法是指把汉字形体看成一个整体，用露出头的笔画数目指代该数词的造词方法,也被称为"数头"(李宇明,1995)、"笔端示意法"(曹德和,1995)等。该造词法仅使用于数词隐语创造中,运用该种方法创造的数词隐语为单音节形式,如"由"上面露出"竖",只有一个端头,故隐指"一";"申"上下各露出一个端头,故隐指"二";其余类推。旧时商人,尤其是伙计文化水平较低,运用字头数目类商业数词隐语正好契合该种状况,如《荣成民俗》中说"不识字不要紧,能数出字端出露的笔画即可"①。具体的整套数词隐语见表4.23"字头数目类商业数词隐语"。

表 4.23　　　　　　　字头数目类商业数词隐语

行业	地域	1	2	3	4	5	6	7	8	9	10
古董业	切口	由	申	人	工	大	王	主	井	羊	非
米市	江苏	由	中	人	工	大	王	主	井	羊	非
粮食业	湖北	*牛*	*地*	人	工	大	王	主	井	羊	非
粮食行	武汉	由	*地*	人	公	大	王	主	井	羊	非
粮食行	汉口	由	中	人	工	大	*五*	主	井	羊	非
火腿业	浙江	由	中	人	工	大	王	*五*	井	草	非
当铺	山东	由	中	人	工	大	天	夫	井	羊	非
							王	主			
杂货业	大丰	由	中	人	工	大	王	主	井	羊	非
商业	海阳	由	中	人	工	大	天	主	井	羊	非

注:表格中阴影斜体字不是运用字头数目指代造词法创造的数词隐语。

表4.23中的隐语实际为一套隐语,由于使用地域和行业的不同,具体的变体形式略有不同,如"申"和"中"都隐指"二","王"和"天"都隐指"六","主"和"夫"都隐指"七"等。

5. 笔画数目指代造词法

笔画数目指代造词法是指以汉字的笔画数目表示相应数词,并运用该汉字指代数词的造词方法,也称为"笔画示意法"(曹德和,1995)。该造词法仅使用于数词隐语创造中,运用该种造词法创造的数词隐语为单音节形式。例如,"丁"的笔画数为2则隐指"二","丈"和"万"有3笔则隐指"三"。具体的成套数词隐语见表4.24"笔画数目类商业数词

---

① 参见荣成市民俗协会、荣成市报社编《荣成民俗》,山东画报出版社1997年版,第118页。

隐语"。

表 4.24　　　　　　　笔画数目类商业数词隐语

行业	地域	1	2	3	4	5	6	7	8	9	10
布匹业	切口	主①	丁	丈	心	禾	竹	見	金	頁	馬②
土布行	四川	一	丁	万	中	本	百	利	妾	孩	唐

6. 横笔数目指代造词法

横笔数目指代造词法是指以汉字横笔画的数目表示相应数词，并运用该汉字指代数词的造词方法。该造词法仅使用于数词隐语创造中，运用该种造词法创造的数词隐语为单音节形式。如旧时杭州旧衣业隐指 1—9 的数词隐语分别为"大、土、田、東、里、春、軒、書、籍"（按：语料原出处为清·翟灏《通俗编·识余》中的"市语"部分，"籍"字与"藉"谐音，"藉"字为 9 横笔，原应为"藉"），即以每个汉字的横笔数目分别指代 9 个数词，与该套数词隐语造词相同的其他语料目前还没有看到。

(三) 截取造词法

截取造词法是常见的隐语创造方法，主要包括歇后截取指代造词法和歇前截取指代造词法，这两种造词法同样适用数词隐语的创造，与基本隐语略有不同的是，应用于数词隐语中的歇后和歇前两种造词法，其截取和省略的两部分一般为双音节或以上词或短语的总和，而不是部分，该种情况是由数词隐语的词语结构短和 10 以内数词的单音节所决定的，例如"大年初"隐指"一"，"大年初"和"一"加起来是"大年初一"这个短语的整体，而不是部分；"十中八"隐指"九"，"十中八"和"九"加起来也是"十中八九"这个短语的整体等；"桃园"隐指"二"，该隐语由"桃园结义"歇后截取所创造，"桃园结"隐指"二"（在不同的方言区，"二"与"义"音近或音同），"桃园结"简化使用为"桃园"。

1. 歇后截取指代造词法

运用歇后截取指代造词法创造的数词隐语基本为多音节形式。该类数词隐语的数量不多，如旧时上海通行于各行业有一套数词隐语，分别是用"大年初、桃园结、东化西、不三不、自念自、支五缠、三妻四、七勿

---

① "主"的古字形为一画。参见吕永进（2005）。

② "馬"过去被认为是 10 画。参见曹德和（1995）。

搭、十中八、紧牢固"隐指数词1—10，即是运用了歇后造词法在十个短语的基础上变化而成，有的还借助了谐音手段，使隐语与数词之间搭起意义理解的"桥梁"，例如以"桃园结"隐指2，上海方言中"二"的白读音与"桃园结义"的"义"同音；"东化西"隐指3，"散"与"三"谐音；"自念自"隐指"五"，"语"与"五"谐音；"紧牢固"隐指"十"，"实"与"十"谐音；再如旧时四川集市数词隐语，用"接二连"隐指"三"、"颠三倒"隐指"四"，解释运用了歇后造词法而进行隐指。成套的商业数词隐语见表4.25"歇后类商业数词隐语"。

表4.25　　　　　　　歇后类商业数词隐语

行业	地域	1	2	3	4	5	6	7	8	9	10
饮食业	威远	大年初	一星管	大审苏	心中有	较场比	石板面	挨打受	乌龟王	天长地	一老一
各行业	上海	大年初	桃园结	东化西	不三甭	自念自	支五缠	三妻四	七勿搭	十中八	紧牢固

2. 歇前截取指代造词法

运用歇前截取造词法创造的数词隐语的数量较少，该种方法不单独应用于成套数词隐语的创造中，多在数词隐语创造中随机使用。运用该种造词法创造的数词隐语可以是单音节，也可以是多音节形式。例如，旧时江苏商界数词隐语以"流"（包括其谐音"留""溜""柳"等）隐指"一"，即运用"一流"歇前；以"段"隐指"二"，即运用"两段"歇前；以"言"隐指"三"，即运用"三言"歇前；江西广昌牛贩牙行数词隐语以"笔"隐指"一"，即运用"一笔"歇前；旧时四川牲畜行数词隐语以"魁首"隐指"一"，即运用"一魁首"歇前；旧时天津典当业隐语以"道子"隐指"一"，即运用短语"一道子"歇前等。

（四）意义造词法

与汉语基本隐语的意义造词法不同，数词隐语的意义造词法是指运用较为直接的数量指代关系创造隐语的方法。数词隐语常见的意义造词法有数词包含指代造词法、数量指代造词法与手势描述指代造词法等，这三种造词法皆仅使用于数词隐语的创造中。

1. 数词包含指代造词法

数词包含指代造词法是指数词隐语中直接包含相应数词的方法。该种形式的数词隐语皆为多音节形式。例如，旧时四川牲畜行隐语中以"二龙抢宝"隐指"二"，以"四季发财"隐指"四"，以"六位高升"隐指"六"，以"七巧"隐指"七"；山东郯城牛羊市隐语以"一流""一干紧""一块"等隐指"一";旧时山西夏县商行隐语以"一溜"隐指"一"。运用该种方法创造的数词隐语的隐秘性较低,故该种数词隐语的数量极少。

2. 数量指代造词法

数量指代造词法是指运用事物间的数量关系隐指相应数词的方法。运用该种方法创造的数词隐语可以是单音节形式,也可以是多音节形式。例如,旧时黔江工商业隐语以"帽顶"隐指"一",因一顶帽子只有一个帽顶,故在"帽顶"和数词"一"之间建立起数量联系,并用"帽顶"隐指;以"夹耳子"隐指"二",因耳朵有两个,故隐指"二";以"方子数"隐指"四",因方形有四条边、四个角,故隐指"四";以"把把数"隐指"五",因手有五个手指,故隐指"五"。再如,旧时四川工商业隐语以"双"隐指"二",以"甩手"隐指"五";旧时舒城各行业通用数词隐语以"锅铲把"隐指"一"、"对子数"隐指"二"、"桃园数"隐指"三"(桃园结义是三人)、"方字数"隐指"四"、"一花数"隐指"五";旧时天津典当业隐语以"眼镜"隐指"二"、以"炉腿"隐指"三"等。另外,旧时巴中猪牛贩隐语以"小梗数"、旧时四川工商业隐语以"小趸数"隐指"十","梗数"在四川方言中指10以上的整数,故用小整数指代"十"。

少数隐语运用字形间的数量关系而创造,可以看作是事物间数量关系的一种特殊形式,例如,旧时海阳商业隐语以"品"隐指"三",这是由于"品"由"三个口"而构成,故在数词隐语与数词之间可以建立起这种数量联系,类似的隐语还有旧时东北马市隐语以"品字嘎"隐指"三"、山东郯城牛羊市隐语以"品子"隐指"三"等。

由于事物间的数量关系较为明显,隐语与数词之间的联系很容易建立,其隐秘程度自然不高,故运用该种造词法创造的数词隐语数量较少。

3. 手势描述指代造词法

手势描述指代造词法是运用描述性词语对表示相应数目的手势进行描述,并用这种描述性词语指代相应数词的造词方法,也称为"手势描写法"(吕永进,2005)。仅有手势的隐语表示法严格来说不是造词法,而应当属于态势语的下位分类,但每个隐语对应着相对稳定的手势与意义,因此,我们认为手势描述也是造词法。运用该种造词法创造的数词隐语既有单音节形式,也有多音节形式,但以多音节形式居多。例如:

旧时天津典当业隐语,以"叉子"隐指"四",是指握起拇指、伸出其余四指的手形如同叉子；以"一挝"隐指"五"，是指五指伸开的手形；以"羊角"隐指"六"，是指"六"的手形像"羊角"，即拇指与小指伸开，其他三指握起的手形；以"镊子"隐指"七"，是指拇指、食指、中指捏在一起的手形。"镊子"是"捏子"的谐音，"捏"表示动作，后附加"子"缀而构成；以"扒勺"隐指"八"，是拇指与食指伸开、其余三指握起的手形（从语音的角度而言，"扒勺"也属于谐音包含类隐语）；以"钩子"隐指"九"，是指食指勾起的手形；以"拳头"隐指"十"，是握起拳头的手形。

旧时四川集市隐语，以"撮撮数"隐指"五"，是指五指伸开的手形；以"捻指数"隐指"七"，是指拇指、食指、中指捻（即"捏"）在一起的手形；以"岔角儿"隐指"八"，是指拇指与食指伸开、其余三指握起的手形；"扯不抻"隐指"九"，是指食指勾起的手形，因为没有伸开，故称为"扯不抻"。旧时四川工商业隐语以"楞楞数"隐指"七"、"岔口数"隐指"八"、"驼背数"隐指"九"；旧时四川大竹、黔江（黔江目前属于重庆市）等地工商业隐语以"轮轮数"隐指"七"、"岔口"或"岔口数"隐指"八"、"拉不伸"或"钩钩数"隐指"九"，皆是对这个数目手形的描述。

另外，多地域多行业隐语以"弯"（包括其谐音"湾"）"老弯""弯儿""老弯头"、旧时甘肃临夏牙行的"弯归"、旧时黔江猪牛交易行的"弯老关""弯钱"、旧时宁夏固原的"弯子"等隐指"九"，皆是从"九"的手形而命名指代数词"九"的。旧时鲁南牛市隐语分别以"捏""叉""勾"隐指"七""八""九"，亦是从手形命名指代。

（五）文化任意指代造词法

文化任意指代造词法是指运用文化因素任意指代数词的方法。与其他任意指代的现象相比，文化任意指代现象更加注重形式上的规整、语音上的和谐等。文化任意指代造词法不同于汉语基本隐语的文化指代造词法（参见第三章第二节中的"文化指代造词法"）。在数词隐语创造中，运用文化任意指代造词法创造的数词隐语与数词之间没有意义上的任何联系，其间的任意指代关系并不会因隐语的整体外在形式（如形式的规整、读音和谐等）所改变。文化指代造词法是具有意义联系的造词法，故在现代汉语基本隐语造词法中属于意义造词法的一种。

文化任意指代造词法主要有对联、诗词任意指代造词法、类对联任意指代造词法、其他文化因素任意指代造词法等。

1. 对联、诗词任意指代造词法

对联、诗词任意指代造词法是运用对联、诗词等形式（为 10 个汉字）依次指代数词的方法。很多对联是商人切合其经营内容专门为自己的商行或商号所打造，对联式的商业数词隐语不仅寄予了商人对商业经营的美好愿望和商家经营理念，也体现了商人的商业思想、生活态度、处事方式、人生感悟等。有的对联中还嵌入了商号或商店名称，更加倾注了商人的美好愿望，同时也更加突出了商业数词隐语的个性化特征。因对联、诗词反映的多为综合性的内容，故无法把该类数词隐语进行单一性或单纯性的分类，表 4.26 即是运用对联、诗词指代造词法所创造的所有对联、诗词类商业数词隐语（表中旧时北京瑞蚨祥绸缎庄及以下的商业数词隐语为藏名类数词隐语）。

表 4.26　　　　　对联、诗词类商业数词隐语

行业	地域	1	2	3	4	5	6	7	8	9	10
绸缎业	汉口	勤	俭	持	盈	久	谦	和	收	益	多
邃雅斋书肆	北京	但	见	花	开	谢	催	人	自	白	头
		深	邃	房	工	大	书	雅	多	异	香
文友堂书肆	北京	勤	俭	方	为	本	平	安	即	是	福
天祥和刀剪	北京	尽	心	努	力	干	成	功	在	眼	前
文奎堂书肆	北京	是	非	终	日	有	不	为	自	己	身
同泰刀剪店	北京	生	财	大	有	道	福	寿	保	平	安
商业	海阳	志	同	千	秋	远	桃	园	意	气	投
商号	荣成	同	心	在	此	地	尽	力	生	意	兴
修绠堂书肆	北京	石	崇	好	富	家	彭	祖	寿	高	年
商业	吴川	富	贵	荣	华	早	贫	穷	发	达	迟
商号	荣成	招	财	童	子	至	利	市	仙	官	来
商号	乳山	鱼	水	千	年	合	芝	兰	百	世	昌
绸布店	湘潭	明	月	松	间	照	清	泉	石	上	流
药铺	江苏	大	地	人	广	财	普	天	降	福	音
松筠阁书肆	北京	经	史	百	家	用	子	集	万	人	观
会文斋书肆	北京	归	田	千	日	后	仕	国	十	年	前
荣华堂书肆	北京	久	旱	逢	甘	雨	他	乡	遇	故	知
镜古堂书肆	北京	月	到	天	心	处	风	来	水	面	时

续表

行业	地域	1	2	3	4	5	6	7	8	9	10
通学斋书肆	北京	诵	诗	闻	国	政	讲	易	见	天	心
		由	来	仁	里	美	况	接	圣	诸	荣
瑞蚨祥绸缎庄	北京	瑞	蚨	交	近	友	祥	气	招	远	财
蚨祥金店	北京	蚨	飞	去	复	返	祥	瑞	自	天	来
文明斋书肆	北京	文	开	丰	年	瑞	明	聚	海	上	财
善成堂书肆	北京	善	成	财	源	广	东	记	事	业	长
来熏阁书肆	北京	来	南	北	熏	东	西	生	财	有	道
开明书社	北京	开	商	丰	年	瑞	明	聚	海	上	财
富晋书社	北京	富	开	丰	年	瑞	晋	生	海	上	财
孔群书社	北京	孔	门	德	森	严	群	居	和	为	先
裕隆商号	海阳	裕	升	日	旭	东	隆	展	有	道	财
鸿同商号	荣成	鸿	吉	生	财	道	同	心	利	如	江

随便拈来一句诗词或对联任意指代数词的现象几乎是不存在的，即使是现成的诗词或对联，也融入了商家的商业思想，多和经营的内容相吻合。例如旧时湖南湘潭绸布店数词隐语"明、月、松、间、照、清、泉、石、上、流"，借用唐·王维《山居秋暝》中的名句用来比喻丝绸的光泽如同明月照于松间，丝绸的滑软如同淙淙流泻于山石之上清冽的山泉水，说明了丝绸柔和而温暖的光泽与细腻而柔滑的质感，把丝绸的巧夺天工之美融于如诗如画的句子之中，这何尝不是商家的高明之处呢？再如，旧时北京修绠堂书肆的数词隐语"石、崇、好、富、家、彭、祖、寿、高、年"，寄予了商家的人生愿望和商业思想，希望生活如同西晋著名富豪石崇一样富裕，寿命如同活了八百岁的仙人彭祖一般高年，人生、经商皆有此期许。三国吴·张仲远《月波洞中记》对"富"的期望是："可与彭祖石崇并，富而必寿寿而康。"希望自己富有而长寿，富有可以享受物质生活的美好，并可以满足自身由物质带来的更高层次的精神需求，美好的日子总是感觉非常短暂，于是希望长寿，把这种美好的体验不断延续下去，就如同某电视广告中说的"真想再活五百年！"商人经商即源于该种强烈的愿望，把这种期许、愿望融入对联，使用于日常商业生活和商业言语中，播种信念和希望，将会收获商业的成功以及由此带来的巨大心理满足感。

再如旧时北京荣华堂书肆的数词隐语"久、旱、逢、甘、雨、他、乡、遇、故、知"，书肆在过去是人们汲取知识的地方，真正懂书、爱书，愿意提高自身素质，改变自身命运去看书、买书的人，看到书何尝又不是"久旱逢甘雨，他乡遇故知"呢？旧时所谓人生有"四喜"，书籍如同久旱中的甘雨、他乡遇到的故知，对于读书人而言，这是何等的心灵契合！但真正能够改变他们命运的是读书和考取功名，才能实现人生最高境界之"喜"，那就是"洞房花烛夜，金榜题名时"，正如宋·赵恒（宋真宗）《励学篇》中所说"富家不用买良田，书中自有千钟粟。安居不用架高堂，书中自有黄金屋。出门莫恨无人随，书中车马多如簇。娶妻莫恨无良媒，书中自有颜如玉。男儿若遂平生志，五经勤向窗前读"①。对于读书人而言，这更是一种成就感的满足，在旧时代也是自身价值的最高体现！

商家契合商品特点和顾客的心理和物质需求而量身定制的对联、诗词类商业数词隐语，毫不夸张地说，是汉语隐语的奇葩。

2. 类对联任意指代造词法

类对联任意指代造词法是指运用仅在外在形式与对联相似的汉字组合形式（为10个汉字）指代数词的方法。运用该种方法创造的数词隐语感觉和对联有着一定的联系，从形式上看像对联，从内容上看不是对联，我们也无法确定这些数词隐语是否是在对联的基础上变化而成，但是创造和使用的群体很清楚，该种形式的保密性更强。

该类隐语的创造和使用更能够体现商人的机智、灵活与多变，例如山东荣成某商号的数词隐语，"野、外、雷、飘、笑、记、功、何、鲜、效"为该套数词隐语的基本形式，"黑、夕、雨、票、竹、言、工、人、鱼、交"和"予、卜、田、风、天、己、力、可、羊、文"为两种变体形式，基本形式全部由合体字构成，变体形式为合体字拆分后的字体，左、右两侧各构成一套变体形式。具体隐语见表4.27"类对联式商业数词隐语"。

表 4.27　　　　　　　　类对联式商业数词隐语

行业	地域	1	2	3	4	5	6	7	8	9	10
商行	六安	天	地	光	时	音	律	巧	宝	老	子
		天	地	光	时	音	律	巧	宝	老	成

---

① 王宗康主编，薛佩生副主编：《经典古诗五百首》（下），陕西人民出版社2019年版，第370页。"五经勤向窗前读"中的"经"，本字当为"更"。

续表

行业	地域	1	2	3	4	5	6	7	8	9	10
药铺	江苏	天	地	光	时	阴	力	真	宝	子	成
商号	荣成	野①	外	雷	飘	笑	记	功	何	鲜	效
		黑	夕	雨	票	竹	言	工	人	鱼	交
		予	卜	田	风	天	己	力	可	羊	文

3. 其他文化因素任意指代造词法

其他文化因素任意指代造词法是指运用山川、河流、动物、药品等名称任意指代数词的方法。具体的数词隐语见表 4.28 "其他文化类商业数词隐语"。

表 4.28　　　　　　其他文化类商业数词隐语

行业	地域	1	2	3	4	5	6	7	8	9	10
瑞蚨祥	北京	汉	泗	淮	汝	济	恒	衡	岱	华	嵩
粮食业	江苏	舟	关	市	镇	乡	街	桥	井	店	
陆陈业	泰州	舟	关	市	镇	乡	街	桥	井	店	
粮食行	大丰	周②	关	市	镇	香	街	巧	锦	鼎	
绸布	泰州	狮	象	麒	麟	吼	虎	豹	鹿	龙	
五金业	大丰	金	木	水	火	土	手	耳	玉	银	
五金行	山东	棕	红	橙	黄	绿	蓝	紫	灰	白	黑
中药行	杭州	羌	独	前	柴	梗	参	苓	壳	草	芎

第三节　小结

目前，学界对汉语隐语造词规律进行探讨和分析时，多把基本隐语和数词隐语放在一起，如李宇明（1995）、曹德和（1995）、郝志伦

---

① 在《荣成民俗》（第118页）中基本形式为"野、外、云、飘、笑、记、功、何、鲜、效"，其中第三个数词隐语为"云"，根据变体形式的"雨"和"田"可知，"云"应为"雷"，故表格中改为"雷"。
② 旧时江苏粮食业、泰州陆陈业、大丰粮食行的商业数词隐语是一套商业数词隐语的变体，"舟""周"皆为"州"的变体，"香""巧""锦""鼎"分别为"乡""桥""井""店"的变体。

(2005) 等学者的研究。有的学者能够把数词隐语从隐语中"拎出来"分析，但不够全面，还不能清晰地看到数词隐语造词法的系统性。例如，尽之 (1995)、王志家 (2000) 等仅是对商业数词隐语进行较为简单、浅显的介绍，吕永进 (2005)、盛光希 (2006) 等注重了数词隐语造词的分析，但缺乏系统性。现代汉语数词隐语以单字为主，单字数词隐语约占 80%，其次是双字数词隐语，三字数词隐语数量较少。从词长比例看，与基本隐语差异较大。通过对商业数词隐语语料库中全部语料进行穷尽分析，对能够分析出造词理据的数词隐语进行造词法的归纳、总结，我们发现汉语数词隐语与基本隐语造词的相同和不同之处，相同之处在于二者所运用的造词手段大致相同，不同之处在于二者的造词法体系有着较大的差异。若把基本隐语和数词隐语的造词法混同起来，将无法认识到二者造词法体系上的本质区别。通过对大量语料的分析和研究，我们认为：汉语基本隐语和数词隐语运用的造词手段虽大致相同，但造词法却呈现出不同的面貌和体系。商业数词隐语的造词法体系总结于表 4.29 "商业数词隐语造词法体系"中。

表 4.29　　　　　　　　商业数词隐语造词法体系

数词隐语造词法		音节形式	数词隐语用例①
语音造词法	谐音直接指代造词法	单音节	绣、求、丘、宿、休 (9)
	谐音包含指代造词法	多音节	老邱 (9)、黄鱼头 (5)②
文字造词法	字形包含指代造词法	单音节	目、月 (2) 皂 (7)
	字形解析指代造词法	多音节	半工 (2)、托大 (8)、药花 (10)
	字形修辞指代造词法	多音节	鸭脑壳、鸭公头 (6)
	字头数目指代造词法	单音节	由 (1)、中 (2)、人 (3)
	笔画数目指代造词法	多音节	扁担 (1)、筷子 (2)
	横笔数目指代造词法	单音节	大 (1)、土 (2)、田 (3)
截取造词法	歇后截取指代造词法	多音节	大年初 (1)、不三不 (4)
	歇前截取指代造词法	单、多音节	流、笔、道子 (1)
意义造词法	数词包含指代造词法	多音节	老一、一溜、一块 (1)
	数量指代造词法	单、多音节	众 (3), 方 (4)、林、林木 (2)
	手势描述指代造词法	单、多音节	捏、捏子、捏字嘎 (7)

---

① 本表格内的数词隐语用例大多采用前文没有分析的数词隐语，括号内的小写数字为隐语隐指的数词。

② "黄鱼头" 隐指 "五" 为浙江米市隐语，浙江方言 "鱼" 和 "五" 音同。

续表

数词隐语造词法		音节形式	数词隐语用例①
文化任意指代造词法	对联、诗词任意指代造词法	单音节	久（1）、旱（2）、逢（3）、甘（4）、霖（5）
	类对联任意指代造词法	单音节	野（1）、外（2）、雷（3）、飘（4）、笑（5）
	其他文化因素任意指代造词法	单音节	汉（1）、泗（2）、淮（3）、汝（4）、济（5）

需要说明的是，文化任意指代造词法并非毫无关联的任意指代法，其中的"任意指代"指的是隐语与所指数词的任意性，但选择带有文化意蕴的词句作为隐语，一定寄托着使用行业或群体的文化理念、文化理想和追求。

第五章 上编结语

20世纪以来，汉语隐语研究进入了现代语言学研究时期，学界运用现代语言学理论和研究方法对隐语的隐秘性语言形式进行描写和分析。汉语隐语作为汉语的词汇变异现象在学界得到了越来越清晰的研究定位：汉语隐语是汉语词汇系统不可或缺的成员之一。汉语隐语的调查描写、结构与造词的分析探究等是研究的基本和主要内容。但从20世纪以来汉语隐语研究的状况看，汉语隐语研究并未得到学界足够的重视。对于曾经使用、现在已基本不用的汉语隐语的挖掘整理工作，对于现在仍在使用和创造中的汉语隐语的调查描写等工作皆有待于加强；对于汉语隐语结构和造词的分析探究仍不够全面，结论仍不够清晰。本编对汉语隐语语料库中的全部语料进行剖析，力求得出全面、客观的研究结论，并发现研究中应注意和存在的问题等。

一　隐语是具主观隐秘性的社会方言词汇现象

汉语隐语属社会方言词汇现象，但和其他社会方言词汇现象要区别开来。禁忌语或委婉语（也称"禁忌委婉语"）和吉祥话或口彩语的性质相同，由文化上的趋吉避凶心理而创造，如"老人去世"不说"死"，而称为"老"，是对死亡的避讳而采取的委婉说法；春节期间，我国各地趋吉避凶的民俗心理更为普遍，同样的情况要选取具吉祥义的词语或说法进行表达，如煮水饺煮破了，平时可以说"破了"，但春节期间多地会换成蕴含美好事实或希望的口彩表达，称为"挣了"或"笑了"。"挣了"寓意新的一年挣钱多，"笑了"则说明生活充满笑意，寓意生活之美好。少数隐语也会因禁忌等文化因素而创造，而隐语的"主观隐秘性"导致了其使用于人为设定的界域。禁忌语或委婉语、吉祥话或口彩语则不需要隐秘，没有人为设定的使用界域，仅有一个较为宽泛的文化界域。通过对隐语和禁忌语、委婉语等社会方言词汇现象进行性质的比较后，我们认为，禁忌语、委婉语与隐语的性质不同，它们是不同的社会方言词汇现象，是不同的词汇变异现象，不能把它们混同使用。

黑话、暗语、秘密语（秘语）、行话、隐语行话、秘密语行话等术语和隐语的性质相同，"从广义的角度而言，它们是相同的语言变异现象，从狭义的角度而言，它们是相同的词汇变异现象"（邵燕梅，2013）。

二　现代汉语隐语是现代汉语词汇的有机组成

汉语隐语属社会方言现象，经过前贤时修诸多学者不断的努力，其隐秘性的语言形式属于汉语词汇的变异这一问题已经得到共识，但汉语隐语与汉语词汇之间的关系，也就是汉语隐语的定位问题，基本是词汇研究领域不愿触碰的问题。

孙常叙于1956年在《汉语词汇》第二十章把"专业词汇和同行语词汇"列入第三篇"几种特殊性的词汇"中，把"同行语词汇"又分为"阶级习惯语词汇"和"秘密语词汇"，这是词汇学界最早对"隐语（秘密语）"作为词汇的界定。武占坤、王勤于1983年主编《现代汉语词汇概要》，明确把"隐语词汇"归入"非全民性词汇"中。黄伯荣、廖序东主编的高等学校文科教材《现代汉语》，1979年试用本、1981年正式教材（由甘肃人民出版社出版），一直到1983年修订本（自本版开始由高等教育出版社出版），皆没有把"隐语"列入"词汇"。1990年增订版[①]才把"隐语"作为"现代汉语词汇的组成"之一，以后各版一直纳入。刘叔新于2002年在《现代汉语理论教程》中把"阶级习惯语和隐语"列入"词汇系统"中。至此，汉语隐语在汉语词汇系统中有了非常清晰而明确的定性与定位。但仍有极少数"现代汉语"专著或教材采取回避的方式而忽视隐语的词汇归属定位。

曹炜（2004）在其专著《现代汉语词汇研究》把"隐语和黑话"列入"现代汉语词汇类聚"[②]中。曹氏在讨论隐语的类别时说："上述一些学者讨论的隐语类别中，有一些并不是现代汉语普通话层面上的隐语。如钟敬文主编的《语海·秘密语分册》所说的'各地方言中具有特殊含义，

[①] 《现代汉语》增订版（1990年）把隐语放入第三章"词汇"的第六节"现代汉语词汇的组成"中，该节包括四个部分："基本词汇""一般词汇""古语词、外来词、方言词"和"行业语、隐语"。增订二版（1997年）略作调整，为第四章"词汇"的第六节"现代汉语词汇的组成"，包括三部分："基本词汇和一般词汇""古语词、方言词、外来词"和"行业语、隐语"。一直到增订六版皆沿用此体例。

[②] 曹炜《现代汉语词汇研究》（修订本）于2010年由暨南大学出版社出版，该版把"隐语和黑话"放入"现代汉语词汇类聚"的观点没有改变。

在特定场合中使用，带有特定功能（如禁忌、避讳等）的一部分语词'这一类隐语中的那些不是用现代汉语普通话词汇的构词材料构成的，而是用一些地域方言的构词材料构成的隐语就不能算是现代汉语普通话层面的社会变体——隐语"（2004：194）。周荐、杨世铁（2006：575）在《汉语词汇研究百年史》中评介说："书中所谈到的隐语和黑话，算不算现代汉民族的'共同语'，是一个值得讨论的问题。"曹氏把带有地域方言和社会方言双重性质的"隐语"从"现代汉语普通话词汇的构词材料"的角度对其划分自然是错误的观点，但其把隐语放入"共同语"词汇类聚的定位在引发质疑的同时，也让我们思考通过研究来确立隐语的准确定位。

通过对20世纪以来汉语隐语研究的梳理，我们认为，汉语隐语不仅运用汉语语音、词汇材料、语法模型构成，而且也运用于汉语通语或地域方言（多为方言）之中，这个前提便决定了汉语隐语不是汉语之外的"异类"，而应是汉语的一个下属类别。因隐语使用于隐秘的社会群体中，尽管可以认为是汉语词汇的"另类"，但其作为汉语词汇的性质不能改变。通过对大量隐语的结构和造词分析，我们发现汉语隐语与汉语词汇在结构和造词方面的一致性（参见第三章"现代汉语基本隐语结构与造词研究"），其他社会群体的隐语亦是如此。邵朝阳（2003：27）通过对澳门博彩隐语的归纳和分析认为"复合式博彩语的结构与粤方言的构词法基本相同"。汉语隐语使用于地域性的社会群体中（从严格意义而言，超地域的通行、通用类隐语是不存在的），按照其性质而言，汉语隐语既具有地域方言的性质，又具有社会方言的性质，是地域性的社会方言。《汉语方言大词典》收录了不同方言区的大量隐语，《上海话大词典》收录了使用于上海地区的隐语，二辞书的做法就非常明确地说明了隐语兼具地域方言和社会方言的性质定位。汉语隐语与其所隐指的通语或地域方言词语在结构与造词的一致性说明隐语并非凌驾于通语或地域方言之上，也并非是独立于通语或地域方言之外的词汇现象，而是汉语词汇的有机组成，是汉语词汇大家庭的成员之一。但隐语是否能够进入共同语的词汇系统，还需要看具体隐语是否已突破其原生的封闭"圈子"，失去隐秘性而成为通用词语。没有失去隐秘性，仍使用于原社会群体的仍称为隐语，则不属于共同语词汇，如武占坤、王勤（2009）在《现代汉语词汇概要》[1]中称为

---

[1] 参见武占坤、王勤《现代汉语词汇概要》，外语教学与研究出版社2009年版，第五章第五节。

"非全民性词汇"就是一种很好的处理方式。已经失去隐秘性,仅通行于某地域的,称为来自隐语的地域方言词语,如商业隐语"回侃子"中的"唉""挠逮"等词语已经成为郯城方言(邵燕梅,2005:162、199);通行于共同语的,则称为来自隐语的共同语词语,如旧时医药类隐语"丘八"(亦写为"邱八")、绑匪隐语"绑票""撕票",江湖和相声界隐语"腕儿"(亦写作"万儿"或"蔓儿")等皆失去隐秘性并通行开来,且已被收录于《现代汉语词典》。来自隐的词语不能再称为隐语,"隐语有秘密性,如果失去了秘密性,也就变成全民共同语词,不是隐语了。如'洗手、挂花、挂彩、清一色'等等。"(黄伯荣、廖序东,2007:265)汉语隐语丰富了汉语词汇的组成,是汉语共同语词汇的重要来源之一。

三 现代汉语隐语结构与造词的独特性

汉语隐语的创造和使用首先体现了隐语主观隐秘的本质属性,还体现了使用者较强的目的性以及隐语创造的适用性和实用性,也体现了以行业、群体等为载体的社会性以及体现行业、群体等习俗、理念的文化性。现代汉语隐语的结构和造词不仅体现了现代汉语词汇的生动性和独特性,也体现了汉语词汇的复杂性和多元性。

汉语隐语的结构分为单纯、合成、短语三种形式。每种形式中除了与通语或地域方言词语结构相同的"普通式"隐语外,还有大量"特殊式"隐语。"特殊式"结构取决于汉语隐语造词的特殊性。例如,完全运用谐音、反切、拆字等特殊性造词手段创造的无义字串为特殊式单纯隐语;单纯运用截取手段创造的多字隐语为截取格复合隐语或短语隐语;运用事物的两个及以上不同特点或其他关联因素所创造的词语或短语为意合格合成隐语或短语隐语等。由此可见,汉语隐语在结构与造词方面皆有不同于通语或地域方言词汇的地方,这正是汉语隐语的独特性所在。汉语隐语的独特性反映了汉语词汇所呈现出的复杂性和多元性,同时也说明了汉语隐语研究的必要性。本书通过对该种独特性的揭示和阐释证明了汉语隐语研究的词汇学乃至语言学价值。

下编
现代汉语隐语个案研究

第六章 活隐语"调侃子"的调查与研究

"调侃子"是我们在山东省郯城县方言调查中发现的现代汉语活隐语，主要集中使用于郯城县商业重镇马头，马头镇同时也是全县最大的回民聚居地。作为商贸活动的主角，回族居民主要集中居住于镇政府所在地，其语言生活对全镇有一定的主导和引领作用。

第一节 关于"调侃子"

"调侃子"名下实为两种隐语，一为回族居民所创造和使用的"回用调侃子"，一为汉族居民所创造和使用的"汉用调侃子"。

一 "调侃子"的发现与调查

（一）马头镇概况

马头镇属山东省郯城县，位于县境西部，沂河南岸，郯（城）微（山）公路、京沪高速公路纵贯其中。由于优越的地理位置，马头镇经济发展迅速，农民生活富裕。在历史上，马头镇是远近闻名的商埠码头。据《郯城县志》记载，"清代以前水陆交通均较方便，因此处原有商船停泊，宿住车马较多，故得名码头"。后来"码头"在书写过程中简化为"马头"。马头镇"总人口4.5万人，镇驻地2.5万人，其中回民3100人，为县境回民主要聚居地。""马头镇自古就有经商之传统，为鲁南苏北商贾重镇，素有'小上海'之称"[①]。作为郯城县自古以来的商贸中心，位于沂河南岸、商贸码头的马头街自古至今发挥了非常重要的作用。根据《郯城县志》中提供的人口数量可以计算出镇政府所在地人口占全镇人口

---

① 参见《郯城县志》，深圳特区出版社2001年版，第63、72页。

的55.6%，回民总人口占镇驻地人口的12.4%（马头镇回民全部居住于镇政府所在地，即马头街）。另外，马头镇也是郯城县回民历史比较悠久、人口比较集中、伊斯兰教和回民风俗影响较大的古镇。与郯城县其他各地相比，马头镇具有以经济为中心且回民较强势地参与经济生活的突出特点。

（二）"调侃子"的发现与调查

在对郯城方言的田野调查中，我们了解到马头街（即马头镇政府所在地）居民的言语表达被外地人称为"街滑子腔"。在郯城县境内，"街滑子腔"被公认为是具有马头街地域特色的言语表达，该种表达方式在马头当地被称为"调侃子"。通过数年（自2006年始）多次在马头镇马头街的实地调查，通过多次与多位被调查人（兼发音人）[①]的切磋、交流，"调侃子"以一种较为清晰的面貌展现在了我们的面前。

在《郯城县民间文学集成》的"歌谣卷"中，我们发现了方言调查中所听到的"调侃子"，提供人为马头镇居民杨新儒。后来，通过郯城县县文化局时任副局长盖学贵、马头镇时任党委副书记田勇，我们找到了杨新儒老人，他在生活中除了积极使用"调侃子"之外，还对"侃"的词语形式进行一定程度的改造[②]，但他却说不出同样被称为"调侃子"中的从1到10的"侃子"，也不明白"嘎"为何义。后来又在田勇的协调和安排下，我们多次与汉族老人杨新儒、回族居民文华、肖树权等进行深入交流，加之在马头街对商户和回族居民的多次陌生拜访，我们较为清晰地了解到"调侃子"的隐语性质。2010年田勇调至其他乡镇，马头镇时任党委副书记谢飞和时任秘书钟士龙又给我们提供了较大的帮助，直到调查结束。随着调查的不断深入，我们了解到马头街其实有两种分属于不同族群、不同社区的"调侃子"，两种"调侃子"使用的词语（当地人称为"侃子"）也不相同。

[①] 主要的被调查人（兼发音人）有：杨新儒，男，1942年生，汉族，马头镇居民，居住于建设街，帮女儿经营蔬菜店铺；文华，男，1948年生，回族，马头镇居民，居住于民主街，经营清真点心；肖树权，男，1963年生，回族，马头镇居民，居住于民主街，马头镇清真寺寺管会主任；王自民，男，1970年生，回族，马头镇居民，居住于民主街，卖锅饼，做过牛羊生意。另外，汉族、回族陌生被调查人若干。

[②] 参见《郯城民间文学集成（歌谣卷）》（郯城民间文学集成编辑委员会，2004年）203—205页。

二 "调侃子"的表现形式与相关概念

(一)"调侃子"的表现形式

1. 语言游戏中使用的"调侃子"

用"杀人放"或"杀人"替换"火"进行言语表达被当地人称为"调侃子"（[tiɔ⁴¹kʰã²⁴tsʅ⁰]，郯城方言读音。调，音同"掉"。郯城音系见邵燕梅，2005：10-11）。例如，两人见面用"调侃子"打趣聊天（实为语言游戏），甲问："你得寸进了曼？"，如果乙还没有吃饭的话，可以回答："我还没得寸进喃！"问与答运用的同一个"侃子"，乙还可以这样回答："我还没离地三喃！"或"还没麻脸苛喃！"（所用的"侃子"分别是"得寸进尺、离地三尺、麻脸苛赤"的"藏尾"。在郯城方言中，"吃""尺""赤"同音）。问与答运用不同的"侃子"，使语言游戏显得更为灵活和诙谐，同时也反映出答话人应对的机智和占有词语的丰富程度。

2. 经商活动中使用的"调侃子"

用"掐子、流、一流"替换"一"（或者"十""一百""一千"等）、用"暄子"或"老暄"替换"馒头"进行言语表达也被称为"调侃子"。该种"调侃子"使用于经商活动中。

(二)"调侃子"的相关概念

1. 侃

"侃"在郯城方言中为动词，常见的词语有"侃空儿"（邵燕梅，2005：177），常见的短语有"胡侃、乱侃、瞎侃、胡侃乱侃、胡侃八侃、乱侃瞎侃"等，这些词语也在马头方言中使用，只有"侃子""调侃子"仅属于马头方言，而郯城县其他乡镇和周边县区的方言没有。"侃"，单独作为动词使用时没有普通话中的"调（tiáo）侃"义，指"胡说""撒谎"等义，多使用于马头方言中。马头镇周边地域，如郯城县城等地受此影响也会出现在方言中。

2. 侃子

"侃子"是马头镇独特的方言词，指的是使用于郯城方言语音和语法系统的言语表达中，不同于郯城方言词语且具有一定程度隐秘性的词语。在马头街的言语表达中，无论是在语言游戏中，还是在经商活动中皆是如此使用"侃子"，例如，语言游戏中说"你吃了吗"，仅把"吃"替换为"侃子"，其他没有任何改变；经商活动中要表达"两个馒头一块钱"，把"馒头"和"一块钱"替换成"侃子"表达为"两个老暄掐子嘎"或

"两个暄子一流嘎"都可以。

3. 调侃子

据被调查人介绍,"调侃子"为"调用""侃子"之义。调查伊始,我们根据发音写成了"掉侃子",一位被调查人专门给我们强调了"调"字的写法和读音(不读为"调 tiáo 侃"),也没有"用言语戏弄"或"嘲笑"之义,"调侃子"是沿用老辈的叫法,但马头街居民并不了解为什么会称为"调侃子"①,他们比较清楚的是"调侃子"其实是一种"黑话"(当地人也称为"江湖话")。"调"应为"言说"义,而不是"调用"义,"调侃子"指说隐语。

在马头街,"调侃子"分属于不同的社群,打趣聊天的"调侃子"在汉族社会中使用,经商的"调侃子"在回族社群中使用。为了区别并便于称说,我们把在汉族社群语言游戏中使用的"调侃子"称为"汉用调侃子",把在回族社群经商活动中使用的"调侃子"称为"回用调侃子",二者的"侃子"在言语运用中作为词语单位使用,我们分别称为"汉侃子"和"回侃子"。

第二节 "调侃子"的运用及造词对比分析

"汉用调侃子"和"回用调侃子"皆是在运用郯城音系、语法的基础上替换一定数量"侃子"词语的言语表达。"汉侃子"和"回侃子"是在不同的社会网络关系中依附于郯城方言词汇而产生的词汇变异现象,但二者的词汇形式不同。两种"调侃子"基本皆为男性使用,使用中会产生程度不等的隐密性效果,即"汉侃子"和"回侃子"为隐秘程度不同的隐语,前者为语言游戏类隐语,后者为商业类隐语。通过对比,下文着重分析两种"调侃子"的使用情况以及两种"侃子"词语形式、造词手段、造词法等方面的不同。

---

① 《现代汉语词典》1978年版收录"调坎儿",注音为 diào//kǎnr,释为"<方>同行业的人说行话。1983、1996、2004年版收录"调侃儿"为正体,释义后标注"也作调坎儿"。2005年第5版、2012年第6版、2016年第7版收录"调侃儿"和"调坎儿"两条,皆以前者为正体,释义改为"同行业的人彼此说行话"。从《现代汉语词典》收录该条的变化,反映了《现代汉语词典》尊重语言事实、以语言事实为依据调整词形和释义的编纂理念。

一 "调侃子"运用对比分析

（一）使用的语域不同

"汉用调侃子"基本限于日常的口语游戏或带有游戏性质的语言交流。创造者和使用者通过对"侃子"的不断推陈出新以达到隐秘和新奇之目的。

"回用调侃子"基本限于生意场所，主要用于牛羊的买卖过程中。在牛、羊的买卖过程中，多有经纪人参与（这与回族社群传统的交易方式有关），经纪人利用"回用调侃子"帮助买方或卖方达到讨价还价的目的，这种讨价还价必须建立在一方不会"回用调侃子"的基础之上，如果双方都懂，经纪人则采用"摸嘎"的方式（隐蔽状态下互相摸手的议价方式）进行交易。另外，在牛、羊肉的零售经营中，摊主在互相报价时也会使用数字"回侃子"。"回用调侃子"具体的表达情况在《郯城文史资料》（第七辑）《繁荣的牛市街与槽棚业》一文中交代得非常清楚："在成交活动中最忙碌的是经纪人。他既要满足买主的要求，同时又要使卖主感到满意，除了牲口的实情外，全凭经纪人的一张厉嘴了。""经纪人跟买卖双方讨价还价时，不是直接叫明多少钱，而是使用他们的行话，以便从中做手脚。所谓行话，旧时多少钱他们不明说，而是用××嘎代替。嘎代表数字，如一：流字嘎；二：弹字嘎；三：斜字嘎（或品字嘎）；四：吊子嘎（或方字嘎、老德嘎）；五：拐子嘎；六：挠字嘎（或痒痒嘎）；七：柴字嘎；八：别字嘎；九：老弯嘎等。"[①]

（二）使用者的情况不同

1. 民族和使用的社群不同

"汉用调侃子"由汉族人使用且使用于汉族社群中；"回用调侃子"由回族人使用且使用于回族社群中。

2. 使用者的年龄不同

"汉用调侃子"的使用者为60岁及以上年龄的男性，40岁以下者几乎无人使用；"回用调侃子"的使用者多为经商的回族男性（回族女性一般不会在公共场合使用），40岁以下的经商者仍然使用。

3. 使用者的文化程度不同

"汉用调侃子"多限于当地有一定文化程度且口语表达能力较强的老

---

① 参见政协郯城县文史资料委员会编《郯城文史资料》（第七辑，1991年），第119—120页。

人使用；而"回用调侃子"基本限于文化程度较低的从事牛羊买卖的经纪人和小生意人使用。

（三）语用效果不同

"汉用调侃子"使用者在驾驭文字和词语的游戏中，目的是进行语言游戏，追求一种幽默诙谐的交际氛围和生动、活泼、机智的语言效果。这和"缩脚语"的语用效果是一致的，"缩脚语也具有俳谐性，有一种诙谐、幽默的情态，使用起来显得俏皮，给人一种趣味感"（孙维张，1989：248）。"汉用调侃子"正是如此，听者不知道说者要用什么样的"侃子"进行表达，语言游戏的交流中不断地变换"侃子"，总会让游戏者有一种期待，并在期待中感受不断创新所带来的新鲜、新奇和快乐。就其实用价值而言，借用被调查人杨新儒老人的话，"'调侃子'其实就是没有事情可做的人做的语言游戏，游戏之后就没有什么了，也就是好玩，在茶余饭后博大家哈哈一笑"。正因如此，"汉用调侃子"在年轻人的眼里没有多少存在的价值和必要。

"回用调侃子"的目的在于保护商业机密。在郯城方言的背景下，使用者主动形成一个"排他"的言语圈子，使不懂的局外人无法进入这种言语交流圈。"某些社会集团或群体为了一定的目的，在成员之间制造、使用一些不为外人理解的语言形式"（戴庆厦，2004：59），回民商人正是为了维护本族利益，达到盈利的目的，在经商的过程中创造性地使用了一些不为局外人所理解的语言形式，形成了当地人所谓的"江湖话"。"回用调侃子"的应用与回族社群的经商传统息息相关。

（四）隐秘的程度不同

主观的隐密性是隐语的本质特点，"汉用调侃子"和"回用调侃子"皆具有这一显著特点，但二者的隐秘程度有所不同。

"汉用调侃子"应用于小圈子式的语言游戏，听者几乎都是在没有预知的情况下倾听"调侃子"，这种没有预知给言语交流带来了一定的新鲜感，甚至带有些微的神秘感，这种神秘感其实就决定了该种言语交流中的隐秘性。"汉用调侃子"运用郯城方言中最后一字同音（或音近）的四字词语或短语，表达同一个"侃子"。但由于该种词语的数量有限，对应的"侃子"数量同样有限，该种情况则决定了"汉用调侃子"隐秘的较大局限性。

"回用调侃子"应用于回族社群的经商活动中，其目的是保护商业机密，使商业利益最大化，该种语言形式具有较强的隐密性。"回用调侃子"一般不应用于非经商的言语环境中,使用语境的严格限制,更加保障了该种语言形式的隐秘性。

(五) 背景心理不同

"汉用调侃子"仅运用于语言游戏中,使用者在戏谑、玩笑中追求一种幽默诙谐的交际氛围和生动、活泼、机智的语言效果,在"掉书袋"的词汇游戏中,其目的是看谁占用的词汇量大,是一种赛制式的背景心理在支撑。

"回用调侃子"在保守商业秘密的前提下,还有一种较为隐秘的背景心理,那就是在汉族聚居地的回族社团的一种自我保护,"我们回民大都做小生意,如宰牛、贩鱼、粮行、勤行、打工、跑生意……夹杂在汉人中间,总是有些不方便,总是有些话要回避别人的。要吃饭,要穿衣,要生,要活,夹杂在汉人中间,总归是不容易的"(于琴,2017)。这其实是一种弱势心理的表现。

二 "侃子"对比分析

(一) 词语形式对比分析

1. 汉侃子

"汉侃子"表达和对应的多为实词(以名词为主),几乎没有数字"汉侃子"。"汉侃子"的来源有二,一是辑录自郯城县文化局编辑的内部资料《郯城民间文学集成》(歌谣卷),由马头街汉族居民杨新儒老人整理。该部分"汉侃子"的数量较多;一是来自本文的田野调查,大多是在同杨新儒老人的交谈中所获得。该部分的数量较少,是第一部分的补充。具体的"汉侃子"列举如下标注郯城方言读音[①]:

人 $z_ɿə^{55}$

丢死万(人) $tiə^{213-21}sɿ^{24}uã^{41}$
无脸见(人) $u^{55}liã^{24}tɕiã^{41}$
死不如(人) $sɿ^{24}pu^{213-21}z_ɿu^{55}$
门缝看(人) $mə^{55}fəŋ^{41}kʰã^{41}$

[①] "侃子"采用《郯城方言志》(邵燕梅,齐鲁书社2005年版)音系标音。2018年笔者带领团队进行郯城语保点调查,老年男性发音人为郯城县郯城街道团结社区居民周怀民(1961年出生),据其整理的音系与本书标注不同的主要有阳平调记为44,去声调记为51,"二、儿、耳"等音节有老派读音等。

孤家寡① (人) ku²¹³⁻²¹tɕia²¹³kua²⁴
兄妹俩 (人) ɕyŋ²¹³⁻²¹mə̃⁴¹lia²⁴
张口骂 (人) tʂɑŋ²¹³⁻²¹kʰəu²⁴ma⁴¹
抬手打 (人) tʰɛ⁵⁵ʂəu²⁴ta²⁴
蝎子蜇 (人) ɕiə²¹³⁻²¹tsɿºtʂə²¹³
蚊子咬 (人) uə̃⁵⁵tsɿºiɔ²⁴
臭气熏 (人) tʂʰəu⁴¹tɕʰi⁴¹ɕyə²¹³
唆狗咬 (人) tʂʰuə老/suə新²¹³⁻²¹kəu²⁴iɔ²⁴
省事饶 (人) ʂəŋ²⁴ʂɿ⁴¹ʐɔ⁵⁵
淘气劳 (人) tʰɔ⁵⁵tɕʰi⁴¹lɔ⁵⁵
形势逼 (人) ɕiŋ⁵⁵ʂɿ⁴¹pi⁵⁵
死不饶 (人) sɿ²⁴pu²¹³⁻²¹ʐɔ⁵⁵

眼 iã²⁴

叭不差 (眼) pa²¹³⁻²¹puºtʂʰa²¹³
合没拉 (眼) xa⁵⁵mu/məºla²¹³
瞎没赤 (眼) ɕia²¹³⁻²¹mu/məºtʂʰɿ²¹³
痤没瞎 (眼) tsʰuə⁵⁵mu/məºɕia²¹³

鸡 tɕi²¹³

开市大 (吉) kʰɛ²¹³⁻²¹ʂɿ⁴¹ta⁴¹
逢凶化 (吉) fəŋ⁵⁵ɕyŋ²¹³⁻²¹xua⁴¹
就棍打 (鸡) tsiəu⁴¹kuə̃⁴¹ta²⁴
王婆骂 (鸡) uɑŋ⁵⁵pʰə⁵⁵ma⁴¹
滑拉抹 (叽/唧②) xua⁵⁵la/ləºma²¹³
甩不拉 (叽/唧) ʂuɛ²⁴puºla²¹³

---

① 郯城方言的变调形式较为简单，只有阴平处在语流中的前一个音节时才发生变调，由213变为21。四音节的音步为2-2形式，若皆为阴平，只有一、三两个音节变调。"侃子"的原型为四音节词语或短语，三音节的"侃子"的变调仍然遵照原四音节形式变调，受原词语或短语的影响，第二个音节不变调。如"孤家寡"中"孤"变调，"寡"不变调。

② 郯城方言分尖团，但在"调侃子"中可以混用。这也反映了受普通话的影响尖团合流的趋势。另外，音近也可以运用"调侃子"。

肿眼齉（叽/唧） tʂuŋ²⁴iã²⁴nɑŋ⁴¹
傻了呱（叽/唧） ʂa²⁴lə°kua²¹³

高 kɔ²¹³

水涨船（高） ʂue²⁴tʂɑŋ²⁴tʂʰuã⁵⁵
步步登（高） pu⁴¹pu⁴¹təŋ²¹³
比天还（高） pi²⁴tʰiã²¹³xuã⁵⁵
发团年①（糕） fa²¹³⁻²¹tʰuã⁵⁵ȵiã⁵⁵

雪 suə²¹³

利儿啰（唆） li⁴¹ər°luə²¹³
毛儿哆（嗦） mɔ⁵⁵ər°tuə²¹³
冷雨温（雪） ləŋ²⁴y²⁴uə²¹³
地主剥（削） ti⁴¹tʂu²⁴pə²¹³

新 siə̃²¹³

砍头扒（心） kã²⁴tʰəu⁵⁵pa²¹³
抠眼挖（心） kʰəu²¹³⁻²¹iã²⁴ua²¹³
二刀偎（心） ər⁴¹tɔ²¹³⁻²¹ue²¹³
少年花（心） ʂɔ⁴¹ȵiã⁵⁵xua²¹³
十指连（心） ʂʅ⁵⁵tʂʅ²⁴liã⁵⁵
借酒谈（心） tsiə⁴¹tsiəu²⁴tʰã⁵⁵
焕然一（新） xuã⁴¹ʐã²⁴i²¹³
咬指寒（心） iɔ²⁴tʂʅ²⁴xã⁵⁵

天 tʰiã²¹³

打滚掏（天） ta²⁴kuə²⁴tʰɔ²¹³
日鬼掏（天） ʐʅ²¹³⁻²¹kue²⁴tʰɔ²¹³
撅腚看（天） tɕyə²¹³⁻²¹tiŋ⁴¹kʰã⁴¹
狗胆包（天） kəu²⁴tã²⁴pɔ²¹³

---

① "发团"和"年糕"为郯城的两种面食。

蛋 tã⁴¹

青皮鸭（蛋） tsiŋ²¹³⁻²¹pʰi⁵⁵˙ia²¹³
二郎八（蛋） ər⁴¹laŋ⁵⁵pa²¹³
叽喽滚（蛋） tɕi²¹³⁻²¹ləuºkuə²⁴
青衣花（旦） tsiŋ²¹³⁻²¹i²¹³⁻²¹ua²¹³

狗 kəu²⁴

金丝叭（狗） tɕiə²¹³⁻²¹sʅ²¹³⁻²¹pa²¹³
死毛拉（狗） sʅ²⁴mɔ⁵⁵la²¹³
泥里陷（狗） mi⁵⁵li²⁴ɕiɛ⁴¹老/ɕiã⁴¹新
四眼花（狗） sʅ⁴¹iã²⁴xua²¹³

羊 iaŋ⁵⁵

杀猪宰（羊） ʂa²¹³⁻²¹tʂu²¹³tsɛ²⁴
顺手牵（羊） ʂuə⁴¹ʂəu²⁴tɕʰiã²¹³
百步穿（杨） pe²¹³⁻²¹pu⁴¹tʂʰuã²¹³
四处宣（扬） sʅ⁴¹tʂʰu⁴¹ɕyã²¹³

盐 iã⁵⁵

少油无（盐） ʂɔ²⁴iã⁵⁵u⁵⁵
芝麻糊（盐） tʂʅ²¹³⁻²¹ma/mə/muºxu⁵⁵
口吐狂（言） kʰəu²⁴tʰu²⁴kʰuaŋ⁵⁵
哑口无（言） ia²⁴kʰəu²⁴u⁵⁵

马 ma²⁴

红鬃烈（马） xuŋ⁵⁵tsuŋ²¹³⁻²¹liə²¹³
秦琼卖（马） tsʰiə⁵⁵tɕʰyŋ⁵⁵mɛ⁴¹
高头大（马） kɔ²¹³⁻²¹tʰəu⁵⁵ta⁴¹
指鹿为（马） tʂʅ²⁴lu²¹³⁻²¹ue⁵⁵

地 ti⁴¹

三皇五（帝） sã²¹³⁻²¹xuɑŋ⁵⁵u²⁴

第六章　活隐语"调侃子"的调查与研究　241

铺天盖（地）　$p^hu^{213-21}t^hiã^{213}kɛ^{41}$
山神土（帝）　$ʂã^{213-21}ʂə̃^{55}t^hu^{24}$
五体投（地）　$u^{24}t^hi^{24}t^həu^{55}$
恨天怨（地）　$xə̃^{41}t^hiã^{213}yã^{41}$
死心塌（地）　$sɿ^{24}siã^{213}t^ha^{213}$
称兄道（弟）　$tʂ^hə̃ŋ^{213-21}ɕyŋ^{213}tɔ^{41}$
仁兄八（弟）　$z̩ə̃^{55}ɕyŋ^{213}pa^{213}$
四不着（地）　$sɿ^{41}pu^{213}tʂuə^{55}$
一席之（地）　$i^{213-21}si^{55}tʂɿ^{213}$
花天酒（地）　$xua^{213-21}t^hiã^{213}tsiəu^{24}$
玉皇大（帝）　$y^{41}xuɑŋ^{55}ta^{41}$

火 $xuə^{24}$

黑灯瞎（火）　$xe^{213-21}tə̃ŋ^{213}ɕia^{213}$
小心灯（火）　$siɔ^{24}siã^{213}tə̃ŋ^{213}$
严禁烟（火）　$iã^{55}tsiã^{41}iã^{213}$
杀人放（火）　$ʂa^{213}z̩ə̃^{55}fɑŋ^{41}$
头顶冒（火）　$t^həu^{55}tiŋ^{24}mɔ^{41}$

寿 $ʂəu^{41}$

山猫野（兽）　$ʂã^{213-21}mɔ^{55}iə^{24}$
五福同（寿）　$u^{24}fu^{213}t^huŋ^{55}$
挑肥拣（瘦）　$t^hiɔ^{213-21}fe^{55}tɕiã^{24}$
延年益（寿）　$iã^{55}ȵiã^{55}i^{.41}ʂəu^{41}$
五女拜（寿）　$u^{24}ȵy^{24}pɛ^{41}$
麻姑献（寿）　$ma^{55}ku^{213}ɕiã^{41}$
飞禽走（兽）　$fe^{213-21}tɕ^hiã^{55}tsəu^{24}$

雨 y^{24}

粗风暴（雨）　$ts^hu^{213-21}fə̃ŋ^{213}pɔ^{41}$
斜风潲（雨）　$siə^{55}fə̃ŋ^{213}ʂɔ^{41}$
倾盆大（雨）　$tɕ^hiŋ/tɕ^hyŋ^{213-21}p^hə̃^{55}ta^{41}$
直脖倒（雨）　$tʂɿ^{55}pə^{55}tɔ^{41}$
甘露细（雨）　$kã^{213-21}lu^{41}si^{41}$

雾娄毛（雨） u⁴¹ləu⁰mɔ⁵⁵
顶风冒（雨） tiŋ²⁴fəŋ²¹³mɔ⁴¹
三言两（语） sã²¹³⁻²¹iã⁵⁵liaŋ²⁴
甜言蜜（语） tʰiã⁵⁵iã⁵⁵mi²¹³
花言巧（语） xua²¹³⁻²¹iã⁵⁵tɕʰiɔ²⁴

海 xɛ²⁴

八仙过（海） pa²¹³⁻²¹siã²¹³kuə⁴¹
五洲四（海） u²⁴tʂəu²¹³⁻²¹sʅ⁴¹
排山倒（海） pʰɛ⁵⁵ʂã²¹³tɔ²⁴
福如东（海） fu²¹³⁻²¹ʐu⁵⁵tuŋ²¹³

将 tsiaŋ⁴¹

调兵遣（将） tiɔ⁴¹piŋ²¹³tɕʰiɛ²⁴老/tɕʰiã²⁴新
偷盐抹（酱） tʰəu²¹³⁻²¹iã⁵⁵mə²⁴
能工巧（匠） nəŋ⁵⁵kuŋ²¹³tɕʰiɔ²⁴
五虎上（将） u²⁴xu²⁴ʂaŋ⁴¹

月 yə²¹³

对症下（药） te⁴¹tʂəŋ⁴¹ɕia⁴¹
枪炮火（药） tsʰiaŋ²¹³⁻²¹pʰɔ⁴¹xuə²⁴
灵丹妙（药） liŋ⁵⁵tã²¹³miɔ⁴¹
三山五（岳） sã²¹³⁻²¹ʂã²¹³u²⁴
披星戴（月） pʰi²¹³⁻²¹siŋ²¹³tɛ⁴¹

路 lu⁴¹

走投无（路） tsəu²⁴tʰəu⁵⁵u⁵⁵
仙人指（路） siã²¹³⁻²¹ʐə̃⁵⁵tʂʅ²⁴
修桥补（路） siəu²¹³⁻²¹tɕʰiɔ⁵⁵pu²⁴
头前带（路） tʰəu⁵⁵tsʰiã⁵⁵tɛ⁴¹

饭 fã⁴¹

残茶剩（饭） tsʰã⁵⁵tsʰa⁵⁵ʂəŋ⁴¹

互不侵（犯）xu⁴¹pu²¹³tsʰiə̃⁵⁵
明知故（犯）miŋ⁵⁵tʂʅ²¹³ku⁴¹
粗茶淡（饭）tsʰu²¹³⁻²¹tʂʰa⁵⁵tã⁴¹

点 tiã²⁴

倾盆万（点）tɕʰiŋ/tɕʰyŋ²¹³⁻²¹pʰə̃⁵⁵uã⁴¹
血滴汗（点）ɕiə²¹³⁻²¹ti²¹³xã⁴¹
五更三（点）u²⁴tɕiŋ²¹³sã²¹³
一星半（点）i²¹³⁻²¹siŋ²¹³pã⁴¹

法 fa²¹³

披头散（发）pʰi²¹³⁻²¹tʰəu⁵⁵sã⁴¹
河涨水（发）xə⁵⁵tʂaŋ²⁴ʂue²⁴
贪赃枉（法）tʰã²¹³⁻²¹tsaŋ²¹³uaŋ²¹³
就地正（法）tsiəu⁴¹ti⁴¹tʂəŋ⁴¹

堂 tʰaŋ⁵⁵

直奔公（堂）tʂʅ⁵⁵pə̃⁴¹kuŋ²¹³
五辈同（堂）u²⁴pei⁴¹tʰuŋ⁵⁵
破腹开（膛）pʰə⁴¹fu²¹³kʰɛ²¹³
芝麻大（糖）tʂʅ²¹³⁻²¹ma/mə/muºta⁴¹

其他"汉侃子"（冒号前为"侃子"所隐指的词语）：
二：一心无（二）i²¹³ɕiə̃²¹³u⁵⁵
九、酒［tɕiəu²⁴］：① 一三五（七九）i²¹³sã²¹³u²⁴
钱、前［tsʰiã⁵⁵］：且顾/切顾眼（前）tsʰiə²¹³ku⁴¹iã²⁴
死［sʅ²⁴］：木成/木成替（死）mu²¹³tʂʰəŋ⁵⁵tʰi⁴¹sʅ²⁴
猪、珠［tʂu²¹³］：二龙/二龙戏（珠）ər⁴¹luŋ⁵⁵ɕi⁴¹
车［tʂʰə²¹³］：老汉/老汉推（车）lɔ²⁴xã⁴¹tʰe²¹³
勺、□打［ʂuə⁵⁵］：锅碗瓢（勺）kuə²¹³uã²⁴pʰiɔ⁵⁵
登、蹬、灯［təŋ²¹³］：哧不楞（噔）tʂʰʅ²¹³puºləŋ⁴¹

---

① 郯城老派方言分类团，即"九""酒"不同音，而使用"汉侃子"的人受教育程度较高，此二音混同。

菜、蔡［tsʰɛ⁴¹］：挑筐卖（菜）tʰiɔ²¹³kʰuaŋ²¹ʒmɔ⁴¹

水［ʂue²⁴］：刺毛漏（水）tsʰʅ²¹³mɔ⁵⁵ləu⁴¹

棒［paŋ⁴¹］：长腿/长腿拉（棒）tsʰaŋ⁵⁵tʰe²⁴la²¹³

屎［ʂʅ²⁴］：连毛拉（屎）liã⁵⁵mɔ⁵⁵la²¹³

臭［tʂʰəu⁴¹］：瘟不拉（臭）uə̃²¹³puºla²¹³

2. 回侃子

由于回族社群言语交流时还存在一些特殊的回族语词语，即阿拉伯和波斯语借词，例如，《中国文化大典》所称的"回族语"，回族语即"回族通用汉语"，"由于信奉伊斯兰教的缘故，回族聚居地区通行的汉语中带有大量的阿拉伯语和波斯语借词。这些外来词经汉语语法规则组织到一起，构成了一套特殊的话语系统，使外族人很难听懂，如仿阿拉伯语称妻子为'孩俩利'，称皈依者为'穆斯林'，仿波斯语称沐浴为'勿斯里'，称宗教师为'阿訇'等"（任继愈，1999：912）。可见，回族语的运用与隐语的状况相同，从意义的角度而言，都是外族人难以理解的词语在汉语语法和部分词语中的运用，故在调查时，如何区别回族语与隐语，是我们首先要做的功课。调查后，我们把记录、描写的词语与综合性文献与地方性资料相结合进行比对，甄别并排除回族语，并基本能够保证整理出的词语为隐语性质的"回侃子"。

（1）基本"回侃子"

基本"回侃子"涉及生活的很多方面，包括名词、动词、形容词性词语或短语，以名词性词语或短语占多数。基本"回侃子"全部来自田野调查。列举如下：

不严 pu²¹³⁻²¹iã⁵⁵　不行

踩 tʂʰɛ²⁴　走

踩壳 tʂʰɛ²⁴kʰə　鞋子

长脸子 tʂʰaŋ⁵⁵liã²⁴tsʅº　驴

长腿 tʂʰaŋ⁵⁵tʰe²⁴　成材的长木棒；棍棒

唱 tʂʰaŋ⁴¹　讲价钱

抄把 tʂʰau²¹³⁻²¹paº　李姓

踳厚踳薄 tʂʰɛ²⁴xəu⁴¹ tʂʰɛ²⁴pə⁵⁵　指利润多少

碜子 tʂʰə²⁴tsʅº　沙子；沙粒儿

哧不楞 tʂʰʅ²¹³⁻²¹puºləŋºtəŋ²¹³　灯

春子 tʂʰuə²¹³⁻²¹tsʅº　牛

刺毛漏 tsʰʅ²¹³mɔ⁵⁵ləu⁴¹　水

大耳朵 ta⁴¹lə²⁴老təuº老　猪

大挠耳腮 tɑ⁴¹nɔ⁵⁵ər°sɛ²¹³　大领导
灯笼把 təŋ²¹³luŋ/ləu°pa²⁴　赵姓
调侃子 tiɔ⁴¹kʰã²⁴tsʅ°　说隐语
短腿 tuã²⁴tʰe²⁴　同"大耳朵"
躲和 tuə²⁴xuə°　跛足的人
二龙 ɭə⁴¹luŋ⁵⁵　同"大耳朵"
高腿 kɔ²¹³⁻²¹tʰe²⁴　指马、驴、骡子等大牲畜
割耳朵 ka²¹³⁻²¹ɭə²⁴təu°老　经纪两头吃①
拱把 kuŋ²⁴pa²⁴　同"大耳朵"。猪
滚蛋子 kuə²⁴tã⁴¹tsʅ°　自行车
锅碗瓢 kuə²¹³⁻²¹uã²⁴pʰiɔ⁵⁵　打
过失 kuə⁴¹ʂʅ°　牛肉；羊肉
黑毛子 xe²¹³⁻²¹mɔ⁵⁵tsʅ°　同"大耳朵"。猪
黑牲口 xe²¹³⁻²¹ʂəŋ²¹³⁻²¹kʰəu²⁴　同"大耳朵"
呼而来 xu²¹³ər°lɛ⁵⁵　不好的人或物
户亥 xu⁴¹xɛ⁴¹　同"大耳朵"
黄口 xuɑŋ⁵⁵kʰəu²⁴　泛指年轻、没有社会经验的人
火山子 xuə²⁴ʂã²¹³tsʅ°　酒
既失 tsʅ⁴¹ʂʅ°　猪肉
夹目 tɕia²¹³⁻²¹mu°　指导，训练
斤两 tɕiə²¹³⁻²¹liɑŋ°　指人做事不动脑，智商低
开希 kʰɛ²¹³⁻²¹ɕi²¹³　陌生人，贬称。多指男性
侃子 kʰã²⁴tsʅ°　隐语
口天 kʰəu²⁴tʰiã²¹³　吴姓
老汉 lɔ²⁴xã⁴¹　机动车
老暄 lɔ²⁴ɕyã²¹³　馒头
连毛 liã⁵⁵mɔ⁵⁵　屎
撩边儿 liɔ⁵⁵piãr²¹³　茶
搂金子 ləu⁵⁵tɕiə²¹³⁻²¹tsʅ°　狗
裸 luə²⁴　油的总称
裸般 luə²⁴pã°　多指动物油
蜜把 mi²¹³⁻²¹pa²⁴　田姓

---

①　"耳朵"保留郯城方言老派读音。

囊 naŋ⁵⁵　软弱，窝囊

囊子 naŋ⁵⁵tsʅ⁰　笨蛋；蠢货；不能胜任某项工作的人。晋语

挠逮 nɔ⁵⁵tɛ⁵⁵　好

挠耳腮 nɔ⁵⁵ər⁰sɛ²¹³　领导；有头有脸的人

捏咔 niə²¹³⁻²¹kʰa⁵⁵　提醒或引起注意（不再说话或不再做某事）

捏咖 niə²¹³⁻²¹kʰa⁵⁵　引起注意

爬山子 pʰa⁵⁵ʂã²¹³⁻²¹tsʅ⁰　羊

喷子 pʰə²¹³⁻²¹tsʅ⁰　枪

千金子 tsʰiã²¹³⁻²¹tɕiə²¹³tsʅ⁰　陈姓

绕 ʐɔ⁵⁵　同"踩"

容把 vəŋ⁵⁵老/ʐuŋ⁵⁵新pa²⁴　小偷儿

塞坏 sɛ²⁴xuɛ⁰　骂人

僧把 səŋ²¹³⁻²¹pa²⁴　徐姓

双口 ʂuaŋ²¹³⁻²¹kʰəu²⁴　吕姓

双木 ʂuaŋ²¹³⁻²¹mu²¹³　林姓

水鬼 fe²⁴老kue²⁴　人

顺手 ʂuə⁴¹ʂəu²⁴　杨姓

岁福态 sue³¹fu²¹³⁻²¹tɜ⁰　人的五官、长相

摊张 tʰã²¹³⁻²¹tʂaŋ²¹³　煎饼

淌把 tʰaŋ²⁴pa²⁴　刘姓

挑筐 tʰiɔ²¹³⁻²¹kʰuaŋ²¹³　蔡姓

万宝 uã⁴¹pɔ²⁴　同"囊子"

旺子 uaŋ³¹tsʅ⁰　血

瘟不拉 uə²¹³⁻²¹pu⁰la⁰²¹³　臭

无常 u⁴¹tʂʰaŋ⁰　死亡

洗目 si²⁴mu⁰　有利可图，好处费

小挠耳腮 siɔ²⁴nɔ⁵⁵ər⁰sɛ²¹³　小领导

暄子 ɕyã²¹³⁻²¹tsʅ⁰　同"老暄"

眼目 iã²⁴mu⁰　钱

洋驴 iaŋ⁵⁵ly⁵⁵　摩托车

窑壳 iɔ⁵⁵kʰə²¹³　房屋

阴巴 iə²¹³⁻²¹pa²⁴　女性，贬称

扎目 tʂa²¹³⁻²¹mu⁰　服装；穿着

招 tʂɔ²¹³　眼睛

种壳 tʂuŋ²⁴kʰə° 粮食

转脸子 tʂuã²⁴liã²⁴tsɿ° 王姓

子把 tsɿ²⁴pa²⁴ 孙姓；很土气、不起眼的人或者没有心眼的人；对乡下人的贬称

（2）数词"回侃子"

数词"回侃子"有新、老派之分，新、老派皆有多种变体形式。老派分为两套，一套辑录自政协郯城县文史资料委员会编纂的《郯城文史资料》（第七辑），另一套和新派皆来自田野调查。具体见表 6.1 "数词'回侃子'"。

表 6.1 数词"回侃子"

	1	2	3	4	5	6	7	8	9	10
老派①老	流字嘎	弹字嘎 品字嘎	斜字嘎 方字嘎 老德嘎	吊字嘎	拐字嘎	挠字嘎 痒痒嘎	柴字嘎	别字嘎	老弯嘎	
老派新	一流	坛子	品子	吊子	拐子	挠子 捏子	柴子	别子	弯子	掐子
新派	一流 掐子 一干紧 一块	坛子 杠子 簩②子 扁担 夹子	品子 金子	吊子 悬梁 老桑	拐子 麻子 好脸	挠子 痒痒 自在 快活	柴子 捏子 干不子	别子 一拃 老拃	弯子 虾腰	

	11	12	13	14	15	16	17	18	19	20
老派	重流	流次	流言	流虎	流漫 半月嘎	流斧	流柴	流卧	流欠	杠子
新派	重流 钻天 爷俩	流次 栏杆	流言 流品	流虎 爬山	流漫 半月嘎	流斧 一斤	流柴	流卧	流欠	杠子 簩子 扁担 夹子

---

① 数词"回侃子"的老派和新派是按照时间先后、使用者的年龄大小而划分的大致类别。老派分为老派老和老派新两种形式。老派老记录的是民国期间的隐语；老派新记录的是现在 70 岁以上老人曾经使用的隐语；新派记录的是目前正在使用中的隐语。

② "簩子"指篾条。邵燕梅《郯城方言志》第 20 页"同音字汇"部分写为"簩"，参照《汉语大字典》应改为"簩"。

续表

	21	22	23	24	25	26	27	28	29	30
新派	坛丁	两加	坛言	坛虎	坛帖	坛斧	坛柴	坛卧	坛欠	品子
	杠丁	两坛			杠帖					金子
		两杠								
		两杠子								

	31	32	33	34	35
新派	品丁	品加	两品	品虎	品帖

	44	55	66	77	88	99	100
新派	两吊	两拐	两挠	两柴	两别	两弯	掐子
	两吊子						一流
							一干紧
							一块

注："帖"在隐语中读为[tʰiə⁵⁵]，在郯城方言中为阳平调。因没有完全同音的字可以使用，故在字下加浪线，表示该字不是直接的记音字。

（二）造词手段对比分析

1. 歇后截取创造"汉侃子"

"汉侃子"全部运用歇后截取的手段构成，即歇后截取是"汉侃子"造词的唯一方法。"汉用调侃子"用这种方法生成后在郯城方言中嵌入使用，达到言语游戏或带有游戏性质的言语交际的目的。

"先选取一个固定词组，一个成语，一个惯用语，或一个固定的名称，或是人们常说的一句现成话作为语根。在被选取的固定词组或现成话中，包括有我们要用的词语在内。使用的时候，把要用的词语隐去，留下其余的部分，并用其余的部分代替隐去的词语"（孙维张，1989：244）。从调查到的语料可以看到，充当语根的是四字成语或固定方言词组（个别为自由词组），最后一个字为语脚，在表述中，隐去语脚（个别情况会隐去两个字），如可以用"杀人放"或者"杀人"替换"火"，语脚的读音所承载的语境意义是表述的内容。也就是说语根中的前三字或前两字为实际表达中所称说的形式，而语脚才是实际表达中的内容，即意义的落脚点。

由于包含语脚的成语或方言词组不止一个，所以同一词语的"侃子"就不止一个，有些音同或者音近的语脚也可以成为同一个"侃子"。例如，象棋中的"将"可以用"调兵遣""偷盐抹""能工巧""五虎上"（分别来自成语或短语"调兵遣将""偷盐抹酱""能工巧匠""五虎上将"）等进行替换。尽管一个"汉侃子"有多种变体形式可以备用，但在一句话中替换一个词语时，一般不会罗列"侃子"。在连续的言语表达中，同一个词语在不同的句子中可以使用不同的变体形式。

2. 多种造词手段创造"回侃子"

相比"汉侃子"，"回侃子"造词具多样性、综合性特点。基本"回侃子"造词运用了语音、文字、截取、语义、文化、修辞等手段，其运用情况与基本隐语大致相同（参见第三章第二节中的"现代汉语基本隐语的造词手段"）。数词"回侃子"造词运用了截取、修辞、手势、联想等手段，其运用情况与数词隐语大致相同（参见第四章第二节中的"数词隐语造词手段"）。"回侃子"造词需要根据其造词手段具体对其造词法进行分析（详下）。

与使用于汉族社群的隐语相比，"回侃子"的创造和使用必然会受到回族文化与伊斯兰教文化等的影响，部分"回侃子"是由于禁忌等动因而更换为避讳性词语，如"二龙""黑牲口""黑毛子""大耳朵""拱把""户亥""短腿"等隐指猪、"旺子"隐指血等皆是回族古老的禁忌（语言禁忌属于"塔布"现象之一），这种禁忌体现在伊斯兰教的根本经典《古兰经》中。《古兰经》第五章第三节强调指出："对你们列为禁戒的是自死物、血、猪肉"，语言禁忌就如同是回族社群言语交流中的无形法律，任何人不能犯规。有的"回侃子"本身就体现了回族社群的饮食禁忌文化现象，如"既失"隐指猪肉、"过失"隐指牛、羊肉[①]，"既失"实际为"禁食"的谐音，"过失"实际为"过食"的谐音，是《古兰经》中可以食用的肉类，相当于通过审核的肉类。对猪、猪肉的禁忌是回族社群文化和语言禁忌中最为突出的，《回族民俗学》中说道："现在我国回族群众不仅禁吃猪肉，而且还禁养猪，甚至从思想意识和感情上反感和见不得猪。有些回民见了猪就背转过脸，有些嗅到猪肉味就恶心、呕吐。""宁夏泾源、西吉、同心、吴忠、甘肃临夏、平凉等许多回民聚居地的回民连猪皮鞋、猪皮夹克也不穿，甚至有些属猪相的自称为属黑的，姓朱的因与猪谐音，也改为姓黑的"（王正伟，2008：96）。文化多作为造词的动因在隐语创造中发挥其作用，真正运用文化因素创造的隐语数量不多。

[①] 邵燕梅《山东郯城马头镇"调侃子"现象调查研究报告》（《语文研究》2011年第1期）曾说"有些'调侃子'目前看不出其造词理据，如'过失'隐指牛、羊肉，用'既失'隐指猪肉等，还需进行更深入的研究"，通过对回族社群文化现象的了解，我们发现了这两个"回侃子"的造词密码——文化密码。我们相信，通过对隐语研究的不断深入，有一些目前无法认识造词理据的隐语将逐渐被认识。

(三) 造词法对比分析

1. "汉侃子"造词法分析

歇后截取指代造词法是创造歇后语或相同形式语言游戏的常见方法。"汉侃子"全部运用歇后截取指代造词法而创造，造词手段单一、造词方法固定是"汉侃子"造词的突出性特点。由于"汉侃子"截取的语根全部为四字词语，对应的郯城方言词语大多为单字形式，故"侃子"的词语形式基本为三字段，少数情况下会使用两字段，两字段一般是对三字段的简略。

对应同一（包括同音）郯城方言词语的"汉侃子"形式不止一种，只要是语脚（四字词语的最后一字）读音相同或相近，就可以作为同一"侃子"的备用语根，故"汉侃子"的变体形式较多，但各变体形式之间并没有先后或主从的关系，故可以同时作为同一（包括同音）郯城方言词语"侃子"的基本形式或变体形式。例如，"鸡""吉""机""急"等都可以运用"开市大""逢凶化""就棍打""王婆骂""滑拉抹""甩不拉""肿眼矓""傻了呱"等"侃子"表示，这些用三字字段所表示的"侃子"，既可以认为是"鸡""吉""机""急"等词语所调用"侃子"的基本形式，也可以认为是变体形式。

2. "回侃子"造词法分析①

"回侃子"的造词手段较"汉侃子"丰富，除部分词语与"汉侃子"的造词手段截取相同外，大多为自造词语。由于基本"回侃子"和数词"回侃子"造词手段的不同，我们分别对其进行造词法的分析。

（1）基本"回侃子"造词法分析

除"开希"（隐指陌生人）、"塞坏"（隐指骂人）两个"回侃子"尚未解开造词"密码"外，我们对所调查的其余基本"回侃子"全部进行了造词分析，其造词运用四种方法：语音造词法、文字造词法、截取造词法和意义造词法。从基本"回侃子"的词性来看，同基本商业隐语的情况一样，也是名词性隐语占绝对多数。

1) 语音造词法

语音大多作为辅助性造词手段应用于隐语创造中，运用语音造词法创造的"回侃子"有"既失"隐指猪肉，是"禁食"的谐音，"过失"隐指牛羊肉，是"过食"的谐音，"嘎"隐指价格、钱、数目，是古音的保

---

① 部分"回侃子"已经在邵燕梅《山东郯城马头镇"调侃子"现象调查研究报告》（《语文研究》2011年第1期）做过研究，但不成系统，本书重新对全部"回侃子"进行造词法分析。

留等。具体的造词法与理据分析详下文。

2）文字造词法

运用文字造词法创造的基本"回侃子"数量较少，只有"双口"隐指吕姓、"双木"隐指林姓、"口天"隐指吴姓三个，且全部运用字形拆解中的直接拆解指代造词法而创造。例如："双口"由"吕"直接拆解、"双木"由"林"直接拆解、"口天"由"吴"直接拆解。这三个"回侃子"亦常见于日常口语的姓氏拆解介绍中。

3）截取指代造词法

运用截取指代造词法创造"回侃子"，又称为"藏头藏尾式造词"（邵燕梅，2011）。该种方法又分为歇后截取指代造词法和歇前截取指代造词法，在基本"回侃子"的创造中，仍然是运用前一种造词法创造的词语数量较多。

①歇后截取指代造词法

运用歇后截取指代造词法创造的"回侃子"，语根的字数一般为两到四字，其他情况暂未调查到。该种形式的"回侃子"为藏尾式词语。具体"回侃子"的造词如下：

僧把，隐指徐姓。利用"僧俗"歇后，以"僧"隐指"俗"，"徐"与"俗"同音①（谐音）。

子把，隐指孙姓。利用"子孙"歇后，以"子"隐指"孙"，并附加表示人或姓氏的"把"；

万宝，隐指无能之人。利用短语"万宝囊"歇后。万宝囊，方言短语，喻指能够装盛很多物品的皮囊。以"万宝"隐指"囊"，"囊"指窝囊、无能的人（语义联想）；

转脸子，隐指王姓。利用短语"转脸望"歇后，以"转脸"隐指"望"，"王"与"望"谐音，并附加词缀"子"（谐音、附加词缀）；

长腿，隐指棍棒。利用"长腿拉棒"歇后。长腿拉棒，方言词语，喻指腿很长，像棍棒一样。以"长腿"隐指"棍棒"；

哧不楞，隐指灯。利用"哧不楞噔"歇后，以"哧不楞"隐指"噔"，"灯"与"噔"谐音（谐音）；

刺毛漏，隐指水。利用"刺毛漏水"歇后，以"刺毛漏"隐指"水"；

二龙，隐指猪。利用"二龙戏珠"歇后，以"二龙"隐指"珠"，

---

① "僧"与"俗"在郯城老派方言中的读音相同，参见邵燕梅《郯城方言志》，齐鲁书社2005年版，第22页。

"猪"与"珠"谐音（谐音）；

锅碗瓢，隐指打。利用"锅碗瓢勺"歇后，以"锅碗瓢"隐指"勺"，"勺"与表打人义的新派说法"□"①（音为［fə⁵⁵］）同音（谐音）；

老汉，隐指车。利用短语"老汉推车"歇后，以"老汉"隐指"车"；

连毛，隐指屎，大便。利用"连毛拉屎"歇后，以"连毛"隐指"屎"；

水鬼，隐指人。利用"水鬼毛人"歇后，以"水鬼"隐指"人"；

顺手，隐指杨姓。利用"顺手牵羊"歇后，以"顺手"隐指"羊"，"杨"与"羊"谐音（谐音）；

挑筐，隐指蔡姓。利用"挑筐卖菜"歇后，以"挑筐"隐指"菜"，"蔡"与"菜"谐音（谐音）；

切顾/且顾眼，隐指钱。利用"且顾眼前"歇后，以"且顾"隐指"前"，"钱"与"钱"谐音，"切"与"且"谐音（谐音）；

瘟不拉，隐指臭。利用"瘟不拉臭"②歇后，以"瘟不拉"隐指"臭"。

另外，需要补充说明的是，以四字词语为语根，运用歇后截取指代造词法创造的"侃子"大多在汉族、回族两个社区通用。

②歇前截取指代造词法

运用歇前截取指代造词法创造的"回侃子"数量较少，该种形式的"回侃子"为藏头式词语。目前调查到的仅有"淌把""蜜把"两个"侃子"，具体造词法为：

淌把，隐指刘姓。利用"流淌"歇前，以"淌"隐指"流"，"刘"与"流"谐音，并附加表人语素"把"（谐音、附加语素）；

蜜把，隐指田姓。利用"甜蜜"歇前，以"蜜"隐指"甜"，"田"与"甜"谐音，并附加表人语素"把"（谐音、附加语素）；

眼么，隐指钱。利用"钱眼"③歇前，以"眼"隐指"钱"，并附加词缀"么"（附加）。

---

① 表"打人"义的新派说法属有音无字的情况，故用"□"表示。由于为新派说法，《郯城方言志》未收录。

② "长腿拉棒""咪不楞噔""刺毛漏水""锅碗瓢勺""连毛拉屎""瘟不拉臭"皆为郯城方言词语。

③ 郯城方言为"钱眼儿"，形容人贪财好利、唯利是图，称为"钻钱眼儿里了"。

4）意义造词法

本部分只对"回侃子"进行造词法的举例说明，具体造词法分析见第八章"现代汉语隐语造词理据汇释"。

①直接指代造词法

运用直接指代造词法创造的"回侃子"，多数主要从特点角度指代隐指对象，少数从动作、现象等角度指代隐指对象。例如：

A. 特点指代造词法

大耳朵——猪　　　　　　　　短腿——猪
高腿——马、驴、骡子等大牲畜　种壳——粮食
挠耳腮——领导；有身份、有地位的人
黑牲口——猪　　　　　　　　扎目——服装；穿着
绕——走　　　　　　　　　　容把——小偷儿
黑毛子——猪　　　　　　　　长脸子——驴
老暄——馒头　　　　　　　　暄子——馒头
碜子——沙子　　　　　　　　踩壳——鞋子
摊张——煎饼　　　　　　　　灯笼把——赵姓
岁福态——五官；长相　　　　拱把——猪

B. 现象、物品、动作等指代造词法

挠逮——好　　　　　　　　　躲和——跛足的人
千金子——陈姓　　　　　　　春子——牛
爬山子——羊　　　　　　　　不严——不行
喷子——枪　　　　　　　　　撩边儿——喝茶
踩——走　　　　　　　　　　斤两——傻子

②修辞指代造词法

运用修辞指代造词法创造的"回侃子"，运用比拟、比喻、夸张的修辞手段，从事物或动作特点的角度指代隐指对象。例如：

唱——讲价钱　　　　　　　　割耳朵——经纪两头吃
踖厚踖薄——利润的多与少　　洗么——好处费
火山子——酒　　　　　　　　夹么——训练；指导
洋驴——摩托车　　　　　　　滚蛋子——自行车
黄口——没有社会经验的年轻人　裸——油（总称）
窑壳——房屋　　　　　　　　招——眼睛

③文化指代造词法

运用文化指代造词法创造的"回侃子"数量不多，如"阴把"隐指

女性,是对传统文化"阴阳"的联想;"老麻""老麻家"隐指回民,是对回族姓氏文化的高度概括;"既失"隐指猪肉、"过失"隐指牛羊肉,是对回族饮食文化的隐讳诉说;"无常"隐指死亡,不仅仅是对死亡的避讳,也是对人生的超然感悟与深度理解等。

④语义指代造词法

少数"回侃子"运用同义、近义替代造词,如"啖"隐指吃,"啖"在古汉语中表示吃,《广雅·释诂二》:"啖,食也。"① 该词的使用在回民族群中较为常用,据北方民族大学中文系林涛教授说,宁夏的回民也使用"啖"表示吃;"囊子"隐指无能的人,"囊"表示"差",是元代戏曲中产生的意义,在该义的基础上附加词缀"子"表示具有该种特点的一类人;"户亥"隐指猪,也属于同义替代等。

(2) 数词"回侃子"造词法分析

从表5.1"数词'回侃子'"中可以看出,数词"回侃子"数量较多,分为新派和老派,且有多种变体形式,新派的变体形式更为灵活多样。数词"回侃子"不仅仅限于对1—9或1—10九个或十个数词的隐指,例如从11—19,并不是1和数词2—9之间的简单组合,除17"流柴"为1和7的组合外,其他皆另有"侃子",如"重流""流次""流沿""流虎""流漫""流斧"分别隐指11—16,"流卧""流欠"分别隐指18、19。

数词"回侃子"分为基本形式和变体形式。基本形式运用的造词法主要有意义造词法、文字造词法,少数"侃子"运用截取造词法而创造。变体形式大多在基本形式的基础上联想而创造。有些"回侃子"的变体不止一个,变体之间也存在着形象的联想关系,有些甚至是多重式、连环式的联想关系。这种联想是建立在事物某种形象特征相关性的基础之上,如用"挠子"隐指"6",从阿拉伯数字"6"书写形式的外形特征进行创造,用"痒痒""自在""快活"都可以隐指数字"6","痒痒"是从感觉形象上说明"挠子"的用途,因为"痒"所以要"挠","自在"与"快活"是从"挠"的功能特征上进行创造,"痒"则不舒服,"挠"后感到舒服,感到"自在"和"快活"。

为了较为清晰地观察到数词"回侃子"的造词法,根据表6.1我们把数词对应的新、老派"侃子"以及运用的造词法列在不同的表格中。具体数词隐语的造词见表6.2、表6.3、表6.4的详细分析。

---

① (清)王念孙:《广雅疏证》,上海古籍出版社1983年版,第235页。

第六章 活隐语"调侃子"的调查与研究　255

表 6.2　　　　　老派老 10 以内数词"回侃子"造词法

	基本形式	变体形式	造词法
1	流字嘎①		截取-歇前截取："一流"歇前，以"流"指代"一"
2	弹字嘎		文字-字形包含+谐音："弹"谐音"坛"，"坛"中包含大写数字"二"
3	斜字嘎		截取-歇前截取："三斜子"歇前，以"斜子"指代"三"。"子""字"皆为轻声、同音
		品字嘎	意义-数量指代："品"字有三个相同的字形，故指代"三"
4	吊字嘎		文字-字形比喻："4"的连写字形像一个挂物的"吊子"
		方字嘎	意义-数量指代："方"指方向，方形有四条边、四个角，故指代"四"
		老德嘎	谐音："得""德"同音②，"得"指"高兴"时，与"恣"③同义，"恣"与"4"音近
5	拐字嘎		文字-字形比喻："5"的字形像"拐"
6	挠字嘎		文字-字形比喻："6"的字形像"挠"
		痒痒嘎	联想：基于"挠"的联想，因"痒"需要"挠"
7	柴字嘎		文字-字形包含："柒"与"柴"有共同包含的字形，故指代"七"
8	别字嘎		意义-手势描述+文字-字形包含：手势语"别八"，"别"包含在"捌"中
9	老弯嘎		意义-手势描述：手势语"钩子九"，钩子为"弯"的，故指代"九"

注："文字""截取""意义"分别指数词隐语的三种造词法：文字造词法、截取造词法和意义造词法（参见第四章"现代汉语数词隐语结构与造词研究"。下表同）。

表 6.3　　　　　老派新和新派 10 以内数词"回侃子"造词法

	基本形式	变体形式	造词法
1	一流		意义-数词包含："一流"包含"一"
		一干紧	意义-数词包含："一干紧"包含"一"
		一块	意义-数词包含："一块"包含"一"

---

① "嘎"表示价钱、数目，可以省略，故老派新和新派"回侃子"在使用时一般不在后面加"嘎"。
② 参见邵燕梅《郯城方言志》，齐鲁书社 2005 年版，第 31 页。
③ "得"指"高兴，舒服"。参见邵燕梅《郯城方言志》，第 199 页。"恣"与"得"同义，《郯城方言志》漏收。

续表

	基本形式	变体形式	造词法
2	坛子		文字-字形包含:"坛"中包含数字"二"
		杠子	文字-字形包含+字形比喻:"杠"中包含数字"二";"二"像木杠
		筛子	文字-字形比喻:大写"二"像两条篾条
		扁担	文字-字形比喻:大写"二"像两根扁担
		夹子	文字-字形比喻:大写"二"两根棍组成的夹子
3	品子		意义-数量指代:"品"字有三个相同的字形,故指代"三"
		金子	联想:"金子"的成色以"品质"衡量,由"品"联想创造"金子"
4	吊子		文字-字形比喻:"4"的连写字形像一个挂物的"吊子"
		悬梁	意义-联想:"吊"则必"悬",故由"吊子"创造"悬梁"
		老桑	联想:桑树上"吊"着"蚕宝宝",添加"老"缀而创造
5	拐子		文字-字形比喻:"5"的字形像"拐"
		麻子	联想:基于"拐子"联想,由"拐"联想到"麻"①
		好脸	联想:基于"麻子"联想,由"麻子"反义联想到"好脸"②
6	挠子		文字-字形比喻:"6"的字形像"挠子"
		痒痒	联想:基于"挠子"联想,身体痒,才需要"挠"
		自在	联想:基于"挠子"联想,身体痒,在"挠"了之后,感觉很"自在"
		快活	联想:基于"挠子"联想,身体痒,在"挠"了之后,感觉很"快活"
7	柴子		文字-字形包含:"柒"与"柴"有共同包含的字形,故指代"七"
		捏子	意义-手势描述:手势语"捏七",故附加"子"缀指代"七"
		干不子	联想:基于"柴子"联想,"柴"为干枯的树枝,称为"干不子"

① "拐子"指腿或脚有毛病、走路不平衡的人。该种情况称为"瘸了拐带",极言人的外在条件差,多把"瘸了拐带""麻脸苟咻"放在一起形容,故从"拐子"联想到"麻子"。

② "麻子"是脸上长有麻点的人,对比而言,"好脸"是指脸上光滑没有麻点的人。由"麻子"联想到"好脸"是反义联想。

第六章 活隐语"调侃子"的调查与研究　257

续表

	基本形式	变体形式	造词法
8	别子		意义-手势描述+文字-字形包含：手势语"别八"，"别"包含在"捌"中
		一拃	联想：基于"别子"联想，"拃"的动作①与"别八"的手势很像
		老拃	联想：同上，附加前缀"老"
9	弯子		意义-手势描述：手势语"钩子九"，钩子为"弯"的，故指代"九"
		虾腰	联想：基于"弯子"，"弯腰"郯城方言称"虾腰"②
10	掐子		意义-手势描述："掐"③需十指全部伸开，故指代"十"及以上的整数

表 6.4　老派_新和新派 10 以上数词"回侃子"造词法

	基本形式	变体形式	造词法
11	重流		文字-字形重复：重，重复，指两个。重流，即两个"1"
		钻天	文字-字形夸张："11"的字形皆为向上的竖形
		爷俩	文字-字形拟人："11"的字形比拟为"爷俩"
12	流次		意义-排序指代："2"在"1"之后，故为"次"
		栏杆	文字-字形比喻："十二"的字形像"栏杆"
13	流言		文字-横笔数目："言"中含有三横
		流品	意义-数量指代："品"字有三个相同的字形，故指代"三"
14	流虎		"虎"字造词未解
		爬山	歇后截取：由"爬山虎"歇后，截取"爬山"，隐指"虎"
15	流漫		"漫"字造词未解
		半月嘎	联想：一个月有 30 天，15 天为半月，故曰"半月嘎"
16	流斧		文字-字形比喻："6"像一把斧头
		一斤	联想：由"斧"联想，"斤"包含在"斧"中，故用"一斤"指代

---

① "拃"在郯城方言中指"伸开手掌后大拇指与中指之间的距离"（参见邵燕梅《郯城方言志》，第 213 页），"八"的手势是拇指与食指分开，故二者的手势很像。

② 参见邵燕梅《郯城方言志》，齐鲁书社 2005 年版，第 164 页，"弯腰"在郯城方言中可以说为"虾腰""弓腰""龟腰"等。

③ "掐"在郯城方言中指"两只手伸开再合拢后能握起的最大长度"（参见邵燕梅《郯城方言志》，第 213 页）。

续表

	基本形式	变体形式	造词法
18		流卧	"卧"字造词未解
19		流欠	"欠"字造词未解
21	坛丁		文字-字形包含:"丁"中包含"一"
		杠丁	文字-字形包含:"丁"中包含"一"
22	两加		意义-排序指代:"2"是在"1"的基础上"加"1
		两坛	文字-字形包含:"坛"中包含大写数字"二"
		两杠	文字-字形包含+字形比喻:"杠"中包含大写数字"二";"二"像木杠
		两杠子	文字-字形包含+字形比喻:"杠"中包含大写数字"二";"二"像木杠
25	坛帖		帖,郯城方言读音[tiə⁵⁵]。波斯语译音,指"五"①
		杠帖	帖,波斯语译音,指"五"

通过对数词"回侃子"的造词法分析,我们发现了字形修辞造词法的另外两种形式,如"钻天"隐指"11"为字形夸张指代造词法,"爷俩"隐指"11"为字形拟人指代造词法。意义造词法还可以补充一个顺序指代造词法,如"流次"隐指"12",其中"次"是指"下一个","1"的下一个,即"2";"两加"隐指"22"、"品加"隐指"32","加"也是指顺序和数目上的增加。

从数词"回侃子"的表达形式来看,老派$_{新}$和新派皆是在老派$_{老}$的形式上发展而来,基本形式除了"斜字嘎"不用外,其余全部是对老派$_{老}$数词"侃子"的简称。"嘎"在使用中较为灵活,可以使用,也可以不用。

第三节 两种"调侃子"的接触、融合与发展

一 "歇后"形式的"汉用调侃子"

(一)"歇后"形式的由雅而俗

运用割裂用典方式创造的"歇后语"多用于诗句中,如割裂自《尚

---

① 参见贺阳《北京牛街地区回民话中的借词》(《方言》1990年第2期)中的"白蜡帖"指"伊斯兰教历八月十五日",波斯语译音 barāt。

书·夏书·五子之歌》"明明我祖，万邦之君，有典有则，贻厥子孙"中的"贻厥"、《尚书·周书·君陈》"惟孝友于兄弟"① 中的"友于"等。宋·洪迈在《容斋随笔》卷四《杜韩用歇后语》中提到的杜甫、韩愈的"歇后"诗句："杜、韩二公作诗，或用歇后语，如'凄其望吕葛'、'仙鸟仙花吾友于'、'友于皆挺拔'、'再接再砺乃'、'僮仆诚自刽'、'为尔惜居诸'、'谁谓贻厥无基趾'之类是已。"② 由割裂经典而成就的词语自然附着上经典文献的典雅色彩，被称为"雅言词""典雅词"或"典故词"（吴金华，2007；2008），显然把它们同不登大雅之堂的"俗语词"区别开来。

运用"歇后"渐成为一种风格，开始之时尚觉文雅，受人推崇。如宋·胡仔《苕溪渔隐丛话·前集·唐彦谦》："《石林诗话》云：杨大年、刘子仪皆喜彦谦诗，以其用事精巧，对偶亲切，黄鲁直诗体虽不类，然不以杨刘为过，如彦谦题高庙云：'耳闻明主提三尺，眼见愚民盗一杯'，每称赏不已，多示学诗者以为模式。"后由于模仿者较多，割裂使用的词语也从经典文献走向民众生活，从而使语体从文雅高深走向了大众通俗，加之割裂后的字段与所表达意义间所指不确等原因，最后导致该种形式被"雅文学"形式的诗歌彻底放弃。如宋·蔡正孙《诗林广记前集·唐彦谦》中云："'一杯'事无两出，或可略'土'字，如'三尺'，则'三尺律'、'三尺喙'皆可，言独剑乎耳？"后来该形式不断被诗界所诟病，如清·周亮工《书影》卷八："'不道参差菜，谁论窈窕淑'，虽用经语，大似歇后，亦诗病也。"③ 脱离"雅文学"的歇后形式从此走入大众语言生活，真正成为"接地气"的俗语言形式，常见于小说、戏曲等通俗文学形式、语言游戏及日常言语生活中。例如《金瓶梅》中就用"二十四"隐指"气"、"驴马畜"隐指"生"、"秋胡戏"隐指"妻"④ 等"歇后"形式的词语，清·华广生《白雪遗音》中有专称为"吸后语"的"歇后"形式唱词"马头调"（详下），以及以民俗语言游戏为主体的言语交流方式"汉用调侃子"等。

（二）"汉用调侃子"反映隐秘的歇后形式和谐趣的文化现象

"汉用调侃子"为马头街俗语言文化的表达方式，言语交流中大量使

---

① （汉）孔安国撰，（唐）孔颖达等正义：《尚书正义》，上海古籍出版社1990年版，第98页b版、第270页b版。
② （宋）洪迈：《容斋随笔》，上海古籍出版社2015年版，第373页。
③ （清）周亮工：《书影》，上海古籍出版社1981年版，第209页。
④ 参见傅憎享《金瓶梅隐语揭秘》，百花文艺出版社1993年版，第183—193页"隐语集注"部分。

用"歇后"形式的词语，以期达到语言游戏之目的。该种以戏谑为主体的言语交流方式通过带有一定隐秘性的语言形式，达到一定谐趣性的语言效果。通过该种方式，人们可以从隐秘中获取暂时未可知的语言期待，从语言期待中感受言语交流带来的谐趣，并从该种交流方式中领略到语言的魅力。从其表现形式和功用价值来看，"汉用调侃子"可以说仅仅是隐语在民俗语言交流中具体运用的一个普通的例子而已，因为该种具有游戏性质、运用歇后词语的交流方式在民众语言生活中并不鲜见，例如在《趣味汉语》①中就记录了以下三个"藏词"隐语故事：

1. 挞家冒——
有个老大爷早晨爱在被子里抽烟，一时找不到火柴，便问老太婆："老婆儿，'挞家冒'在哪里啊？"
老太婆没好气地说："去问你的'死儿绝'嘛！"
女儿心领神会，应声道："洋火在'背时倒'上！"
一席有趣的对话，拉开了一天的生活序幕！
这则笑话，三次运用了藏词。"挞家冒"指火，即火柴；"死儿绝"指女，即女儿；"背时倒"隐去灶。完整的意思是：火柴放在灶上。

2. 青山绿——
一家酒店老板，见伙计新开坛子舀酒，提醒似的问道："木火土金事如何？"（五行木火土金后隐去水，意即：酒中掺水的事，忘记了没有?）
机灵的伙计运用商业隐语含笑答道："扬子江中已掺和！"
不料顾客对此并不外行，气恼地说："有钱不买拖泥带！"
伙计见已露出马脚，赶忙赔笑道："别处青山绿更多！"
老板、伙计、顾客的对话中，都隐藏了一个"水"字。

3. 驴马畜——
一位爱说隐语的四川老乡，正月初一那天，去为一个朋友祝寿，谁知那位朋友外出拜年去了。第二天，他在街上碰见了那位朋友，开口就是一串子藏词：

"哎哟，昨天是老兄的驴马畜（藏牲，谐生），特来跟你做个端公接（寿），买了一只话不投（机，谐鸡），割了几斤张飞卖（肉），来到你为国忘（家），看见你的入地无（门）披枷戴（锁）了，你的经堂杀（妻）不在，抛妻别（子）没看见，你那死儿绝（女）也

---

① 参见许明甲主编《趣味汉语》，湖南大学出版社2004年版，第612—613页。

没找到……"

话没说完，气得朋友扫兴地说："算了吧，大年初二，难道你就没有一句好话吗？"

很明显，"汉用调侃子"与以上三则故事所描述的情况相同。在民俗语言的具体运用中，"汉用调侃子"既表现出了由隐语性质所决定的独到功用——隐秘（使用于商业中该种作用更为明显），也表现出了诙谐的言语效果，言语交流如同在做一场智力游戏，同时还表现出了该种言语交流方式的语体局限性，即民俗语言交流的非正式语体为"侃子"的"合法"载体，是最为适合、最为匹配的语体形式。

（三）"汉用调侃子"的当地戏曲表现形式——"吸后语"

在马头镇，"汉用调侃子"不仅用于日常生活带有语言游戏性质的言语交流，在当地著名的戏曲形式"郯马五大调"中也有用该种歇后方式创造的"吸后语"唱段。"郯马五大调"又称为"郯马调"，亦称为"淮调"，于2006年入选山东省第一批非物质文化遗产名录[①]，因集中流行于鲁南地区临沂市郯城镇、马头镇一带（郯城县的中心地带）而得名，由于其悠久的历史、深远的影响而享誉鲁南乃至苏鲁的大部分地区，其唱腔优美、唱词典雅秀丽、辞藻考究而被历代传唱。"郯马五大调的形成，与马头镇为直通运河的水路码头有关。郯马五大调传入郯城的主要途径是水路交通和商贸活动。郯城县马头镇坐落在沂河岸边，明清时代是一个商业重镇，商贾众多，店铺林立，借助沂河水运经邳州入京杭大运河，北可通京津、南可达江浙，与江浙一带的商贸十分密切。据专家推断，是众多的客商把扬州、苏浙一代的民歌带到了马头，并与当地风俗文化相结合，受当地音韵的影响，形成独具特点的郯马五大调"[②]。深谙"汉用调侃子"

[①] 参见山东省人民政府文件"山东省第一批省级非物质文化遗产名录"（鲁政发[2006] 149号文件），该文件由山东省人民政府2006年12月30日发布。

[②] 资料来自临沂市情网（http：//www.linyisq.gov.cn/show_mation.php？newsid=737）。郯马五大调包括《淮调》、《大调》、《玲玲调》、《满江红》和《大寄生草》等五个曲牌。这五个曲牌中又包容了"五景""五盼""七多""七赞""八恨"等曲目。"五景"即春景、夏景、秋景、冬景、总景等；"五盼"即盼佳期、盼才郎、盼冤家、盼情书、四盼；"七多"即送多情、想多情、遇多情、盼多情、会多情、思多情、梦多情；"七赞"即孔明赞、孟德赞、三国英雄赞、楚霸王赞、耕读渔樵赞、春光赞、肉头（肉头，郯城方言，指富有而吝啬的人家）赞；"八恨"即恨别离、恨当初、恨冤家、恨薄情、恨爹娘、恨家人、恨薄命、烟花恨。

的杨新儒老人也是"郯马五大调"的代表性传承人①,并于 2009 年成立了郯马五大调传承班,亲自担任传承班的老师。

"郯马五大调"题材广泛,有的反映一般社会生活,有的反映民间故事和历史传说,最多也是最突出的是反映生离怨别、思郎盼夫的爱情题材。尽管被称为当地的"雅歌细曲",开始之时多由船夫传唱,多运用爱情题材来排解寂寥的行船日子和船上生活,以女性的口吻抒发自己对儿女情长的向往和正常家庭生活的渴望,很多难以启齿的词语便借用"歇后"形式表达出来,这样的唱词在"马头调"中被称为"吸后语",目前仅在清·华广生《白雪遗音》中保存了两段,如卷一《马头调·岭儿调》:"情人许了个遮天映(诉诉见景生),不想是个老鹳登(受了走马风),挤鼻子弄吊了几点伤心痛(恨杀奚范彭),我为你时常废了残茶剩(终日魂思梦),逐日里昏头昏脑楞里楞(几时打滚碰),你早来救救奴的平风静(实在五子登),你不来送了奴家八仙庆(也就不顾生)。"卷二《马头调·满江红》:"相思害的俺楞里楞,抬头看见五谷丰,柳眉杏掉了几点伤心痛,樱桃小懒待吃那残茶剩,忽然想起长大成,叫声奚范彭,快来救救奴的平风静,你快来奴家好叫你遮天映。"唱词中的"遮天映(日)""见景生(情)""老鹳登(蹬)(空)""挤鼻子弄(眼)""伤心痛(苦)""奚范彭(郎)""残茶剩(饭)""魂思梦(牵)""楞里楞(咮,谐痴)""打滚碰(地)""平风静(浪)""五子登(科,谐渴)""八仙庆(寿)""不顾生(死)""五谷丰(登,谐灯)""柳眉杏(眼)""长大成(人)"等皆是运用"歇后"方法创造的词语。"郯马五大调"不仅体现了当地的民俗与市井文化,其中的"吸后语"唱段更是该地域民俗与市井文化在语言应用上的典型代表,体现了"歇后"在语言表达上的技巧和作用,也奠定了"汉用调侃子"的语言和文化基础。

二 "调侃"形式的"回用调侃子"

(一)"调侃"的意义与形式

1. "调侃"意义的历时变化

(1)"调侃"的读音及变化

调,《广韵》徒吊切,去声啸韵定母,有说话、言辞义,"调话"或

---

① 参见《记郯马五大调代表性传承人杨新儒》(中国新闻网,http://news.china.com.cn/rollnews/2011-07/14/content_8918900.htm)。另见对"郯马五大调"的报道:《郯马五大调:山东民曲中的江南风韵》(中国网,http://culture.china.com.cn/minsu/2010-08/03/content_20631612.htm);《郯马调:花谢花开自有时》(中国新闻网,http://news.china.com.cn/rollnews/2011-07/19/content_8995031.htm)。

第六章 活隐语"调侃子"的调查与研究　263

"调侃"中皆为此义。作为"言语戏谑"义的"调侃"之"调"亦为言说义，意义没有变化，读音自然也就按照语音的发展规律变化而定，而不会读为徒聊切，平声啸韵定母。元代以来的典籍中留下了大量的同音字记录，"调"读若"掉"或"吊"，故很多"言说"义的"调"类词语可以记为"掉"或"吊"字，如"调谎"、"掉谎"与"吊谎"、"调歪"与"掉歪"、"调嘴"与"掉嘴"、"调书袋"与"掉书袋"、"调喉"与"吊喉"、"调舌"与"掉舌"、"调文"与"掉文"、"调枪花"与"掉枪花"等皆为异形同义词①，从辞书中的书证来看，自元代至明清，"调"的读音与"掉""吊"相同。

　　"调侃"与"掉侃"为异形同义词，高文达《近代汉语词典》未收录"调侃"，仅收录"掉侃"，书证为元·乔吉《行香子·题情》套曲："不由人脚儿勤，更怕咱心儿惮，得空便对着它实掉侃。"《宋元语言词典》收"调侃"②条，并释"亦作'掉侃'"。从意义而言，"掉"字并没有言说义，只是一个记音字而已。按照语音的演变规律，"调侃"亦应读为"掉侃"，"调"今音用汉语拼音应标注为"diào"，而多数辞书（如《汉语大词典》、许少峰《近代汉语词典》、《近代汉语大词典》等）中对于"调侃"的标音为"tiáokǎn"（高文达《近代汉语词典》除外，为避免近代读音与今音的混淆，该词典避开收录"调侃"一词，仅收录"掉侃"）。我们姑且不谈为何今天读为"tiáokǎn"，而不是"diàokǎn"，仅就"调侃"一词的近代读音而言，"调"到底是应该读作透母平声，还是端母去声，是我们首先应搞清楚的问题。我们认为语音的发展演变规律是决定汉字读音的基本前提。表 6.5 是分别对"协调"之"调"、"强调"之"调"、"吊"、"掉"四字的语音及演变规律进行对比，看"调侃"之"调"的近代读音。

表 6.5　　　　　　　"调""吊""掉"语音演变规律③

	中古音	近代音	现代音
调 tʰ	定萧平 diəu	透萧豪阳平 tʰiau	透遥条阳平 tʰiau

---

① 参见高文达《近代汉语词典》，知识出版社 1992 年版；许少峰《近代汉语词典》，团结出版社 1997 年版；许少峰《近代汉语大词典》，中华书局 2008 年版，相关词条。
② 参见龙潜庵《宋元语言词典》，上海辞书出版社 1985 年版，第 778 页"调侃"条。
③ 该表根据李珍华、周长楫《汉字古今音表》（修订本），中华书局 1999 年版，第 262、286 页进行整理绘制。

续表

	中古音	近代音	现代音
调 t	定啸去 dieu	端萧豪去声 tiau	端遥条去声 tiau
吊	端啸去 tieu	端萧豪去声 tiau	端遥条去声 tiau
掉	定啸去 dieu	端萧豪去声 tiau	端遥条去声 tiau

通过表 6.5 对四字读音演变规律的对比，作为"言说"义的"调"，即"调侃"之"调"在近代和现代都应该和"吊""掉"二字的读音相同，皆读为［tiau］（去声），汉语拼音标注为"diào"。

(2) "调侃"的意义及变化

"调侃"一词最早见于元代典籍，如元·夏庭芝《青楼集》："时小童：善调侃，即是所谓小说者，如丸走坂，如水溜瓶。女童童，亦有舌辩，嫁末泥庆丰年，惜不能尽母氏之艺云。"时小童的"善调侃"与女童童的"有舌辩"对文同义，"善调侃"指在戏曲（元杂剧）表演中能说会道，善于谈谑。《汉语大词典》释"调侃"为"用言语戏弄"和"嘲笑"两个义项，这两个义项属于意义间的引申。在明·汤式的《一枝花·送车文卿归隐》套曲"安乐窝随缘度昏旦，伴几个知交撒顽，寻一会渔樵调侃"中，"调侃"应为"言语戏谑"义，也就是用幽默诙谐的言语互相取笑、戏弄，类似于今天俗语所说的"开玩笑""打牙祭""耍嘴皮子"等，该意义应是"调侃"作为言辞、说话义的后起义，通过"组合沾染"①的途径，在"善调侃"的组合中"调侃"沾染了"善"的意义而获得，如同"侃大山"之"侃"获取"言说"义的途径（杨琳，2015），"调侃"成为具有某项"技能"的说话方式，即"用言语戏弄"人的说话方式。"调侃"之"调"为说话、言辞义，单从"调"的意义上看没有变化，变化的是整体意义。自此，"调侃"一词完成了"言语、说话"义向"言语戏谑"义的转变。

从"言语戏谑"义的历时书证以及现实语言生活中对"调侃"的使

---

① 组合沾染（syntagmatic contagion）是指处于线性组合关系的一个词获得整个组合体的意义或是另一组合成分的意义。也称为"组合感染"（参见伍铁平《词义的感染》，《语文研究》1984 年第 3 期）、"组合同化"（张博《组合同化：词义衍生的一种途径》，《中国语文》1999 年第 2 期）等，该种词义变化现象蒋绍愚称为"相因生义"（参见蒋绍愚《词义的发展和变化》，《语文研究》1985 年第 2 期）。

用情况来看，我们不难观察到"调侃"引发的仅仅是"言语戏谑"（或称为"言语戏弄""嘲笑""揶揄"等）的表达效果，但具体运用何种手段和何种言语形式才能达到该种言语表达效果，则是无法预知的，因为没有统一的格式、固定的形式去遵循。具体来看，"调侃"应是对言语手段乃至非言语手段的综合性利用。

2."调侃"的特殊表达手段——词语替换

在语言发展的历史长河中，有一些词语或义项会因语言现象的大面积消失而消失。有一种专门运用词语替换手段的"调侃"，由于其借助的载体（曲词）不再创新，从而该种"调侃"现象被遗忘在了历史中。该种语言形式在历史上的具体使用，如金·董解元《西厢记诸宫调》卷三："等得夫人眼儿落，斜着渌老儿不住睃。"① 明·王骥德在《古本西厢记》卷一中解释道："古本'六老'，【董词作'渌老'】，今从董，北人调侃谓眼。见《墨娥小录》。""演撒谓有洁，郎谓僧，睃趁谓看，俱调侃词也。见《墨娥小录》。"看来"渌老"和"睃"是"眼睛"和"看"的"调侃"。这样的"调侃"例子在《西厢记诸宫调》中用得较多，《古本西厢记》中皆对《西厢记诸宫调》中的这些"调侃"词语进行了解释，再如《古本西厢记》卷一："不当调侃不该，见《墨娥小录》。""今夜凄凉有四星，四星调侃谓下梢也。制秤之法末梢用四星故云。【元·乔梦符《两世姻缘》剧：我比卓文君有了上梢，没了四星。】足为明证。""【董词：瞑子里归去，又一夜葫芦提闹到晓。】瞑子，亦作酩子。瞑子调侃暗地也。葫芦提，方言糊涂之意。"卷二《一煞》："撒髅，本作撒楼，方言调侃谓头也。犹《说文》之谐声，见《墨娥小录》。""《墨娥小录》载，秀才调侃为酸丁。"卷三："酸傒，调侃秀才也。""措大，调侃秀才。"卷五："躯老，调侃身也。北人乡语多以老作衬字，如眼为睩老（按：词形不固定，说明为方言词语），鼻为嗅老，牙为柴老，耳为听老，手为爪老，拳为扣老，肚为庵老之类。"该种词语替换形式的"调侃"在当时的戏曲中应该是比较普遍的现象，如明·王骥德《曲律·论讹字第三十八》："又'撒道'，北人调侃说'脚'也。汤海若《还魂记》末折'把那撒道儿搭长舌揸'，是以撒道为嗓子也，误甚。"② 词是当时的俗文学文体形式之一，运用"调

---

① （金）董解元：《古本董解元西厢记》，上海古籍出版社1984年版，第99页。
② （明）王骥德著，陈多、叶长海注释：《曲律注释》，上海古籍出版社2012年版，第231页。

侃"也是其常用的手段，如明·李开先《词谑》六中专门用"掉侃"写成的《醉太平带莲花落》："执着磁老，就着盏老，饮着海老，吃着气老。哩莲花，莲花落。"①用该种形式写就的小词，其目的自然在于戏谑，故称为"词谑"。再如明·冯惟敏《海浮山堂词稿》击节余音《那咤令》："俺到了您家，人子说是他；您到了俺家，人子说是咱。混做了一家，半星儿不差，顶老儿一样圆，撇道儿一般大，胡厮赖一迷里虚花。"②其中的"顶老儿""撇道儿"皆为"调侃"而换用的带有戏谑性质的词语。

"调侃"中替换使用的词语来源较广，方法多样。有的是民族语言的词语，如上面提到的"撒髅"③为蒙古语（参见《汉语大词典》"撒髅"条），《古本西厢记》替换"头"而使用该词称为"方言调侃"，实为民族语言词语"调侃"；有的可能是较为生僻的方言词语或自造的带有方言特点的词语，如《古本西厢记》卷五提到的"躯老"指身体，"北人乡语多以老作衬字"，故利用其方言特点创造出许多带有"老"缀的词语，这些词语肯定不同于该地域的通用词语，若通用则不能称为"调侃"。该种情况与隐语相同，如旧时卖糖芋艿摊贩以"赤老"隐指红糖，旧时杂货业经营者以"赤老"隐指绛矾，旧时酒店以"红老"隐指红玫瑰酒，旧时冶坊以"黑老"隐指煤，旧时湖北木瓦工匠以"银老"隐指面粉、"度老"隐指刨子、"然老"隐指饭等，皆是在事物的特点等附加后缀的方法而创造；有的词语则运用谐音的方法而创造，如清·刘廷玑《在园杂志》卷三："问答格。问：'韩信何处拜将？'，曰：'筑台。'筑台，烛台也。俗谓之调侃，《西厢》词曲曾用之。"④

从词语替换"调侃"的形式而言，该种形式基本等同于我们所探讨的隐语的应用状况，尽管表现形式相同，但"调侃"与隐语的功用不同，在戏曲、小词等文体中多处替换使用不同于当时通语或地域方言的词语，其目的便是为了达到戏曲语言的新鲜、诙谐、戏谑效果，而隐语的目的概不在此，隐秘性是隐语的本质，亦是其功用。

---

① 周明鹃疏证：《〈词谑〉疏证》，江西教育出版社2015年版，第12页。
② （明）冯惟敏：《海浮山堂词稿》，上海古籍出版社1981年版，第150页。
③ 有学者认为"撒髅"是波斯语译音，而不是蒙古语译音。参见方龄贵《古典戏曲外来语考释辞典》，汉语大词典出版社、云南大学出版社2001年版，第442—443页。
④ （清）宋荦、刘廷玑撰，蒋文仙、吴法源校点：《筠廊偶笔、二笔；在园杂志》，上海古籍出版社2012年版，第128页。

(二)"调侃"的使用语境与语体

从"调侃"一词最初"说话"的卖艺语境,到"言语戏谑"的语境,再到词语换用的戏曲语境,"调侃"无不发挥着增加言语趣味性、调节言语氛围使之轻松、幽默的功用。"调侃"使用的语境和功用决定其使用语体的非正式性,即只能在戏曲、小词、俗语等俗语言形式和文体中使用,而不能应用于文体正式的文章之中,如明·朱之瑜《舜水先生文集》中就在两文中明确了这一使用"规定",卷五《与小宅生顺书》:"歌曲传奇可用方言调侃,记志亦有之,作文不宜用方言奇字。"卷二十三《杂著四·笔语》:"先生曰:言者,心之声也。文者,言之英也。非言则圣人之心,亦不宜,非文则圣人之言,亦不传。然文须通于天下,达于古今,方谓之文,若止一方之人自知之而已,则是方言调侃,非谓之文也。""文"指文言,指正式的、正统的文体形式,而"调侃"这种言语现象则应用于白话之中,自然被认为是不登大雅之堂的,"宋元以来,白话与文言并存已不是简单的工具使用问题,文言是士官文化的载体,与士官文化价值相联系,而白话则是市井文化的载体,与市井文化价值系统相联系"(徐时仪,2007:178)。"调侃"自诞生之日起,融入的是市井文化,表现的也是市井文化,自然与代表市井文化的语体相适应。

(三)"回用调侃子"是对词语替换形式"调侃"的继承和发展

"回用调侃子"指经商中使用"侃子"(即隐语),开始多由中介(亦称牙人、牙商、掮客等)使用,中介在买卖双方中间周旋,就如同卖艺表演,需要嘴上功夫了得,嘴皮子利索方能很快成交,不需要中介的直接交易同样需要能说会道,该种情形和"调侃"异曲同工,亦是从语音语义、表达手段、使用语境和语体等方面对"调侃"的继承和发展。

从语音语义而言,"调侃子"之"调"在马头镇读为[tiɔ⁴¹](郯城方言读音),与"吊""掉"音同,是符合发展演变规律的读音,也是对"调"意义与语音的继承。"调侃子"并未因郯城方言"调侃"("用言语戏弄"或"嘲笑"义)之"调"读为透母阳平而改变读音,读为tiáo。作为隐语,"调侃子"保留了符合演变规律的读音。在《友云楼笔记:数字暗语(上)》①一文中明确说明:"生意人谓说暗语为'调坎儿',调

---

① 参见侯甲峰《友云楼笔记:数字暗语(上)》,《三六九画报》1943年第23卷第13期,第14页。

即说之意，坎儿，暗坎也。暗坎儿又可名为'切口语'，公案小说之'江湖黑话'亦即此类。"《江湖大全》中专门说明了"调侃儿"使用的情况与读音，"果子行、油行、肉行、估衣行、糖行，以及拉房纤的、骡马市里纤手，各行都有各行的术语，俗话说叫'调（diào）侃儿'。江湖艺人管他们所调的侃儿，总称叫做'春点'。""管男子，调侃叫'孙食'，媳妇叫'果食'，老太太叫'苍果'，大姑娘叫'姜斗'……"（连阔如，2005：2）正因为"调侃"二字的读音不同，《江湖大全》就需要专门性地介绍，该种情形就如同我们在方言调查中发音人所作的专门说明。从语义而言，"调"为"言说"义，而不是被调查人介绍的"调用"义，"侃"在郯城方言中亦为"言说"义，"调侃"应为同义连文，"调"与"侃"是从两个方面强调了"言说"在该种表达方式中的重要性。

从表达手段而言，"回用调侃子"和词语替换形式的"调侃"相同，皆是运用与郯城方言不同的词语所进行的表达。从使用语境和语体而言，正式的言语场合不会使用"调侃子"，尽管使用于经商活动中，但不会应用于正规的商业谈判中。目前"回用调侃子"的使用领域已经不仅仅限于经商，但也仅限于非正式的场合，该种现象也是对"调侃"使用语体的继承，同时也是"调侃"现象有史以来所定下的语用基调。

综上所述，"调侃子"（包括"调侃儿"）的称谓是从"调侃"而来，是"调侃"现象的地方性称谓。无论是从读音、表达手段，还是使用语体，"回用调侃子"都是对词语替换形式"调侃"的一脉相承，从载体而言，又是"调侃"在隐语中的发展。总之，"回用调侃子"是以经商为主要谋生手段的回族先民对"调侃"这一言语表达形式在商业活动中的继承和发展。

三 两种"调侃子"的接触与融合

"汉用调侃子"和"回用调侃子"不仅代表了两个不同民族、不同社群，也代表了两种有区别的世俗文化，二者在马头镇这个经济重镇找到了适宜它们生存和发展的土壤，并在有利的文化背景下接触与融合，经过长期的发展形成了今天有特色的马头"街滑子腔"。"街滑子腔"表现出来的不仅仅是社会方言层面的语言表征，更重要的是反映了两种隐语的发展变化，以及两种隐语背后深厚而绵长的民俗文化背景。"街滑子腔"正是两种隐语以不同世俗文化为背景在马头镇的有机融合。

"侃子"是马头镇的隐语称谓，"调侃子"指说隐语。在很多地域或行业中把隐语称为"侃儿",说隐语称为"调侃儿",《汉语大词典》收录了"侃儿"一词,释为"暗语;行话。如这两个商贩在买卖中用了许多侃儿。"《中国商业文化大辞典》在"商业隐语"部分收录了"调侃儿"一词,释为"过去某些商业行当中人彼此所用行语、手势等等。如许多行业进行交易时,彼此用手指在袖中或毛巾下讲价,同行人彼此用行语、隐语传递信息,避免外人了解其商业内情,故各行均有特定本行专用调侃儿。江湖人物所用调侃儿亦名黑话、春点、切口,有些与商业行话相通用,有些则不同。"[①] 尽管两辞书所举例子为商业隐语,其使用情况与"回用调侃子"吻合,"回侃子"的隐语性质毋庸置疑。"汉用调侃子"不使用于商业领域,尽管没有极为强烈的隐蔽诉求,但"歇后"方法创造的"侃子"基本能够满足日常生活对于隐秘的一般性要求。

尽管使用的隐语不同,但二者皆是运用词语替换的手段进行言语表达;尽管二者使用的语境不同,但语体相同。"汉用调侃子"以"歇后语"(亦称为"吸后语")为基础,"回用调侃子"以"调侃"为原型,二者同样反映当地的市井与民俗文化。马头街以其独特而优越的地理位置、发达的码头经济、富庶的居民生活,为两种"调侃子"的产生提供了必要的物质与文化基础,回汉两社群文化间的碰撞和互动,为二者的接触提供了可能,稳定的社会环境、政通人和的社会背景为二者的接触提供了良好的外部条件,各种条件的综合又为二者的融合与发展提供了足够的可能和良好的空间。总之,两种"调侃子"是以马头镇为产生、接触、融合与发展的沃土,在语言形式、性质功用、语用效果等方面皆同中有异,以民俗文化为依托的两种言语表达形式。在长期的接触、融合与发展中,形成了极具地域特色,以词汇区别于地域方言为显著性特征的社会方言表现形式——"街滑子腔"。

四 两种"调侃子"的生存状态与发展趋势

(一)语言态度是"调侃子"生存和发展的决定性因素

我们专门在两个社群中进行了对各自"调侃子"语言态度的问卷调查,调查的结果非常清晰,不同的语言态度造就了两种"调侃子"目前的状态,并且仍将主导各自将来的发展趋势。

"汉用调侃子"和"回用调侃子"的熟练使用者对其社群中的"调侃

[①] 参见傅立民、贺名仑主编《中国商业文化大辞典》,中国发展出版社1994年版,第1408页。

子"都持有积极和肯定的态度,两个社群的"调侃子"目前都有少数热衷于创造、使用、记录、整理的热心老者。汉族社群中以杨新儒为主,回族社群则以"马头清真寺管理委员会"的名义编写了《马头镇回族志》,把零散的"回侃子"记录在第八章"社会语言"中的第二节"方言"中。认为"回侃子"是不同于郯城方言的社会方言,这个定位非常准确。另外,马头镇退休小学教师嘉晨(笔名)于2005年编纂了共四卷本的《郯城县马头镇百年沧桑(1900—2000)》,书中在"方言"中也零散记录了"回侃子"。

两个社群中熟练的使用者都对各自社群的"调侃子"有着较浓厚的感情,年轻人对的态度却有着较为明显的不同,在汉族社群中出现了消极和否定的态度,他们不愿意去学习,也不喜欢这种语言形式,目前愿意运用"调侃子"的人数很少,只限于少数年龄偏大的爱好者;回族社群中的年轻人,大多了解他们回回言语中的"调侃子"。自古以来,回民有着优良的经商传统,很多年轻人愿意跟从老辈人去学习这种语言形式,即使不经商的年轻人,也不会从思想上排斥和厌恶。由于经济条件越来越好,会有一部分的年轻人通过读书走出家门,不再选择经商而不学习"回用调侃子",而多数留在本地经商的年轻人愿意学习这种能够在一定程度上保守商业机密的语言形式。从总体而言,回族社群中的年轻人从心理上能够肯定和接受"回用调侃子",如果需要可以学习,并当作商业中的文化现象进行传承。

(二)"汉用调侃子"的生存状态与发展趋势

使用场合的单一和固定、语用效果的实用性不强等因素导致语言态度呈消极趋势,从而导致创造和使用皆缺少动力,使用人数大幅减少,目前"汉用调侃子"基本局限于一个狭小的圈子,使用者有身份、年龄、性别的限制,使用的环境也基本局限于语言游戏或带有语言游戏性质的语言表达。随着使用者的年龄越来越大,年轻人又缺乏学习这种语言形式的热情和兴趣,其使用圈子正处于不断萎缩中,随着时间的推移,有可能会失去发展和创新的可能,甚至失去生存的空间,也像其他地方一样,如苏州的缩脚语,如"满城风"指雨(赵元任,2002:362)、武汉方言中零星的藏词,如"黎山老"指母亲(朱建颂,1995:19)等,作为个别的或者零碎的语言形式遗存于日常语言生活中了。

在马头街,"汉侃子"和歇后语并存,目前"汉侃子"正处于隐语不"隐"的状态。尽管它的应用能够反映人们占有词汇的丰富程度,但由于"侃子"的词语形式单一,并不能给人们带来使用和创造的更大惊喜,目前正呈急剧萎缩之趋势，甚至我们可以预见其消亡。相比"汉侃子"，运用相同手段的歇后语其能产性更强一些，词语的形式更为丰富，表达的意义也更为灵活。歇后语的创造和使用，更加能够反映人们的幽默和智慧，更能体现语言创造的挑战性，在语言交流中也更加能够感受到言语表达的魅力。正因为如此，歇后语的言语表达优势从客观的角度也加速了"汉侃子"的萎缩。

（三）"回用调侃子"的生存状态与发展趋势

目前在郯城县马头街、临沂市兰山区和罗庄区几个较大的回民聚居地，牛、羊和牛、羊肉的买卖仍是当地回民的经营特色和重要的生活内容，"回用调侃子"词语依然较为隐秘地存在着，这种有声隐语形式以及辅助性隐语形式"摸手"（亦称为"掏麻雀"）仍在一定范围内活跃着、传播着，并且随着时代的变迁与事物的变化，一些"回侃子"也注入了新的内容。如"滚蛋子"隐指自行车，"洋驴"隐指摩托车，"老汉"隐指机动车等，都是隐语跟随社会和时代变化的结果。由于"回侃子"的形象表达与灵活形式，一些词语已经渗透到当地方言之中，如"唉""挠逮""囊子"等已经成为带有戏谑色彩的郯城方言词语，该种情况体现了隐语的世俗化和大众化。"回侃子"使用频率较高，在表现事物或特点方面有其独到的形象生动性，这些都是隐语语向郯城方言转化的重要因素。

"回用调侃子"的产生、活跃、传播、继承与创新取决于该种语言形式的实用性与文化性。实用性是"回用调侃子"产生的根本，也是其活跃、传播、继承与创新的发展基础，文化性表现在回族社群源远流长的带有鲜明民族印记的经商传统与相应的民俗文化，是"回用调侃子"应运而生的"肥沃土壤"，也在一定程度上左右着它的活跃、传播、继承与发展。"回用调侃子"的实用性与文化性又主导着族群的语言态度，积极的语言态度又使该种语言形式处于较好的生存状态与发展趋势。

第四节　小结

"调侃子"名下实为使用于不同社会群体的汉语隐语的两种表达形式——"汉用调侃子"和"回用调侃子"。"汉用调侃子"和"回用调侃子"分别代表了两种不同的世俗语言文化类型。"侃子"分别代表了汉语隐语的两种类型，"汉侃子"是隐秘程度不高的语言游戏类隐语，"回侃子"是隐秘程度较高的商业类隐语。这种情况是我们在调查之初始料未及的，随着调查的不断深入，两种隐语才露出了庐山真面目。

  通过对两种"调侃子"表达手段与方式、"侃子"的词语形式、造词方法与理据的分析，我们掌握了两种隐语的构词和造词；通过对两种隐语形成的文化背景、使用语境、语体分析，我们看到了汉语隐语的形成与发展不仅以社会、民族、文化等为背景，而且以地域方言为基础和前提；通过汉语隐语的发展看到了社会方言与地域方言之间的互动，隐语向地域方言乃至共同语词语转化的动态过程；通过对语言态度、发展趋势的分析，我们体会到了语言调查、描写对于走向衰落乃至即将消亡的语言形式（当然也包括语言）的重要性，也体会到了语言中同样有"物竞天择，适者生存"的硬道理。在言语形式的发展中，言语价值（言语价值主导使用者言语态度）是其生存和发展的根本所在，同时也决定了该言语形式及其所承载文化的生存、发展与传承。

第七章 《全国各界切口大词典》相关研究

《全国各界切口大词典》（全一册）是现代汉语阶段我国第一部集隐语之大成的词典，也是汉语史上第一部以"词典"命名的隐语类专门辞书。

《全国各界切口大词典》在汉语隐语史上有着承上启下的划时代意义，在语言学乃至文化学史上皆有着不容忽视乃至小觑的价值和光芒。

第一节 《全国各界切口大词典》的内容、版本及影响

《全国各界切口大词典》对汉语隐语使用领域或群体分类之广泛与详尽，说明汉语隐语调查之艰难；隐语收条之宏富，描写之写实，说明编辑整理之辛苦。该词典确立并奠定了现代汉语隐语辞书的规范和标准，真正认识到了汉语隐语巨大的语言学、社会学和文化学价值。

一 内容简介与体例编排

（一）内容简介

曲彦斌在《中国隐语行话大辞典》的"续编"中对《全国各界切口大词典》进行了评述，称其为"中国第一部名为'词典'的隐语行话工具书"，"是书收录宏富，辑释清末民初诸行'切口'近万条。立切口为条目，释以通语。依行业编次，分为商铺、行号、杂业、工匠、手艺、医药、巫卜、星相、衙卒、役夫、武术、优伶、娼妓、党会、赌博、乞丐、盗贼、杂流等大类，大类之中又细别若干子类，计18大类376个子类。考其材料来源，少部分采自有关文献，大多为一时调查收集而来"（1995：续编23）。正如曲氏之评述，《全国各界切口大词典》一书的收词数量之多前所未有，涵盖领域广泛，下辖子类众多。由于其内容之隐秘和辑录之困难而成为一本奇书，成为词典中的一朵奇葩。其

编写体例成为后出隐语类辞书参照的标准，同时也是后出辞书隐语词条的主要来源。

(二) 体例编排

《全国各界切口大词典》一书的序言、目录、正文皆未标注页码，也没有词目索引或供检索词目的词语表。通过统计，"序"有2页，"目录"共有16页，词典正文共计402页。全书词条按照隐语使用的社会群体分类，按编排的前后顺序，有商铺类、行号类、杂业类、工匠类、手艺类、医药类、巫卜类、星相类、衙卒类、役夫类、武术类、优伶类、娼妓类、党会类、赌博类、乞丐类、盗贼类、杂流类共18大类，各大类中有若干子类，目录计373个子类，据正文实际为376个子类，其中商铺类下辖49个、行号类下辖20个、杂业类下辖28个、工匠类下辖47个、手艺类下辖23个、医药类下辖29个（目录中缺少"做戏法卖药之切口"一类。依词典正文加，下同）、巫卜类下辖10个、星相类下辖11个、衙卒类下辖14个、役夫类下辖16个、武术类下辖16个、优伶类下辖11个、娼妓类下辖10个、党会类下辖8个、赌博类下辖9个（目录中缺少"抽夜糖之切口"一类）、乞丐类下辖16个、盗贼类下辖12个、杂流类下辖47个（目录中缺少"贩烟土者之切口"一类）子类。

全书收隐语共9040条，隐语条目的基本内容包括辞目、简单的通行语言释义，少数辞目在释语中附以简单的背景知识或理据说明。例如：

  为为 丝也。(丝经业之切口)
  龙衣 蛇壳也。(药行业之切口)
  站堂 凡吹手堂名，西乐及他种杂乐，必须站立堂前，叠奏一番，谓之站堂。而主人必予以小费若干。(红白帖之切口)
  棒槌 吉林人参也。人参前清列入贡品，常人不得享用，土人私运，故设是名以讳之。(参燕业之切口)
  蟹壳花 金线草也。叶圆如蟹壳，节间有红线，长尺许，性寒。(花业之切口)

(三) 目录编排

为方便查阅，对照词典正文，我们对《全国各界切口大词典》原目录中汉语隐语使用的群体类别和次类进行了顺序整理、页码编排和相应校注（校注内容见括号和脚注）。下面是整理后的新目录编排。

目录

序（缶老人） ··· 序1
目录 ··· 目录1—16
商铺类 ·· 1
一 丝经业之切口（目录为第3小类，据正文调整至此） ········ 1
二 金银业之切口 ·· 5
三 银楼业之切口 ·· 5
四 绸缎业之切口 ·· 6
五 金线业之切口 ·· 8
六 衣庄业之切口 ·· 9
七 丝线业之切口 ·· 10
八 南货业之切口 ·· 11
九 地货业之切口 ·· 13
一〇 山货业之切口 ·· 16
十一 陆陈业之切口 ·· 17
十二 豆麦业之切口 ·· 18
十三 染色业之切口 ·· 19
十四 押当业之切口 ·· 20
十五 古董业之切口 ·· 21
十六 茶食业之切口 ·· 23
十七 蜜饯业之切口 ·· 23
十八 箓笋业之切口 ·· 24
十九 海味业之切口 ·· 25
二〇 火腿业之切口 ·· 26
二一 盐业之切口（目录为"食盐业"，据正文改动） ········ 27
二二 香烛业之切口 ·· 27
二三 玉器业之切口 ·· 28
二四 珠宝业之切口 ·· 29
二五 瓷器业之切口 ·· 30
二六 竹器业之切口 ·· 31
二七 广货业之切口 ·· 32

二八	杂货业之切口	33
二九	嫁妆业之切口	34
三〇	花粉业之切口	34
三一	颜料业之切口	35
三二	刷染业之切口	36
三三	笔墨业之切口	36
三四	纸业之切口（目录为"纸头业"，据正文改动）	37
三五	封套业之切口	38
三六	账簿业之切口	38
三七	菜饭业之切口（目录为"菜馆业"，据正文改动）	39
三八	板木业之切口	40
三九	皮箱业之切口	40
四〇	皮裘业之切口	41
四一	顾绣业之切口	42
四二	另剪业之切口	43
四三	衣摺业之切口	44
四四	布匹业之切口	45
四五	帽子业之切口	46
四六	靴子业之切口	46
四七	鞋子业之切口	47
四八	乐器业之切口	47
四九	爆竹业之切口	48

行号类 ……………………………………………… 49

五〇	茧行之切口（目录为"干茧行"，据正文改动）	49
五一	烟土行之切口	49
五二	煤炭行之切口	50
五三	铜锡行之切口	51
五四	粮食行之切口	52
五五	桂圆行之切口	54
五六	棉花行之切口	55
五七	饴糖行之切口	55
五八	茶叶行之切口	56
五九	水果行之切口	56
六〇	炒货行之切口	57

第七章 《全国各界切口大词典》相关研究

六一	猪行之切口（目录为"猪仔行"，据正文改动）………	58
六二	耕牛行之切口 ……………………………………………	58
六三	海鱼行之切口 ……………………………………………	59
六四	咸货行之切口 ……………………………………………	61
六五	鲜鱼行之切口 ……………………………………………	62
六六	菜蔬行之切口 ……………………………………………	64
六七	蛋船行之切口（原为"蛋船"） ………………………	65
六八	砖灰行之切口 ……………………………………………	66
六九	缸坛行之切口 ……………………………………………	67

杂业类 …………………………………………………………… 69

七〇	商人共众切口 ……………………………………………	69
七一	油坊之切口 ………………………………………………	71
七二	冶坊之切口 ………………………………………………	71
七三	磨坊之切口 ………………………………………………	73
七四	酱园之切口 ………………………………………………	74
七五	米店之切口 ………………………………………………	75
七六	酒店之切口 ………………………………………………	76
七七	麻油店之切口 ……………………………………………	77
七八	混堂之切口 ………………………………………………	78
七九	旅馆之切口 ………………………………………………	79
八〇	钱庄之切口 ………………………………………………	80
八一	信局之切口 ………………………………………………	80
八二	花业之切口 ………………………………………………	81
八三	茶楼之切口 ………………………………………………	84
八四	饭店之切口 ………………………………………………	85
八五	点心铺之切口 ……………………………………………	86
八六	面馆之切口 ………………………………………………	87
八七	白粥业之切口 ……………………………………………	88
八八	山果业之切口 ……………………………………………	88
八九	猪肉业之切口 ……………………………………………	89
九〇	豆腐店之切口 ……………………………………………	90
九一	纸扎店之切口 ……………………………………………	91
九二	铁器店之切口 ……………………………………………	92
九三	剪刀店之切口 ……………………………………………	93

九四　禽鸟业之切口 ･･ 94
　　九五　老虎灶之切口 ･･ 95
　　九六　燕子窝之切口（目录为"烟子窝"，据正文改动） ･･････････ 96
　　九七　烟店之切口（原为"菸烟店"，"菸"当为衍字） ･･････････ 97
工匠类 ･･ 99
　　九八　理发匠之切口 ･･ 99
　　九九　剔脚匠之切口（目录为"扦脚匠"，据正文改动） ･･･････ 100
　　一〇〇　成衣匠之切口 ･･････････････････････････････････････ 101
　　一〇一　泥水匠之切口 ･･････････････････････････････････････ 102
　　一〇二　箍桶匠之切口 ･･････････････････････････････････････ 103
　　一〇三　翻砂匠之切口 ･･････････････････････････････････････ 103
　　一〇四　刻字匠之切口 ･･････････････････････････････････････ 104
　　一〇五　打金箔匠之切口 ････････････････････････････････････ 104
　　一〇六　打锡箔匠之切口 ････････････････････････････････････ 105
　　一〇七　琢玉匠之切口 ･･････････････････････････････････････ 105
　　一〇八　扎花匠之切口 ･･････････････････････････････････････ 106
　　一〇九　打线匠之切口 ･･････････････････････････････････････ 106
　　一一〇　补镬匠之切口 ･･････････････････････････････････････ 107
　　一一一　烧盐匠之切口 ･･････････････････････････････････････ 107
　　一一二　打面匠之切口 ･･････････････････････････････････････ 108
　　一一三　造酒匠之切口 ･･････････････････････････････････････ 108
　　一一四　造酱匠之切口 ･･････････････････････････････････････ 109
　　一一五　银匠之切口 ･･ 109
　　一一六　锡匠之切口 ･･ 110
　　一一七　铜匠之切口 ･･ 111
　　一一八　铁匠之切口 ･･ 112
　　一一九　木匠之切口 ･･ 112
　　一二〇　竹匠之切口 ･･ 113
　　一二一　石匠之切口 ･･ 114
　　一二二　皮匠之切口 ･･ 115
　　一二三　漆匠之切口 ･･ 116
　　一二四　挽花匠之切口 ･･････････････････････････････････････ 116
　　一二五　织机匠之切口 ･･････････････････････････････････････ 117
　　一二六　染布匠之切口 ･･････････････････････････････････････ 117

一二七　做帽匠之切口 …………………………………… 118
　　一二八　淘砂匠之切口 …………………………………… 118
　　一二九　磨镜匠之切口 …………………………………… 119
　　一三〇　打眼匠之切口 …………………………………… 119
　　一三一　砌街匠之切口 …………………………………… 120
　　一三二　修缸匠之切口 …………………………………… 120
　　一三三　成佛匠之切口 …………………………………… 121
　　一三四　烧窑匠之切口 …………………………………… 121
　　一三五　车棚匠之切口 …………………………………… 122
　　一三六　造船匠之切口 …………………………………… 123
　　一三七　外国成衣匠之切口 ……………………………… 123
　　一三八　印刷匠之切口 …………………………………… 124
　　一三九　剪刀匠之切口 …………………………………… 124
　　一四〇　藤器匠之切口 …………………………………… 125
　　一四一　缫丝匠之切口 …………………………………… 125
　　一四二　画船匠之切口 …………………………………… 126
　　一四三　弹棉匠之切口 …………………………………… 126
　　一四四　钉碗匠之切口 …………………………………… 127
手艺类 ………………………………………………………… 129
　　一四五　卖弹弓之切口 …………………………………… 129
　　一四六　卖花样之切口 …………………………………… 129
　　一四七　吹糖人之切口 …………………………………… 129
　　一四八　卖纸鸢之切口 …………………………………… 130
　　一四九　卖扯铃之切口 …………………………………… 131
　　一五〇　卖叫虫之切口 …………………………………… 131
　　一五一　捏粉人之切口 …………………………………… 132
　　一五二　做袜子之切口 …………………………………… 132
　　一五三　织补业之切口 …………………………………… 133
　　一五四　骨牌业之切口 …………………………………… 133
　　一五五　秤戥业之切口 …………………………………… 134
　　一五六　木屐业之切口 …………………………………… 134
　　一五七　雨伞业之切口 …………………………………… 135
　　一五八　席子业之切口 …………………………………… 135
　　一五九　白藤业之切口 …………………………………… 136

一六〇　兜带业之切口 …………………………………… 137
  一六一　灯笼业之切口 …………………………………… 137
  一六二　扇子业之切口 …………………………………… 138
  一六三　装潢业之切口 …………………………………… 139
  一六四　裱画业之切口 …………………………………… 139
  一六五　贳彩业之切口（目录为"贳器业"，据正文改动）…… 140
  一六六　髹漆业之切口 …………………………………… 141
  一六七　洋机缝衣业之切口（目录为"机器"，据正文改动）…… 142
医药类 ……………………………………………………………… 143
  一六八　参燕业之切口 …………………………………… 143
  一六九　医生之切口 ……………………………………… 145
  一七〇　药行业之切口 …………………………………… 146
  一七一　卖药人之切口 …………………………………… 149
  一七二　祝由科之切口 …………………………………… 151
  一七三　摇虎撑者之切口 ………………………………… 153
  一七四　摆草药摊之切口 ………………………………… 154
  一七五　卖膏药者之切口 ………………………………… 158
  一七六　自称戏子治病者之切口 ………………………… 159
  一七七　医眼病卖药者之切口 …………………………… 161
  一七八　施药郎中之切口 ………………………………… 162
  一七九　摆摊郎中之切口 ………………………………… 164
  一八〇　针灸郎中之切口 ………………………………… 164
  一八一　卖药糖者之切口 ………………………………… 165
  一八二　卖春药治毒疮者之切口（目录为"治梅毒"，据正文改动）… 166
  一八三　着地摊药治病者之切口 ………………………… 167
  一八四　卖吊虫丸之切口 ………………………………… 168
  一八五　医小孩痨症者之切口 …………………………… 169
  一八六　做戏法卖药者之切口（目录无，据正文添加）…… 169
  一八七　卖药丸者之切口（目录为"药糖丸"，据正文改动）…… 169
  一八八　捉牙虫妇人之切口（目录为"妇女"，据正文改动）…… 170
  一八九　点痣者之切口 …………………………………… 170
  一九〇　僧人卖药之切口 ………………………………… 171
  一九一　道人卖药之切口 ………………………………… 171
  一九二　骑驴卖药之切口 ………………………………… 171

一九三	撑大伞卖药者之切口	172
一九四	妇人卖药者之切口	172
一九五	烧香朝山卖药者之切口	173
一九六	卖疮药者之切口	173

巫卜类 ·· 175

一九七	和尚之切口	175
一九八	道士之切口	176
一九九	尼姑之切口	181
二〇〇	巫婆之切口	182
二〇一	文王课之切口	182
二〇二	六壬课之切口	184
二〇三	测字者之切口	185
二〇四	席地测字者之切口	186
二〇五	蛤壳测字者之切口	188
二〇六	茶馆测字者之切口	189

星相类 ·· 191

二〇七	星家之切口	191
二〇八	相家之切口	195
二〇九	隔夜算命之切口（目录为"隔壁算命"，据正文改动）	198
二一〇	量手算命之切口	199
二一一	拉和琴算命之切口	200
二一二	弹弦子算命之切口	202
二一三	铁板算命之切口	204
二一四	鸟衔算命切口（目录为"衔鸟"，据正文改动）	207
二一五	龟算命之切口	208
二一六	不开口相面之切口	208
二一七	立墙壁相面之切口	210

衙卒类 ·· 213

二一八	衙役之切口	213
二一九	侦探之切口	214
二二〇	仵作之切口（原为"作作"，据内容"仵"讹）	219
二二一	讼棍之切口	221
二二二	写状之切口	221
二二三	狱卒之切口	222

二二四　牢监之切口 …………………………………………………… 223

二二五　厘卡之切口 …………………………………………………… 223

二二六　警士之切口 …………………………………………………… 225

二二七　兵士之切口 …………………………………………………… 226

二二八　粮柜之切口 …………………………………………………… 226

二二九　地保之切口 …………………………………………………… 227

二三〇　幕宾之切口 …………………………………………………… 227

二三一　缉私盐之切口 ………………………………………………… 228

役夫类 …………………………………………………………………… 231

二三二　茶担夫之切口 ………………………………………………… 231

二三三　人力车夫之切口 ……………………………………………… 232

二三四　轿夫之切口 …………………………………………………… 234

二三五　脚夫之切口 …………………………………………………… 234

二三六　马夫之切口 …………………………………………………… 235

二三七　渔夫之切口 …………………………………………………… 235

二三八　樵夫之切口 …………………………………………………… 236

二三九　驴夫之切口 …………………………………………………… 236

二四〇　农夫之切口 …………………………………………………… 237

二四一　更夫之切口 …………………………………………………… 238

二四二　门夫之切口 …………………………………………………… 238

二四三　庖夫之切口 …………………………………………………… 239

二四四　屠夫之切口 …………………………………………………… 240

二四五　舟夫之切口 …………………………………………………… 241

二四六　航船夫之切口 ………………………………………………… 242

二四七　挑水夫之切口 ………………………………………………… 243

武术类 …………………………………………………………………… 245

二四八　教武艺者之切口 ……………………………………………… 245

二四九　行程保镖者之切口 …………………………………………… 245

二五〇　住宅保镖者之切口 …………………………………………… 246

二五一　卖拳头者之切口 ……………………………………………… 247

二五二　妇女顶缸走索之切口 ………………………………………… 249

二五三　跑马卖解之切口 ……………………………………………… 249

二五四　符箓变戏法者之切口 ………………………………………… 250

二五五　布围卖戏法者之切口（目录为"围布"，据正文改动） …… 251

第七章 《全国各界切口大词典》相关研究

二五六　吞剑吃蛋卖戏法者之切口 …………………………… 251
二五七　男女共同变戏法者之切口 …………………………… 252
二五八　打连箱者之切口（目录无"者"，据正文添加）……… 252
二五九　傀儡戏之切口 ………………………………………… 253
二六〇　地吼戏之切口 ………………………………………… 253
二六一　耍猴戏之切口 ………………………………………… 254
二六二　搭台变戏法之切口 …………………………………… 254
二六三　挂布招牌教戏法者之切口 …………………………… 255

优伶类 ………………………………………………………………… 257
二六四　戏园之切口 …………………………………………… 257
二六五　伶人之切口 …………………………………………… 257
二六六　场面上之切口 ………………………………………… 260
二六七　武行中之切口 ………………………………………… 261
二六八　锣鼓手之切口（正文中无"手"）…………………… 262
二六九　腔调上之切口 ………………………………………… 264
二七〇　场子上之切口 ………………………………………… 265
二七一　髻口之切口 …………………………………………… 266
二七二　角行之切口 …………………………………………… 267
二七三　戏盔业之切口（正文中无"业"）…………………… 268
二七四　靶子业之切口（正文中无"业"）…………………… 269

娼妓类 ………………………………………………………………… 271
二七五　八大胡同妓院之切口 ………………………………… 271
二七六　长三书寓之切口 ……………………………………… 276
二七七　雉妓之切口 …………………………………………… 280
二七八　花烟间之切口 ………………………………………… 282
二七九　钉碰妓之切口（目录为"钉碰间"，据正文改动）… 282
二八〇　粤妓之切口 …………………………………………… 283
二八一　台基之切口 …………………………………………… 287
二八二　茶室之切口 …………………………………………… 288
二八三　江山船之切口 ………………………………………… 292
二八四　相公堂子之切口 ……………………………………… 292

党会类 ………………………………………………………………… 295
二八五　三点会之切口 ………………………………………… 295
二八六　哥老会之切口 ………………………………………… 297

二八七　青帮之切口 …………………………………………… 300
　　二八八　红帮之切口 …………………………………………… 303
　　二八九　流氓之切口 …………………………………………… 310
　　二九〇　拆白党之切口 ………………………………………… 314
　　二九一　女拆白党之切口（正文中无"党"）………………… 315
　　二九二　小瘪三之切口 ………………………………………… 316
赌博类 ……………………………………………………………… 321
　　二九三　牌九赌之切口 ………………………………………… 321
　　二九四　麻雀赌之切口 ………………………………………… 323
　　二九五　摇宝赌之切口 ………………………………………… 325
　　二九六　抽签赌之切口（正文中无"赌"）…………………… 327
　　二九七　掷骰子之切口 ………………………………………… 327
　　二九八　押六门之切口 ………………………………………… 328
　　二九九　做花会之切口 ………………………………………… 328
　　三〇〇　做三四之切口 ………………………………………… 329
　　三〇一　抽夜糖之切口（目录无，据正文添加）……………… 329
乞丐类 ……………………………………………………………… 331
　　三〇二　乞丐之切口 …………………………………………… 331
　　三〇三　捉蛇乞丐之切口 ……………………………………… 333
　　三〇四　顶物求乞之切口 ……………………………………… 334
　　三〇五　耍猴求乞之切口 ……………………………………… 334
　　三〇六　弄蛇求乞之切口 ……………………………………… 335
　　三〇七　哭诉求乞之切口 ……………………………………… 335
　　三〇八　戴孝求乞之切口 ……………………………………… 336
　　三〇九　手本讨钱之切口 ……………………………………… 336
　　三一〇　妇人求乞之切口（目录为"妇女"，据正文改动）… 336
　　三一一　瘫叫花子之切口 ……………………………………… 337
　　三一二　改相求乞之切口 ……………………………………… 337
　　三一三　唱春求乞之切口 ……………………………………… 338
　　三一四　送字求乞之切口 ……………………………………… 338
　　三一五　作揖求乞之切口 ……………………………………… 339
　　三一六　托神求乞之切口 ……………………………………… 339

三一七　书写情节求乞之切口（目录为"画①写"）………… 339
盗贼类……………………………………………………………… 341
　　　三一八　杆匪之切口 …………………………………………… 341
　　　三一九　拐匪之切口 …………………………………………… 344
　　　三二〇　越墙贼之切口 ………………………………………… 347
　　　三二一　掘壁贼之切口（目录为"掘墙"，据正文改动）……… 349
　　　三二二　短截贼之切口 ………………………………………… 351
　　　三二三　对买贼之切口 ………………………………………… 353
　　　三二四　剪绺贼之切口 ………………………………………… 356
　　　三二五　爬儿手之切口 ………………………………………… 358
　　　三二六　铳手之切口 …………………………………………… 359
　　　三二七　收晒朗贼之切口（目录为"收晒朗"，据正文改动）… 361
　　　三二八　水面贼之切口 ………………………………………… 363
　　　三二九　偷鸡贼之切口 ………………………………………… 364
杂流类……………………………………………………………… 367
　　　三三〇　私塾先生之切口（目录为"教书先生"，据正文改动）…… 367
　　　三三一　写字人之切口 ………………………………………… 367
　　　三三二　画家之切口 …………………………………………… 368
　　　三三三　说大书之切口 ………………………………………… 368
　　　三三四　唱弹词之切口 ………………………………………… 369
　　　三三五　唱滩簧之切口 ………………………………………… 369
　　　三三六　小热昏之切口 ………………………………………… 369
　　　三三七　掌礼者之切口 ………………………………………… 370
　　　三三八　红白帖之切口 ………………………………………… 371
　　　三三九　吹打者之切口（正文中无"者"）…………………… 372
　　　三四〇　堂名之切口 …………………………………………… 372
　　　三四一　西乐队之切口 ………………………………………… 373
　　　三四二　外执事之切口 ………………………………………… 373
　　　三四三　二爷之切口 …………………………………………… 374
　　　三四四　喜婆之切口 …………………………………………… 375
　　　三四五　虔婆之切口 …………………………………………… 375
　　　三四六　收生婆之切口 ………………………………………… 376

---

① 目录为"画写情节求乞之切口"之"画"为繁体"畫"，盖"书"繁体"書"之讹。

三四七　荐头婆之切口 …………………………………………… 376
三四八　卖婆之切口 ……………………………………………… 377
三四九　媒婆之切口 ……………………………………………… 378
三五〇　卖花者之切口（正文中无"者"） ……………………… 379
三五一　卖眼镜之切口 …………………………………………… 383
三五二　卖京货之切口 …………………………………………… 383
三五三　收旧货之切口 …………………………………………… 384
三五四　卖买古董者之切口 ……………………………………… 386
三五五　卖水果者之切口 ………………………………………… 387
三五六　卖蔬菜之切口 …………………………………………… 388
三五七　卖饼者之切口 …………………………………………… 388
三五八　卖糕者之切口 …………………………………………… 389
三五九　卖馄饨者之切口 ………………………………………… 389
三六〇　卖白糖粥者之切口（目录为"卖糖粥"，据正文改动）…… 390
三六一　卖糖芋艿者之切口 ……………………………………… 391
三六二　卖烧饼油条者之切口 …………………………………… 391
三六三　卖糖果者之切口 ………………………………………… 392
三六四　换碗者之切口 …………………………………………… 392
三六五　收卖锭灰者之切口 ……………………………………… 393
三六六　贩烟土者之切口（目录无，据正文添加） …………… 394
三六七　卖花带者之切口 ………………………………………… 396
三六八　卖洋伞者之切口 ………………………………………… 396
三六九　卖草鞋者之切口（目录为"革①鞋"，据正文
　　　　改动） ………………………………………………… 397
三七〇　卖水烟者之切口 ………………………………………… 397
三七一　贩人口者之切口 ………………………………………… 398
三七二　放白鸽者之切口 ………………………………………… 399
三七三　蚁媒之切口 ……………………………………………… 399
三七四　篾编之切口 ……………………………………………… 400
三七五　卖西洋镜之切口 ………………………………………… 400
三七六　卖玉器之切口（据正文调整至此处）………………… 402

---

① 目录为"卖革鞋者之切口"，"革"应为"草"之讹。

二 版本介绍

（一）《全国各界切口大词典》（全一册）

《全国各界切口大词典》（全一册）于1924年（中华民国13年）1月由上海东陆图书公司印行出版。

《全国各界切口大词典》（全一册）为暗紫色硬皮精装本，图书开本为15cm×11.5cm，封面长15.5cm，宽11.5cm。封面和封底皆为暗紫色硬皮，封底无字，封面有"全国各界切口大词典"九字竖排一行居中，其中"全国各界"字号偏小且竖排两行，"全国"居左侧竖排，"各界"居右侧竖排，"切口大词典"字号偏大且竖排一行居"全国各界"四字之下。书名九字皆为凹字，且颜色与封面相同，因此封面文字不突显，拍照亦无法看清，故未拍图片。

书脊长15cm，宽2.5cm，自上而下印有"全国各界切口大词典"和"上海东陆图书公司印行"，共计19字，皆为烫金凹字，与暗紫色背景形成对比，颜色鲜明，易于拍照（书名和出版地点、公司等文字编排见图片一之"书脊"）。

扉页从右至左标注三竖行汉字，分别是"吴汉痴主任编辑"、"全国各界切口大词典"（其中"全国各界"字号偏小，居两行，下为"切口大词典"）和"东陆图书公司印行"（参见图片一"《全国各界切口大词典》书脊、扉页"）。

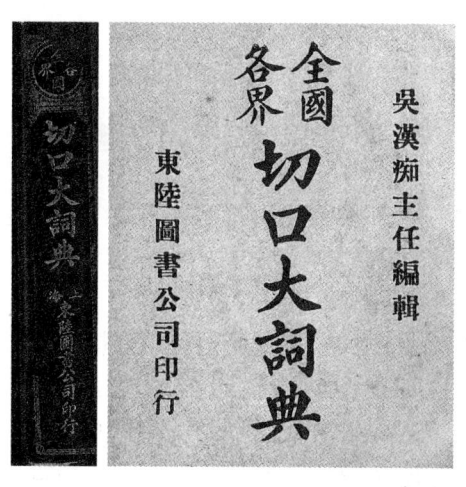

图片一 《全国各界切口大词典》书脊（左）、扉页（右）

版权页标有书名、定价、出版时间、主任编辑、分任撰述员、校阅者、发行者、印刷者、总发行所等。书名为"全国各界切口大词典全一册";定价为"大洋贰元";主任编辑为"胡汉痴"（不同于扉页的"吴汉痴"）;分任撰述员从右至左分别有"董光昌、朱菊影、谢瘦梧、李无咎、黄蝶魂、吴宏达、李幻龙"等七人;校阅者为"日新轩主";发行者为"东陆图书公司";印刷者为"东陆图书公司";总发行所为"东陆图书公司",并附以小字"上海闸北香山路"。版权页的左侧竖行标有"代发行者,各省各大书坊",上面有一个显著的浪纹方框,内有"版权所有翻印严究"八个字（参见图片二"《全国各界切口大词典》版权页"）。

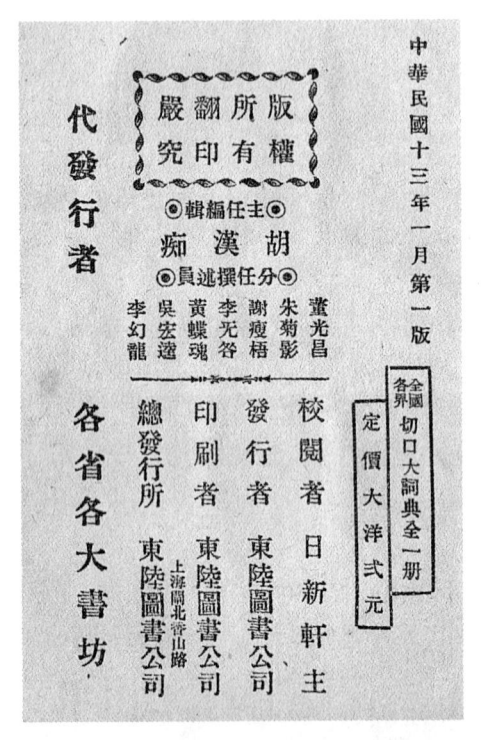

图片二　《全国各界切口大词典》版权页

目前该书仅在北大图书馆1本、中国国家图书馆有缩微品的发行拷贝片,查阅较为困难,也不能复印。我们有幸从孔夫子旧书网（http://www.kongfz.com/）淘得原版,现拍下该书书脊、扉页、版权页,以供参考。

(二)《切口大词典》

《切口大词典》为《全国各界切口大词典》的影印本,1989年3月由上海文艺出版社影印出版、发行。

封面和扉页皆注明吴汉痴主编《切口大词典》，出版社为上海文艺出版社，且注明为"民俗、民间文学影印资料之二十六"（参见图片三《切口大词典》封面）。扉页内容基本与封面相同（参见图片四《切口大词典》扉页）。版权页有"影印出版说明"，其内容为"本书是国内第一部集切口之大成的词典。原名为《全国各界切口大词典》，开本为 15cm× 11.5cm，现据上海东陆图书公司 1924 年版影印出版。"（参见图片五《切口大词典》版权页）该词典的影印出版专门为民俗学、民间文学的研究而服务，当时尚未充分认识到其巨大的语言学价值。该书为学习和研究汉语隐语带来了极大的方便。自 20 世纪末以来，对《全国各界切口大词典》的介绍（钟少华，2017[①]、曲彦斌，2019[②]）及后书汉语隐语辞书词条的引用皆据此版本。

图片三《切口大词典封面》

[①] 参见钟少华编著《中国近代辞书指要》，商务印书馆 2017 年版，第 74 页
[②] 参见王东海主编《二十世纪以来汉语辞书论著指要》，商务印书馆 2019 年版，第 221 页。

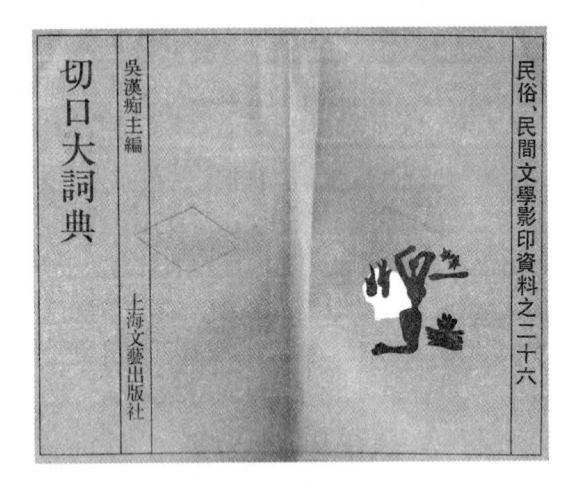

图片四 《切口大词典》扉页

影印出版说明

本书是国内第一部集切口之大成的词典。原名为《全国各界切口大词典》，开本为15Cm×11.5Cm，现据上海东陆图书公司1924年版影印出版。

切口大词典
（影印本 1989年3月）
上海文艺出版社出版、发行
新 华 书 店 经 销
上海市印刷七厂印刷
ISBN7-5321-0245-9/H·1
定价：5.60元

图片五 《切口大词典》版权页

三 影响与价值

（一）首次真正认识到汉语隐语巨大的语言学价值

《全国各界切口大词典》的"序"集中体现了序作者的语言学思想。"序"由"时年八十有一"的"缶老人"于"癸亥初冬"（1923年）在

"海上"(即上海)所撰写,序作者"缶老人"以前所未有的高度肯定了《全国各界切口大词典》的语言学价值:

  近顷坊间之出版物夥矣,而独未及于切口何也?岂以事属渺小为无足道耶?果如是则谬矣。夫吾人涉世,相接为缘,百业中人,熙攘往来,吾尝自命为聪睿矣。而以所业之不同,故术语互作,但见唇吻翕张,不辨声响。无论同邦族,同乡邑,相逢讶如异域。世间可怪之事,孰有甚于斯者?或曰各业切口,诚有足重者,第造切口所以为隐,若笔而出之,则业中人其休矣。曰是则更谬,人未有不希其业之昌者,谓造作切口,乃以之拒人者绝非也。我知坊间之所以乏此著作者,实以社会之大,事业之夥,切口奥秘,无从侦得之耳。昔者偶忆及此,未尝不以为憾。今者东陆图书公司主人李龙公先生乃不惜搜罗之难,编辑之劳,成此全国各界切口大词典一书,遽随我理想而实现。余既佩李君之卓识,乃复为世之好奇书者贺曰:"陈言腐语,汗牛充栋,全国各界切口词典之出,眼帘可以一新矣。"欣喜之余,亟为是序。癸亥初冬缶老人时年八十有一,序于海上。

该序言不仅说明了隐语与通语或地域方言的不同("但见唇吻翕张,不辨声响"),也说明了隐语的行业性差异("无论同邦族,同乡邑,相逢讶如异域。世间可怪之事,孰有甚于斯者?或曰各业切口,诚有足重者"),更说明了隐语调查的难度("我知坊间之所以乏此著作者,实以社会之大,事业之多,切口奥秘,无从侦得之耳"),从而反映出编辑该隐语词典的不朽贡献。字里行间反映着序作者"缶老人"对于《全国各界切口大词典》一书出版的由衷喜悦,"昔者偶忆及此,未尝不以为憾。今者东陆图书公司主人李龙公先生乃不惜搜罗之难,编辑之劳,成此全国各界切口大词典一书,遽随我理想而实现"。这充分说明序作者及东陆图书公司主人李龙公等先生皆认识到汉语隐语巨大的社会价值及语言学价值,同时也反映了隐语使用的社会现实。隐语辞书的编纂反映了隐语使用的时代性和社会性。

《全国各界切口大词典》的编写人员阵容强大,除"主任编辑"外,还有七位"分任撰述员",足见对这本隐语词典的重视程度。该辞书由上海"东陆图书公司"印行,"定价大洋贰元","1920—1926年间上海的大米价格为每市石(160市斤)9.5银圆,也就是每斤大米5分多钱;1银圆可以买18斤大米;猪肉每斤1角4分钱—1角5分钱,1银圆可以买7斤猪肉;这时期'一块钱'折合今人民币35—40元"(陈明远,2004:101)。可见当时两块大洋实属价格不菲，这也说明了该隐语辞书制作规格之高，如果没有认识到隐语的社会学及语言学价值，东陆图书公司则不会印行这部功垂千秋的辞书。

（二）确立并奠定了现代隐语辞书的规范和标准

《全国各界切口大词典》是首次以辞书面貌问世的隐语词典。相比民国之前的隐语辑录（如宋·陈元靓《事林广记·绮谈市语》、明·汪云程《蹴踘图谱·圆社锦语》、明·程万里《鼎锲徽池雅调南北官腔乐府点板曲响大明春·六院汇选江湖方语》、清·翟灏《通俗编·识余》、清·卓亭子《新刻江湖切要》、清·唐再丰《鹅幻汇编·江湖通用切口摘要》等），《全国各界切口大词典》辑录的隐语更为丰富，使用的领域更为广泛，对使用领域的整理与编排也更加系统，词条编排更为合理，释义语言更为规范，体例更趋完善，奠定并确立了隐语类辞书的规范和标准。

（三）成为后出隐语类辞书的编纂标准和词条的主要来源

自《全国各界切口大词典》印行后，一直到20世纪末才有钟敬文主编的《语海·秘密语分册》（上海文艺出版社1994年版）和曲彦斌主编的《中国秘语行话词典》①（书目文献出版社1994年版），时间整整相隔了70年！此后陆续出现了《中国隐语行话大辞典》（曲彦斌主编，辽宁教育出版社1995年版）②、《俚语隐语行话词典》（曲彦斌主编，上海辞书出版社1998年版）、《中国秘密语大辞典》（陈崎主编，汉语大词典出版社2002年版）、《中国江湖隐语词典》（刘延武编著，中国社会科学出版社2003年版）等辞书。后出辞书的体例编排大多因循《全国各界切口大词典》，注明词条的使用领域，并对词条进行释义，受其对名称由来进行的简单理据分析的影响，后出辞书在词条释义后专门增加"理据分析"一项，根据语料的来源注明出处及使用时代、地域等。《全国各界切口大词典》一直是后出隐语类辞书收条的主要来源，如从《语海·秘密语分册》和《中国秘语行话词典》一直到《中国秘密语大辞典》，皆把《全国各界切口大词典》的词条作为其辞书收条的主要来源，且词条数量的

---

① 1993年孙一冰主编的《隐语行话黑话秘笈释义》由首都师范大学出版社出版，尽管时间早于《语海·秘密语分册》和《中国秘语行话词典》，但其不是词典，故未列入。《隐语行话黑话秘笈释义》中也辑录有大量《全国各界切口大词典》的隐语词条，未注明出处。

② 潘庆云主编：《中华隐语大全》，学林出版社1995年版；少光、林晨、陈一江编著：《中国民间秘密用语大全》，广东人民出版社1998年版，因不是词典，未列入。

比重很大①。

（四）反映并还原出较为真实的社会状况和风俗民情

《全国各界切口大词典》所收录的隐语多为编纂者通过田野调查获得的第一手材料。这不仅反映了编著者尊重语言事实、反映语言事实的田野调查宗旨，也反映了他们务实、求实、严谨的编纂理念。该辞书所辑录的语言材料反映出当时鲜活的时代气息和真实的社会风貌。如商铺类隐语辑录了49种行业隐语，说明了民国时期上海商业的兴盛和商业分类的细化，工匠类辑录了47种工匠隐语，手艺类辑录了23种隐语，说明了手工业的发达等。诸行商业隐语全面真实地记录和反映了上海作为开放城市的商业繁荣和经济发达，优伶类和武术类反映了民国时期上海的文化生活，所辑录的党会类、赌博类、娼妓类、乞丐类等隐语同时也真实地反映了当时社会的黑暗现实等。《全国各界切口大词典》在向世人展示社会各界各业不同社会群体隐语的同时，也全面体现了民国时期"中西的碰撞、现代与传统的混合、健康习俗与腐陋习俗并存"（张宪文等，2006：481）的社会现状和时代特征。

（五）记录了民国时期吴方言特点和多元的上海方言词汇面貌

1. 特殊的词汇现象记录民国时期的吴方言词汇特点

"儿"缀词语在今吴方言中基本处于消亡的状态，"头"缀词语亦不使用于新派方言中，而这两种词汇现象却记录在了《全国各界切口大词典》的隐语与释语中，真实地记录了民国时期吴方言的词汇特点。

（1）"儿"缀词语记录了清初至民国时期的吴方言词汇特点

《全国各界切口大词典》中有较多的"儿"缀隐语，这些"儿"缀隐语不仅可以隐指名词，如"灵成儿"隐指"女人"，"向青儿"隐指"钱姓"，"鬼叫儿"隐指"驴子"，"鬼斗儿"隐指"驴车"，"顶宫儿"隐指"房屋""帽子"等。"儿"缀隐语还可以隐指动词，如"搬色儿"隐指"搬运行李"，"搬皮儿"隐指"载运客人"等。这一特点和当代吴方言有着较大的差异，"到现代，北部吴语里'儿'尾衰退了，苏州还在用的只有极少数几个，如'囡儿、小娘儿、筷儿'（'儿'读为[ŋ]）。"口语中使用"儿"缀词语与《明清吴语词典》所反映的清朝初期吴方言"名词的后缀'儿'还很发达，使用频率也较高"的特点是一致的（石汝

---

① 有的辞书标注了《全国各界切口大词典》有关词条的出处，如《中国秘语行话词典》、《中国隐语行话大辞典》、《中国秘密语大辞典》等，有的辞书并未标注《全国各界切口大词典》有关词条的出处，标注了之前文献中的词条出处，如《语海·秘密语分册》《隐语行话黑笈释义》等。

杰，2005：7)①。这些"儿"缀隐语皆是首次出出现在词典中，说明民国时期的口语中仍然保留着清初的吴方言特点，对比释语基本不出现"儿"缀词语的现象而言，说明该种语言现象的消亡已成定局。从该点而言，隐语就如同语言现象变化的"化石"，记录了这一珍贵的语言历史"瞬间"。

(2)"头"缀词语记录了清末至民国时期的吴方言词汇特点

《全国各界切口大词典》"头"缀隐语数量较大，这些词语分布于辞目和释语中。例如：

1) 竹头

《全国各界切口大词典·手艺类·卖纸鸢》："枯骨：竹头也。"

按："竹头"指"竹子"或"竹竿"，吴方言词语，使用于上海、苏州等地区。如评弹《海上英雄》："船头上立一个人……手里拿根竹头，竹头上结一件白短衫，对着岸上晃来晃去"（许宝华、宫田一郎，1999：1995）。

2) 镯头

《全国各界切口大词典·商铺类·银楼业》："条脱：手钏也。俗呼镯头。"

按："镯头"即"镯子"，为吴方言词语，使用于上海等地（钱乃荣、许宝华、汤珍珠，2007：87）。

3) 檐头

《全国各界切口大词典·杂流类·卖婆》："瓦檐头：中饱人家也。"

"檐头"为"屋檐"，是吴方言词语，使用于上海等地（许宝华、宫田一郎，1999：7310）。该隐语利用建筑物代指家境情况。

4) 罐头

吴汉痴《全国各界切口大词典·工匠类·补镬匠》："将军令：罐头也。"

按："罐头"为"罐子"义，吴方言词语，使用于上海等地（许宝华、宫田一郎，1999：7518）。

5) 盖头

吴汉痴《全国各界切口大词典·工匠类·烧窑匠》："遮满：盖头也。"

按："盖头"为"盖子"义，吴方言词语，使用于上海等地（许宝华、宫田一郎，1999：5816）。

6) 墙头

《全国各界切口大词典·工匠类·泥水匠》："使白：粉墙头也。""实

---

① 参见石汝杰、[日] 宫田一郎《明清吴语词典》（上海辞书出版社 2005 年版）前言部分。

拆：砌墙头也。"

"墙头"在吴方言中指"墙壁"（闵家骥、范晓等，1986：341；吴连生、骆伟里等，1995：541；许宝华、陶寰，1997：231）。

"头"缀词语丰富是以旧上海方言为主的吴方言的特点，"有不少在150年前用'头'尾的词，现今中青年已随普通话而改为'子'尾。如：柱头>柱子、篮头>篮子、竹头>竹子、盖头>盖子、凿头>凿子"（钱乃荣，2003：158）。《全国各界切口大词典》的"头"缀词语体现了清末民初以上海为中心的吴方言特点，同时记录了吴方言的变迁。

2. 多元化的上海方言词汇

苏州方言因其独特的地理位置和深厚的文化背景，一直被认为是吴方言的代表。而清末民初，上海话异军突起取代了苏州话，成为吴方言新的代表方言。其原因在于，19世纪中叶，上海作为中国的经济前沿首当其冲打开了封闭已久的大门，上海的开埠使它变成了十里洋场。自此，上海进入了历史发展的转折期，同时也进一步强化了上海方言的重要性，使它的地位得到了极大的提高。《全国各界切口大词典》集中记录了不同来源的，但带有明显地域特点的复合型上海方言词语，除了典型的吴方言词语，也有描摹外来词语语音的洋泾浜语（如康白大、水门汀、小瘪三等），后者正是上海对外开放的产物，在语言发展中"洋泾浜"成为一种特殊的语言文化现象。《上海风物》一书专门对"洋泾浜"英语进行了介绍，"After Shanghai was open to the outside world, the city became a main foreign trading port of China. When doing business with foreign companies, the Chinese people in Shanghai tried to communicate with foreigner. As many local Shanghai people knew little English, hence a phenomenon that local people spoke Chinese with some English words appeared. Pidgin English was very popular in the concession in Shanghai in the 19th century when the Chinese people mainly spoke Shanghai dialects, plus some foreign words."（葛文城，2009：78）"洋泾浜"作为一条名不见经传的河浜，在上海开埠后成为"中西语言文化的碰撞之地"，洋泾浜英语因此也成了"老上海的特产"（程蔷、孙甘露，2007：29）。从此上海方言依傍强大的经济做后盾，多元的文化做两翼，成为吴方言新的代表方言。从某种程度上说，《全国各界切口大词典》便记录了这多元语言与文化交融的上海世俗风景和多元化的上海方言词汇。由于其所处的特定时代，它同时也记录了上海方言由传统向多元的变迁。

第二节 《全国各界切口大词典》相关考辨

一 序作者考辨

前文提到,《全国各界切口大词典》的序言首次真正认识到隐语巨大的语言学价值,序言的作者是"缶老人"。"缶老人"何许人也?《全国各界切口大词典》的出版为什么由"缶老人"来写序?这两个问题对于我们认识《全国各界切口大词典》地位、价值和影响非常关键。

在检索使用便利的信息时代,检索一个"缶老人"便能解决问题,使用该专名的只有一部《缶老人手迹》,《二十世纪书法经典 吴昌硕卷》的"年表"中载"1922 年 壬戌 七十九岁 三月十八日,西泠印社集会五十余人为先生祝寿,诸贞壮作文诗赋纪事。……《缶老人手迹》(襟霞阁主人)印行"(吴昌硕、朱培尔,1996:129),"襟霞阁主人"是当时中央书店的老板平襟亚,"缶老人"就是晚清民国时期著名国画家、书法家、篆刻家吴昌硕先生。

《张人希的艺事与生平》一文有一节题为"弘一法师的篆刻艺术",是作者林竹青 1978 年发表于香港《书谱》第 4 期(总第 23 期)的文章,文中说"弘一法师正是生活在这个年代,他出家之前,和吴昌硕是好友。我见过一本费龙丁出版的《缶老人手迹》,在序文中写道:'昔年与息翁①同客西泠,同人有延入印社者,遂得接社长缶老人风采。'"(林竹青,2008:143)由此可知,"缶老人"为西泠印社首任社长吴昌硕。

介绍民国时期著名画家的《两个国画家》其中之一的"倡导国粹艺术的王贤"就提到"达到画之外有画,有笔墨处,大有时在的现代纯粹艺术的注重画面而构成的一致的境界。这一派的代表作家,是吴昌硕、王一亭、齐白石诸氏。今日的国画家中,能够传袭这一派的作风,固不乏其人,而能继吴缶老的遗业者,那就是王贤氏了。""王氏,字启之,又号个簃,江苏启东人,为缶老入室弟子,历任昌明艺专教授,上海美专国画系主任、第二次全国美展国画部审查委员等教职。""王氏,现赁居沪地,除课务外,辄致力于书画篆刻,尤喜吟咏,常与师友词客,往还唱和,暇则出所藏缶老遗物杰作,摩挲玩索。三年前曾主挂吴昌硕先生遗作展览会

---

① 息翁是弘一法师出家前的别号。

于大新画厅,尊崇师道二又倡导国粹艺术,我们对王氏应该要表示敬意的。"(张隅人,2013:300、301)由此文可知王贤为"缶老"入室弟子,"缶老"亦称"吴缶老",为民国著名画家吴昌硕先生。《风格 鉴藏 接受 关于明清书画史的若干片断》一书有一节"吴昌硕研究之回顾与省思"介绍:"吴昌硕(1844—1927)是晚清最后一位,也是现代最初一位中国画大师。"

由西泠印社编纂的《西泠印社早期社员、社史研讨会论文集》(下)中有一文《李叔同——弘一大师与西泠印社》载:"李叔同与西泠印社社长吴昌硕的交往亦较多。他俩或许在1912年就已经相识了。"

《慈城:中国古县城标本》一书提到"缶老人"即为吴昌硕。"在那里,他(冯君木)与并世名宿有了更多交往。桂林况蕙风、安吉吴昌硕、吴兴朱古微、长沙程子大数人,与他过从最密。况蕙风且与冯君木皆为儿女亲家。而吴昌硕则在去世前三天还为他画了一帧兰花。冯君木在画幅上题写道:'缶老人丁卯十一月六日卒,是帧为三日前所画,翌日即中风不能语,盖最后之绝笔也。苍劲郁律,意气横出,岂非庄周所谓神会者邪!'"(宁波市江北区慈城镇文联,2007:381)

吴昌硕先生有"缶老人""缶老""吴缶老"等别号。从署名"缶老人"来看,《全国各界切口大词典》的序作者应为近代驰名中外的艺术大师吴昌硕。翻阅吴昌硕的所有艺术成果都关乎诗、书、画、印四个方面的成就(称为"四绝"),尤其在中国近代文人画史上达到了最高峰。由西泠印社出版的纪念文集《吴昌硕》(陶紫正、洪亮主编,1993年版)除序和后记各1文外,共收录58篇纪念散文、缶庐诗选(32首)、吴昌硕年谱(简编)、吴昌硕研究资料目录汇编四个部分。在该书的所有资料中皆未出现吴昌硕为《全国各界切口大词典》写序的蛛丝马迹,这不得不让人怀疑,难道"缶老人"并非吴昌硕?从"癸亥初冬缶老人时年八十有一序于海上"中的署名"缶老人"推断不会是其他任何人,也只能是吴昌硕。

我们再来看"癸亥",指的是1923年,不是刘瑞明(2014)所说的"1924年以前第一个癸亥年是1863年,即清朝同治二年。"[1]刘瑞明显然是"灯下黑",忽略了与出版《全国各界切口大词典》的1924年最近的1923年。"初冬"应是阴历十月,并没有立春,1924年2月5日进入甲子年,甲子年的立春节气恰巧是大年初一,按照吴昌硕年谱,癸亥年他正好八十虚岁,并非八十一岁。年份与年龄显然不符,我们姑且看作是吴昌硕

---

[1] 参见刘瑞明《陇上学人文存·第3辑·刘瑞明卷》(马步升、徐治堂编选)甘肃人民出版社2014年版,第130页。

基于隐语的隐秘行为。待材料搜集整理，我们再做逻辑更为严密的考证。

吴昌硕先生作为艺术大师，熟悉很多行业和门类，尤其擅长诗画、书法、篆刻等艺术门类以及收藏和出版等行业，他深谙隐语之于各行业和群体的重要性。在晚清民国期间，要想生存都离不开隐语。吴昌硕，这位学养丰富的耄耋老人在《全国各界切口大词典》出版前写下了千古序言。

二 作者考辨

对比《全国各界切口大词典》扉页、版权页和序，发现该词典在"主任编辑"是谁的问题上存在着不一致：（一）扉页上注明"主任编辑"为"吴汉痴"；（二）版权页注明"主任编辑"为"胡汉痴"；（三）序中"缶老人"提到的"不惜搜罗之难，编辑之劳"的"李龙公先生"；（四）版权页上的七位撰述员：董光昌、朱菊影、谢瘦梧、李无咎、黄蝶魂、吴宏达、李幻龙；（五）1989年上海文艺出版社影印出版的《切口大词典》写明"主编"为"吴汉痴"。

（一）主任编辑考辨

针对上面提到的分歧，关于《全国各界切口大词典》的"主任编辑"到底是谁会产生很多疑问。例如，"吴汉痴"到底是谁？为什么又会写成"胡汉痴"？序言的作者"缶老人"何许人也？为什么请他写序言？序言中"缶老人"为什么又提到"今者东陆图书公司主人李龙公先生乃不惜搜罗之难、编辑之苦"？"李龙公"又是何许人？是同一人还是另有他人？为什么在这个问题上会出现如此多的不一致？

1. 关于吴汉痴、胡汉痴

"吴""胡"在上海、苏州方言的新派读音相同，老派读音不同①。若依新派发音，"吴汉痴"和"胡汉痴"读音相同，从语音不能区分二姓氏，但在实际生活中一般不能因为读音相同便可以随便用其他姓氏的同音字代替。例如，上海方言的"黄""王"的读音相同，王姓人介绍自己是会说"我姓王，三横王"，黄姓人则说"我姓黄，草头黄"。同理，若"主任编辑"为"吴汉痴"，他一定会对自己的名字非常敏感，也不允许排版时出现"胡汉痴"这种严重的错误。同样，若"主任编辑"是"胡

---

① 据汪平师介绍，上海、苏州等地方言的"吴、胡、何"的读音相同，都念 ɦu，介绍自己时，必须告诉别人，是"口天吴"、"古月胡"，还是"人可何"。古匣母不清化，并可能跟古喻、疑母等同音，所以今上海、苏州方言的"黄、王"都是 ɦuaŋ˩，"胡、吴、何"都是 ɦu˩。

汉痴",他也不会允许在扉页上写成"吴汉痴"。中华民族具有重视姓氏的悠久传统,从伏羲氏开始就非常重视姓氏的作用,即"正姓名,别婚姻",中国人历来十分重视自己的姓氏,视姓氏为"同族的标志,寻根的依据"(刘光华、楼劲,2001:219),民间有"行不更名,坐不改姓"一说。如果不是故意,没有人把标志着自身血缘关系和宗亲特征符号的姓氏说错或写错,主任编辑则更不会出现这样低级且严重的错误。

目前,我们在任何文献资料中皆未查到"吴汉痴"或者"胡汉痴"的有关情况,即使简单的生平都没有。从该书的成书年代而言,时间并非很久远,若真有其人,应该会在相关的文献资料中有所记录。我们的推断是,无论是"吴汉痴"还是"胡汉痴"都不是作者的真实姓名,而是编著者的化名。

2. 关于李龙公

真实的主任编辑应该是"缶老人"在序言中提到的"李龙公",他作为上海东陆图书公司的"主人",在图书的出版上是要花费很大心血的,负责辞书的编辑工作是水到渠成的事情。

"李龙公"是否真有其人?通过对中国国家图书馆、北大图书馆、Worldcat 网(http://www.worldcat.org)等网站进行了查询,我们发现"李龙公"参与编辑的著作有:

《西药辞典》,李龙公编辑,上海大众书局,民国 25 年。中国国家图书馆存有"缩微品"卷片,2006 年拍。

《袖珍学生新字典》,李龙公编,上海,1949 年。藏于北京大学图书馆总馆工具书区。

《康熙演义》,李龙公、陈燕芳编著,上海广益书局,民国 13 年(1924)。Worldcat 网搜索,该书分别藏于 University of Chicago Library, Princeton University-East Asian Library 等。

《雍正演义》,李龙公、陈燕芳编著,上海广益书局,1925 年。Worldcat 网搜索,该书藏于 University of Chicago Library, Cornell University Library, Princeton University-East Asian Library 等。

《嘉庆演义》,李龙公、陈燕芳编著,广益书局,1925 年。Worldcat 网搜索,该书分别藏于 University of Chicago Library, University of North Carolina at Chapel Hill, University of Toronto East Asian Library, Cornell University Library, Columbia University in the city of New York, Princeton University-East Asian Liabrary 等。

《乾隆演义》,李龙公、陈燕芳编著,广益书局,1925 年。Worldcat 网搜索。

Xiuzhen Xuesheng Xin Zidian（《袖珍学生新字典》），Longgong Li, Shanghai, 1949, Worldcat 网搜索，该书分别藏于 The Royal Library, Danish Union Catalogue and Danish National Bibliography 等。

Xiyao Cidian（《西药辞典》），Longgong Li, Shanghai, Dazhongshuju, Minguo38（1949）。Worldcat 网搜索，该书藏于 National Library of Medicine, Stanford University Library 等。

《西药辞典》，李龙公编辑，汪于冈、赵质民校阅，大众书局，民国27年（1938）。Worldcat 网搜索，该书藏于 University of Hong Kong。

Tongyao Changge Ji（Nursery songs），Longgong Li, Shanghai Guangyi shuju, 1923。Worldcat 网搜索，该书藏于 Princeton University Library。

《历代名臣批判》，李龙公评选，上海法政学社，民国17年（1928）。Worldcat 搜索，该书藏于 University of Chicago Library。

通过以上资料的搜集，无论从地域（上海）和时间（民国年间），还是从参与编辑出版的多本著作中，我们不难发现，以上各书的编著者"李龙公"与《全国各界切口大词典》"序"中所提到的"李龙公先生"皆相吻合。他参与到各类书籍的编辑和著述中，从专业类的辞书（《西药辞典》），到普及类的辞书（《袖珍学生新字典》）和读物（Tongyao Changge ji（按：可能是《童谣唱歌集》），以及对皇帝（康熙、雍正、乾隆、嘉庆等）是非功过的评判和对历代名臣的批判等图书。李龙公作为一位学者兼出版人，参与到《全国各界切口大词典》一书的出版中，担任"主任编辑"是很自然的事情，结论也是水到渠成的。我们认为，"缶老人"在序中提到的"李龙公"就是《全国各界切口大词典》一书的"主任编辑"，而非"吴汉痴"和"胡汉痴"。

但为什么唯独只有《全国各界切口大词典》未注明"李龙公"的真实姓名呢？这是由该词典所编写的内容决定的，"切口"是各社会团体秘密使用的词语，是维护其团体利益的"法宝"，若被外人破解，就等于侵害了他们的群体利益，这一点对于隐语的使用群体而言是绝对不能容忍的，正如"缶老人"在序言中所说"若笔而出之，则业中人其休矣"。2005年，笔者在出版《郯城方言志》之前曾经找到过一位付姓发音人，他对民间文学、民间文化很感兴趣，我们从地域方言聊到社会方言，他说郯城的很多行业都有"黑话"，比方言调查要难得多，调查出来也最好不要写出来，因为那是"端人家饭碗的事情"，言外之意，这种做法很危险。联想到此，若《全国各界切口大词典》的编辑者写出真名实姓，有可能会遇到一些不必要的麻烦，故采用化名乃为上策。这样，即使有些社会群体的利益受到了影响或损害，也不知道"吴汉痴"或者"胡汉痴"为何许人也。

（二）调查、整理并撰述者考辨

任何一本词典的编纂都不是一两个人能够完成的，都需要志同道合的一帮人通力协作才能完成，《全国各界切口大词典》的编辑、整理与出版同样也不例外。但隐语词典要比普通词典的编纂花费更大的心血，调查的难度可想而知，作为社会群体内的隐秘性词语，要想挖掘出来，不花费一番功夫、不耗费一番心血则根本无法完成。《全国各界切口大词典》的背后一定是一帮耐得住寂寞、顶得住压力、对隐语的文化学和语言学意义有着高度认识的学者（而且是伟大的学者）默默的付出。例如，东陆图书公司的主人兼本书的主任编辑李龙公先生和版权页中所列出的七位"分任撰述员"，他们分别是董光昌、朱菊影、谢瘦梧、李无咎、黄蝶魂、吴宏达、李幻龙。李龙公不仅承担编辑（"编辑之劳"）的工作，也承担了搜集整理（"搜罗之难"）的工作，按常理，他还应该出现在"分任撰述员"的行列中，但却没有他的名字。通过各大图书馆和搜索引擎的查询，七位撰述员中有李无咎编辑过 1941 年由上海广益书局出版的《四大妖精》、李幻龙曾参与到 1924 年由上海会文堂书局出版的《四大清官演义》和《四大军师演义》的编辑、出版中。其他人我们无法考证是否用了化名，无论是否用了化名，他们都值得我们尊重，值得历史记忆，没有他们的付出，就没有呈现在后人面前的《全国各界切口大词典》。

三 使用地域考辨

《全国各界切口大词典》所辑录的隐语是否使用于全国各地，是否为全国各地各界社会群体所使用的通用隐语？搞清楚这个问题不仅能够更好地帮助我们理解隐语，更能够帮助我们理解形成隐语的社会状况和地域背景，同时也会解释隐语是否具有地域上的通行性。

从我们对语料的对比来看，《全国各界切口大词典》（在词条列举时简称为《切口》）与其他地域的隐语对比存在着较大的差异，同样的事物并非使用相同的隐语。例如，隐指"人"的隐语在《切口》的游医和药商隐语中为"生死"，在山东郯城马头镇牛羊市说为"水鬼"，在河北补锅匠说为"巴得"，在山西、内蒙古理发业中说为"份儿"等；隐指"刀"的隐语在《切口》的卖膏药者口中说为"青子"，竹匠口中说为"青锋"，山货业经营中说为"扁豆"，在山西夏县的商行中说为"显子"，在河北绱鞋行中说为"大山"等；隐指"女人"的隐语在《切口》的游医口中说为"细公"，医生口中说为"开生"，卖春药治毒疮者的口中说为"马客",在内蒙古理发业中说文"灰子",在山西晋南石匠的口中说为"齿子"等;隐指"水"的隐语在《切口》的挑水夫的口中说为"三点",熟水店的经营中说为"天青",缫丝匠的口中说为"汤头",染色业为"财字",在山西夏县编苇工匠的口中说为"来子",在山西晋南的理发业中说为"底造"等。由此可见,相同的隐语较少,这不难说明《全国各界切口大词典》中辑录的隐语并非通行于全国,"全国"一称概凸显使用领域之广。隐语的使用除了受使用群体的制约外,还带有较为明显的地域性特点,即某地域使用的隐语带有该地域文化与方言之特点。尽管编著者在词典的编写过程中会注意使用通行语言,但从行业分类、辞目确立和释语中还是能够对隐语的通行地域情况有个大概的了解。

(一) 从隐语使用的社会群体看使用地域

《全国各界切口大词典》辑录了18大类376个社会群体的汉语隐语。我们通过对特殊性社会群体的地域定位和社会群体名称的方言定位来观察该辞书所辑录的隐语所通行的大致地域。

1. 混堂

"杂业类"中有"混堂"一业。"混堂"指浴室,为吴方言词。"混堂:〈名〉澡堂。吴语",该词使用于上海、江苏、浙江的吴方言区内。1930年《嘉定县续志》:"混堂,俗称浴池也。"评弹《玉蜻蜓》第二五回:"两位总要去交际交际,下饭馆,上混堂,都要花费的。"《江苏儿歌——琅琅琅》:"琅琅琅,骑马到松江……转弯有条弄堂,弄堂里向有爿混堂"(许宝华、宫田一郎,1999:5763)。

"混堂"一词最早见于明代,为吴方言词语。洗浴不仅为生活必需之环节,也是吴地人的一种风俗。如明·郎瑛《七修类稿》卷十六:"吴俗,甃大石为池,穿幕以砖,后为巨釜,令与池通,辘轳引水,穴壁而贮焉。一人专执爨,池水相吞,遂成沸汤,名曰混堂。"[①] 泡澡堂成为江浙人的日常生活习惯,劳累了一天,晚上舒舒服服地泡进去,全身放松,一天的劳累顿然消失了。"清末民初,扬州场面上人的生活方式可以用6个字来概括:水包皮,皮包水。所谓的'皮包水',就是早晨起来孵茶馆店,与朋友一起吃茶吃点心,交流信息。所谓的'水包皮',就是傍晚或晚上孵混堂(洗澡)"(苏智良、陈丽菲,2009:76)。这种风俗在江浙一带由来已久,尤其是一些中老年人到现在仍然习惯于"早上皮包水,晚上水包皮"的悠闲

---

① (明)郎瑛:《七修类稿》,上海书店出版社2009年版,第164页。

生活方式，该种习惯也被称为"上等人"的生活方式。早上进茶馆喝茶，戏称为"皮包水"，晚上进"混堂"泡澡，戏称为"水包皮"。苏州作家陆文夫也谈到了苏州人的这种生活方式，"茶馆店里最闹猛，许多人左手搁在方桌上，右脚翘在长凳上，端起那乌油油的紫砂茶杯，一个劲儿地把那些深褐色的水灌进肚皮里。这种现象苏州人叫作皮包水，晚上进澡堂便叫水包皮。"[①]"白天皮包水，晚上水包皮"因此也成为江浙地区的民谚。"皮包水"和"水包皮"成为两个带有民俗色彩的词语被《吴方言词典》（吴连生、骆伟里，1995：115；87）收入。

2. 纸头业

"商铺类"中有"纸头业"（词典正文为"纸业"）。"纸头"指"纸""纸张"，也指"零碎纸片"，是吴方言的说法，使用于上海、苏州等地（许宝华、宫田一郎，1995：3048）。目录中为"纸头业"，正文中改为"纸业"，很好地体现了同一意义在吴方言和共同语中说法的不同。

3. 点心铺

"商铺类"的点心铺隐语有"封口"（糖粥）、"酗头"（酒酿）、"球子"（汤包）、"紧口"（烧卖）、"上升"（糕）、"对合"（水饺）、"月亮"（饼）、"千条"（面条）、"汽块"（馒头）、"粒子"（小圆子）、"满口"（汤圆）等。在广大的北方地区，点心铺所卖的食品应是像绿豆糕、红豆糕、月饼等"糕饼之类的食品"（参见《现代汉语词典》"点心"释义），而不应是像汤包、水饺、面条、馒头、粥等主食。"点心"指"正餐以外的小吃"，如以上隐语所列举之食品，是吴方言及其他南方方言的说法（许宝华、宫田一郎，1999：4055；许宝华、陶寰，1997：121）。据业师汪平教授介绍，在上海、苏州等地，传统的"正餐"食品基本指米饭，米饭以外的都可以称为"点心"。正餐的"饭"就是米饭。理发匠隐语中的"见山"和竹匠隐语中的"扒山"都隐指吃饭，其中把"饭"比喻为山，则因米饭盛在碗中与高出来的部分看起来像一座小山，故把"饭"喻指为山。

4. 补镬匠

"工匠类"中有"补镬匠"。"锅"在上海等地的吴方言中称为"镬子"，"铁镬子"指铁锅，"大镬"指大锅，"饭镬子"指做饭用的锅，"镬肚底"指锅底，"镬盖"指锅盖，"镬铲"指炒菜用的锅铲（钱乃荣、许宝华、汤珍珠，2007：103、104）等。

---

① 陆文夫：《壶中日月》，春风文艺出版社1995年版，第2页。

5. 拆白党、小瘪三

"党会类"隐语中有"拆白党""女拆白党"（正文为"女拆白"）和"小瘪三"。"拆白"原为流氓隐语，"拆"指"拆梢"，"拆梢"为旧上海方言词，指"借端敲诈勒索钱财"（钱乃荣、许宝华、汤珍珠，2007：242），"白"指白吃白喝白用。"拆白党"产生于清朝末年上海这块特定的土壤中，"清末时节，由于战乱和天灾，地主富商及下野军阀政客多携带万贯家财，或避入租界长作寓公，或在租界购屋设一寓所。这些人在生活上挥霍放荡，往往都'金屋藏娇'，于是十里洋场凭空添出一大批隐匿在小洋房内的姨太太。这些姨太太的专职便为服侍丈夫或姘夫，平时生活无聊，寂寞之余，不免对异性动心。于是一些流氓便利用这一点施展各种手段前去引诱，乘机骗取钱财，久之便形成了专营此务的黑社会团体——拆白党。""最初有一些女流氓也加入到拆白党中，以后随着女骗子的增加，遂另立门户，自行组织女拆白党，以女色引诱男子"（苏智良、陈丽菲，2004：284；285）。"拆白党"后来成为特色的上海方言词语，指"专门骗取财物的流氓集团或分子"（许宝华、宫田一郎，1995：3249）。

小瘪三，是指流落街头以乞讨等为生的青少年。"上海租界随着上海城市规模的不断扩大和城市经济的发展，产生了许多寄居城市为生的流丐群，他们白天以乞讨为生，夜宿在街头或车站码头"，他们乞讨的对象多是租界内的外国人，嘴里说着洋泾浜英语。"乞讨"在英语中为"beg for"，而在他们的口中把乞丐和乞讨说成"begsay"，便被写成了"瘪三"，从此也就成了他们新的称谓（程蔷、孙甘露，2007：30）。"小瘪三"形成于上海地区，后成为具有鲜明地域特色的方言词语，如《汉语方言大词典》："赖云青、何玳丽《大亨黄金荣》三六：'第二天上午唐嘉鹏雇了三四个小瘪三，夹着一大叠小报高声叫卖。'"（许宝华、宫田一郎，1995：451）。

6. 铳手

"盗贼类"中有"铳手"。"铳手"为上海方言，指扒手。《汉语方言大词典》："徐珂《清稗类钞·方言·上海方言》：'铳手，即剪绺贼，汽船、汽车及码头上并闹市中均有之。'《沪谚编》：'铳手，具敏捷身手之偷儿也。'"（许宝华、宫田一郎，1995：5500）。《吴方言词典》："胡祖德《沪谚外编·新词典》：'铳手：具敏捷身手之偷儿也。'"（吴连生、骆伟里，1995：442）

7. 弹词、滩簧、小热昏

"杂流"类中有"弹词""滩簧"和"小热昏"。弹词、滩簧皆为曲艺的类别之一。弹词最初为明末清初流行在江浙一带的新型的小说阅读文本，后成为一种说唱文艺形式，"弹词得名于它的伴奏乐器：琵琶和三弦。其特点是韵散相间，以七字韵文为主，主要流行于我们江南一带，故又有南词之别称"（陈洪，2008：1054）。评话和弹词合成为"评弹"，"苏州评弹"就是该曲种典型的代表形式，也是我国国家级非物质文化遗产的曲种之一①。

滩簧的历史比较悠久，约形成于清代乾隆年间，流行于江浙一带，是一种代言体的坐唱曲艺形式，后在江南各地分别发展为沪剧（上海）、苏剧（苏州）、杭剧（杭州）等。滩簧剧目体现了"传奇性故事、普通人生活与江南地域性特征"（朱恒夫，2008：205）。目前，产生于浙江文化古城兰溪的"兰溪滩簧"已被列入我国国家级非物质文化遗产②。

小热昏是流行于杭州和上海等地的曲艺曲种，俗称"卖梨膏糖"，"起源于清末民初，为清光绪三十年（1904）杭州人杜宝林所始创"，"原为露天的说唱艺术，说唱者兼卖梨膏糖。流行于江、浙、沪的独角戏（俗称'滑稽'）旧时由小热昏演变发展而成的"（《国家级非物质文化遗产大观》编写组，2006：208）。小热昏的唱词多以新闻时事、民间故事为题材。演唱时用一面小锣，三块竹板，边敲边唱。

另外，还有一些带有明显地域特征的行业，如顾绣业、老虎灶以及上海租界内的高级妓院长三书寓等。顾绣是上海的民间文化艺术，目前为国家非物质文化遗产之一；老虎灶是江浙一带熟水店的称谓，一度在上海盛行。

（二）从辞目和释语看使用地域

尽管编著者力求释语的规范性，用通行语言进行释义，但总免不了受到地域方言的影响。正因为如此，我们从中观察到了很多方言现象和特点（上文已述旧时吴方言的部分现象和特点），另外还有大量的语言事实能够说明隐语使用的地域，下面以该词典的部分词条继续补充说明隐语使用的大致地域。

1. 吴方言语音特点

（1）"买"与"卖"同音

《全国各界切口大词典·杂流类·卖花样》："守庄子：摆摊买花样

---

① 《国家级非物质文化遗产》编写组：《国家级非物质文化遗产》，北京工业大学出版社2006年版，第182页。

② 《国家级非物质文化遗产》编写组：《国家级非物质文化遗产》，北京工业大学出版社2006年版，第194页。

也。""呵子：走街买花样也。"

《全国各界切口大词典·医药类·骑驴卖药》："探窑：问宅中要卖药否。"

按：这三条隐语显然在释文中混淆了"买"和"卖"，"守庄子"应该为摆摊"卖"花样，"呵子"应该为走街"卖"花样，"探窑"应该是卖药者上门卖药问宅中人是否要"买"药。吴方言中"买""卖"读音相同。"买"明母上声字，"卖"明母去声字，古次浊上声和去声在上海等地吴方言中的声调相同，如《上海市区方言志》中"买"与"卖"皆读为［mA］（许宝华、汤珍珠，1988：82）体现了上海、苏州等地北部吴方言中古次浊上声和去声字皆读为阳去的语音规律。

(2) "王"与"黄"同音

《全国各界切口大词典·商铺类·丝经业》："焦青：姓王者。"

按："焦青"隐指"王"，是利用歇后和谐音两种方法创造出来的隐语。"焦黄"歇后，用"焦"隐指"黄"，在吴方言中"黄""王"音同，故用"焦青"隐指"王"姓。上文提到的上海、苏州等地"王""黄"两姓人，必须说明是"三横王"还是"草头黄"。"黄"为匣母字，"王"为云母字，上海等地的吴方言古匣母不清化，并可能跟古喻、疑母等同音，所以"黄、王"音同，今上海方言中都读为［ɦuã］（许宝华、汤珍珠，1988：93）。

(3) "杜"与"图"同音

《全国各界切口大词典·医药类·点痣者》："星杜子：点痣图也。"

按："杜""图"二字在现代汉语中的声母不同，一个是不送气舌尖中音［t］，一个是送气舌尖中音［tʰ］，而在上海等地的吴方言中它们的声母相同，其原因在于，中古"杜""图"二字都是全浊定母，今保留浊音，古浊声母的平、上、去声全读成阳去，故二字读音相同。说明"星杜子"应该是"星图子"的谐音，该隐语从书写形式而言应该是上海方言的记音字。该种情况是上海等地北部吴方言的特点，例如今上海方言中"杜"和"图"音同为［du］（许宝华、陶寰，1997：44；45）。

再如，《全国各界切口大词典·工匠类·成衣匠》："遥箭道乱：线团也。"这是利用语音反切方法创造的隐语，"遥箭"切为"线"①，"道乱"切为"团"。"道"和"团"中古皆为定母，上海方言保留浊音声母，故

---

① 按照老派上海方言的反切，"遥箭"应切出匣母的"现"，而非心母的"线"。隐语的反切并非严格遵循反切规律，而是切出一个近似的读音，读音相近所创造的隐语其隐秘性更强些。

切字"团"和反切上字"道"的声母相同。

另外还有很多隐语能够反映吴方言语音特点,由于隐语语音创造的近似性,故无法按照规律性的读音进行推导和分析。

2. 吴方言词语列举

(1) 纸吹

《全国各界切口大词典·杂流类·卖水烟者》:"熏条:纸吹也。"

《全国各界切口大词典·杂流类·纸业》:"切黄中:纸吹纸也。"

按:"纸吹"指"纸捻子",吴方言词语,使用于上海、苏州等地,如《海上花列传》:"娘姨忙取个纸吹,到后半间去,向壁间点着了…罩壁灯。"又第五八回:"连忙向抽屉寻出半闸纸烟,拣取一卷,点根纸吹送上鹤汀"(许宝华、宫田一郎,1999:3048)。纸吹,又写作"纸焠"或"纸炊(子)",属明清时期的吴方言词语(石汝杰、宫田一郎,2005:754)。现在随着该物品的消失,该词语也基本消失了。

(2) 招纸

《全国各界切口大词典·医药类·卖药丸者》:"飞幌:招纸也。"

按:"招纸"指招贴,告示,广告。亦作"招子"。旧时吴方言词语,使用于明清以来,见于很多文学作品,如《欢喜冤家》5回:"次早写了几张招纸,各处贴遍,一连寻几日,并无踪影。"《九尾狐》36回:"倪出城到二马路浪,格搭墙头浪有招纸贴好勒郎,忽然末奴落里会晓得呢?",《二十年目睹之怪现状》12回:"资本又不大,每次不过贩一两只,装在坛子里面,封了口,粘了茶食店的招纸,当做食物之类,所过关卡自然不留心了"(石汝杰、宫田一郎,2005:745)。再如《吴方言词典》也收录了包天笑的《钏影楼回忆录》等的语例(吴连生、骆伟里等,1995:276)。

(3) 面孔

《全国各界切口大词典·医药类·卖膏药》:"披子:面孔也。"

按:"面孔"为吴方言词语,使用于上海等地(石汝杰、宫田一郎,2005:435;许宝华、陶寰,1997:119)。

(4) 臂把

《全国各界切口大词典·医药类·卖膏药》:"冰藕:臂把也。"

按:"臂把"也写作"臂巴",指"胳膊",吴方言词语,使用于上海等地(石汝杰、宫田一郎,2005:38;许宝华、陶寰,1997:15)。

(5) 洋钿

《全国各界切口大词典·杂业类·钱庄》:"花边:洋钿也。"

按:"洋钿"旧时为"银元"义,吴方言词语,使用于上海等地(吴连生、骆伟里等,1995:364;许宝华、陶寰,1997:234)。

(6) 海青

《全国各界切口大词典·商铺类·顾绣业》:"海青:孩衣也。"

按:"海青"指"一种袖子宽大的长袍",为旧时吴方言词(钱乃荣、许宝华、汤珍珠,2007:81)。明·郑明选《郑侯升集》卷三十一《秕言·海青》:"吴中方言。称衣之广袖者,谓之海青。按:'太白诗云:翩翩舞广袖,似鸟海东来。'盖东海有俊鹘名海东青,白言翩翩广袖之舞,如海东青也。"清·翟灏《通俗编·服饰·海青》:"【心史】元俗。以出袖海青衣为至礼,衣曰海青者。海东青,本鸟名,取其鸟飞迅速之义。"可见,"海青"为吴方言词语。

(7) 落雨、发风

《全国各界切口大词典·役夫类·更夫》:"洒细条:落雨也。""发威:发风也。"

按:"发风"为"刮风"义,吴方言词语,使用于上海等地(许宝华、宫田一郎,1999:1545)。"落雨"为"下雨"义,吴方言词语,使用于上海(许宝华、陶寰,1997:375)、苏州(叶祥苓,1998:326)、杭州(鲍士杰,1998:319)、宁波(汤珍珠、陈忠敏、吴新贤,1997:338)等北部吴方言地区。"落雨"一词也在其他方言区使用。

(8) 河埠、河浜

《全国各界切口大词典·工匠类·淘沙匠》:"屯流:河浜也。""踏道:河埠也。"

按:"河浜","泛指小河",吴方言词,使用于上海等地(吴连生、骆伟里等,1995:302)。"河埠"又称为"河埠头",指"河边用石块或石板砌成的台阶,供洗衣用",吴方言词,使用于上海等地(吴连生、骆伟里等,1995:302)。

(9) 地平板

《全国各界切口大词典·工匠类·锡匠》:"蝴蝶板:地平板也。"

按:"地平板"为明清时期吴方言词语,又称为"地平",也写作"地坪",指用大块木板铺成的地板(石汝杰、宫田一郎,2005:131)。

(10) 老少年、十样景

吴汉痴《切口大词典·杂流类·卖花》:"老少年:雁来红也。"

吴汉痴《切口大词典·杂业类·花业》:"十样景:雁来红之一也。"

按:"老少年"为花名,为旧时吴地人对雁来红的称谓。明·李时珍

《本草纲目》卷十五《青葙》："[附录] 雁来红，时珍曰：茎叶穗子并与鸡冠同。其叶九月鲜红，望之如花，故名。吴人呼为老少年。一种六月叶红者，名十样锦。"① 吴方言"锦""景"音同，"十样景"当为"十样锦"。

（11）酒酿、小圆子、汤团、面、阳春面、蟹壳黄

《全国各界切口大词典·杂业类·点心铺》："酗头：酒酿也。""粒子：小圆子也。""满口：汤团也。""千条：面也。"

《全国各界切口大词典·杂业类·面馆》："阳春：光面也。"

《全国各界切口大词典·杂流类·卖饼者》："蟹壳黄：圆小饼也。"

按："酒酿"，也称为"甜酒酿"，是"用酒药制成的米饭"，即用糯米蒸熟后加酒曲发酵而成的食品（钱乃荣、许宝华、汤珍珠，2007：58）。酒酿是江浙地区乃至于长江中下游地区的特色饮食，多地有此饮食民俗，如"苏州习俗，立夏要吃酒酿、海蛳等物"（叶祥苓，1998：157）。

"酒酿圆子"是用酒酿煮成的小圆子，为一种混合型甜食，是"用无馅的糯米小圆子加酒酿煮成的甜食"，"也指供煮这种甜食的小圆子"，即"一种很小的糯米团，多无馅，和着酒酿煮食"（许宝华、宫田一郎，1999：5099；许宝华、陶寰，1997：195）。小圆子是"一种用糯米粉做成的小而无馅的圆子"，是上海（许宝华、陶寰，1997：174）、苏州（叶祥苓，1998：73）等地的特色饮食。上海等地的吴方言"圆子"有两个意义，一指"小圆子"（许宝华、陶寰，1997：174），一指"汤团"，是"内含豆沙、芝麻或肉馅的糯米团"（许宝华、陶寰，1997：144；叶祥苓，1998：133；钱乃荣、许宝华、汤珍珠，2007：57），是一种常见的节令食品。

"面"在吴方言区等地指"面条"，例如上海地区（许宝华、陶寰，1997：120）、苏州地区（叶祥苓，1998：140），属江淮官话的扬州地区（王世华、黄继林，1996：245）也指面条。《上海话大词典》中专门介绍了"面"与"粉"在上海方言的用法"面粉上海人不说'面'，说'干面'或'面粉'。粉末状物体说'粉'不说'面'。如：珍珠米粉（玉米粉）、药粉、胡椒粉。食品柔软少纤维也说'粉'不说'面'"（钱乃荣、许宝华、汤珍珠，2007：56）。这段介绍很好地说明了"面"与"粉"在汉语共同语和上海等地吴方言在意义和使用方面的不同。

---

① （明）李明珍：《本草纲目》，《景印文渊阁四库全书》第773册，台湾商务印书馆1986年版，第165页b版。

另外，"阳春面""蟹壳黄"皆是具有鲜明地域特色的食品称谓，皆是从隐语泛化而成为地域方言。如吴方言把不带浇头的清汤挂面称为阳春面，把"内含酥油，外有芝麻的小烘饼"称为"蟹壳黄"（许宝华、陶寰，1997：73）（详见第八章"阳春"、"蟹壳黄"条理据分析）。

（12）吃茶、吃酒

《全国各界切口大词典·工匠类·竹匠》："慢山：吃茶也。""盘山：吃酒也。"

按："吃茶""吃酒"皆为吴方言区说法（当然并不仅仅限于吴方言区）。"吃"不仅是对固体物或半固体物的食用，也包括对液体的饮用（如"吃茶、吃水、吃奶"等）和气体的吸入（如"吃烟"等）。

（13）落雨、落雪

《全国各界切口大词典·杂流类·卖西洋镜》："摆津：落雨也。""摆飞：落雪也。"

按："落雨""落雪"是使用于上海、苏州等吴语和其他方言区（许宝华、宫田一郎，1999：5940、5941；钱乃荣、许宝华、汤珍珠，2007：3）的方言词语。如"下雨天"，上海话称为"落雨天"（钱乃荣、许宝华、汤珍珠，2007：4）；"下雪"，苏州（叶祥苓，1998：327）、上海（许宝华、陶寰，1997：376）皆称为"落雪"。

（14）乔

《全国各界切口大词典·商铺类·丝经业》："乔：歹也。"

按："乔"即"落乔"，为上海方言词语，形容词。《汉语方言大词典》释为"无赖；做事情不负责任或好挑剔难相处"（许宝华、宫田一郎，1999：5935），从而引申指"不好的"人或物。

（15）知了

《全国各界切口大词典·手艺类·卖叫虫》："知了：蝉也。"

按：清·朱骏声《说文通训定声》乾部十四："蝉，以旁鸣者，从虫单声。《尔雅》谓之蜩。今苏俗谓之知了。"[①] 三国·张揖《广雅》："作蟧，《方言》十一：蛁蟟，齐谓之螇螰，楚谓之蟪蛄，今苏俗曰知了，即蜓蟧之音转也。亦曰遮了。"很明显，"知了"是具有较强地域色彩、通行于江苏等地（旧时上海属江苏省）的方言词语，后用作隐语。

（16）水门汀

《全国各界切口大词典·行号类·砖灰行》："水泥：水门汀也。"

---

① （清）朱骏声：《说文通训定声》，武汉市古籍书店1983年版，第742页。

按:"水门汀"是英语 cement 的音译,是使用于上海租界地区的洋泾浜英语,后成为带有鲜明地域特征的上海方言①。"水泥"并非本土制造,当时的汉语没有专门的词语称说这种"舶来品",故称为"洋灰",只有上海有这种地理和经济上的优势,可以直接听到这种"洋玩意"的"洋"发音并把它音译为"水门汀"。

(17) 康白大

《全国各界切口大词典·杂业类·商人共众》:"康白大:洋行买办也。"

按:该隐语来自特殊背景下的大上海,最初是使用于租界地区的洋泾浜英语②。后成为带有鲜明地域特征的上海方言,也作为方言词语被收入《汉语大词典》等词典,词形为"康白度"。

(18) 主客、老板、小开

《全国各界切口大词典·杂流类·换碗者》:"掌要:男主客也。""掌倪:女主客也。"《全国各界切口大词典·杂业类·商人共众》:"主客:顾客也。俗谓买主。"

《全国各界切口大词典·杂业类·商人共众》:"老板:店主东也。""小开:老板之子也。"

按:"主客","主顾""顾客"义,吴方言词语,明清时即在吴方言地区使用,如《缀白裘》6集4卷"个是个大主客,要讨好点个,故此今朝是年初一,同子囝儿去动手"(石汝杰、宫田一郎,2005:758),现在仍使用于上海等地(许宝华、陶寰,1997:11)。"老板"一词原作"老闆",是源于江浙一带吴方言区的隐语,后泛化使用成为通用词(详见第七章第一节"老板"条理据分析)。"小开"是较为典型的吴方言词,主要使用于上海地区,《上海话大词典》把"开"分析为"英语 kite 的音译转义"(钱乃荣、许宝华、汤珍珠,2007:148)。

《全国各界切口大词典》中具有吴方言语音或词汇特点的远远不止以上所列举的词语,以上所列举的语音与词汇的特点也远远不能概括上海等地的吴方言特点。有些词语并非仅仅使用于上海及其周边的吴方言中,有些文化和社会现象也并非仅仅于上海社会所独有,但特殊的语言和文化现

---

① 《上海方言词典》(许宝华、陶寰,1997:6)和《上海话大词典》(钱乃荣、许宝华、汤珍珠,2007:17)。

② 《汉语大词典》认为"康白度"是"葡萄牙语 comprador 的译音",《上海话大词典》认为是"英语 compradore 的音译"(钱乃荣、许宝华、汤珍珠,2007:148)。

象一定产生于特殊的、能够滋生它的土壤。上海、苏州等地的吴方言和当地的民风民情是弹词、滩簧、小热昏等文化现象产生的沃土。只有旧上海这样开放的、经济高度发展的、也是鱼龙混杂的地方才能催生青帮、红帮、拆白党、小瘪三等诸多不良的社会群体，以及由此带来的诸多不良社会现象。另外，有个别隐语非常明确地写出了使用的地域"上海"，如"役夫类"的"人力车夫之切口"中有"传后"，其释语为"收学徒也。凡乡人新至上海。不识路径。乃随老拉车者。终日推车而行。俾明路径。谓之收学徒。"

综合以上所列举的语音、词汇特点，以及隐语及其使用群体所反映的社会和文化现象，我们不难得出这样一个结论：《全国各界切口大词典》辑录的隐语与释语呈现给我们是以上海方言为主的吴语面貌，隐语的通行地域亦当以上海为中心的北部吴语地域，而非"全国"各地，但可以作为现代汉语隐语在全国分布的一个典型。我们认为，1989年上海文艺出版社影印该词典并改名为《切口大词典》是符合语言事实的。

第三节　小结

《全国各界切口大词典》是由李龙公担任主任编辑的第一部现代汉语隐语词典。该词典辑录的是近代（清末至民国时期）以上海为中心、以江浙地区为主的社会各界隐语。其所辑录的"切口"是对上海及其周边地区社会群体隐语使用情况的一次"大普查"，同时也是对各社会群体内幕的一次"大透视"。《全国各界切口大词典》完结了无真正汉语隐语辞书的历史，同时也开启了现代汉语隐语辞书的新时代。在辞书的编排体例、释义项目等方面皆奠定了汉语隐语辞书的规范和标准，同时也是后出汉语隐语辞书词条的重要来源。它的编辑出版不仅为汉语隐语相关研究提供了丰富的语料，也为人们留下了极其珍贵的语言学、文化学、社会学财富。

《全国各界切口大词典》是20世纪初最有分量的辞书之一，亦是最耀眼的隐语辞书，它的出版开启了隐语研究以词汇学为中心并辐射其他语言学领域、以民俗学为中心并辐射其他文化学领域研究的新时代，它不仅为人类留下了极其珍贵的语言财富，也以非常旺盛的生命力、极为久远的影响力对后世汉语隐语的研究和辞书编纂产生着深远的影响。可以毫不夸张地说，《全国各界切口大词典》是20世纪最伟大的一部隐语辞书。

第八章　现代汉语隐语造词理据汇释

本章对部分现代汉语基本隐语进行造词理据的分析与汇释，并根据理据分析对隐语类辞书中有关基本隐语词条在词形、释义、理据等方面的错讹之处进行校对和勘误。"词的理据，是指用某个词称呼某事物的理由和根据，即某事物为什么获得这个名称的原因。它主要是研究词和事物命名特征之间的关系。"（张志毅、张庆云，2007：121）。探究具体汉语隐语和事物命名特征之间的关系是我们进行理据探求的目的，也是我们进行理据探求的主要工作。我们选取的是前贤时修文献中没有进行造词与理据分析的隐语条目。"语言既是文化的组成部分，又是文化的载体。语言的全部意义并不限于语言系统内部，还经常表现在人与世界互动过程中形成的认知知识系统，所以想要把语素义与词义挂起钩来，就需要在二者之间架起文化和认知的桥梁"（王艾录、司富珍，2007：66）。隐语直接由一定社会群体所创造，受该社会群体文化理念、风俗习惯、群体心理等因素影响，并直接服务于该社会群体隐秘性的社会活动，因此揭示其意义以及相关文化背景，让隐语语素义与隐语词义"挂钩"并在二者之间架起文化和认知的桥梁则显得尤为重要。

造词理据分析与汇释依次包括以下几个部分：隐语词条、注音（标注汉语拼音）、隐指意义、使用时代与群体；隐语的原始出处；造词法简述；造词理据分析。所释隐语词条按照汉语拼音音序排列。

A

挨通 āitōng　隐指仆人。旧时卖婆隐语。
《全国各界切口大词典·杂流类·卖婆》："挨通：家人也。"
造词法：意义造词·特点+表人语素共同指代
按：用人的特点是被人使唤，挨，表被动。通，隐指人，是隐语中的表人语素（与"井通"条的"通"义相同。参见本节"井通"条理据分析）。该隐语中"通"义已经明显泛化，已没有隐语"通生"（隐指经商的客人)、"海通"(隐指药行经理)中的"流通""精通"义(分别参见本节"通生""海通"条理据分析),也不是指"扁庚通"中的"工匠"义(参见本节"扁庚通"条理据分析)。

挨斗 áidǒu　隐指年轻女佣。旧时卖婆隐语。

《全国各界切口大词典·杂流类·卖婆》:"挨斗:使女也。"

造词法:意义造词·特点+表人语素共同指代

按:用人,指受雇用的人;仆役。用人的特点是被人使唤,挨,表被动。斗,隐指年轻女性(参见本节"斗儿"条理据分析)。故"挨斗"隐指年轻女佣。

安石 ānshí　隐指石榴花。旧时花卉业隐语。

《全国各界切口大词典·杂业类·花业》:"安石:榴花也。以石榴出安石国,故名。"

造词法:意义造词·来源地指代

按:石榴,原名为安石榴,后简称为石榴。安石,即"安息",源自伊兰语"arsak",亚洲西部古国,原为波斯帝国的一个行省[1]。中国的石榴自安石国引进,故名"安石榴"。如晋·张华《博物志》卷六:"张骞使西域还,得大蒜、安石榴、胡桃、蒲桃、胡葱、苜蓿、胡荽、黄蓝,可作燕支也。"宋·晁冲之《晁具茨诗集·戏成》:"长夏轩窗倚碧岑,人间尘土莫相侵,榴花不得春风力,颜色何如桃杏深。"自注曰:"《花史》:榴本出涂林安石国,汉张骞使西域得种以归,故名安石榴。"唐·元稹《元氏长庆集·感石榴二十韵》:"何年安石国,万里贡榴花。迢递河源道,因依汉使槎。"[2] 宋·洪适《盘洲集·许倩报白榴已得玉茗未谐以诗趣之》:"万里移根安石国,何年传粉未知名。须邀玉茗来岩壑,便结琼花作弟兄。"

隐语"安石"在"安石榴"的基础上而创造,故意不用国名指代果实,而是指代花卉,则从意义的理解上增加了一层屏障,达到了隐蔽之目的。

懊票 àopiào　隐指想毁约。旧时粮食行隐语。

《全国各界切口大词典·行号类·粮食行》:"懊票:议定之价,欲毁约取消也。"

---

[1] 参见刘正埮、高名凯、麦永乾、史有为《汉语外来词词典》,上海辞书出版社1984年版,第20页"安石榴"条。

[2] (唐)元稹:《元氏长庆集》,上海古籍出版社1994年版,第73页。

造词法：意义造词·现象指代

按：懊，指懊悔；票，指票约，即今之合约、合同。如明·黄佐《泰泉乡礼·社仓》中关于"借票"的样本："某乡保甲、甲总某人名下贫民某人，为因缺乏种子，情愿央凂本甲某人等作保立票，借到本社社仓起，（息谷几石，无息谷几斗。）前去作种，至秋成，仍以干圆洁净好谷抵斗还纳，责在甲总同保人催理，决不敢负。今恐无凭，立票约为照。"故用"懊票"隐指想取消议定的价格而毁约。

B

叭哒 bādā 隐指杏仁。旧时药行业隐语。

《全国各界切口大词典·医药类·药行业》："叭哒：杏仁也。"

造词法：截取+语音造词·歇后截取+谐音

按：叭哒，谐音"巴旦"，运用"巴旦杏"歇后，以"巴旦"隐指"杏"。巴旦杏是一种较为有名的大杏仁，不仅可以入药，也可以食用。如明·李时珍《本草纲目·巴旦杏》："［释名］八担杏、忽鹿麻。［集解］时珍曰：巴旦杏，出回回旧地，今关西诸土亦有树，如杏而叶差小，实亦尖小而肉薄，其核如梅核，壳薄而仁甘美，□茶食之味如榛子，西人以充方物。"

巴得 bādé 隐指人。旧时河北等地补锅匠隐语。

李玉川《江湖行帮趣话》，辑录于《中国秘密语大辞典》。

造词法：语音+意义造词·谐音+文化联想

按：巴得，谐音"八德"。八德，指人的八种品德，古代以"八德"衡量人的品行和修养，具"八德"之人乃为人杰，即有高品德、高修养之人。影响最为深远的是"孝、悌、忠、信、礼、义、廉、耻"之"八德"。不同的时代对人的品德要求会有所不同，即使同一时代，对人"八德"的要求也未尽统一。如宋·黎靖德《朱子语类·舜典》："人杰浚哲文明温恭允塞，细分是八字合而言之。""浚哲文明温恭允塞，是八德。"宋·陈宓《龙图陈公文集·通判南堂时公墓志铭》："故平生立身临政、刚正不挠、动遵礼法、天经地义、人道纲常之训，未尝不谆谆于口，孝悌忠信礼义廉耻，未尝不以诏其子孙。"宋·朱熹《晦庵集·漳州龙岩县学记》："所谓圣贤之学者，非有难知难能之事也，孝弟忠信礼义廉耻以修其身，而求师取友，颂《诗》读《书》以穷事物之理而已。""朱熹的思想在元明清时期影响是很大的，他强调要从'孝弟忠信礼义廉耻'八个方面修身，后世统治阶层进一步将此八字作为治国方针来宣传提倡"（杨琳，2006）。"八德"亦成为很多士人安身立命、做人为学的内省标准。如元·安熙《默庵集·石州庙学记》："孝弟忠信礼义廉耻之行，则学之本立矣。"明·何三畏《云间志略·张宗伯南山公传》："孝悌忠信礼义廉耻，立身之本根，成家之要务，子子孙孙世世守之。"至清代，原"八德"仍然是做人修身的准则，但也有了新的内容，如清·曾国藩《求阙斋日记类钞·问学》："前以八德自勉，曰：勤、俭、刚、明、孝、信、谦、浑。近日于勤字不能实践，于谦浑二字尤觉相违，悚愧无已。"[1]《曾文正公家训·同治五年三月十四夜济宁州》："勤、俭、刚、明、忠、恕、谦、浑八德，曾为泽儿言之，宜转告与鸿儿，就中能体会一二字，便有日进之象。"该"八德"可能是曾国藩自勉与教子的八条准则，但也说明"八德"代表了做人的规范与准则，代表了人的品德与修养。

由此可见，由具"八德"为做人的标准，"八德"便与"人"之间划上了等号。由于"耻"字居"八德"第八位，故杨琳（2006）认为，"王八"实为"忘八"，"忘八"则指"八德"无"耻"，遂以"王八"隐指无耻，并指代无耻之人。我们认为，"忘八"不仅仅指忘记第八位之"耻"，从"八德"指人的角度而言，应指忘记做人标准之"八德"。

隐语即用"八德"指代人，并谐音记录为"巴得"。

白萼 bái'è　　隐指玉簪花。花卉业隐语。

《全国各界切口大词典·杂业类·花业》："白萼：玉簪花也。"

造词法：意义造词·特点指代（本名）

按：明·陈继儒《致富奇书·草秋白萼》："一名玉簪花，未开时其形如簪，洁白如玉，清香袭人。"明·周文华《汝南圃史·白萼》："白萼，一名玉簪花，未开时其形如簪。又名白鹤，叶大如扇，六月开花，质雅素而香。"[2] 清·陈元龙《格致镜原·群芳谱》："玉簪，一名白萼，亦名白鹤。宜丛种，叶大如掌，颇娇莹。七月抽茎开花，一朵长二三寸，本小末大，未开时如白玉搔头簪形，故名。"[3] 白萼，是玉簪花的常用通名，亦为本名，因其花萼与花皆为白色，故称。"玉簪"为其通俗称谓（参见"季女"条），后成为常用称谓，而"白萼"却成了不常用的名称。故隐语用"白萼"指称玉簪花。

---

[1] （清）曾国藩著，（清）王启原校编：《求阙斋日记类钞》，朝华出版社2018年版，第51页。

[2] （明）周文华著，赵广升点校：《汝南圃史》，凤凰出版社2017年版，第143页。

[3] （清）陈元龙：《格致镜原》，上海古籍出版社1992年版，第375页。

百倍 bǎibèi　隐指牛膝花。卖花者隐语。

《全国各界切口大词典·杂流类·卖花》："百倍：牛膝花也。"

造词法：意义造词·功用指代（异名）

按：明·李时珍《本草纲目·牛膝》："［释名］牛茎（《广雅》）、百倍（《本经》）、山苋菜（《救荒》）、对节叶（宏景曰：其茎有节，似牛膝，故以为名。）时珍曰：《本经》又名百倍，隐语也，言其滋补之功，如牛之多力也。其叶似苋，其节对生，故俗有山苋、对节之称。"百倍，为牛膝的隐语，因其滋补之功而隐指药品牛膝，并因此成为牛膝的异名。卖花摊贩用此异名隐语隐指牛膝花。

摆飞 bǎifēi　隐指下雪。卖西洋镜者隐语。

《全国各界切口大词典·杂流类·卖西洋镜》："摆飞：落雪也。"

造词法：意义造词·动作特点比喻指代

按：运用"摆动""飞舞"的拟人化动作特点喻指下雪的状态，再用下雪的状态指代下雪。

摆津 bǎijīn　隐指下雨。卖西洋镜隐语。

《全国各界切口大词典·杂流类·卖西洋镜》："摆津：落雨也。"

造词法：意义造词·特点比喻+古汉语同义词指代

按：摆，喻指雨水落下的状态；津，隐指雨（参见"津"条理据分析），故"摆津"隐指下雨。

浜洒 bāngsǎ　隐指绣粗花用的丝线。丝线业隐语。

《全国各界切口大词典·商铺类·丝线业》："浜洒：绣粗花用之线也。"

造词法：意义+语音造词·综合特点指代

按：浜，谐音"胖"，指丝线比较粗；洒，飘飘洒洒，指丝线的状态。故用粗细、状态两种特点创造"浜洒"隐指绣粗花用的丝线。

蚌贻 bàngyí　隐指小孩儿。摆地摊治病者隐语。

《全国各界切口大词典·医药类·着地摊药治病者》："蚌贻：小娃也。"

造词法：意义造词·避讳+现象比喻指代

按：蚌隐指女阴（参见"拿攀"条理据分析）；贻，指赠送，赠予。把小孩儿比喻为蚌的赠予，其实是对于人类生育的避讳。

悲栗 bēilì　隐指觱篥。乐器业隐语。

《全国各界切口大词典·商铺类·乐器业》："悲栗：觱篥也。"

造词法：语音+意义造词·译音+特点指代（别名）

按：觱篥，古代簧管乐器，也叫头管，笳管。汉代西域传入，是唐宋燕乐的重要乐器，译音于波斯语 bäri 或 beri，汉语译音的书写形式还有觱篥、觱栗、筚篥、悲栗、悲篥、必栗、哔喋、贝蠡等①。唐·段安节《乐府杂录》："觱篥者，本龟兹国乐也，亦曰悲栗，有类于笳。"宋·陈旸《乐书·乐图论·觱篥》："觱篥，一名悲篥，一名笳管。羌胡龟兹之乐也。以竹为管，以芦为首，状类胡笳，而九窍所法者，角音而已。其声悲栗，胡人吹之以惊中国马焉。"觱篥、筚篥，是从制作材料上对该种乐器的音译转写，后"觱篥"写为"觱篥"；悲栗，是从声音特色上对该种乐器的音译转写，概因该种乐器在西北辽远的大地上吹响后具有极强的穿透力，悲壮苍凉的声音不仅能够"惊中国马"，其鲜明的声音特色也给人的听觉是一种冲击，"悲栗"即是运用音译加意译方式的借词。

悲墨 bēimò 隐指黑色。绸缎业隐语

《全国各界切口大词典·商铺类·绸缎业》："悲墨，黑色也。"

造词法：意义造词·典故+逆序

按：《墨子·所染》："子墨子言，见染丝者而叹，曰：'染于苍则苍，染于黄则黄……故染不可不慎也！'"②后以"悲染丝"为易受习俗影响以及由此而发感叹的典故（参见《汉语大词典》"悲染丝"条）。唐·白居易《白氏六帖事类集·丝第六十四》："受采之悲"注曰；"墨翟悲素丝之受采"。隐语"悲墨"，实为"墨悲"，即"墨翟悲素丝之受采"之缩略，用其中的"墨"指代黑色（另见"墨悲"条理据分析）。

本范 běnfàn 隐指席子的价格贱。山西夏县商行隐语。

潘家懿、赵宏因《一个特殊的隐语区》，《语文研究》1986年第3期。

造词法：意义+截取+语音造词·特点指代+歇后截取+谐音

按：本，根本。当地人把自己编织的席子或簸箕拿到集市上卖，此项收入是当地人谋生的根本，故用"本"隐指席子。范，与"犯"谐音，由"犯贱"歇后，以"犯"隐指"贱"，故"范"隐指价格贱。因此，"本范"隐指席子的价格贱。

本同 běntóng 隐指席子的价格贵。山西夏县商行隐语。

潘家懿、赵宏因《一个特殊的隐语区》，《语文研究》1986年第3期。

---

① 参见刘正埮、高名凯、麦永乾、史有为《汉语外来语词典》，上海辞书出版社1984年版，第44—45页"觱篥"条。

② （清）毕沅校注，吴旭民点校：《墨子》，上海古籍出版社2014年版，第8页。

造词法：意义+截取造词·特点指代+歇后截取

按：本，隐指席子（参见"本范"条）。同，隐指贵，由"同富贵"歇后，以"同"隐指"贵"。因此，"本同"隐指席子的价格贵。

崩龙 bēnglóng　　隐指猪受惊乱跑。四川猪行隐语。

《中国秘密语大辞典》收条。

造词法：意义+语音造词·传统文化+谐音+歇后截取

按：自古以来，中国先民有以猪为龙的观念。如宋·苏轼《东坡志林》卷三："眉州青神县道侧有一小佛屋，俗谓之猪母佛，云百年前有牝猪伏于此，化为泉，有二鲤鱼在泉中，云盖猪龙也。"① 宋·曾慥《类说·青琐高议》："禄山尝醉卧明霞阁下，宫人覆水与面，禄山瞋目喷气，头上生角，体亦生翼，蜿蜒欲飞。帝急往观曰：'不足畏也，此乃猪龙。'少顷，禄山睡觉曰：'臣梦为人以水沃臣，臣化为龙。'"明·曹学佺《蜀中广记·名胜记·上川南道·眉州》："石佛山下路，下有尔家山，千畦种粳稌，山泉宅龙蜃。平地流膏乳。志云：猪龙泉在治南石佛镇，曾有乳猪伏于此地，化二鲤，盖猪龙也。"《蜀中广记·方物记·鳞介》："东坡云：予别业前泉水，相传有二牝猪潜其中，化为二鲤，盖猪龙也。一日偶见之，以告妻兄，王愿疑予诞，同祷于泉，见二鲤跃出，今眉州南石佛镇是其处。"古代先民以猪为龙的观念具体体现在很多地名与文献中。如宋·范成大《题开元天宝遗事四首》之一："朝天车马诏频催，飐得新汤未敢开。忽报猪龙掀宇宙，阿瞒虚读相书来。"② 金·元好问《段志坚画龙为刘邓州赋》："猪龙可豢亦可屠，世人画蛇复画鱼。"③ 元·柯九思《题王维辋川图》："猪龙儿嬉锦裪好，三郎岁晚欢娱老。"④ 明·史岳潆《山东通志·山川志》："猪龙河：自长山县范留庄至张店入境。"明·池本理《禽星易见·演禽赋·横天伏断（论禽）》："正兔马犬共同游，二鼠猪龙入帝州。"清·陆陇其《三鱼堂文集·畿辅八府地图记》："高阳河在雄县城南二十里，上流即猪龙河。""崩"谐音"蹦"，指猪受到惊吓后又蹦又跳。故用"崩龙"隐指猪受惊后乱跑。此隐语当为"以猪为龙"观念的反映。

毕方 bìfāng　　隐指灰鹤。禽鸟业隐语。

---

① （宋）苏轼撰，赵学智校注：《东坡志林》，三秦出版社2003年版，第139页。
② （宋）范成大著，富寿荪标校：《范石湖集》，上海古籍出版社2006年版，第34页。
③ 贺新辉：《元好问诗词集》，中国展望出版社1987年版，第40页。
④ 王及编校：《柯九思诗文集》，中国美术学院出版社2004年版，第154页。

《全国各界切口大词典·杂业类·禽鸟业》:"毕方:灰鹤也。"

造词法：意义造词·神话名称+外形比喻指代

按：晋·郭璞《山海经传》西山经第二："[章莪之山]有鸟焉，其状如鹤，一足，赤文，青质而白喙，名曰毕方，其鸣自叫也，见则其邑有妖火。"毕方为神话传说中的一种怪鸟，其外形似鹤，故隐语用"毕方"喻指灰鹤。

避株 bìzhū　　隐指吐绶鸟。禽鸟业隐语。

《全国各界切口大词典·杂业类·禽鸟业》:"避株:吐绶鸟也。"

造词法：意义造词·特点指代（别名）

按：周·师旷《禽经》："颈有彩囊曰避株。"晋·张华注曰："雉属。出华岳及盛山中，晴旸则颈出彩色作囊，遇树木则避之，故曰避株。"任昉曰："亦名吐绶鸟。"明·李时珍《本草纲目·鷩雉》："[附录]吐绶鸡，出巴峡及闽广山中，人多畜玩。大者如家鸡，小者如鸠鸽，头颊似雉，羽色多黑，杂以黄白圆点，如真珠斑，项有嗉囊，内藏肉绶。……此鸟生亦反哺，行则避草木，故《禽经》谓之避株。""避株"是吐绶鸟"遇树木则避之"的特点，后根据该特点指代吐绶鸟，并成为吐绶鸟的别名，称为"避株鸟"[1]。该词语运用的是特点指代造词法。隐语即用此特点隐指吐绶鸟。

扁庚通 biǎngēngtōng　　隐指打金箔匠。冶坊隐语。

《全国各界切口大词典·杂业类·冶坊》:"扁庚通:打金箔之人也。"

造词法：意义造词·五行文化+意义联想

按：《吕氏春秋·孟秋纪》："其日庚辛，其帝少昊。"汉·高诱注："庚辛，金日也。少昊，帝挚之子，挚兄也。以金德王天下，号为金天氏，死佩金，为四方金德之帝。"[2]汉·刘安《淮南子·天文训》："西方，金也。其帝少昊，其佐蓐收，执矩而治秋，其神为太白，其兽白虎，其音商，其日庚辛。"[3]汉·许慎注："商，金也。庚、辛，皆金也。"庚，天干中居第七位，古代五行中属金。扁，指金箔的形状，指金子经过捶打之后呈扁状。通，隐指工匠，指精通某项手艺、工艺的人。故用"扁庚通"隐指打金箔的工匠。

丙丁 bǐngdīng　　隐指火。卖西洋镜者隐语。

---

[1] 参见徐成志等《事物异名别称词典》，齐鲁书社1990年版，第477页。
[2] 许维遹撰，梁运华整理：《吕氏春秋集释》，中华书局2012年版，第154页。
[3] （汉）刘安等编，高诱注：《淮南子》，上海古籍出版社1989年版，第28页。

《全国各界切口大词典·杂流类·卖西洋镜》："丙丁：火也。"

造词法：意义造词·五行文化

按：《吕氏春秋·孟夏纪》第四："其日丙丁，其帝炎帝。"汉·高诱注曰："丙丁，火日也。炎帝，少典之子，姓姜氏，以火德王天下，是为炎帝，号曰神农。"① 如成语"付之丙丁"意为"用火烧掉"，"丙丁"指火，即源于此。

另，理发业隐语"丙丁夹子"隐指火筷子、庖夫隐语"丙条子"隐指引火用的纸吹，皆是运用五行文化而创造。

丙苗 bǐngmiáo　　隐指火烫。内蒙古等地理发业隐语。

胡云晖《包头理发业行话》（稿本）

造词法：意义造词·五行文化+特点比喻指代

按：丙，指丙丁（参见"丙丁"条），故用"丙"隐指火。苗，喻指头发，根据头发的外形特点比喻为"苗"。用火烫发，故曰"丙苗"。

帛子 bózǐ　　隐指钱；银元。茶担夫隐语。

《全国各界切口大词典·役夫类·茶担夫》："帛子：洋钿也。"

造词法：意义造词·同义古词

按：洋钿，钱、银元义。吴方言词②。《说文·巾部》："币，帛也。"段玉裁注："帛者，缯也。""币"的本义为"帛"，后指财物和货币，《集韵·祭韵》："币，财也。"《管子·国蓄》："以珠玉为上币，以黄金为中币，以刀为下币。"《战国策·秦策五》："令库具车，厩具马，府具币。"高诱注："币，货财也。"《史记·吴王濞列传》："乱天下币。"裴骃集解引如淳曰："币，钱也。"《汉书·食货志下》："于是乎量资币，权轻重，以救民。"唐·颜师古注："凡言币者皆所以通货物，易有无也。故金之与钱，皆名为币也"（参见《汉语大词典》"币""帛"条）。故隐语用"币"的本义"帛"并附加"子"缀后隐指钱或银元。

不言 bùyán　　隐指不行。郯城县马头镇回民牛羊市隐语。

笔者田野调查隐语条目。

造词法：意义造词·现象指代

按：不言，指不说话，即表示不行，不可以。该隐语运用"不说话"的现象表象反映并指代"不同意""不行"的内涵与事实。

---

① 许维遹撰，梁运华整理：《吕氏春秋集释》，中华书局2012年版，第83页。

② 参见许宝华、[日]宫田一郎主编《汉语方言大词典》，中华书局1999年版，第4410页"洋钿"条。

C

财字 cáizì　　隐指水。**染色业隐语。**

《全国各界切口大词典·商铺类·染色业》:"财字:水也。"

造词法:意义造词·五行文化联想

按:周·秦越人《难经本义》卷上:"然手太阴阳,明金也。足少阴太阳,水也。金生水,水流下行而不能上,故在下部也。"周·鬼谷子《李虚中命书》卷中:"土重而金生,金强而育水。"唐·李虚中注曰:"清者自浊而澄静者,乃动之机,是土重则金生矣。湿生土,土生金,故云金生水。"汉·董仲舒《春秋繁露》卷十一《五行对》:"天有五行,木火土金水是也。木生火,火生土,土生金,金生水。"① 《汉书·五行志》:"金为水宗,得其宗而昌。"五代·彭晓《周易参同契通真义·金为水母章》:"金为水母,母隐子胎,水者金子,子藏母胞。"辽·耶律纯《星命总括》卷中:"金为财星,居于酉则为财。"

该隐语利用五行文化而创造,利用"金生水""金为水母"的五行观念以及"金为财"的星相观念,以"金"指代"水",以"财"指代"金",故用"财字"隐指水。商家常用的对联"生意兴隆通四海,财源茂盛达三江"亦是在"金生水"的五行观念上而创造。

踩 cǎi　　隐指走。**郯城县马头镇回民牛羊市隐语。**

笔者田野调查隐语条目。

造词法:意义造词·具体性动作行为指代综合性动作行为

按:踩,指踏在地上,是"走"的具体性动作行为。该隐语运用"踩踏"的具体性动作行为指代"走"的综合性动作行为。

踩壳 cǎiké　　隐指鞋子。**郯城县马头镇回民牛羊市隐语。**

邵燕梅《山东郯城马头镇"调侃子"现象调查研究报告》,《语文研究》2011年第2期。

造词法:意义造词·综合特点指代

按:踩,踩在脚下,指鞋子的功用特点之一;壳,外壳,从鞋子的形状特点说明鞋子是包在脚外面的壳状物。故运用两方面的特点创造"踩壳"隐指鞋子。

苍通 cāngtōng　　老年人。**卖春药治毒疮者隐语。**

《全国各界切口大词典·医药类·卖春药治毒疮者》:"苍通:年

---

① (汉)董仲舒:《春秋繁露》,上海古籍出版社1989年版,第63页。

老也。"

造词法：意义造词·特点+表人语素（通）

按：苍，指苍老。通，隐指人，为隐语中的表人语素（参见"挨通""井通"等条）

另，《全国各界切口大词典》中该条的释义为"年老也"，应为"年老者"之误。因在该业隐语中，"苍通"前后皆为指人的名词，如前面有"力才：卖婆也"、"马客：妇人也"、"寡马：孀妇也"、"俊俏儿郎：年轻子弟也"，后面有"半苍生：年在四十内外者"、"苍马：半老妇人也"、"受孤通：奶奶也"、"双五百：小姐也"。"苍"指年龄大、苍老，"通"在隐语中为表人语素，故"苍通"指苍老的人。

苍马 cāngmǎ　　隐指半老妇人。卖春药治毒疮者隐语。

《全国各界切口大词典·医药类·卖春药治毒疮者》："苍马：半老妇人也。"

造词法：意义造词·特点+民俗文化

按：苍，指年龄大、苍老；马，隐指女性，"在民俗观念中马为阴物，与女子同类，这是用马来喻指女子的心理基础"（杨琳，1996：124），故在很多行业用"马"隐指女性（另见"马客""寡马"条）。

长春 chángchūn　　隐指金盏花。花卉业隐语。

《全国各界切口大词典·杂业类·花业》："长春：金盏花也。以其四时开花。相继不绝。"

造词法：文化+意义造词·特点指代花卉（异名）

按：明·李时珍《本草纲目》卷十六："金盏草，[释名]杏叶草。《图经》长春花。时珍曰：'金盏，其花形也。长春言耐久也。'"清·厉荃《事物异名录》卷三十三花卉部："长春，金盏、杏叶。《本草纲目》：金盏草，一名杏叶草，一名长春花。周宪王曰：'金盏花，大如指头，黄色如盏，四时不绝。'"金盏花称为"长春花"是从"四时开花，相继不绝"的特点而命名。隐语即用其异名隐指金盏花。

𥻗厚𥻗薄 chǎi hòu chǎi báo　　隐指利润的多少。郯城县马头镇回民牛羊市隐语。

笔者田野调查隐语条目。

造词法：意义造词·特点比喻指代

按：𥻗，郯城方言中统称碾碎的粮食颗粒，也称为𥻗儿、𥻗子。利润的多少如同熬粥，利润多就好比粥里的𥻗多，熬出来的粥就黏稠，好喝；利润少就好比粥里的𥻗少，熬出来的粥就水多，不好喝。

从另一方面也可以说明利润与"䅟"的喻指关系,那就是做生意总是希望利润多、挣钱多,挣钱多了,生活才能更好,才能有更多的"䅟"下锅。

长脸子 chángliǎnzi　　隐指驴。郯城县马头镇回民牛羊市隐语。

邵燕梅《山东郯城马头镇"调侃子"现象调查研究报告》,《语文研究》2011年第2期。

笔者田野调查隐语条目。

造词法:意义造词·特点+词缀共同指代

按:脸长是驴的突出性特点,故用此典型特点附加"子"缀隐指驴。

唱 chàng　　隐指讲价钱。郯城县马头镇回民牛羊市隐语。

笔者田野调查隐语条目。

造词法:意义造词·动作行为比喻指代动作行为

按:讨价还价,你一句我一句,加之经纪人的参与,讨价还价的场面更为热闹,出价和压价如同一唱一和,最后成交,故把讲价钱喻指为"唱"。

车白 chēbái　　隐指糖。卖药糖者隐语。

《全国各界切口大词典·医药类·卖药糖者》:"车白:糖也。"

造词法:截取+语音造词·歇后截取+谐音

按:"扯白糖"是绍兴的饮食民俗。扯白糖的原料主要是白糖或红糖,加入麦芽糖熬制好,呈大块状,由人工拉扯成白色,故称为"扯白糖"。绍兴安昌的扯白糖尤为著名,目前已经为浙江省的非物质文化遗产,如浙江省非物质文化遗产网有一篇文章《安昌扯白糖一扯成名 绍兴莲花落情动义乌》[1]。由于在扯白糖的加工流程中,扯糖人拉扯的动作富有力感和美感,糖在扯糖人的手中如同一条游龙,糖的颜色也随拉扯时间的延长最后变为白色,看完了扯白糖的过程,然后买一块放在嘴里,不仅那香甜的味道,还有那扯糖的画面都令人感到回味无穷,扯白糖因此成为很多绍兴人儿时的温暖而甜美的回忆,如星岛环球网《江南人的扯白糖——融化孩提记忆》[2]。绍兴籍作家俞樟铃在《流水无声·回乡偶书》中专门写到了扯白糖的叫卖声:"南大街百货商店门口有小贩摆着箩担在吆喝:'买扯白糖哉。'"[3]

---

[1] 参见浙江省非物质文化遗产网,http://www.zjfeiyi.cn/news/detail/31-664.html。

[2] 参见星岛环球网,http://www.stnn.cc/china_customs/200806/t20080613_795173.html。

[3] 俞樟铃:《流水无声》,浙江文艺出版社2007年版,第228页。

隐语"车白",即运用"扯白糖"歇后截取,以"扯白"隐指"糖",并谐音为"车白"。

沉明 chénmíng　　隐指磬。乐器业隐语。

《全国各界切口大词典·商铺类·乐器业》:"沉明:磬也。"

造词法:意义+语音造词·综合特点指代+谐音

按:沉,指磬很重,由于磬由铜铸造,故很沉;明,谐音"鸣",指这种打击乐器发出的声响,故两种特点综合指代乐器磬。

碜子 chěnzi　　隐指沙子。郯城县马头镇回民牛羊市隐语。

笔者田野调查隐语条目。

造词法:意义造词·特点+词缀共同指代

按:碜,指食物中含有沙子,嚼起来牙齿不舒服的感觉,郯城方言也称为"沙碜"①。碜,是食物中的沙子给人造成的感觉特点,故用此特点附加后缀"子"共同指代沙子。

齿 chǐ　　隐指佣金。山果业隐语。

《全国各界切口大词典·杂业类·山果业》:"齿:行佣也。"

造词法:意义造词·同义替代+以人指代佣金

按:行佣,指山果行业的佣金。旧时中间商称为"牙"或"牙郎"。牙、齿同义,故用"齿"指代牙郎,再用人(牙郎)指代佣金。

齿子 chǐzi　　隐指女人。山西晋南石匠隐语。

潘家懿《山西晋南的秘密语"言子话"》,《运城师专学报》1988年第3期。

造词法:文字造词·字形包含法+附加词缀

按:"齿"字形中包含"人"字,故用"齿"隐指"人",再附加词缀"子"特指女人。

穿天 chuāntiān　　隐指凌霄花。卖花者隐语。

《全国各界切口大词典·杂流类·卖花》:"穿天:凌霄花也。"

造词法:意义造词·特点夸张指代花卉

按:凌霄花,属紫葳科落叶木质藤本植物。凌霄之得名,是因其能攀援直上数十丈,似有凌云之志,故夸张指代。如唐·白居易《有木名凌霄》:"有木名凌霄,擢秀非孤标。偶依一株树,遂抽百尺条。"②说明了凌霄花不断向上攀附的特点。"穿天"也是对其攀缘向上的特点的

---

① 参见邵燕梅《郯城方言志》184页"沙碜"条。
② 王汝弼选注:《白居易选集》,上海古籍出版社1980年版,第44页。

夸张。

另，药行业隐语"天穿"、花卉业隐语"冲天"皆是对凌霄花攀附向上之特点的夸张，本节不再专门列条。

串三 chuànsān　　隐指醉。河北吹鼓手隐语。

李玉川《江湖行帮趣话》。《中国秘密语大辞典》收条。

造词法：意义+文字+语音造词·动作行为指代结果+部分字形指代+谐音

按：串，谐音"穿"，指穿过身体的动作；三，是"氵"的变体，隐指酒，运用部分字形指代法创造（如"三酉""三酉儿""油三"皆隐指酒），"串三"即指酒穿过身体，并运用这种动作行为隐指其"醉"的结果。

春点 chūndiǎn　　隐指扒手。航船夫隐语。

《全国各界切口大词典·役夫类·航船夫》："春点：扒手也。"

造词法：意义造词·现象指代

按：春点，即春典，指扒手的隐语。扒手之间为了避人耳目，在公开场合交流时必须使用隐语，故用该种现象隐指扒手。

春子 chūnzi　　隐指牛。郯城县马头镇回民牛羊市隐语。

邵燕梅《山东郯城马头镇"调侃子"现象调查研究报告》，《语文研究》2011年第2期。

笔者田野调查隐语条目。

造词法：意义造词·季节+词缀共同指代

按：牛是春耕是必不可少的，在春天的田野里到处可以看见牛的身影，故用季节"春"附加词缀"子"后隐指牛。

春子 chūnzi　　隐指蚬子。鲜鱼行隐语。

《全国各界切口大词典·行号类·鲜鱼行》："春子：极小之蛤蚌也。"

造词法：意义造词·季节+词缀共同指代

按：清·屈大均《翁山诗外·白蚬谣》："南风起，落蚬子，生于雾，成于水，北风瘦，南风肥，厚至丈，取不稀。殷勤祭沙滩，莫使蚬子飞。"蚬，俗称为蚬子，形体较小。在"北风瘦、南风肥"的春天是捕蚬最好的季节。故用"春"附加词缀"子"隐指蚬。

措老 cuòlǎo　　隐指煮酒。造酒匠隐语。

《全国各界切口大词典·工匠类·造酒匠》："措老：煎酒也。"

造词法：语音+截取+意义造词·谐音+歇后截取+"物品+词缀"共同指代动作行为

按：措、醋二字，自上古至近古皆同音，上古二字皆为清声母铎韵，拟音为 ts^{h}āk；中古，《广韵》中二字皆为清母暮韵、合口一等去声、遇摄字，读为仓故切，拟音①为 ts^{h}u；近古，在《中原音韵·鱼模·去声》②中"醋、措、错"同音，皆为清母暮韵合口一等字。"措老"实为"醋老"，"老"为后缀。醋古时又称为"醋酒"，唐·蒋贻恭《咏安仁宰捣蒜》诗："安仁县令好诛求，百姓脂膏满面流。半破磁缸成醋酒，死牛肠肚作馒头。"明·李时珍《本草纲目·穀四·醋》〔释名〕引陶弘景曰："醋酒为用，无所不入，愈久愈良，亦谓之醯。以有苦味，俗呼苦酒。"（参见《汉语大词典》"醋酒"条）隐语用"醋酒"歇后截取，以"醋"隐指"酒"，然后附加词缀"老"隐指动作行为"煎酒"。

错落 cuòluò　　隐指黄鹂。禽鸟业隐语。

《全国各界切口大词典·杂业类·禽鸟业》："错落：鸧鹒也。"

造词法：意义造词·特点指代（异名）

按：《汉书·司马相如列传》："双鹔下，玄鹤加。"唐·颜师古注："鹔，鸹也。今关西呼为鸹鹿，山东通谓之鹔，鄙俗名为错落。错者，亦言鹔声之急耳。"错落，是鹔鸹的俗名。鹔鸹，水鸟名，似鹤，苍青色。亦称麋鸹（参见《汉语大词典》"鹔鸹"条）。

鸧鹒，又写作仓庚、苍庚、鸧鹒等，是古代方言对黄鹂的称呼。汉·扬雄《方言》卷八："鹂黄，自关而东谓之鸧鹒，自关而西谓之鹂黄，或谓之黄鸟，或谓之楚雀。"汉·戴德《大戴礼记·夏小正》："有鸣仓庚。仓庚者，商庚也。商庚者，长股也。"③《诗·周南·葛覃》："黄鸟于飞，集于灌木，其鸣喈喈。"唐·孔颖达疏："郭璞曰：俗呼黄离留，亦名抟黍。陆机疏云：黄鸟，黄鹂留也，或谓之黄栗留。幽州人谓之黄莺，一名仓庚，一名商庚，一名鵹黄，一名楚雀。齐人谓之抟黍。"《吕氏春秋·二月纪》："苍庚鸣，鹰化为鸠。"汉·高诱注："苍庚，《尔雅》曰：商庚、黎黄、楚雀也。齐人谓之抟黍，秦人谓之黄离，幽、冀谓之黄鸟。"④可见，错落并非鸧鹒，指水鸟"鹔鸹"，而隐语借用"错落"隐指鸧鹒。

---

① "措""醋"的上古、中古拟音参见郭锡良编著《汉字古音手册》（增订本），商务印书馆 2010 年版，第 50、163 页。

② 宁继福：《中原音韵表稿》，吉林文史出版社 1985 年版，第 47 页。

③ 黄怀信主撰：《大戴礼记汇校集注》，三秦出版社 2004 年版，第 211 页。

④ 许维遹撰，梁运华整理：《吕氏春秋集释》，中华书局 2012 年版，第 33 页。

D

大耳朵 dà ěrduo　　隐指猪。郯城县马头镇回民牛羊市隐语。

邵燕梅《山东郯城马头镇"调侃子"现象调查研究报告》,《语文研究》2011 年第 2 期。

笔者田野调查隐语条目。

造词法：意义造词·禁忌改称+典型特点借代

按：根据伊斯兰教义和《古兰经》的明确要求，回族群众禁止吃猪肉、禁止养猪。"现在我国回族群众不仅禁吃猪肉，而且还禁养猪，甚至从思想意识和感情上反感和见不得猪。有些回民见了猪就背转过脸，有些嗅到猪肉味就恶心、呕吐"（王正伟，2008：96）。"回族人不仅不吃猪肉，而且不养猪，不愿见猪"（杨占武，2010：235），动作行为的禁忌必然通过语言反映出来，说出"猪"字就是违背了圣意，违反了禁忌，故"猪"需要改称。耳朵大，是猪的典型的突出性特点，故用此隐指猪。

代 dài　　隐指跑。山西编苇工匠隐语。

潘家懿《山西晋南的秘密语"言子话"》，《运城师专学报》1988 年第 3 期。

造词法：截取造词·歇后截取+歇前截取

按：用"代步"歇后，以"代"隐指"步"；再用"跑步"歇前，以"步"隐指"跑"，故"代"隐指"跑"。

丹清 dānqīng　　隐指行时的医生。医生隐语。

《全国各界切口大词典·医药类·医生》："丹清：行时医生也。"

造词法：意义造词·物品指代

按：元·危亦林《世医得效方·大方脉杂医科》："玉华白丹　清上实下，助养根元，扶衰救危，补益脏腑，治五劳七伤，夜多盗汗，肺痿虚损，久嗽上喘，霍乱转筋，六脉沉伏，唇口青黑，腹胁（指'肋'）刺痛，大肠不固，小便滑数，梦中遗泄，肌肉瘦瘁，目暗耳鸣，胃虚食减，久疟久痢，积寒痼冷，诸药不愈者，服之如神。"《世医得效方·外科精要疮肿科》中"内追毒丹清"一方为"大朱砂、雄黄（各五钱），生麝香（一钱），生犀角、琥珀（以上并别研细），黑角沉香（各五钱），右为末，炼蜜圆，梧桐子大。每服二十圆，灯心薄荷汤下。"[①] 丹清，指极

[①]（元）危亦林撰，王育学点校：《世医得效方》，人民卫生出版社 1990 年版，第 277、629 页。

具疗效的良药。行时,指走运①,即在一段时间内求医较多的医生,即受患者欢迎的名医。该隐语运用疗效显著的良药喻指妙手回春的医生。

啖 dàn　隐指吃。郯城县马头镇回民牛羊市隐语。

邵燕梅《山东郯城马头镇"调侃子"现象调查研究报告》,《语文研究》2011年第2期。

笔者田野调查隐语条目。

造词法:意义造词·古汉语同义词指代

按:《广雅·释诂二》:"啖,食也。"郯城方言本不使用"啖"表示吃,"啖"目前已经成为带有戏谑标记的方言词。如《郯城方言志》收录"啖",读为阳平,释义兼说明为:"吃,一般不用在正式、庄重的场合,多在年轻人开玩笑时用"(邵燕梅,2005:162)。

倒影 dàoyǐng　隐指凤仙花。花卉业隐语。

《全国各界切口大词典·杂业类·花业》:"倒影:凤仙花也。"

造词法:文化+意义造词·典故(别名)+地名指代花卉

按:清·高士奇《高士奇集·凤仙花》:"消息秦楼杳,飞来作小丛。洒膏添倒影,染甲爱深红。狼籍初经雨,飘零半受风,夜凉诸女伴,采摘满篮笼。"注曰:"《花史》谢长裾见凤仙花以尘崖染金膏洒之,插倒影山,明年此花金色不去。今有斑点大小不同者,名倒影花。""倒影"得名于倒影山,后成为凤仙花之别名,故很多诗词中用"倒影"指称水仙花。再如清·黄图珌《看山阁集·题画凤仙》:"倒影半含山侧艳,调琴全吐月中姿。多情花入多情画,更有多情闲赋诗。"隐语即用此"倒影"之别名对凤仙花进行隐指。

地精 dìjīng　隐指鲜首乌。药行业隐语。

《全国各界切口大词典·医药类·药行业》:"地精:鲜首乌也。"

造词法:意义造词·传说+功用比喻指代(异名)

按:宋·唐慎微《证类本草》卷十一:"何首乌传:昔何首乌者,顺州南河县人,祖名能嗣,父名延秀。嗣常慕道术,随师在山,因醉夜卧山野,忽见有藤二株,相去三尺余,苗蔓相交,久而方解,解了又交,惊讶其异,至旦遂掘其根,归问诸人,无识者。后有山老忽来,示之,答曰:'子既无嗣,其藤乃异,此恐是神仙之药,何不服之?'遂杵为末,空心酒服一钱,服数月似强健,因此常服,又加二钱服之,经年旧疾皆痊,发乌容少。数年之内即有子,名延秀。秀生首乌,首乌之名因此而得。"

---

① 参见许宝华、[日]宫田一郎主编《汉语方言大词典》,中华书局1999年版,第2073页。

明·李时珍《本草纲目·何首乌》："[释名] 交藤、夜合、陈知白、马肝石、地精、桃柳藤、九真藤、赤葛、疮帚、红内消。大明曰：其药本草无名，因何首乌见藤夜交，何即采食有功，因以采人为名尔。"首乌因其功效神奇，且生长于地下而被喻指为"地精"。

地裂 dìliè　　隐指荸荠。卖水果摊贩隐语。

《全国各界切口大词典·杂流类·卖水果者》："地裂：荸荠也。"

造词法：语音+意义造词·谐音+综合特点比喻指代（异名）

按：地裂，谐音"地栗"。宋·陈元靓辑《事林广记续集·绮谈市语·果菜门》："荸荠：地栗。"地栗后成为荸荠的别名，如明·徐光启《农政全书》卷二十七："乌芋（即俗名荸荠也）曰凫茈，郑樵《通志》以为地栗。"明·王肯堂《证治准绳》卷一一八："荸荠一名地栗。"① 地栗，是从荸荠生长于地下，且形状如同栗子而喻指。现在为胶辽官话、兰银官话、吴方言等多地方言对荸荠的称谓②。

丁香 dīngxiāng　　隐指豆芽。东北等地饮食业隐语。

《采风》1996 年第 11 期。《中国秘密语大辞典》收条。

造词法：意义造词·形状比喻指代

按：清·陈淏子《花镜》卷三："丁香一名百结。叶似茉莉。花有紫、白二种，初春开花，细小如雀舌，蓓蕾而生于枝杪，其瓣柔、色紫，清香袭人。"即说明"因其花细长如钉，味清香"③，故名"丁香"。从形状而言，豆芽像丁香花，故用"丁香"喻指豆芽。

顶交 dǐngjiāo　　隐指麻油。麻油店隐语。

《全国各界切口大词典·杂业类·麻油店》："顶交：麻油也。"

造词法：意义+语音造词·特点（食用方法）指代+谐音

按：交，谐音"浇"④，指麻油一般最后从菜肴的上面浇下，即从"顶"部"浇"，故曰"顶浇"，运用这种食用方法指代麻油。

---

① 参见王锳《宋元明市语汇释》（修订增补本），中华书局 2008 年版，第 28 页对"地栗"条的考释。
② 参见钱乃荣、许宝华、汤珍珠《上海话大词典》第 51 页，许宝华、[日] 宫田一郎《汉语方言大词典》第 1614 页。
③ 参见华夫主编《中国古代名物大典》，济南出版社 1993 年版，下册第 1293 页。
④ "浇"与"交"同音，故书写时很多人会写为"交"，如钱乃荣、许宝华、汤珍珠主编的《上海话大词典》，上海辞书出版社 2007 年版，第 55 页"盖浇饭"就写为"盖交饭"、第 56 页"炸酱面"条释义中的"盖浇炸酱"写为"盖交炸酱"等，但具有同样意义的"面浇头""浇头"条没写为"交"。

斗儿 dòu'er　隐指姑娘。绸缎业隐语。

《全国各界切口大词典·商铺类·绸缎业》:"斗儿:姑娘也。"

造词法:意义+语音造词·标志性功能指代人+谐音

按:生育是女性的标志性功能,故用"生"指代女性。"生"与"升"谐音,由"升"联想到同为量具的"斗",又因"十升"为一斗,"十升"谐音"拾""生","拾"和"生"皆指生育,故在"斗"后附加词缀"儿"后隐指姑娘。

独龙 dúlóng　隐指抬棺材的粗木杠。贳彩业隐语。

《全国各界切口大词典·手艺类·贳彩业》:"独龙:材杠也。"

造词法:意义造词·特点比喻指代

按:释语中的"材杠"一词未见于《汉语大词典》《方言大词典》等辞书,古代文献中也未见使用。可见,"材杠"并非通用词语,而源于隐语而创造。贳彩业隐语"材幔"释为"棺材罩也",即用"材幔"隐指"棺材罩","材"指"棺材"。故"材杠"应指抬棺材的粗大木杠。"独龙"隐指抬棺材的粗大木杠,是对其外形进行比喻而隐指。

独夜 dúyè　隐指野鸡。禽鸟业隐语。

《全国各界切口大词典·杂业类·禽鸟业》:"独夜:野鸡也。"

造词法:意义+语音造词·典故(别名)+谐音

按:晋·崔豹《古今注·鸟兽》第四:"鸡,一名烛夜。"[1] 明·朱谋㙔《骈雅·释鸟》:"烛夜、翰音,鸡也。"[2] 唐·苏鹗《苏氏演义》卷下:"鸡名烛夜,又曰翰音。""烛夜"为鸡的别名。从二字的音韵地位而言,"烛""独"皆为通摄合口,"烛"章母三等,"独"定母一等,据上古"照三归端","烛"应读同端组,与"独"声韵皆同。隐语运用"独"替代其谐音形似字"烛",并构成"独夜"隐指野鸡。

短腿 duǎntuǐ　隐指猪。郯城县马头镇回族牛羊市隐语。

笔者田野调查隐语条目。

造词法:意义造词·禁忌改称+特点对比指代

按:回族的禁食物很多,动物方面主要有猪、驴、骡、马,正因如此,这些动物皆需要以其他词语代指,以免违反禁忌。回族群众忌养猪、吃猪肉、说"猪"字(参见"大耳朵"条)。猪与马、驴、骡相比,猪腿较短,故曰"短腿"。

---

[1] (晋)崔豹:《古今注》,(上海)中华书局,真仿宋版本。

[2] (明)朱谋㙔:《骈雅》,商务印书馆1936年版,第109页。

蹲鸱 dūnchī　隐指芋艿。蔬菜行隐语。

《全国各界切口大词典·行号类·菜蔬行》："蹲鸱：芋艿也。"

造词法：意义造词·特点比喻指代（别名）

按：《汉书·货殖传》第六十一："吾闻岷山之下沃野下有蹲鸱，至死不饥。"唐·颜师古注曰："蹲鸱，谓芋也，其根可食，以充粮，故无饥年。《华阳国志》曰：汶山郡都安县有大芋如蹲鸱也。"宋·毛居正《增修互注礼部韵略》卷四："芋，王遇切。草根，可食，大者曰蹲鸱，亦作芋。"把较大的芋艿比喻为蹲伏的鸱，即蹲鸱。隐语即借用此喻指称谓。

躲儿 duǒ'er　隐指招牌。收旧货隐语。

《全国各界切口大词典·杂流类·收旧货》："躲儿：招牌也。"

造词法：意义+谐音造词·特点比喻指代+谐音

按：躲儿，谐音"朵儿"，指花朵，喻指招牌做得非常漂亮，像花朵一样引人注目，并运用此特点隐指招牌。

躲和 duǒhuo　隐指跛足的人。郯城县马头镇回族牛羊市隐语。

笔者田野调查隐语条目。

造词法：意义造词·动作比喻+词缀共同指代

按：躲，指跛足的人走起路来一高一低，像在躲来躲去的样子。躲，表示动作特点，并在其后附加后缀"和"隐指具有该种特点的人，即跛足的人。

F

发造 fāzào　隐指走路。荆楚木瓦工匠隐语。

柯小杰《荆楚木瓦工行话浅析》，《民俗研究》1992年第4期。

造词法：意义造词·古汉语同义词指代

按：造，本义为到，去。《周礼·地官·司门》："凡四方之宾客造焉，则以告。"郑玄注："造，犹至也。"发，为出发，启程义。《诗·齐风·东方之日》："在我闼兮，履我发兮。"毛传："发，行也"（分别参见《汉语大词典》"造""发"条释义）。故用"发""造"同义连文创造隐语隐指走路。

方绪 fāngxù　隐指豆腐。饮食业隐语。

《采风》1996年第11期。《中国秘密语大辞典》收条。

造词法；意义造词·综合特点指代

按：方，指豆腐的形状为方形。绪，即"序"，为次序、行列义（参见《汉语大字典》、《汉语大词典》"绪"条释义)。指在饮食业中,豆腐切块,排列整齐。故综合两种特点用"方绪"隐指豆腐。

飞六 fēiliù　隐指雪。卖西洋镜者隐语。

《全国各界切口大词典·杂流类·卖西洋镜》:"飞六:雪也。"

造词法:造词·综合特点指代

按:飞,指飞舞,形容雪花飘落的状态;六,指雪花有六瓣,即"六出"之花。如宋·沈约《宋书·符瑞下》:"草木花多五出,花雪独六出。"南朝梁·萧统《昭明太子集·黄钟十一月》:"彤云垂四面之叶,玉雪开六出之花。"故用表示动作状态的"飞"和形状的"六"组合隐指雪花。

佛桑 fósāng　隐指木槿花的一种。卖花者隐语。

《全国各界切口大词典·杂流类·卖花》:"佛桑:木槿花之别种。"

造词法:意义造词·特点指代(异名)

按:明·李时珍《本草纲目·扶桑》:"[释名]佛桑(霏雪录)、朱槿(草木状)、赤槿(同)、日及。时珍曰:东海日出处有扶桑树,此花光艳照日,其叶似桑,因以比之。后人讹为佛桑,乃木槿别种,故日及诸名亦与之同。"明·方瑜《(嘉靖)南宁府志》卷三田赋志:"木槿,名佛桑。有红、白、紫、黄数色,纯白无间者名舜英。"隐语即以异名"佛桑"隐指木槿花之别种。

G

嘎 gā　隐指价格,价钱;数目等。郯城县马头镇回族牛羊市隐语。

笔者田野调查隐语条目。

造词法:语音造词·古音保留

按:嘎,即"价"。价,中古为假摄开口二等字,见母禡韵,中古拟音为[ka],现在赣、客、粤、闽等方言皆读为[ka][1]。"价"指价格,价钱,又因价格(价钱)离不开数目,故"嘎"又指代数目。该隐语反映了古音的保留。

高搁 gāogē　隐指闲汉。医眼病卖眼药者隐语。

《全国各界切口大词典·医药类·医眼病卖药者》:"高搁:闲汉也。"

造词法:意义造词·特点比拟指代

按:高搁,指高高地搁放起来,说明东西没有用,闲起来了,以物比

---

[1] 参见李珍华、周长楫《汉字古今音表》(修订本),中华书局1999年版,第319页。

拟指代人，故隐指闲汉。

高腿 gāotuǐ　　隐指马、驴、骡子等大牲畜。郯城县马头镇回族牛羊市隐语。

笔者田野调查隐语条目。

造词法：意义造词+禁忌改称·特点对比指代

按：马、驴、骡子和猪都是回族的禁食物，相比猪而言，马、驴、骡子等的腿比较长，故用"高腿"统指这几种动物。

割耳朵 gē ěrduo　　隐指经纪人从买、卖双方获利。郯城县马头镇回族牛羊市隐语。

笔者田野调查隐语条目。

造词法：意义造词·特点比喻指代

按：经纪人从买卖双方各拿一定的费用，好像割了双方的耳朵，故喻指为"割耳朵"。

葛巾 gějīn　　隐指丝瓜络。药行业隐语。

《全国各界切口大词典·医药类·药行业》："葛巾：丝瓜络也。"

造词法：语音造词·谐音

按：葛巾，谐音"瓜筋"，即丝瓜络，是指丝瓜的筋络。因入药用丝瓜的筋络，故名丝瓜络[1]。隐语避开常用名"丝瓜络"，选择"瓜筋"之谐音"葛巾"以达到隐蔽之目的。

贡川 gòngchuān　　隐指上等毛六纸。纸业隐语。

《全国各界切口大词典·商铺类·纸业》："贡川：上等毛六纸也。"

语义造词·综合特点指代

按：贡，指毛六纸是一种贡品，说明该种纸的质量在同类纸张中最高；川，四川，说明作为贡品的毛六纸是由四川进贡的，这两方面综合起来指代上等毛六纸。电影剧本《峨眉纸圣》讲了一个孝感湖广填四川移民刘开沛造纸、创造品牌"贡川纸"的故事。刘开沛把安徽纸制造绝技引入了四川峨眉，他广为传艺，以艺兴业，相继开发出了"粉川连、粉对方、抗水、净水、宣纸、粉贡川"等一系列优质品种，康熙二十年"仿宣纸"被地方官员选中，成了四川每年向朝廷进贡的专用纸张，后被官方更名为"贡川纸"。"贡川纸"的特点是："白如雪、洁如玉、薄如绢、柔似棉"，成为历代文告、印制、书画、裱装最佳品种。刘开沛因此

---

[1] 参见田代华《实用中药辞典》，人民卫生出版社 2005 年版，第 650 页。

被称为"峨眉纸圣"①。

狗叫青 gǒujiào qīng　　隐指汪姓。丝经业隐语。

《全国各界切口大词典·商铺类·丝经业》:"狗叫青:姓汪者。"

造词法:造词·现象指代声音

按:从狗叫中可以听到"汪汪汪"的声音,故用"狗叫"指代"汪"。"青"与"卿"谐音,指人、姓氏等(参见《汉语大词典》"卿"条)。故"狗叫青"隐指姓汪的人。

谷山 gǔshān　　隐指下流的光棍。摇虎撑者隐语。

《全国各界切口大词典·医药类·摇虎撑者》:"谷山:下流光棍也。"

造词法:语序+意义造词法·逆序+现象比喻指代

按:"谷山"是"山谷"的逆序。"山谷"指两山之间低凹而狭窄的地方,无论是雨水还是山泉,都往山谷由上而下流动,隐语用"往下流"的现象联想指人卑鄙、龌龊的"下流",再用此特点隐指下流的光棍。

寡马 guǎmǎ　　隐指寡妇。卖春药治毒疮者隐语。

《全国各界切口大词典·医药类·卖春药治毒疮者》:"寡马:孀妇也。"

造词法:意义造词·特点+民俗文化

按:寡,指守寡的;马,隐指女性(参见"苍马"条)。故用"寡马"隐指寡妇。

挂狠 guàhěn　　隐指小孩腹内的寄生虫。医生隐语。

《全国各界切口大词典·医药类·医生》:"挂狠:病小儿指腹鳖虫也。"

造词法:意义造词·综合特点比喻指代

按:挂,指不属于身体的,是额外的。狠,狠毒的,不好的,指寄生虫伤害小儿身体。故用"挂狠"喻指小儿腹内的寄生虫。

挂龙 guàlóng　　隐指账房先生作弊写假账。商人隐语。

《全国各界切口大词典·杂业类·商人共众》:"挂龙:账房作弊。写假账也。"

造词法:意义造词·特点比喻指代

按:龙,为假想的动物,喻指账目是假的。挂龙,则比喻故意作假的

---

① 朱洪斌:《峨眉纸圣》,峨眉山月文学网,http://www.emswxw.com/Info_Show.asp?ArticleID=11628。

动作行为。

滚蛋子 gǔndànzi　　隐指自行车。郯城县马头镇回族牛羊市隐语。

笔者田野调查隐语条目。

造词法：意义造词·比喻-特点比喻+词缀

按：自行车轮转动，戏谑称为"滚蛋"（含詈语义），并附加词缀"子"隐指自行车。

棍儿 gùn'er　　隐指钱。山西理发业隐语。

侯精一《山西理发社群行话的研究报告》，《中国语文》1988 年第 2 期。

造词法：意义造词·功用比喻指代

按：棍儿是支柱，钱乃生活的支柱，故把"钱"喻称为"棍儿"。

过宠 guòchǒng　　隐指浸泡豆子。豆腐店隐语。

《全国各界切口大词典·杂业类·豆腐店》："过宠：浸豆也。"

造词法：意义+谐音造词·具体性动作指代综合性行为+谐音

按：过，指过水，即冲洗；宠，谐音"冲"，指浸泡豆子之前要冲洗，即用"冲洗"这一具体的动作环节隐指浸泡豆子的综合性动作行为。

过失 guòshī　　隐指牛、羊肉。郯城县马头镇回族牛羊市隐语。

笔者田野调查隐语条目。

造词法：意义+语音造词·饮食文化+谐音

按："过失"谐音"过食"。牛肉和羊肉是《古兰经》允许吃的肉，也就是说这两种肉是通过圣经允许可以食用的肉类，故称为"过食"。

H

海红 hǎihóng　　隐指山茶花。卖花者隐语。

《全国各界切口大词典·杂流类·卖花》："海红：山茶也。"

造词法：意义造词·典故（别名）+种概念指代属概念

按：宋·陶弼的七言绝句《山茶花》（其一）："浅为玉茗深都胜，大曰山茶小梅红。名誉谩多朋援少，年年身在雪霜中。"明·顾起元《说略》卷二十八《卉笺下》："色淡而无心者曰玉茗，即今粉红山茶。古诗有云：'浅为玉茗深都胜，大曰山茶小海红'也。""海红"是从颜色上对深色山茶花的描述，"海"即"大""深"，指山茶的颜色为大红、深红，系利用其颜色特点指代深色山茶。隐语"海红"指代山茶花，是用种概念来指代属概念，即用深色山茶花指代山茶花。

海青 hǎiqīng　　隐指童装。顾绣业隐语。

《全国各界切口大词典·商铺类·顾绣业》："海青：孩衣也。"

造词法：意义造词·外形比喻指代

按：明·郑明选《郑侯升集·秕言·海青》："吴中方言。称衣之广袖者，谓之海青。按：'太白诗云：翩翩舞广袖，似鸟海东来。'盖东海有俊鹘，名海东青，白言翩翩广袖之舞，如海东青也。"清·翟灏《通俗编·服饰·海青》："【心史】元俗。以出袖海青衣为至礼衣，曰海青者。海东青，本鸟名，取其鸟飞迅速之义。"可见，"海青"本为吴方言词语，指大袖长袍，顾绣业用此隐指童装，盖因童装的款式与其类似，故用"海青"喻指。

海通 hǎitōng　隐指药行经理。浙江药业隐语。

《（浙江）兰溪市志》。《中国秘密语大辞典》收录该条。

造词法：意义造词·特点比喻指代

按；海，形容多，大，指药行经理要管辖的范围很广、很大。通，精通，擅长，引申指精通、擅长某行、某技术的人。新词语"中国通"与该隐语中的"通"用法相同（参见"煫火通"条，"煫火通"条"通"的用法与此相同）。

海仙 hǎixiān　隐指锦带花。卖花者隐语。

《全国各界切口大词典·杂流类·卖花》："海仙：锦带花也。昔王禹偁云。海棠为花中仙。此花在海棠上。故名海仙。"

造词法：意义造词·特点比喻指代（别名）

按：宋·史能之《（咸淳）重修毗陵志·土产》："锦带，一名海仙。王元之谓其种得于海州山谷，故云。"宋·范成大《（绍定）吴郡志·土物下》："锦带花，又名海仙，盖王元之名也。"清·厉荃《事物异名录·锦带》："海仙，王禹偁诗序：'锦带花，初得于海岛间，好事者以海棠为花中神仙，子谓此花不在海棠下，宜以仙为号，又取始得之地，命曰海仙。'"[①]"海仙"一名由王禹偁命名。得名于来源地"海州"，因其花色娇艳，喻指为"仙"，故曰"海仙"。

韩终 hánzhōng　隐指李花。花卉业隐语。

《全国各界切口大词典·杂业类·花业》："韩终：李花也。"

造词法：意义+截取造词·传说+歇后截取

按：汉·郭宪《汉武洞冥记》卷二："琳国去长安九千里，生玉叶李，色如碧玉，数十年一熟，味酸。昔韩终常饵此李，因名韩终李。"隋·杜公

[①]（清）厉荃原辑，关槐增纂：《事物异名录》，岳麓书社1991年版，第462页。

瞻《编珠》卷四:"张公梨韩众李。《广志》曰:'洛阳北邙张公夏梨,海内惟有一树广都梨,重六斤,数人分食之。'《洞冥记》曰:'琳国生玉叶李,色如碧玉,昔韩众尝饵此李,因名韩众李,一名韩终李。'""韩终李"来自于古代传说,用其歇后,以"韩终"隐指"李",再指代李花。

汉帝 hàndì　　隐指杏花。卖花者隐语。

《全国各界切口大词典·杂流类·卖花》:"汉帝:杏花也。"

造词法:意义+截取造词·典故+歇后截取

按:唐·段成式《酉阳杂俎·木篇》:"汉帝杏,济南郡之东南,有分流山,山上多杏,大如梨,色黄如橘,土人谓之汉帝杏,亦曰金杏。"① 清·严长明《(乾隆)西安府志·食货志》下:"金杏,大如梨,色黄如橘。武帝上林苑遗种也。一名汉帝杏。""汉帝杏"来自于典故,隐语用其截取,以"汉帝"隐指杏,再用"杏"指代杏花。

熯包子 hàn bāozi　　隐指药包或药袋。烧香朝山卖药者隐语

《全国各界切口大词典·医药类·烧香朝山卖药者》:"熯包子:药包或药袋也。"

造词法:意义造词·加工方法+形状比喻

按:熯,烘干;烘烤;曝晒义。汉·刘安《淮南子·修务训》:"若夫以火熯井,以淮灌山,此用已而背自然,故谓之有为。"② 晋·陈寿《三国志·魏志·司马芝传》:"夫农民之事田,自正月耕种,耘锄条桑,耕熯种麦,获刈筑场,十月乃毕。"(参见《汉语大词典》"熯"条)烘干、烘烤、曝晒等都是药品的加工方法,该隐语用药品的加工方法指代药。包子,指药包或药袋的形状像包子。故用"熯包子"隐指盛放药品的包或袋子。

熯工 hàngōng　　隐指药。烧香朝山卖药者隐语。

《全国各界切口大词典·医药类·烧香朝山卖药者》:"熯工:药。"

造词法:意义造词·加工方法指代

按:熯,烘干;烘烤;曝晒义,指加工药品的方法(参见"熯包子"条)。工,指对药材的加工。"熯工"是指对药材进行烘干、烘烤、曝晒等形式的加工,该隐语是运用加工方法指代药材。

"熯"隐指药材的隐语数量较多。如"熯火"隐指药、"汉苗"("汉"由"熯"而来)隐指药线、"煎熯"隐指煎药、"派熯"隐指卖春

---

① (唐)段成式:《酉阳杂俎》,吉林出版集团2005年版,第122页。
② (汉)刘安撰,孟庆祥等译:《淮南子》,黑龙江人民出版社2003年版,第1003页。

药药方者、"末煤"隐指粉末状药物、"罗煤"隐指涂有药末的膏药等。

煤火 hànhuǒ　　隐指药。卖膏药隐语。

《全国各界切口大词典·医药类·卖膏药》："煤火：药也。"

造词法：意义造词·加工方法综合指代

按：煤、火，皆为药材的加工方法。"煤火"即用加工方法综合指代药品。

煤火 hànhuǒ　　隐指有钱的医生。医生隐语。

《全国各界切口大词典·医药类·医生》："煤火：有钱之医生也。"

造词法：意义+语音造词·特点比喻指代

按：煤，隐指药（参见"煤包子"条），由药再指代医生。火，红火，喻指日子过得红火，说明很有钱，故用"煤火"隐指有钱的医生。

煤火通 hànhuǒtōng　　隐指名医。医生隐语。

《全国各界切口大词典·医药类·医生》："煤火通：名医也。"

造词法：意义造词·加工方法指代+特点指代

按："煤火"隐指药。通，隐指精通、擅长某行、某技术的人（参见"海通"条理据分析）。"煤火通"是指精通、擅长用药、行医的人，即精通医术的人。

行 háng　　隐指家；房子。山西夏县编苇工匠隐语。

潘家懿《山西晋南的秘密语"言子话"》，《运城师专学报》1988年第3期。

造词法：意义造词·特点指代

按：行，应读为háng，指店铺，商行，表示处所义，隐指同样表示处所的家、房子等。

行齿 hángchǐ　　隐指自家人；乡亲；伙计。山西夏县商行隐语。

潘家懿、赵宏因《一个特殊的隐语区》，《语文研究》1986年第3期；潘家懿《山西晋南的秘密语"言子话"》，《运城师专学报》1988年第3期。

造词法：意义+文字造词·特点比喻指代地点+字形包含法

按：行，应读为háng，指店铺，商行，表示处所义，喻指同样表示处所的家、房子等。"齿"字形中包含"人"字，故隐指"人"。"行齿"则指住在一个家里的人，即自家人，也引申指乡亲、伙计等关系较为亲近的人。

侯桃 hóutáo　　隐指木笔花。卖花者隐语。

《全国各界切口大词典·杂流类·卖花》："侯桃：木笔花也。"

造词法：意义造词·形状比喻指代（别名）

按：宋·郑樵《通志·木类》："辛夷，曰辛矧，曰侯桃，曰房木，北人曰木笔，南人曰迎香。人家园庭亦多种植。"① 明·李时珍《本草纲目·辛夷》："[释名] 辛雉（《本经》）、侯桃（同）、房木（同）、木笔（《拾遗》）、迎春。时珍曰：夷者，荑也，其苞初生如荑而味辛也。扬雄《甘泉赋》云：列辛雉于林薄。服虔注云：即辛夷，雉、夷声相近也，今《本草》作辛矧，写之误矣。《藏器》曰：辛夷花未发时，苞如小桃子，有毛，故名侯桃。初发如笔头，北人呼为木笔。其花最早，南人呼为迎春。"木笔花因其花朵未发之时的形状像桃子，故运用比喻手法描摹其形状而得名，桃子为猴子爱食之果，故称为"猴桃"，后写为"侯桃"。

黑毛子 hēimáozi　　隐指猪。郯城县马头镇回族牛羊市隐语。

笔者田野调查隐语条目。

造词法；意义+音译造词·禁忌改称+特点+词缀共同指代

按："回族的禁食物很多，如猪、驴、骡、马等，但对于猪肉的禁忌被强化到了突出的地步"（杨占武，2010：235）。回族群众忌养猪、忌吃猪肉、忌说"猪"字（参见"大耳朵"条）。"黑毛"为猪的颜色，代表着猪，如满洲的跳神民俗"跳神时所用的祭品以猪为主，而猪又以黑毛者为贵"（惠西成、石子，1988：409）。这源于远古先民的"猪神崇拜"，是一种传统的文化观念，"究其根源，是因为猪是云雨之神，降雨的云只能是阴云或乌云，所以猪神就与黑色建立了稳定的联系"（杨琳，1994）。因此，"宁夏泾源、西吉、同心、吴忠，甘肃临夏、平凉等许多回民聚居地的回民连猪皮鞋、猪皮夹克也不穿，甚至有些属猪相的自称为属黑的，姓朱的因与猪谐音，也改为姓黑的"（王正伟，2008：96）。因此，"黑毛"指猪的颜色，"回侃子"在"黑毛"后附加后缀"子"隐指猪。

猢狲 húsūn　　隐指店员。商人隐语。

《全国各界切口大词典·杂业类·商人共众》："猢狲：伙友也。"

造词法：意义造词·特点比拟指代

按：店员经常被老板和顾客呼来唤去，要像猴子一样灵活，故隐语把店员比拟隐指为"猢狲"。

户亥 hùhài　　隐指猪。郯城县马头镇回族牛羊市隐语。

笔者田野调查隐语条目。

造词法：意义造词·禁忌改称+特点+类属共同指代

---

① （宋）郑樵：《通志略》，上海古籍出版社1990年版，第793页。

按：回族群众忌养猪、吃猪肉、说"猪"字（参见"大耳朵"条）。户，指家养的。亥，在十二生肖中为猪。故用"户亥"隐指猪。

花码 huāmǎ　　隐指盛放花雕酒的酒坛。缸坛行隐语。

《全国各界切口大词典·行号类·缸坛行》："花码：盛花雕酒之酒坛也。"

造词法：意义造词·综合特点指代

按：花，指花雕酒；码，指码放，因缸坛行的缸坛全部码放在一起，故用动作"码"隐指缸坛。"花码"即指代专门用于盛放绍兴花雕酒的缸坛。

花旗 huāqí　　隐指西洋参。参燕业隐语。

《全国各界切口大词典·医药类·参燕业》："花旗：西洋参也。"

造词法：意义造词·产地指代

按：清·丁曰健《治台必告录》卷七："经该国领事查知，立逐回国。前次来台已函致花旗国领事。"清·林昌彝《射鹰楼诗话》卷二："其教头多西洋人为之，亦有中国人为之，行其教者为花旗国。注：即弥唎坚"。清·刘锦藻《清续文献通考·裔考》五："美利坚，即米利坚，又曰合众国。本英吉利属地，乾隆四十一年始建国。自立其时，英已通商，美亦偕至。其旗杂五色，粤人称为花旗国。"花旗国，为美国之旧称。西洋参的原产地是美国，故用产地"花旗"隐指。

化龙 huàlóng　　隐指鲤鱼。鲜鱼行隐语。

《全国各界切口大词典·行号类·鲜鱼行》："化龙：鲤鱼也。"

造词法：意义造词·传说

按：《汉书·礼乐志》第二："殷殷钟石羽钥鸣，河龙供鲤醇牺牲。"南北朝·任昉《述异记》卷下："鲤鱼满三百六十鳞，蛟龙辄率而飞去。"唐·卢仝《玉川子诗集注·观放鱼歌》中"老鲤变化颇神异"句，清·孙之騄注曰："鲤，谓之鲤，能化龙，号龙公子。唐姓李得鲤。"明·牛衷增辑宋·陆佃《增修埤雅广要·互化类·鱼化龙》："三秦记，大鲤鱼登龙门化为龙，不登者点额而还。""河龙供鲤醇牺牲"，以鲤鱼祭"河龙"，说明"龙"与"鲤"之间的关联。自汉以来，鲤鱼化龙的传说绵延不绝，让鲤鱼披上了神异的色彩，也把"龙"和"鱼"联系起来，故用"化龙"隐指鲤鱼。

唤薜荔 huàn bìlì　　隐指卖白糖粥者叫卖时所敲的梆子。卖白糖粥者隐语。

《全国各界切口大词典·杂流类·卖白糖粥》："唤薜荔，所击之梆子也。"

造词法：意义造词·功用比拟指代

按：薜荔，梵语 Preta 的译音。或译为"薜荔多""薜荔哆"。一为饿鬼之总称，亦为饿鬼中最劣者祖父鬼。唐·玄应《一切经音义》卷九："薜荔，蒲细，来计反，此译音饿鬼也。"宋·张君房《云笈七签》："薜荔者，饿鬼名也"（参见《汉语大词典》"薜荔"条、《汉语外来词词典》"薜荔哆"[①]条）。"唤薜荔"即指召唤饿鬼，不仅是对梆子功用的比拟，也是卖糖粥的人对买糖粥者的骂詈之词。俗语云"卖盐的老婆喝淡汤"，卖白糖粥者也不舍得喝白糖粥，能够喝上白糖粥的人家多比较富裕，故被卖白糖粥者称为"薜荔"，即饿鬼，内里包含着一丝酸楚和些许的"羡慕嫉妒恨"。

侯潮 hóucháo　　隐指拜访。旧时门夫隐语。

《全国各界切口大词典·役夫类·门夫》："侯潮：拜访也。"

造词法：意义+语音造词·同义+具体性动作行为指代综合性动作行为

按：侯，谐音"候"，指等候。到大户人家拜访，门夫让客人先候着，待通报主人并得到允许后方能进去。潮，谐音"朝"，古代凡见人皆称"朝"（参见《汉语大词典》"朝"条），"朝"亦专指拜访，如西汉·司马迁《史记·司马相如列传》："临邛令缪为恭敬，日往朝相如。"[②]候朝，即等候拜见，故用之隐指拜访。

黄口 huángkǒu　　隐指年轻人；没有社会经验的人。郯城县马头镇回族牛羊市隐语。

笔者田野调查隐语条目。

造词法：意义造词·特点比喻指代

按：刚孵出小鸟的喙是嫩黄的，即"黄口"，故用此特点比喻年轻或没有社会经验的人。

黄古 huánggǔ　　隐指公黄牛。耕牛行隐语。

《全国各界切口大词典·行号类·耕牛行》："黄古：雄黄牛也。"

造词法：意义+语音造词·颜色+类属共同指代+谐音

按：黄，指黄牛皮毛的颜色；牯，指公牛，该意义使用于冀鲁官话、

[①] 参见刘正埮、高名凯、麦永乾、史有为《汉语外来词词典》，上海辞书出版社 1984 年版，第 44 页"薜荔哆"条。

[②] （汉）司马迁著，甘宏伟、江俊伟注：《史记》，崇文书局 2009 年版，第 670 页。

西南官话、江淮官话、闽语、湘语等①方言区，如郯城方言（属中原官话区）中"爬牯"指公牛、"牯子"指阉割后的水牛（邵燕梅，2005：80）；沂南方言（属冀鲁官话区）中"趴牯"指未阉割的公牛、"趴牯犊子"指小公牛（邵燕梅、刘长峰、邵明武，2010：115）；上海方言（属吴方言区）中"水牯牛"指公水牛（钱乃荣、许宝华、汤珍珠，2007：39）。古，谐音"牯"，故用"黄古"则隐指公黄牛。

黄花 huánghuā　　隐指小姑娘。卖花带者隐语。

《全国各界切口大词典·杂流类·卖花带者》："黄花：小姑娘也。"

造词法：意义+截取造词·传统文化+歇后截取

按：杨琳（2010）认为，黄花指菊花，用菊花指"黄花闺女"是与古人的菊花文化观念相契合。古人认为菊花有象征女性贞节的品格，故名"女花""节花"。女，在古汉语中可以特指未婚女子，"菊花称为'女花'就是由于贞节如处女的缘故"，由此在菊花与处女之间建立了较为密切的联系，故以"黄花闺女"指代未婚女子。该隐语便运用"黄花闺女"截取创造，以"黄花"隐指未婚的女性——小姑娘。

黄连 huánglián　　隐指穷。丝经业隐语。

《全国各界切口大词典·商铺类·丝经业》："黄连：穷也。"

造词法：意义造词·物品指代特点

按：黄连性苦，引申指生活穷苦、贫苦。贫穷与苦难相伴相生，故用以"苦"为特点的黄连隐指"穷"。

黄凉 huángliáng　　隐指病人。卖药道人隐语。

《全国各界切口大词典·医药类·道人卖药》："黄凉：病人也。"

造词法：意义造词·特点综合指代

按：黄，指生病的人面色黄；凉，指病人缺乏活力和火力，身体发凉。故"黄凉"是综合病人的两种外在特点而创造。

黄仕 huángshì　　隐指母黄牛。耕牛行隐语。

《全国各界切口大词典·行号类·耕牛行》："黄仕：雌黄牛也。"

造词法：意义+语音造词·（颜色+类属）+谐音

按：黄，指黄牛皮毛的颜色；"牸"指母牛（参见《汉语大词典》"牸"条），现在官话、赣语、客家话等②方言区还保留着这个意义。在很多方言中，"仕"与"牸"谐音，如郯城方言（属中原官话区）的二字

---

① 参见许宝华、[日]宫田一郎主编《汉语方言大词典》，中华书局1999年版，第4188页。

② 参见许宝华、[日]宫田一郎主编《汉语方言大词典》，中华书局1999年版，第4861页。

声韵相同、沂南方言（冀鲁官话区）二字同音等①，且"牸牛"指母牛（邵燕梅，2005：80；邵燕梅、刘长锋、邵明武，2010：116）。故用"黄仕"则隐指母黄牛。

黄馨 huángxīn　　隐指黄茉莉花。卖花者隐语。

《全国各界切口大词典·杂流类·卖花》："黄馨：黄茉莉花也。"

造词法：意义造词·综合特点指代（异名）

按：明·陈继儒《致富奇书·素馨》："黄馨，一名黄茉莉，花极繁盛。"清·陈元龙《格致镜原·茉莉花》："雷琼二州有绿茉莉，本如茑萝。有黄茉莉，名黄馨。""黄馨"系从颜色和气味两方面特点对黄色茉莉花进行描述并指代。

黄香 huángxiāng　　隐指蜡梅花。卖花者隐语。

《全国各界切口大词典·杂流类·卖花》："黄香：黄梅花也。俗呼蜡梅。"

造词法：意义造词·典故+综合特点指代

按：宋·杨万里的五言诗《蜡梅》："来从真蜡国，自号小黄香。""黄香"系从蜡梅的颜色和香味两方面的特点进行指代（参见"真蜡"条理据分析）。

幌子 huǎngzi　　隐指长衫。押当业隐语。

《全国各界切口大词典·商铺类·押当业》："幌子：长衫也。"

造词法：意义造词·功用比喻指代

按：幌子，指标志，喻指人身份的标志。服饰是人身份与地位的一个显性标志，长衫穿在最外面，可以代表一个人的身份和地位。社会地位不高的人，即使里面穿的衣服不好，也可以通过外面罩上好的长衫作为幌子，不仅显得体面，而且让人感觉到社会地位较高。故用"幌子"比喻指代长衫。

灰绪 huīxù　　隐指灰钟儿。卖叫虫隐语。

《全国各界切口大词典·手艺类·卖叫虫》："灰绪：灰钟也。色灰黑。形如金钟同。"

造词法：意义造词·特点综合指代

按：灰，指灰钟儿的全身呈灰黑色；绪，指呈丝状的触角。故用"灰""绪"组合隐指灰钟儿。

---

① 分别参见邵燕梅《郯城方言志》，齐鲁书社 2005 年版，第 20 页（本页 [s] 声母应为 [ȿ]），邵燕梅、刘长锋、邵明武《沂南方言志》，齐鲁书社 2010 年版，第 19 页。

火山子 huǒshānzi　　隐指酒。郯城县马头镇回族牛羊市隐语。

笔者田野调查隐语条目。

造词法：意义造词·特点比喻指代

按：喝了酒之后感觉身上发热，身体就如同一座火山，故用"火山"喻指喝酒后的功用特点，然后附加词缀"子"后指代酒。

J

急解索 jíjiěsuǒ　　隐指半枝莲。卖花者隐语。

《全国各界切口大词典·杂流类·卖花》："急解锁：半枝莲也。生阴湿地。就地蔓生。细叶秋开小花。淡红紫色。半边如莲花状。"

造词法：意义造词·功用比喻指代（异名）

按：明·李时珍《本草纲目》卷十六："半边莲纲目。[集解]时珍曰：'半边莲，小草也。生阴湿塍堑边，就地细梗引蔓节节而生，细叶，秋开小花，淡红紫色，止有半边如莲花状，故名。又呼急解索。'"其功效为"气味辛平无毒，主治蛇虺伤。捣汁饮，以滓围涂之。又治寒齁气喘及疟疾寒热，同雄黄各二钱，捣泥碗内覆之。待色青以饭丸梧子大，每服九丸，空心盐汤下。时珍：'寿域方'"。"急解索"是"寿域"方的良药，能治蛇虺伤、寒齁气喘及疟疾寒热，被毒蛇咬伤后的病人是非常危急的，若没有半边莲这样的有效药物"急解索"，肯定是要人命的。寒齁气喘与疟疾寒热也是不能使人长寿的疾病，且疾病发作后病情比较危急，有了半边莲则能够缓解病情。"急解索"从其功效进行命名，喻指其能够缓解较为紧急的病情，如同在紧急关头打开生命的锁。

季女 jìnǚ　　隐指玉簪花。卖花者隐语。

《全国各界切口大词典·杂流类·卖花》："季女：玉簪花也。"

造词法：意义造词·特点比拟指代（雅名）

按：明·吕坤《去伪斋文集·爱玉簪说有引》："有名曰季女者，兑为少女，因其卦也。俗人无知，乃名之曰玉簪。于义奚取，夫物之形色，匠于天工，故制器尚象者，则而拟之。"清·厉荃《事物异名录·花卉部》："玉簪：白鹤仙、季女。《群芳谱》：'玉簪，一名白鹤仙，一名季女。'"[①] 根据玉簪花柔嫩的特点，把其比拟一位含羞的少女，故名曰"季女"。如清·汪仲洋《心知堂诗稿·见玉簪花萎感赋》："一朵天然白玉簪，亭亭季女小窗阴。生原解语惟缄口，死为多愁不展心。倩影可怜随

---

① （清）厉荃原辑，关槐增纂：《事物异名录》，岳麓书社1991年版，第462页。

月没,离魂无奈到秋深。回头抱瓮疏防护,枉向斜阳泪满襟。"就把玉簪花描写了一位柔弱、多愁的少女。"季女"在爱花者的眼中是一个雅致的名称("白萼"为其通名,参见"白萼"条),后根据其花白如玉,花形似簪,喻指为"玉簪",并成为常用名称,隐语故用不常用的本名"季女"对其进行隐指。

既失 jìshī　　隐指猪肉。郯城县马头镇回族牛羊市隐语。

笔者田野调查隐语条目。

造词法:意义+语音造词·饮食文化+现象指代物品+谐音

按:"既失"谐音"禁食"。《古兰经》禁止食用猪肉。也就是说猪肉为回民所禁食,故用"禁食"指代猪肉。

夹么 jiāme　　隐指训练;指导。郯城县马头镇回族牛羊市隐语。

笔者田野调查隐语条目。

造词法:意义造词·现象比喻+词缀共同指代

按:夹,指人或物在中间,喻指人被训练、被指导,如同训练者、指导者把被训练者、被指导者夹在中间,然后附加词缀"么"共同指代表示动作行为"训练"或"指导"。

甲乙生 jiǎyǐshēng　　隐指木匠。木匠隐语。

《全国各界切口大词典·工匠类·木匠》:"甲乙生:木匠也。"

造词法:意义造词·五行文化+表人语素共同指代

按:《吕氏春秋·孟春纪》第一:"其日甲乙,其帝太皞。"高诱注:"甲乙,木日也。"[1] 甲乙,五行属木,故在其后附以表人语素"生"隐指木匠。

将离 jiānglí　　隐指芍药。药业、花卉业隐语。

《全国各界切口大词典·医药类·药行业》:"将离:芍药也。"

《全国各界切口大词典·杂业类·花业》:"将离:芍药花也。"

造词法:意义造词·典故(异名)

按:《诗·郑风·溱洧》:"维士与女,伊其相谑,赠之以芍药。"[2] 古人在将分别时以芍药相赠,故称之为"将离","将离草""别离草"等因此而成为芍药的异名[3],隐语即用此异名指代芍药。

焦老 jiāolǎo　　隐指男顾客。江苏理发业隐语。

---

[1] 许维遹撰,梁运华整理:《吕氏春秋集释》,中华书局2012年版,第5页。
[2] 程俊英译注:《诗经译注》,上海古籍出版社1985年版,第165页。
[3] 参见华夫主编《中国古代名物大典》下册,济南出版社1993年版,第1273、1035页。

刘兆元《海州民俗志》。《中国秘密语大辞典》收条。

造词法：意义+语音造词·特点+词缀共同指代

按：胡子是男性的标志，故用"胡"隐指男人。"胡"与"烤煳了"的"煳"同音，"烤煳了"即"烤焦了"，"煳"与"焦"同义，故用"焦"隐指"胡"，再附加词缀"老"隐指男人，即来理发的男顾客。

金剪痕 jīnjiǎnhén　　隐指剪春罗花。花卉业隐语。

《全国各界切口大词典·杂业类·花业》："金剪痕：剪春罗也。"

造词法：意义造词·特点比喻指代

按：剪春罗，亦称"剪红罗""碎剪罗"等。多年生草本。叶椭圆形，与冬青相似而稍小。春季开花，有深红、红黄等色。花朵如铜钱大小，一般为六瓣，状如剪成，茸茸可爱。产于我国中部，是一种观赏性植物。其状如剪成的花瓣特点非常突出，记载于很多文人骚客的文献中。如宋·翁元广《剪春罗》："谁把风刀剪薄罗？极知造化着功多。飘零易逐春光老，公子樽前奈若何！"① 宋·舒岳祥《阆风集·剪春罗》："谁裁婺女轻罗段，我有并州快剪刀。色似山丹殊少肉，形如石竹亦多毫。胭脂初褪黄先露，蝴蝶才成翅未高。欲向小窗成扇面，世无陶缜倩谁描。"清·秋瑾《剪春罗》："二月春风机杼劳，嫣红染就不胜娇。而今花样多翻覆，劝尔留心下剪刀！"② 隐语运用剪春罗的花瓣特点创造"金剪痕"喻指剪春罗。

斤两 jīnliǎng　　隐指傻子；做事不动脑筋的人。郯城县马头镇回族牛羊市隐语。

笔者田野调查隐语条目。

造词法：意义造词·现象指代

按："斤"与"两"是两种不同的计量单位。能够掂斤估两（亦作"称斤掂两""称斤注两"③）的人，是锱铢必较的人，也是精明的人，而分不清斤和两的人，则是指做事不知道轻重、高低的人。故隐语用分不清斤和两的现象隐指傻子，并引申指做事不动脑筋的人。

津 jīn　　隐指水。茶楼业隐语。

---

① 秦穆：《实用名词大辞典》，广西教育出版社1990年版，第85页。
② 刘玉年注：《秋瑾诗词注释》，宁夏人民出版社1983年版，第57页。
③ 分别参见陆澹安《小说词语汇释》，上海锦绣文章出版社2009年版，第299页。"掂斤估两"条、吕佩浩、陈建文主编《汉语非本义词典》，中国国际广播出版社1999年版，第121页"秤斤注两"条。

《全国各界切口大词典·杂业类·茶楼业》:"津:水也。"

造词法:意义造词·古汉语同义词指代

按:津,古为"水"义,故用"津"隐指水。

津 jīn　隐指雨。卖西洋镜者隐语。

《全国各界切口大词典·杂流类·卖西洋镜》:"津:雨也。"

造词法:意义造词·古汉语同义词指代

按:津,古为"水"义,在古人的心目中,"雨和水是互相转化的,其实是同一个东西,人们有时甚至雨和水不分"(杨琳,1996:135)。故用"津"隐指雨。

津子 jīnzi　隐指水。理发匠隐语。

《全国各界切口大词典·工匠类·理发匠》:"津子:水也。"

造词法:意义造词·古汉语同义词+词缀

按:津,古为"水"义,附加词缀"子"后用"津子"隐指水。

金盏银台 jīnzhǎn yíntái　隐指水仙花。摆草药摊者隐语。

《全国各界切口大词典·医药类·摆草药摊者》:"金盏银台:水仙也。治痈肿。鱼骨鲠。及妇人五心发热。"

造词法:意义造词·特点比喻指代(异名)

按:明·王象晋《群芳谱》:"水仙,丛生,宜下湿地,根似蒜头,外有赤薄皮。冬生叶如萱草,色绿而厚。冬间于叶间抽一茎,茎头开花数朵,大如簪头,色白,圆如酒杯,上有五尖,中心黄蕊颇大,故有金盏银台之名。"[1] 水仙花金黄,好像金色的灯盏,根部好像银台,故用"金盏银台"喻指。隐语用此异名隐指水仙。

京蓼 jīngliǎo　隐指白苹花。卖花者隐语。

《全国各界切口大词典·杂流类·卖花》:"京蓼:白苹也。"

造词法:意义造词·属概念指代种概念

按:明·陈继儒《致富奇书·花柳分春·京蓼金茎龙胆草》:"春间分栽,宜燥土。京蓼红白二种,白者为白苹,二月下子。金茎花态轻盈,美人取以助妆。"京蓼,分红白两种,其中白色的为白苹花。如五代·齐己《放鹭鸶》诗:"白苹红蓼碧江涯,日暖双双立睡时。"[2] "白苹""红蓼"对举,说明京蓼由颜色分类,隐语用"京蓼"指"白苹花",是用属概念指代种概念。

---

[1] (明)王象晋纂辑,伊钦恒诠释:《群芳谱》,农业出版社1985年版,第284页。

[2] 周振甫主编:《唐诗宋词元曲全集》,黄山书社1999年版,第6222页。

井通 jǐngtōng　　隐指住在街市上的人。摆地摊卖药兼治病者隐语。

《全国各界切口大词典·医药类·着地摊药治病者》："井通：市上人也。"

造词法：意义造词·环境+表人语素共同指代

按：井，指市井。通，隐指人，是隐语中的表人语素（参见"挨通"条）。

蠲忿 juānfèn　　隐指合欢花。卖花者隐语。

《全国各界切口大词典·杂流类·卖花》："蠲忿：合欢花也。"

造词法：意义造词·典故+功用指代

按：三国·嵇康《嵇中散集·养生论一首》："合欢蠲忿，萱草忘忧，愚智所共知也。熏辛害目，豚鱼不养，常世所识也。"[①] 宋·陆佃《埤雅·谖草》："草之可以忘忧者，故曰谖草。谖，忘也。诗曰：'焉得谖草，言树之背。言以忧思，不能自遣。'故欲以此华树之背也。"合欢，又称为谖草、萱草。蠲忿，即消除忿怒，是从合欢的功用进行命名。

绝好 juéhǎo　　隐指黄色。绸缎业隐语。

《全国各界切口大词典·商铺类·绸缎业》："绝好：黄色也。"

造词法：意义+截取造词·典故+跳跃截取

按：南北朝·刘义庆编《世说新语·捷悟》第十一："魏武尝过曹娥碑下，杨修从，碑背上见题作'黄绢幼妇，外孙齑臼'八字。魏武谓修曰：'解不？'答曰：'解。'魏武曰：'卿未可言，待我思之。'行三十里，魏武乃曰：'吾已得。'令修别记所知。修曰：'黄绢，色丝也，于字为绝。幼妇，少女也，于字为妙。外孙，女子也，于字为好。齑臼，受辛也，于字为辞。所谓绝妙好辞也。'魏武亦记之，与修同，乃叹曰：'我才不及卿，乃觉三十里。'"[②] 该隐语从"绝妙好辞"中跳跃截取"绝好"，隐指"绝"所代表的黄绢颜色"黄色"。

K

困青 kùnqīng　　隐指孟姓。丝经业隐语。

《全国各界切口大词典·商铺类·丝经业》："困青：姓孟者。"

造词法：意义+语音造词·动作行为指代+谐音

[①] 殷祥、郭全芝注：《嵇康集注》，黄山书社1985年版，第146页。

[②] （南朝宋）刘义庆，（梁）刘孝标注，王根林校点：《世说新语》，上海古籍出版社2012年版，第120页。

按："困"了要"睡"，"睡"了要做"梦"，故用"困"隐指"梦"。"梦"与"孟"谐音，故指"孟"。"青"与"卿"谐音，指人、姓氏等（参见《汉语大词典》"卿"条），故"困青"隐指姓孟的人。

L

蜡兄 làxiōng　隐指枇杷。水果行隐语。

《全国各界切口大词典·行号类·水果行》："蜡兄：枇杷也。"

造词法：意义造词·典故（别名）+特点比拟指代（别名）

按：明·顾起元《说略·谐志》："园丁种枇杷者矜其色曰蜡兄，种梨者诧其味曰蜜父。"明·彭大翼《山堂肆考·枇杷》云："《清异录》：建业野人种枇杷，夸其色曰蜡兄。"蜡，指枇杷颜色好看，油亮如蜡，比喻枇杷果皮好像涂了一层蜡。兄，则是采用拟人化手法强调说明枇杷果皮油亮如蜡的特点，称其为"蜡"中之"兄"，极言枇杷之美。"蜡兄"后成为枇杷的别名[①]。隐语即用此别名隐指枇杷。

另外，《汉语大词典》"蜡兄"条书证采用的是清·孙道乾《小螺庵病榻忆语》："有问卢橘究是枇杷否，琵琶何以本作枇杷……余虑其殚神，止之曰：'儿絮絮不绝，欲为蜡兄作谱乎？'"该条书证显然过晚，应采用《说略》的书证。

郎当 lángdāng　隐指多。北京等地饭店业隐语。

肖正刚、一鹤《餐馆大揭秘》，辑录于《中国秘密语大辞典》。

造词法：意义造词·方言义引申

按：郎当，北京方言词语，"下垂着摆动"义（许宝华、宫田一郎，1995：3729），《北京方言词典》有两个义项，"形容下垂和摆动的样子"和"用在几十后面表示挂零儿，有余"（陈刚，1985：157）。"郎当"系从"锒铛""琅珰"而来，指"悬垂之物"，后引申指"悬物貌"（董志翘，2011），即"下垂和摆动的样子"。"下垂"和"摆动"的前提应是有"悬物"，即有"悬挂之物"方能表现出下垂和摆动的"郎当"貌，因此在此意义上引申出"挂零"、"有余"义，隐语"郎当"则是在"挂零"、"有余"义上引申指形容词"多"。

老板 lǎobǎn　隐指店主。商界隐语

《全国各界切口大词典·杂业类·商人共众》："老板：店主东也。"

造词法：意义造词·动作指代人

[①] 参加杨吉成编著的《中国饮食辞典》，台北常春树书坊1989年版，第545—546页。

第八章 现代汉语隐语造词理据汇释 351

按：板，隐语中为"闆"之简写。闆，匹限切，《玉篇·门部》："闆，门中视"（参见《汉语大字典》"闆"条）。门中，不是指门口，而是指门中缝。门中视，亦不是指站在门口向内或向外看，则指透过门中缝偷偷摸摸地看，即偷窥。作为店主东（即店主），自然想把商店经营好，其中很重要的一项就是要管理好店员，只有店员努力工作，遵守店里的规矩，店铺才能兴旺发达，店主也才能够挣到更多的钱，雇员也才能够领到薪水。历来店主和雇员之间都是矛盾的统一体，尽管店主和雇员都明白二者在利益方面的统一，但其矛盾性却在日常的合作中一直表现着，如店主希望店员努力工作，但加薪却不能与盈利同步，店员希望多挣钱，但总感觉不是自己的店铺，无论如何卖命也是给别人打工等心理。旧时多为临时性的雇佣关系，这种心理更为严重，"老板"一词的创造就是基于店主和店员不可调和的矛盾心理，店主在这种矛盾心理驱使之下对店员的常规性监管行为。店主不仅要对店员进行管理，还要对店员进行监督，要观察店员的情况，是否努力工作，是否偷盗店里的物品等。不仅需要光明正大地监督，还需要私下里偷偷地对店员进行观察，才能发现店员的真实表现，所以店主会经常透过门缝偷看店员的表现，故称为"老闆"。"老"指经常性的动作行为，即经常透过门缝偷看，由于实施该动作行为的人为店主，故用该动作行为指代之，"老闆"便隐指店主。后由于使用的频次增多、范围扩大，该隐语便由隐而显，"老闆"便有了店主的意义。

在商业经营中，监督是管理工作的重要内容之一，监督员工又是监督工作的重要内容。若是规模较大的店铺，不仅亲力亲为监督店员，店主还安排手下的心腹去做，在商业隐语中也有专门的词语进行表达，如《全国各界切口大词典·杂业类·商人共众》："看清：营业发达之商家，或新开张者，彼恒袖手旁观，默察伙友（按：店员）之量货核账，有无错误，有无弊窦。任是职者非老板之心腹，即阿大（按：店经理）之爪牙。"可见，"看清"是商业经营管理中的监督职位，"老板"是运用动作行为隐指人，而"看清"是运用动作行为隐指职位。"恒袖手旁观"之"恒"字则说明了这项工作的经常性，与"老闆"之"老"字表达了相同的意义。由此可见，"老闆"应为状中结构。澳门博彩隐语把"老闆"称为"老细"（邵朝阳，2003：21），我们认为该隐语的创造亦是从门而得名，"细"指细窄的门缝，应也是指老板透过细窄的门缝进行观察与监督，其造词与"老闆"有异曲同工之妙。

从"闆"的读音而言，匹限切"闆"，"匹"为滂母，为送气清塞音声母 $[p^h]$，而在"老闆"中却标注为"bǎn"，为"板"的读音，声母为不送气清塞音[p]。板,《广韵》布绾切,"布"为帮母,故"闆""板"二字声母不同。这是隐语利用谐音的手段加密,把滂母读为帮母,即把同部位的塞音送气声母读为不送气声母,故"老闆"简写为"老板"。

表人义的"老板"其最早词形在文献中记为"老办",书证见明·徐渭《女状元》第四出:"既然说我老师等着回话,便我不免就这官厅里写几句回话么,劳老办替我转达。"① 作为"办事官"的人被尊称为"老办",杨琳(2012)认为"老办"为"老板"词形固定前的异形词之一,并认为"'老板'是十六世纪出现的一个新词"。由此可见,表人的"老板"一词最早并非来自隐语,但隐语"老闆"却在"老板"词形的确立和意义的形成方面起到了不可忽视的作用。《汉语大字典》"闆"下有"老闆"条,释为"旧时对商店主人之称。今作'老板'。"《汉语大词典》词形亦为"老闆"。隐语作为"店主"义的"老闆"一般简写为"老板"。从词形而言,隐语"老闆"的简写形式与表人的"老板"(亦写为"老办""老班""老板""老版"等)相同,因二者皆表人,故二者义项合并,成为同一个词。

老麻 lǎomá、**老麻家** lǎomá jia　隐指回民。郯城县马头镇回族牛羊市隐语。

笔者田野调查隐语条目。

造词法:意义+语音造词·姓氏文化指代+谐音

按:"麻"为"马"的谐音。指回民以马姓居多。关于回民的姓氏有句俗话为"十个回回九个马,剩下的就姓撒拉哈"② 马姓回民遍布全国各地,是回族中的大姓。"老麻""老麻家"实为"老马""老马家",是运用群体占多数的姓氏指代该群体居民。

老山 lǎoshān　隐指质量好的玉。玉器业隐语。

《全国各界切口大词典·商铺类·玉器业》:"老山:玉之佳者。"

造词法:意义造词·特点指代(仿拟"新山")

---

① (明)沈泰编:《四库家·藏盛明杂剧》,山东画报出版社2004年版,经56页。
② 参见王正伟《回族民俗学》,宁夏人民出版社2008年版,第191—192页。该书介绍马姓回民的得姓方式主要有:"一是取自回回原名的译音。回回原名中有不少带马字音的,如阿合马之后裔取其前辈名字的尾音立姓,马合马沙之后裔取其前辈名字首音立姓。""二是取自伊斯兰教的圣人穆罕默德名字有关的字为姓。……穆罕默德在中国历史上有不同的译音,尤其是明代以前(包括明代),有些译音将穆罕默德译为马哈麻、马哈谟德或马和穆狄等等。"

按：老山，系仿拟"新山"创造，因新山指代质量较次的玉，故用"老山"隐指质量好的玉（参见"新山"条）。

老暄 lǎoxuān　　隐指馒头。郯城县马头镇回族牛羊市隐语。

邵燕梅《山东郯城马头镇"调侃子"现象调查研究报告》，《语文研究》2011年第2期。

笔者田野调查隐语条目。

造词法：意义造词·特点+词缀共同指代

按：暄，指刚蒸出的馒头松软之特点。该隐语运用馒头的突出特点"暄"并附加前缀"老"进行隐指。

撩边儿 liáobiānr　　隐指喝茶。郯城县马头镇回族牛羊市隐语。

邵燕梅《山东郯城马头镇"调侃子"现象调查研究报告》，《语文研究》2011年第2期。

笔者田野调查隐语条目。

语义造词·具体性动作行为指代综合性动作行为

按：喝茶时嘴沿着茶杯的边沿，称为"撩边儿"。撩边儿，郯城方言短语，指喝茶、喝粥时由于较热而沿着边沿喝，也指缝制衣服的边缘。"撩边儿"即用喝茶时的具体性动作行为（实为衍生性的具体动作）指代具有综合性动作行为特点的"喝茶"。用"撩边儿"专门指代喝茶，而不指代其他动作，则与回族饮盖碗茶的习俗有关，盖碗茶是全国各地回民普遍饮用的一种茶，"撩边儿"为喝盖碗茶时"刮"茶的动作，"回民喝盖碗茶，不能拿掉上面的盖子，也用气吹漂在上面的茶叶，而用盖子'刮'几下，一刮甜，二刮香，三刮茶露变清汤。每刮一次后，把盖子盖得有点倾斜度，用嘴吸着喝"（王正伟，2008：90）。马头镇回民亦有喝盖碗茶的习俗，由回民炒制的大叶茶很受当地民众欢迎。

了鸟 liǎodiǎo　　隐指窗扣。铁器店隐语。

《全国各界切口大词典·杂业类·铁器店》："了鸟：窗扣也。"

造词法：意义造词·古方言同义称谓指代

按：汉·扬雄《方言》卷七："佻、抗，悬也。赵魏之间曰佻，自山之东曰抗。燕赵之郊悬物于台上谓之佻。"晋·郭璞注："了佻，悬物貌。丁小反。"唐·李商隐《病中闻河东公乐营置酒口占寄上》："锁门金了鸟，展幛玉鸦叉。"[1] 清·纪昀《阅微草堂笔记·槐西杂志三》："孙叶飞

---

[1] （唐）李商隐著，（清）朱鹤龄笺注，田松青点校：《李商隐诗集》2015年版，第346页。

先生夜宿山家,闻了鸟叮咚声。"《阅微草堂笔记·滦阳续录六》:"夜半睡醒,似门上了鸟微有声,疑为盗,呼僮不应,自起隔门罅窥之。"① "了鸟"亦写作"了𠃌",清·张慎仪《方言别录》卷下之一:"了𠃌,即今门窗上搭钮。"《汉语方言大词典》收"了𠃌"条,为官话方言,释为"门窗上搭钮"(许宝华、宫田一郎,1995:154)。山东牟平方言(属胶辽官话登连片)就有这种说法,《牟平方言词典》记作"钌带儿"(罗福腾,1997:199),实为"了𠃌"的音变。"了鸟"还写作"了吊"、"了佻"、"钌铞"等。"鸟"效摄端母上声,吴语声母今仍读为[t]。董志翘(2010)认为,"鸟"即"吊",悬挂物,由此引申指门窗搭扣。

丽春 lìchūn　隐指虞美人花。卖花者隐语。

《全国各界切口大词典·杂流类·卖花》:"丽春:虞美人花也。"

造词法:意义造词·功用指代(别名)

按:明·徐石麒《花佣月令》:"虞美人,一名丽春,一名满园春。"清·陈元龙《格致镜原·丽春花》:"丽春,一名虞美人,又名满园春,又名百般娇。"② 清·陈淏子《花镜·虞美人》:'虞美人,原名丽春,一名百般娇,一名蝴蝶满园春,皆美其名而赞之也。"唐·杜甫《丽春》:"百草竞春华,丽春应最胜。少须好颜色,多漫枝条剩。"③ 说明虞美人在春天盛开的花朵中独领风骚,让万物复苏的春天更添美丽,故曰"丽春",也增添了满园的春色,故名"满园春",因其花形似蝶,故曰"蝴蝶满园春",它甚至可以和国色天香的牡丹媲美,故名"赛牡丹"。其名皆出有因,或因特点(赛牡丹、百般娇、蝴蝶满园春、锦被花),或因功用(满园春、丽春),或来自传说(虞美人)④。

疗愁 liáochóu　隐指萱草。花卉业隐语。

《全国各界切口大词典·杂业类·花业》:"疗愁:萱草也。"

造词法:意义造词·功用指代(别名)

按:南朝梁·任昉《述异记》卷下:"萱草,一名紫萱,又呼为忘忧草,吴中书生呼为疗愁花。"《说文·艹部》:"萱,令人忘忧之草

---

① (清)纪昀:《阅微草堂笔记》,华文出版社2018年版,第33、604页。
② (清)陈元龙撰:《格致镜原》,上海古籍出版社1992年版,第363页b版。
③ (宋)陈景沂编辑:《全芳备祖》,农业出版社1982年版,第627页。
④ 详见高明干主编《植物古汉名图考》,大象出版社2006年版,第495页;薛守纪编著《花卉与观赏鱼》,科学普及出版社1998年版,第161页。

也。"① 三国魏·嵇康《养生论》："合欢蠲忿，萱草忘忧，愚智所共知也。"② 古人认为萱草可使人忘忧、消愁，皆是从功用角度对其命名，后"忘忧"和"疗愁"皆成为萱草的别名③。"疗愁"乃为"忘忧"的同义词，因为可以忘忧，所以才可以疗愁，也可以说因为能够疗愁，所以才能忘忧。很多诗人因其功用以"萱草"入诗，如唐·韦应物《对萱草》："何人树萱草，对此郡斋幽。本是忘忧物，今夕重生忧。丛疏露始滴，芳余蝶尚留。还思杜陵圃，离披风雨秋。"④ 唐·白居易《酬梦得比萱草见赠》："杜康能散闷，萱草解忘忧。借问萱逢杜，何如白见刘?"⑤ 隐语即用萱草的别名"疗愁"对其进行隐指。

裸 luǒ **隐指油（总称）。郯城县马头镇回族牛羊市隐语。**

笔者田野调查隐语条目。

造词法：意义造词·特点比喻指代

按：油，是光滑油亮的，如同裸露的肌肤，故用"裸"比喻隐指油。

裸搬 luǒbān **隐指动物油。郯城县马头镇回族牛羊市隐语。**

笔者田野调查隐语条目。

造词法：意义造词·综合特点比喻指代

按：裸，喻指油。搬，是指动物油能够凝固，可以直接搬动。故综合其特点为"裸搬"。

林擒 línqín **隐指苹果。水果行隐语。**

《全国各界切口大词典·行号类·水果行》："林檎：苹果也。"

造词法：意义+语音造词·形状相近指代+谐音（异名）

按：林擒，即"林檎"，"花红亦称'沙果''林檎''槟子'"⑥，可见"林檎"为花红异名之一，因其形状似苹果略小，果味似苹果而略淡，故用"林檎"隐指苹果。

流金 liújīn **隐指狗；坏蛋。山西夏县商行隐语。**

潘家懿《山西晋南的秘密语"言子话"》，《运城师专学报》1988年

---

① （汉）许慎撰，（清）段玉裁注：《说文解字注》，上海古籍出版社1981年版，第25页a版。

② 殷祥、郭全芝注：《嵇康集注》，黄山书社1985年版，第146页。

③ 参见华夫主编《中国古代名物大典》下册，济南出版社1993年版，第1254、1281页。

④ 陶敏、王友胜校注：《韦应物集校注》，上海古籍出版社1998年版，第520页。

⑤ （唐）白居易著，丁如明、聂世美校点：《白居易全集》，上海古籍出版社1999年版，第533页。

⑥ 刘家福主编：《食品词典》，上海辞书出版社1991年版，第232页。

第 3 期。

造词法：意义造词·五行文化联想

按：《吕氏春秋·孟秋纪》第七："食麻与犬，其器廉以深。"汉·高诱注："犬，金畜也。"① 金，指狗。流金，则说明属"金"的狗和普通的金不同，是流动的，能够走动的，故用"流金"隐指狗，"坏蛋"义由"狗"义引申而来。

另，"流紧"隐指狗，是"流金"的谐音变体，"搂金子"（山东省郯城县马头镇牛羊市隐语"回侃子"）隐指狗，亦是"流金"的基础上运用谐音并附加词缀而形成。

六出 liùchū　隐指栀子花。花卉业隐语。

《全国各界切口大词典·杂业类·花业》："六出：薝葡花。俗呼栀子花。"

造词法：意义造词·特点指代

按：唐·段成式《酉阳杂俎·木篇》："栀子，诸花少六出者，唯栀子花六出，陶真白言：栀子，剪花六出，刻房七道，其花香甚，相传即西域薝葡花也。"② 宋·陈景沂《全芳备祖·薝葡花》："薝葡花，一名栀子，一名木丹，一名越桃，《本草》：薝葡，栀子花也。与雪皆六出。坡诗注：凡草木花五出，而薝葡六出。"③ 因栀子花形为六瓣，故用"六出"隐指。

龙 lóng　隐指水。山西晋南石匠隐语。

潘家懿《山西晋南的秘密语"言子话"》，《运城师专学报》1988（3）。

造词法：意义造词·传统文化联想

按：《管子·形势第二》："天不变其常，地不易其则，春秋冬夏不更其节，古今一也。蛟龙得水而神可立也，虎豹得幽而威可载也。"《管子·水地第三十九》："龙生于水，被五色而游，故神。"《管子·形势解第六十四》："蛟龙，水虫之神者也，乘于水则神立，失于水则神废。"④《吕氏春秋·古乐》："禹立，勤劳天下，日夜不懈，通大川，决

---

① （汉）高诱注，（清）毕沅校，徐小蛮标点：《吕氏春秋》，上海古籍出版社 2014 年版，第 132—133 页。
② （唐）段成式等撰，曹中孚等校点：《酉阳杂俎》，上海古籍出版社 2012 年版，第 107 页。
③ （宋）陈景沂编辑：《全芳备祖》，农业出版社 1982 年版，第 657 页。
④ （唐）房玄龄注，（明）刘绩增注：《管子》，上海古籍出版社 1989 年版，第 11 页 b 版、第 135 页 a 版、第 178 页 b 版。

壅塞，凿龙门，降通潦水以导河。"① 汉·班固《白虎通德论·蓍龟》："龙非水不处，龟非火不兆，以阳动阴也。"龙生于水，且能够兴云降雨，与"水"紧密相连，故用"龙"隐指水。

龙 lóng　隐指蘸水用的水刷。河北省磨刀匠隐语。

李玉川《江湖行帮趣话》。《中国秘密语大辞典》收条。

造词法：意义造词·传统文化+特点比喻指代

按：龙生于水（参见"龙"隐指水的理据分析），水刷子蘸水用，如同水中的龙，故用"龙"隐指。

龙睛 lóngjīng　隐指桂圆。南货业隐语。

《全国各界切口大词典·商铺类·南货业》："龙睛：桂圆之总称也。"

造词法：意义造词·传说+特别比喻指代

按："龙睛"一词来自古代传说，"传说一少女与恶龙大战，斩劈龙头，龙眼珠落地后萌发成株，故名，又因在8月（旧称桂月）成熟，状圆，故称'桂圆'。"② "桂圆"一名得于其桂花飘香的季节和果实的形状，由"桂"和"圆"意合而成。"龙睛"则是从该传说直接脱胎而来，因其圆形的果实就像龙的眼睛。其实传说也许是个附会，"龙眼"和"龙睛"都是对果实形状的比喻而创造。

龙门 lóngmén　隐指读书人用的考篮。竹器业隐语。

《全国各界切口大词典·商铺类·竹器业》："龙门：士人之考篮也。"

造词法：意义造词·典故+现象指代

按：明·郭勋辑录《雍熙乐府·点绛唇·志士未遇》："跳龙门应举呵，图半职一官，鬓边白发新，怕镜里朱颜。"《雍熙乐府·文士》："跳龙门浪里鱼飞，一举登科天下知。"明·臧懋循辑录《元曲选·沙门岛张生煮海杂剧》第四折："【沽美酒】待着俺辞龙宫离水府，上碧落赴云衢，我和你同会西池见圣母。秀才也，抵多少跳龙门应举，攀仙桂步蟾蜍。"考篮是考生必备的工具，是考生们用来盛放文具、食物的提篮，秀才中举如同鲤鱼跳上了龙门，考篮在其中发挥了重要的作用，故用"鲤鱼跳龙门"这一现象指代考生必备的工具考篮。

鹿儿 lù'ér　隐指山里的客商。山货业隐语。

《全国各界切口大词典·商铺类·山货业》："鹿儿：里山客人也。专

---

① （汉）高诱注，（清）毕沅校，徐小蛮标点：《吕氏春秋》，上海古籍出版社2014年版，第106页。

② 刘家福主编：《食品词典》，上海辞书出版社1991年版，第91页。

贩山中出品至山货行出售者。"

造词法：意义造词·特点比喻+词缀共同指代

按："鹿"是在山中是跳来跳去、不断奔跑的动物。山里的客商不停地往返于山中与山货行之间，把山中的特产贩卖到山货行，就如同山中的麋鹿。故把山里的客商喻指为"鹿"并附加词缀"儿"，用"鹿儿"进行隐指。

罗祖 luózǔ　隐指理发行的祖师爷。山西等地理发业隐语。

侯精一《山西理发社群行话的研究报告》，《中国语文》1988 年第 2 期。

造词法：意义造词·传说

按：清·纪昀《纪文达公遗集·乌鲁木齐杂诗》："凉州会罢又甘州，箫鼓迎神日不休。只怪城东赛罗祖，累人五日不梳头。"注曰："诸州商贾各立一会，更番赛神，剃工所奉，曰罗祖。每赛会，则剃工皆赴祠前。四、五日不能执艺，虽呼之亦不敢来。"诗歌描绘了各地剃头匠到乌鲁木齐拜祭祖师爷罗祖的盛况，说明理发业以传说中的罗祖为祖师爷。

篓 lǒu　隐指肚子；脑子；山西夏县商行隐语。

潘家懿、赵宏因《一个特殊的隐语区》，《语文研究》1986 年第 3 期；潘家懿《山西晋南的秘密语"言子话"》，《运城师专学报》1988 年第 3 期。

造词法：意义造词·形状比喻指代

按：因肚子或脑子都是圆形的，很像圆形的器具篓子，故用"篓"喻指。

露销 lùxiāo　隐指霜。卖西洋镜隐语。

《全国各界切口大词典·杂流类·卖西洋镜》："露销：霜也。"

造词法：意义+语音造词·现象指代现象+谐音

按：寒露节气之后是霜降，即露水消失，寒霜降临。"销"与"消"谐音，故用"露销"隐指霜。

绿衣仙 lǜyīxiān　隐指绿萼梅。花卉业隐语。

《全国各界切口大词典·杂业类·花业》："绿衣仙：纯绿梅花也。俗呼绿萼梅。"

造词法：意义造词·典故+特点比拟指代

按：宋·范成大《绿萼梅》诗："朝罢东皇放玉鸾，霜罗薄袖绿裙单。贪看修竹忘归路，不管人间日暮寒。"[①] 诗篇借"隐影化形"之说，

[①] （宋）范成大撰：《范石湖集》，上海古籍出版社 1981 年版，第 1131 页。

把绿萼梅想象成一位飘飘临世的女仙萼绿华。萼绿华自称是九嶷山中的得道女罗郁，曾在世间行道九百年，后隐影化形而去。据范成大在《梅谱》中所记："凡梅花跗蒂皆绛紫色，唯此纯绿，枝梗亦青，特为清高。好事者，比之九嶷山仙人萼绿华。"① 绿萼梅的花萼和花瓣皆为纯绿色，非常独特，故被喻为穿着绿衣的花中仙子"绿衣仙"。

M

马客 mǎkè　隐指女人。卖春药治毒疮者隐语。

《全国各界切口大词典·医药类·卖春药治毒疮者》："马客：妇人也。"

造词法：意义造词·民俗观念+表人语素共同指代

按：马，隐指女性（参见"苍马"条），与表人语素构成"马客"隐指女人。

卖路 màilù　隐指筹子。浴室隐语。

《全国各界切口大词典·杂业类·混堂》："卖路：筹子也。"

造词法：意义+截取+语音造词·功用比喻指代+歇后截取+谐音

按：筹子具有代币功能，是进入浴室的门券，即"买路钱"，吴方言中"买""卖"同音，故曰"卖路"。

卖茄南肉 mài qiénán ròu　隐指卖驴肉。驴夫隐语。

《全国各界全国各界切口大词典·役夫类·驴夫》："卖茄南肉：卖驴肉也。"

造词法：意义造词·特点比喻指代

按：卖茄南肉，隐指卖驴肉。"茄南"即"伽南香"，指沉香（参见《汉语大词典》"伽南香"条）。驴肉出售时呈块状，其形状、颜色与伽南香相似，故用"茄南肉"喻指驴肉。

缦华 mànhuá　隐指茉莉花。花卉业隐语。

《全国各界切口大词典·杂业类·花业》："缦华：茉莉花也。"

造词法：意义造词·功用指代（别名）

按：清·华希闵辑录《广事类赋·茉莉》："茉莉，《本草》：'一名抹丽，一名末利，本梵语，无正字，随人会意而已。产自波斯，移于南海，西域称缦，北方名奈。'《群芳谱》：'此花佛书名缦华，谓可饰头缦

---

① 孙映逵主编：《中国历代咏花诗词鉴赏辞典》，江苏科学技术出版社1989年版，第81页。

也.'"清·保培基《西垣集·建兰茉莉》:"缦华双叠耸钗梁,手握秋茎一剪香。笑向碧纱厨畔过,依稀记说夜来凉。"缦华,即"缦花",即可饰做头缦的花,从其功用进行命名。

梅弟 méidì　隐指山矾花。花卉业隐语。

《全国各界切口大词典·杂业类·花业》:"梅弟:山矾也。"

造词法:意义造词·典故+综合特点比拟指代

按:宋·黄庭坚《王充道送水仙花五十枝　欣然会心　为之作咏》:"凌波仙子生尘袜,水上轻盈步微月。是谁招此断肠魂,种作寒花寄愁绝?含香体素欲倾城,山矾是弟梅是兄。坐对真成被花恼,出门一笑大江横。""山矾花,别称'郑花'、'芸香';属山矾科常绿灌木或小乔木。《花镜》云:'叶如冬青,生不对节,凌冬不凋。三月开白花,细小而繁,不甚可观,而香馥最远,故俗名七里香。"① 山矾花有"叶如冬青""凌冬不凋"以及"香馥最远"等特质,故诗人黄庭坚用其与梅花相比,发出"山矾是弟梅是兄"的感叹。"梅弟"一名尽管从该句诗中而来,更是对山矾总体特点的比拟。另外,黄庭坚在《戏咏高节亭边山矾花二首(并序)》②的《序》中说道:"江湖南野中有一种小白花,高数尺,春开极香,野人号为郑花,王荆公尝欲求此花栽,欲作诗而陋其名。予请名曰山矾,野人采郑花叶以染黄,必借矾而成色,故名山矾。海岸孤绝处,补陀落伽山译者以为小白花,予疑即此山矾花尔。不然,何以观音老人坚坐不去耶?"说明"山矾"一名乃为黄庭坚所创造,其本名为郑花。

另,《中国秘密语大辞典》"梅弟"条的理据分析为"因其春季开花,比梅花稍晚,被称为梅花的弟弟,简称梅弟",没有说明"梅弟"的出处。

墨悲 mòbēi　隐指染缸。染色业隐语。

《全国各界切口大词典·商铺类·染色业》:"墨悲:染缸也。"

造词法:意义造词·典故

按:《墨子·所染》:"子墨子言,见染丝者而叹,曰:'染于苍则苍,

---

① 参见张秉戍、张国臣主编《花鸟诗歌鉴赏辞典》,中国旅游出版社1990年版,第475页。
② 这两首诗分别是:(一)高节亭边竹已空,山矾独自倚春风。二三名士开颜笑,把断花光水不通。(二)北岭山矾取意开,清风正用此时来。平生习气难料理,爱着幽香未拟回。

染于黄则黄……故染不可不慎也！'"① 后以"悲染丝"为易受习俗影响以及由此而发感叹的典故（参见《汉语大词典》"悲染丝"条）。唐·白居易《白氏六帖事类集·丝第六十四》："受采之悲。"注曰："墨翟悲素丝之受采"。隐语"墨悲"，即"墨翟悲素丝之受采"之缩略，而染缸则具"受采"的功用，故用之隐指染缸（另见"悲墨"条）。

N

拿襻 nápàn　　隐指性交。卖膏药、摇虎撑者隐语。

《全国各界切口大词典·医药类·卖膏药》："拿襻：交媾也。"

《全国各界切口大词典·医药类·摇虎撑者》："拿襻：相私也。"

造词法：意义+语音造词·具体性动作指代+谐音

按："襻"谐音"绊"，"绊"本义指拴缚马足的绳（参见《汉语大词典》"绊"条），用以喻指人之间的牵扯与勾连，如"皮绊"（许少峰2008：1425）。隐语中谐音为"襻"，由牵扯、勾连义再引申指交合的动作，"拿"亦为交合的动作，故用"拿襻"隐指发生性行为。

拿襻 nápàn　　隐指蚌。鲜鱼行隐语。

《全国各界切口大词典·行号类·鲜鱼行》："拿襻：鲭鱼也。俗名蚌。"

造词法：意义造词·外形比喻指代

按：因为蚌的两片壳合在一起，被喻指为交合在一起（参见"拿襻"隐指性交的理据分析）。

捺瑟 nàsè　　隐指檀板。乐器业隐语。

《全国各界切口大词典·商铺类·乐器业》："捺瑟：檀板也。"

造词法：意义造词·动作指代（别名）

按：清·华希闵《广事类赋·笙竽》："他如檀板红牙：'《合璧》：晋魏之代，有宋纤善击节，以拍板代之。此拍板之始也，一名捺瑟。'"清·厉荃《事物异名录·拍板》："[红牙]《研北杂志》：赵子固执红牙以节曲。注：红牙，拍板也。[捺瑟]《合璧事类》：拍板，一名捺瑟。"② 清之前未见檀板称为"捺瑟"，例如明·宋绪编纂《元诗体要》卷四所辑元·赵复《锦瑟词》："歌珠檀板楚王宫，半醉花间拾落红。铁马北来人事改，不知随水定随风。"此诗中的"锦瑟"即为檀板，是指漆

---

① （清）毕沅校注，吴旭民点校：《墨子》，上海古籍出版社2014年版，第8页。
② （清）厉荃原辑，（清）关槐增纂：《事物异名录》，岳麓社1991年版，第174页。

有织锦纹的檀板。"捺"指用手往下按，是弹奏乐器的动作，"瑟"指乐器或弹奏乐器发出的声音，"捺瑟"则指弹奏乐器，运用动作指代发出声音的乐器，故后来成为檀板的别名。檀板因常用檀木制作而得名①，另一名称为绰板，"绰"与"捺"同义，即都为弹奏乐器的动作。

那悉茗 nàxīmíng　　隐指素馨花。花卉业隐语。

《全国各界切口大词典·杂业类·花业》："那悉茗：素馨花也。"

造词法：语音造词·音译

按：宋·陈景沂《全芳备祖·素馨花》："素馨，旧名那悉茗。昔刘王有侍女名素馨，其冢上生此花，因以得名。"② 清·汪灏《广群芳谱·素馨》："素馨，一名那悉茗花，一名野悉蜜花，来自西域。枝干袅娜，似茉莉而小，叶纤而绿，花四瓣，细瘦，有黄白二色。"③ 那悉茗、野悉蜜皆为音译名称，后根据传说该花生于素馨冢上而得"素馨"之名，音译名随后弃用，后被隐语运用。

乃合 nǎihé　　隐指香料。卖药糖者隐语。

《全国各界切口大词典·医药类·摆草药摊者》："乃合：香料也。"

造词法：意义造词+语音·综合特点指代+谐音

按：乃，谐音"买"，指香料需要购买，而不是自己制造的；合，同"盒"，香料一般装在香料盒中。故用"乃"与"合"组合隐指香料。

乃肿 nǎizhǒng　　隐指（东西）买得齐全。山西夏县商行隐语。

潘家懿、赵宏因《一个特殊的隐语区》，《语文研究》1986年第3期。

造词法：意义+语音造词·特点比喻指代+谐音

按：乃，谐音"买"；"肿"喻指东西足够、齐全（参见"肿"条理据分析），故用"乃肿"隐指东西买得齐全。

囊子④ nángzi　　隐指无能之人。郯城县马头镇回族牛羊市隐语。

笔者田野调查隐语条目。

造词法：意义造词·同义语素+词缀共同指代

---

① 乐声主编：《中国乐器大典》，民族出版社2002年版，第579页。
② （宋）陈景沂编辑：《全芳备祖》，农业出版社1982年版，第704页。
③ （清）汪灏等著：《广群芳谱》，上海书店出版社1985年版，第1032页。
④ 参见邵燕梅《郯城方言志》，齐鲁书社2005年版，第199页"馕子"条。"馕"为记音字，本字应为"囊"。

按：囊①，元代时有"差""软弱"义，如元·无名氏《冻苏秦》第三折："你比我文学浅，我比你只命运囊。"元·无名氏《博望烧屯》第三折："你退了五万，肯退了那好兵，都是囊的、懦的、老的、小的、瘸的、跛的，则留下精壮的。"囊，亦作"囊揣""儾软"，指差的，不好的，懦弱无能的，今作"窝囊"。如元代话本《儿女团圆》二折："倒将我劈面抢白，欺负咱软弱囊揣。"《三国志平话》卷下："夫人烦恼，高声骂周瑜儾软。"《元代语言词典》引《太平广记·上清》："其为软弱，甚于泥团"，并认为该词为喻指，"此以泥团喻软弱，宋元人转语为囊揣、脓团。明人又转为脓包"（龙潜安，1985：1012）。郯城县马头镇"回用调侃子"的"囊"义与此相同，并作为词根语素附加词缀"子"构成"囊子"隐指无能之人。

目前，"囊子"已经突破了隐语使用领域的限制，失去了隐秘性，泛化成为方言词，包含两个义项：无能；无能的人（邵燕梅，2005：199）。

挠逮② náodài　隐指好。郯城县马头镇回族牛羊市隐语。

笔者田野调查隐语条目。

造词法：意义造词·综合性动作行为指代

按：挠，抓挠，指抓到；逮，指逮住。隐语"挠逮"用两种动作共同指代得到某物后极为高兴的心理状态。

目前，"挠逮"已经突破了隐语使用领域的限制，并失去隐秘性，泛化成为方言词，在使用中还可以省略为"挠"（邵燕梅，2005：199）。

挠耳腮 náo'ěrsāi　隐指领导；有地位的人。郯城县马头镇回族牛羊市隐语。

笔者田野调查隐语条目。

造词法：意义造词·特点指代

按：挠，即挠逮，指好的；耳、腮，指面相，用耳朵和腮代指人的面部。挠耳腮，指人有好的面相。传统思想认为，官相就是最好的面相，这种人大多肥头大耳。领导就是有官相的人，就是有地位、有权势的人。故用"挠耳腮"隐指领导或有地位的人。

牛棘 niújí　隐指蔷薇花。花卉业隐语。

《全国各界切口大词典·杂业类·花业》："牛棘：蔷薇花也。"

---

① 分别参见《汉语大词典》"囊"条、龙潜安《宋元语言词典》，上海辞书出版社1985年版，第1012页，"囊"、"囊揣"条。

② "逮"在该隐语中为阳平调，与普通话、郯城方言的调值皆不同。

造词法：意义造词·综合特点指代（别名）

按：清·厉荃《事物异名录·蔷薇》："山棘、牛棘、牛勒、刺花、刺红。明·李时珍《本草纲目·营实墙蘼》：蔷薇，蔓生，柔靡依墙，故名墙蘼。其茎多棘，刺勒人，牛喜食之，故有山棘、牛棘、牛勒、刺花诸名。"①"牛棘"之名取自蔷薇花"牛喜食"和"其茎多棘"的特点，后成为蔷薇花的别名。隐语用此别名隐指蔷薇花。

女郎 nǚláng　　隐指木兰花。花卉业隐语。

《全国各界切口大词典·杂业类·花业》："女郎：木兰花也。"

造词法：意义造词·典故

按：唐·白居易《戏题木兰花》："紫房日照烟脂坼，素艳风吹腻粉开。怪得独饶脂粉态，木兰曾作女郎来。"白诗另一首《题令狐家木兰花》："腻如玉指涂朱粉，光似金刀剪紫霞。从此时时春梦里，应添一树女郎花。"白居易的两首诗皆把木兰比喻为女郎，当从其名称"木兰"而创造，古有木兰替父从军的典故，花名和人名相同，故用"女郎"对木兰花进行比拟。隐语"女郎"隐指木兰是从白诗中的喻称而对其进行命名。

P

爬山子 páshānzi　　隐指羊。郯城县马头镇回族牛羊市隐语。

邵燕梅《山东郯城马头镇"调侃子"现象调查研究报告》，《语文研究》2011年第2期。

笔者田野调查隐语条目。

造词法：意义造词·动作行为+词缀共同指代

按：羊上山吃草，"爬山"是其经常性的动作。故在表动作行为的"爬山"后附加后缀"子"后隐指羊。

潘细 pānxì　　隐指媒婆。卖春药治毒疮者隐语。

《全国各界切口大词典·医药类·卖春药治毒疮者》："潘细：媒婆也。"

造词法：意义+语音造词·综合特点指代

按：潘，谐音"攀"，指攀亲，即指媒婆为男女双方牵线搭桥；细，指细心、细致的特点，女性更具细心、细致的特点，故用"细"隐指女性。"潘"与"细"分别指代了媒婆的职能与性别角色的特点，故用"潘细"隐指为人牵线搭桥、促成姻缘的女性，即媒婆。

---

① （清）厉荃原辑，（清）关槐增纂：《事物异名录》，岳麓书社1991年版，第174页。

喷子 pēnzi　　隐指枪。郊城县马头镇回族牛羊市隐语。

邵燕梅《山东郯城马头镇"调侃子"现象调查研究报告》,《语文研究》2011年第2期。

笔者田野调查隐语条目。

造词法：意义造词·动作+词缀共同指代

按：喷，喷射，指枪的动作特点，运用该动作特点附加后缀"子"共同指代枪。

劈开 pīkāi　　隐指仆人。磨镜匠隐语。

《全国各界切口大词典·工匠类·磨镜匠》："劈开：仆人也。"

造词法：意义+拟声造词·动作指代+拟声

按：仆人要劈柴、烧火，故用特征性的动作"劈柴"指代仆人的劳动，劈柴时发出声音为"噗"，谐音仆人之"仆"，且二者字形相近，皆包含字形"菐"。

蒲牢 púláo　　隐指钟。乐器业隐语。

《全国各界切口大词典·商铺类·乐器业》："蒲牢：钟也。"

造词法：意义造词·神话

按：宋·范晔《后汉书·班固传》，唐·李贤注："《西京赋》云：海中有大鱼，名鲸。又有兽，名蒲牢。蒲牢素畏鲸鱼，鲸鱼击蒲牢，蒲牢辄大鸣呼。凡钟欲令其声大者，故作蒲牢于其上。"据神话传说，蒲牢为龙的第四子，居住在海边，因害怕鲸鱼而大声吼叫。因其叫声宏亮，故古人常在钟上铸上蒲牢的形象，后成为钟的别名。隐语即用此别名。

Q

千金子 qiānjīnzi　　隐指陈姓。郊城县马头镇回族牛羊市隐语。

笔者田野调查隐语条目。

造词法：意义+语音造词·物品+词缀共同指代+谐音

按：千金，说明很沉，附加"子"后表名词类，"沉"与"陈"音同，故指代陈姓。

掮客 qiánkè　　隐指经纪人。商界隐语。

《全国各界切口大词典·杂业类·商人共众》："掮客：买者与卖者之介绍人也。交易成。则扣其佣。业此者，以熟悉市价，交游广阔之人为多。"

造词法：意义造词·特点比喻+表人语素共同指代

按：掮，指用肩膀扛东西。掮客，从卖方和买方中都获取佣金的人，如同扁担两边都挑着东西，从两头获得利益。故用"掮客"隐指从买卖双方获益的经纪人。后使用泛化，"掮客"成为通用词语。

輤子 qiànzǐ 隐指装运棺材的马车。马夫隐语。

《全国各界切口大词典·役夫类·马夫》："輤子：柩车也。"

造词法：意义造词·古汉语同义词+词缀共同指代

按：輤，《广韵》仓甸切，清母去声霰韵。指载柩车。《礼记·杂记上》："其輤有裧，缁布裳帷，素锦以为屋而行。"汉·郑玄注："輤，载柩将殡之车饰也。輤，取名于櫬与，旧读如蒨茢之蒨，櫬，棺也。蒨，染赤色者也。将葬载柩之车饰曰柳。裧，谓鳖甲边缘。缁布裳帷，围棺者也。裳帷用缁，则輤用赤矣。"后来"輤柩"指载柩车，如唐·独孤及《毗陵集·唐故衢州司士参军李府君墓志铭并序》："奉公之輤柩，归葬于洛阳。"① 隐语用"輤"附加词缀"子"后仍然指代"輤"的本义，只是从词形上增加了一道屏障而已。

敲硬 qiāoyìng 隐指盖在盐上的官盐印章。盐业隐语。

《全国各界切口大词典·商铺类·盐业》："敲硬；官盐二字之印子也。"

造词法：意义造词·综合特点指代

按：敲，盖章的动作。在吴方言中，"盖印"称为"敲章"②；硬，硬性规定，指官盐印章的合法性，食盐的买卖必须由国家统筹，个人不得进行非法买卖，这是硬性的规定，有官盐印章则表明食盐买卖的合法性。故综合动作与商业性质两种特点创造隐语"敲硬"隐指盖上食盐上的官盐印章。

秦 qín 隐指字。山西夏县商行隐语。

潘家懿、赵宏因《一个特殊的隐语区》，《语文研究》1986年第3期。

造词法：截取+语音造词·歇后截取+谐音

按：运用词语"亲自"歇后，以"亲"隐指"自"，"秦"与"亲"谐音，"字"与"自"谐音，故用"秦"隐指字。

秦行 qínháng 隐指学校。山西夏县商行隐语。

潘家懿、赵宏因《一个特殊的隐语区》，《语文研究》1986年第3期。

---

① （唐）独孤及撰：《毗陵集》，上海古籍出版社1993年版，第97页a版。
② 参见许宝华、[日]宫田一郎主编《汉语方言大词典》，中华书局1999年版，第6897页。

造词法：截取+语音+意义造词·歇后截取+谐音+特点比喻指代

按：秦，运用歇后截取、谐音两种手段隐指"字"（参见"秦"条理据分析）；行，读为 háng，运用特点喻指地点的方法隐指处所（参见"行"条理据分析）。故用"秦行"隐指可以教"字"的地方，即学校。

青棠 qīngtáng　　隐指合欢花。卖花者隐语。

《全国各界切口大词典·杂流类·卖花》："青棠：夜合花也。"

造词法：意义造词·特点比喻指代（别名）

按：晋·崔豹撰《古今注》问答释义第八："欲蠲人之忿，则赠以青棠。青棠，一名合欢，合欢则忘忿。"唐·李商隐《相思》："相思树上合欢枝，紫凤青鸾并羽仪。肠断秦台吹管客，日西春尽到来迟。"① 明·杨慎《谭苑醍醐·青棠》："棠字，古作裳。《管子·地员篇》：其木宜赤裳。《诗》云：常棣之华。常，古裳字。常转为裳，又借裳为棠也。常又作唐。《周南诗》：唐棣之华。《小雅》：常棣之华。《古今注》：欲蠲人之忿，则赠以青裳。青裳，一名合欢。《本草》作青唐云。"② 明·陈禹谟《骈志》卷十七："《古今注》：欲蠲人之忧，则赠以丹棘，一名忘忧。欲蠲人之忿，则赠以青棠，一名合欢。合欢枝叶柔弱，互相交结，每一风来，辄自相解，了不相牵缀。树之家庭，使人不忿。嵇康种之舍前。又《本草》：其叶能去垢，至暮即合，故曰合昏。又谓之夜合花。《养生论》：合欢蠲忿，萱草忘忧。"③ 合欢之名的由来，《本草》说得很清楚，其叶能去污垢，到了晚上就闭合了，故曰"合昏"，又谓之"夜合"。后被称为"合欢"，一是因为"昏""欢"谐音，"欢"也寄托了人们的良好期许"欢乐""欢聚"之义。"青棠""青堂"皆为"合欢"之别名。青棠，取名于其枝叶繁茂，喻指其像穿了一身青绿色的衣裳。隐语即用其别名"青棠"隐指合欢花。

青绪 qīngxù　　隐指金钟儿。卖叫虫隐语。

《全国各界切口大词典·手艺类·卖叫虫》："青绪：色青形似织布之梭。首尾皆尖。"

造词法：意义造词·特点综合指代

按：青，指灰钟儿的全身呈青色；绪，指呈丝状的触角。故用"青"

---

① （唐）李商隐撰，（清）朱鹤龄注：《李义山文集笺注》，上海古籍出版社1994年版，第68页a版。

② （明）杨慎撰：《丹铅余录谭苑醍醐》，上海古籍出版社1992年版，第744页a版。

③ （明）陈禹谟撰：《骈志》，上海古籍出版社1992年版，第456页b版。

"绪"组合隐指金钟儿。

清抢 qīngqiǎng　　隐指活醉虾。饭店业隐语。

《全国各界切口大词典·杂业类·饭店业》："清抢：生虾用油酱活醉也。"

造词法：意义+语音造词·综合特点比喻指代+谐音

按："清"谐音"青"，指活虾为青色。"抢"谐音"枪"，比喻虾像一杆杆枪。故用"清抢"隐指用油酱活醉的生虾。

邱山 qiūshān　　隐指理发。理发匠隐语。

《全国各界切口大词典·工匠类·理发匠》："邱山：剃发也。"

造词法：文字+意义造词·字形包含+人物指代动作行为+特点比喻+全部指代部分

按：该隐语的创造过程较为复杂，"剃"与"发"的创造各分两步。创造"剃"的第一步运用了字形包含的方法，"邱"与"匠"共有字形"斤"，故用"邱"隐指"匠"，即隐指理发匠；第二步，运用人物指代动作行为的方法，用理发匠指代其理发的动作"剃"。创造"发"的第一步运用了特点比喻指代造词法，因为头在身体的最高处，故喻指"头"为"山"，第二步以"头"指代头发，即以"山"隐指头发。故用"邱山"隐指"剃发"。

求汉 qiúhàn　　隐指吃饭。茶担夫隐语。

《全国各界切口大词典·役夫类·茶担夫》："求汉：吃饭也。"

造词法：意义+语音造词·动作比喻指代+谐音

按：求，喻指"吃"。"汉"谐音"饭"，"求汉"即求饭，民以食为天，吃饭如同向上天求饭。故用"求汉"隐指吃饭。

求扇 qiúshàn　　隐指喝茶。茶担夫隐语。

《全国各界切口大词典·役夫类·茶担夫》："求扇：吃茶也。"

造词法：意义+截取造词·动作比喻指代+歇后截取

按：古人认为，吃、喝的东西皆为上天所赐，求，喻指代"吃"。"饮用""吸入"义，吴方言皆称为"吃"，如吃茶、吃酒、吃烟等；"扇"，隐指茶，由"山茶"歇后创造，以"山"隐指"茶"，"扇"与"山"谐音，故用"扇"隐指"茶"。故以"求扇"隐指吃茶，即喝茶。

圈吉 quānjí　　隐指结算账目。红白帖行隐语。

《全国各界切口大词典·杂流类·红白帖》："圈吉：结算账目也。"

造词法：意义造词·动作比喻指代+附加色彩

按：圈，喻指把账目圈起来；吉，商家为讨口彩而附加在账目上的吉利字眼,如"吉日""吉店",放在账目之前也就成了"吉账",表达了商人追求利益的美好愿望。故"圈吉"指把账目圈起来,即隐指汇总结算的意义。

却大 quèdà　隐指金姓。旧时丝经业隐语。

《全国各界切口大词典·商铺类·丝经业》:"却大:姓金者。"

造词法:截取造词·歇后截取

按:明·曹学佺编《石仓历代诗选·明诗初集·题邮亭壁歌》:"吁嗟风俗日颓败,废却大义贪黄金"。清·王崇炳《金华征献略·宋氏》:"吁嗟风俗日颓败,废却大义贪黄金。妾心汪汪澹如水,宁受饥寒不受耻。""废却大义贪黄金"自明代以来被人们经常运用,形容人见利忘义,隐语即从该句歇后截取"却大"隐指"金",并联想隐指金姓人。

R

绕 rào　隐指走。郯城县马头镇回族牛羊市隐语。

笔者田野调查隐语条目。

造词法:语音+意义造词·方言音变+特点指代动作行为

按:绕,在郯城方言中读为[zɔ⁴¹],指人具有不安分的特点(邵燕梅,2005:200),具有这种不安分特点的人,就是"经常到处乱逛无所事事的人",也是"办事不可靠、不认真的人",詈称这种人为"绕蛋"或"绕蛋货"(邵燕梅,2005:100)。不安分,即表示走来走去,不能安稳,故用"绕"指代走,并音变为[zɔ⁵⁵](仅改变声调)。

日精 rìjīng　隐指杨梅。旧时水果行隐语。

《全国各界切口大词典·行号类·水果行》;"日精;杨梅也。"

造词法:意义造词·他物名称指代

按:日精,指太阳(参见《汉语大词典》"日精"条)杨梅常制作成乌梅,乌,古代神话传说指太阳中的三足乌,后成为太阳的代称(参见《汉语大词典》"乌"条)。故隐语用"日精"指称杨梅。

容把 róngbǎ　隐指小偷儿。郯城县马头镇回族牛羊市隐语。

邵燕梅《山东郯城马头镇"调侃子"现象调查研究报告》,《语文研究》2011年第2期。

笔者田野调查隐语条目。

造词法:意义造词·特点指代

按:容,容易,偷来的东西不是经过自己艰苦的劳动,是容易的。把,在"回侃子"中为表人或表物的语素,故用"容把"隐指小偷儿。

入门 rùmén　隐指女佣。门夫隐语。

《全国各界切口大词典·役夫类·门夫》："入门：女佣也。"

造词法：截取造词·歇后截取

按：明·高出《镜山庵集·郎潜稿》卷六《除夕肃之复招同载甫辈守岁》："入门僮仆睡，呼起犹狼籍。百年能几度，欢喜有今夕。"叶德辉《书林清话·明毛晋汲古阁刻书之二》："行野樵渔皆拜赐，入门僮仆尽钞书。""行野田夫皆谢赈，入门僮仆尽钞书。"① "入门童仆"成为基本固定的短语结构，用其歇后截取，以"入门"隐指"仆"，并用仆人指代女佣。

S

沙元 shāyuán　　隐指小桂圆。桂圆行隐语。

《全国各界切口大词典·行号类·桂圆行》："沙元：小桂圆也。"

造词法：意义+语音造词·综合特点夸张指代+谐音

按：沙，沙子，夸张桂圆的颗粒很小，像沙子。元，谐音"圆"，说明桂圆为圆形颗粒。故用"沙元"隐指颗粒非常小的桂圆，即小桂圆。

商草 shāngcǎo　　隐指贝母。摆草药者隐语。

《全国各界切口大词典·医药类·摆草药摊者》："商草：贝母也。治目昏等疾。"

造词法：文字造词·本名字形讹误

按：唐·陆德明《经典释文·尔雅音义下》："茵，亡庚反。《诗》作蝱，同。《本草》云：'贝母，一名空草，一名药实，一名苦华，一名苦菜，一名商草，一名勤母。'"② 清·王念孙《广雅疏证·释草》："贝父，即贝母也。《尔雅》：'茵，贝母。'《神农本草》云：'贝母，一名空草。'《名医别录》云：'一名药实，一名商草。商字，即茵字之误也。'"③ 商草，乃为本名"茵"后加类属语素"草"而命名，由于字形讹误而为"商草"。后"贝母"成为常用名，"商草"成了贝母的别名，如《实用中药别名手册》便认为"商草"是贝母的别名④。

哨 shào　　隐指喝。山西夏县商行隐语。

潘家懿、赵宏因《一个特殊的隐语区》，《语文研究》1986 年第 3

---

① （清）叶德辉撰：《书林清话》，上海古籍出版社 2012 年版，第 157、158 页。
② （唐）陆德明撰：《经典释文》，上海古籍出版社 1985 年版，第 1667 页。
③ （清）王念孙撰：《广雅疏证》，上海古籍出版社 1983 年版，第 1234 页。
④ 参见包锡生主编的《实用中药别名手册》，广东科技出版社 1997 年版，"贝母"条。

期、潘家懿《山西晋南的秘密语"言子话"》,《运城师专学报》1988 年第 3 期。

造词法：截取+语音造词·歇后隐截取+谐音

按：运用短语"烧水喝"歇后，"烧"隐指"喝"，"哨"与"烧"谐音，故用"哨"隐指喝。

生死 shēngsǐ　　隐指人。摇虎撑者、卖药人隐语。

《全国各界切口大词典·医药类·摇虎撑者》："生死：人也。"

《全国各界切口大词典·医药类·卖药人》："生死：人也。"

造词法：意义造词·过程指代

按：《荀子·礼论篇》第十九："生，人之始也；死，人之终也。终始俱善，人道毕矣。"① 宋·褚伯秀《南华真经义海纂微·齐物论》第三："以死生为昼夜，旁日月之谓也。以万物为一体，挟宇宙之谓也。""生"与"死"是人与世界接触的起点和终点，从生到死是人生命的过程或历程，用人生命的起点和终点代表人生连续的过程，并由此隐指人。

十二 shí'èr　　隐指石栏杆。石匠隐语。

《全国各界切口大词典·工匠类·石匠》："十二：石栏杆也。"

造词法：意义造词·传统文化+截取

按：南朝乐府民歌《西洲曲》："栏杆十二曲，垂手明如玉。"② 唐·吴融《唐英歌诗》卷下："十二阑杆压锦城，半空人语落滩声。""栏杆"与"十二"在一起，截取隐指。

受点 shòudiǎn　　隐指男主人。卖春药治毒疮者隐语。

《全国各界切口大词典·医药类·卖春药治毒疮者》："受点：家主也。"

造词法：意义+语音+文字造词·职权指代+谐音+部分字形指代

按："受"的创造分为两步：（1）男主人是家庭的首要人物，即职权为"首"；（2）谐音。"首"与"受"谐音，故用"受"指代"首"。"点"由部分字形指代而创造，"主"字上面有一"点"，故用"点"隐指主人。"受点"即隐指男主人。

受笼 shòulóng　　隐指药箱。撑大伞卖药者隐语。

《全国各界切口大词典·医药类·撑大伞卖药者》："受笼：药箱也。"

造词法：意义+语音造词·综合特点指代+谐音

---

① （唐）杨倞注，耿芸标校：《荀子》，上海古籍出版社 2014 年版，第 234—235 页。
② （南朝陈）徐陵编：《玉台新咏》，上海书店出版社 1988 年版，第 126 页。

按：受，谐音"售"，指药箱用来卖药的；笼，指药箱的形状像笼子一样。故综合动作和形状两方面特点以"受笼"隐指药箱。

瘦客 shòukè　　隐指月季花。卖花者隐语。

《全国各界切口大词典·杂流类·卖花》："瘦客：月季花也。"

造词法：意义造词·特点比拟指代（谑称）

按：因月季花枝条细、硬，如同人体形清瘦，在诗人笔下被拟人化称为"瘦客"。例如唐·白居易《酬思黯相公晚夏雨后感秋》诗："夜长只合愁人觉，秋冷先应瘦客知。"清·叶申芗《更漏子·月季》中介绍月季："号长春，称瘦客，色有浅深红白。欺玫瑰，傲蔷薇，荣华历四时。春不老，花长好，与月盈亏争巧。香断续，艳周遭，芳情真久要。"① 隐语即用拟人化称谓"瘦客"隐指月季。

薯蓣 shǔyù　　隐指山药。蔬菜行隐语。

《全国各界切口大词典·行号类·菜蔬行》："薯蓣：山药也。"

造词法：意义造词·借用本名

按：明·葆光道人《眼科龙木医书总论》卷九诸方辨论药性："薯蓣，味甘、温平、无毒。主头面游风、头风、眼眩，久服甘目窗明。"明·陈继儒《致富奇书·山药》："负暄《杂录》曰：山药，本名薯蓣。唐代宗讳豫，改名薯药，唐代宗（注：应为宋英宗）讳曙，遂名山药，非二物也。"明·朱橚《救荒本草·菜部》："山药，《本草》名薯蓣，一名山芋，一名诸薯，一名修脆，一名儿草。""薯蓣"为"山药"的本名，也是一味中药，故在各医书中皆有此药，后历经唐、宋两代的避讳，在唐代，讳唐代宗名"豫"，"薯"后加上了表示类属的"药"，遂改为"薯药"。到了宋代，则又为了避讳宋英宗的名"曙"，把"薯"字改为了出产该种药品的地点"山"，就成了"山药"。山药原是一味中药，多在山上挖出，后来才成为人们餐桌上的菜肴，食品类词典中也可以看到它的身影②。"山药"为薯蓣避讳改称后的称谓，后成为通名，隐语借用避讳前不常用的本名进行隐指。

水 shuǐ　　隐指银钱。船夫隐语。

《全国各界切口大词典·役夫类·航船夫》："水：银钱也。"

造词法：意义造词·五行文化联想

---

① 阮娟：《三山叶氏家族及其文学研究——以叶观国、叶申芗为核心》，上海古籍出版社2011年版，第183页。

② 参见刘家福主编《食品词典》，上海辞书出版社1991年版，第581页。

按：五行中金生水，金指货币，银钱为货币，故用"水"隐指银钱（参见"财字"条理据分析）。

水古 shuǐgǔ　　隐指公水牛。耕牛行隐语。

《全国各界切口大词典·行号类·耕牛行》："水古：雄水牛也。"

造词法：意义+语音造词·特点+类属共同指代+谐音

按："水"是指水牛喜欢浸泡在水中；牯，指公牛，该意义使用于冀鲁官话、西南官话、江淮官话、闽语、湘语等①方言区。"古"与"牯"谐音，故用"古"隐指公牛。"水古"则隐指公水牛（参见"黄古"条理据分析）。

水仕 shuǐshì　　隐指母水牛。耕牛行隐语。

《全国各界切口大词典·行号类·耕牛行》："水仕：雌水牛也。"

造词法：意义+语音造词·特点+类属共同指代+谐音

按："水"是指水牛喜欢浸泡在水中；"牸"指母牛（参见《汉语大词典》"牸"条），现在官话、赣语、客家话等②方言区"牸"还保留着"母牛"义，且在很多方言中，"仕"与"牸"谐音，如郯城方言、沂南方言等③。故用"仕"隐指"牸"。"水仕"则隐指母水牛（参见"黄仕"条理据分析）。

水泥 shuǐní　　隐指水门汀（今称"水泥"）。砖灰行隐语。

《全国各界切口大词典·行号类·砖灰行》："水泥：水门汀也。"

造词法：意义造词·综合特点指代物品

按：水泥，最初为舶来品，非本土制作，故当时使用英语"cement"洋泾浜读音"水门汀"称谓之。"水门汀"后成为上海方言（许宝华、陶寰，1997：6；钱乃荣、许宝华、汤珍珠，2007：17）。当时汉语中没有词语来称说这种外来的洋货，上海这座开放的城市尤其地理上和经济上的优势，可以直接运用英语的读音来称谓，而其他地方多称为"洋灰"。

"水泥"一词的本义并非指混凝土，其本义为泥浆，指连水带泥，有水有泥，最早的书证见于唐朝（参见《汉语大词典》"水泥"条）。隐语

---

① 参见许宝华、[日]宫田一郎主编《汉语方言大词典》，中华书局1999年版，第4188页。
② 参见许宝华、[日]宫田一郎主编《汉语方言大词典》，中华书局1999年版，第4861页。
③ 分别参见邵燕梅《郯城方言志》，齐鲁书社2005年版，第20页（本页的[s]声母错误，应为[ʂ]）、邵燕梅、刘长锋、邵明武《沂南方言志》，齐鲁书社2010年版，第19页。

"水泥"运用了混凝土的"有水有泥、连水带泥"这样两方面的综合特点进行创造,在主观上认为混凝土的构成成分为"水"和"泥",从而构成"水泥"。与洋泾浜英语"水门汀"及带有明显舶来色彩的"洋灰"二词相比,"水泥"一词更具形象化之特点,从而在言语使用中取代了它们,成为现代汉语的通用词。更为有趣的现象是,作为"混凝土"义的"水泥"目前已经成了单义词,若用"水泥"表达"连水带泥、有水有泥"的本义"泥浆"反倒成了一种比喻性的用法。

松春 sōngchūn　　隐指白菜。蔬菜行隐语。

《全国各界切口大词典·行号类·菜蔬行》:"松春:白菜也。"

造词法:意义+语音造词·类属+季节共同指代+谐音

按:松,谐音"菘"。白菜古代又名"菘"(参见《汉语大词典》"菘"条);春,指白菜在冬天食用,为迎春的蔬菜。故"菘春"即"春菘",指迎接春天食用的蔬菜,即白菜。

酸生 suānshēng　　隐指秀才。药商隐语。

《全国各界切口大词典·医药类·卖药人》:"酸生:秀才也。"

造词法:意义造词·民间文化+特点比喻+类属共同指代

按:宋·吴自牧《梦粱录·分茶酒店》:"嘉庆子诸色韵果、十色蜜煎鲍螺、诸般糖煎细酸、四时象生儿时果。"[①]明·胡应麟《少室山房笔丛·庄岳委谈》下:"世谓秀才为措大,元人以秀才为细酸,《倩女离魂》首折,末扮细酸为王文举是也,细酸字面仅见此,今俗尚有此称。"[②]明·康海《王兰卿》第四折:"正旦唐巾长衫改扮细酸上。"从《梦粱录》可知,"细酸"最初应为糖煎点心的通名,盖因加工精细、味道甜酸而得名。自明代[③]后指称秀才,因其苦于功名,家中不富,且咬文嚼字,酸腐之极而得名。现在仍然有很多人称读书人一副"穷酸相"。有学者认为"'酸'是秀士的本义,普通语自宋以来即以'穷酸饿醋'连称,所以《庄岳委谈》说:'世谓秀才为措大,元人以秀才为细酸。倩女离魂首折,末扮细酸为王文举,是也。'犹未得其本意,秀才称为'酸'者政由'穷酸'俗称而出。所谓'细酸',是文弱、儒雅书生之意,和'细旦'的

---

① (宋)吴自牧:《梦粱录》,浙江人民出版社1984年版,第145页。
② (明)胡应麟撰:《少室山房笔丛》,上海书店出版社2009年版,第427页。
③ 参见王国维《宋元戏曲史》,百花文艺出版社2002年版,第179页。王氏认为"细酸"一称谓并非来自元代,"余所见明周宪王《张天师明断辰勾月》杂剧,犹有末扮细酸上云云,则明初犹用此语矣。"

'细'同意"（胡忌，1957：138）。"酸生"一称则是利用了"酸"之特点附加表人语素"生"而构成。

用"酸"指称秀才，不仅"细酸"一词，还有"穷酸""酸傒"及与"酸"相关的"饿醋"，该种现象的出现要早于明代，如"酸傒"一词元代已经出现。元·王实甫《西厢记》第三本第一折："哎，你个馋穷酸傒没儿思，卖弄你有家私，莫不图谋你的东西来到此？"王季思校注："元剧讥调书生，或曰穷酸，或曰饿醋，或曰酸傒，并言其酸寒也。"[1] 调侃，即用隐语进行隐称。《汉语大词典》释义为"旧时对读书人的蔑称"，因该种蔑称为隐语之隐称，故细酸、穷酸、酸傒、饿醋诸词语指称秀才只能作为背称使用，而无法面称。元、明代的杂剧中，对秀才的称谓常常离不开"酸"字，把秀才称为"酸丁""酸黄齑""酸傒""酸子"等。例如元·缺名《鸳鸯被》三折："从今后女孩儿每休惹他这酸丁，都是些之乎者也说合成，我道来可是者么娘七代先灵。"元·缺名《绿野仙踪》五二回："依我看，他是个甜言蜜语，一无所能的酸丁！"[2] 元·缺名《升堂记》一折："自家梅香的便是，小名儿唤做撇之秀，每日扶侍着琼梅小姐，自从与那酸傒认做兄妹之礼，谁想他两个各有春心之意。"明·杨珽《龙膏记》十八出："只为一个酸傒，赶得两脚苏麻，撞着五瘟使者去捉八臂那吒。"明·汤显祖《紫钗记·醉侠闲评》："两个酸傒到此许久？"明·王骥德《古本西厢记·胜葫芦》："张章二姓俗有挽弓、立早之别，挽弓，拆白张字也。酸傒，调侃秀才也。"明·凌濛初《初刻拍案惊奇》十卷："所以古人会择婿的，偏拣着富贵人家不肯应允，却把一个如花似玉的爱女，嫁与那酸黄齑、烂豆腐的秀才。"[3]

酸心 suānxīn　　隐指梨子。水果行隐语。

《全国各界切口大词典·行号类·水果行》："酸心：梨子也。"

造词法：意义造词·特点指代

按：吃梨子时，如果吃到梨核儿，感觉味道是酸的。清代著名文学评论家金圣叹因哭庙案被杀，临刑前同其子女告别而作对联"莲子心中苦，梨儿腹内酸"，除了双关要表达的深层内涵（"莲子"实为"怜子"，"梨儿"实为"离儿"）外，该诗句的现实基础就是莲心是苦的，梨"腹"

---

[1] （元）王实甫著，王季思校注：《西厢记》，上海古籍出版社1996年版，第96页、第99页。

[2] （清）李百川著，石仁和校点：《绿野仙踪》，三秦出版社1997年版，第570页。

[3] （明）凌濛初原撰：《三言二拍之四：初刻拍案惊奇》，天津古籍出版社1997年版，第87页。

是酸的。故用"酸心"这一特点隐指梨子。

岁福态 suìfútài　　隐指五官；长相。郯城县马头镇回族牛羊市隐语。笔者田野调查隐语条目。

造词法：意义造词·综合特点指代

按：岁，年岁，年龄，指人的长相带有年龄特点；福，福气，指人的长相带有是否有福气的特点；态，指面相所呈现出的人生状态。人的五官、面相不仅能够体现人的年龄，迷信认为还能体现出人的命运与状态，故综合运用其特点进行指代。

T

抬方 táifāng　　隐指轿子。门夫隐语。

《全国各界切口大词典·役夫类·门夫》："抬方：轿子也。"

造词法：意义造词·综合特点指代

按：抬，指抬着的动作，因轿子使用时需抬着；方，指轿子的形状为方形。故从这两面的特点用"抬方"隐指轿子。

太极 tàijí　　隐指东洋参。参燕业隐语。

《全国各界切口大词典·医药类·参燕业》："太极：东洋参也。"

造词法：意义造词·传说+地点指代

按：南北朝·周武帝敕辑《无上秘要》卷三十二："结九元正一之气，以成忧乐之辞，明于玄台之上，字方一丈，文蔚焕烂，洞明九天，七宝华光，流曜上清。玄都丈人受之于太空，后以凤文真书玄授于太上大道君，道君传太极真人，太极真人以传东海方诸青童大君。"宋·李昉《太平御览》第六百七十九道部二十："又曰张奉，字公先，河内人也。太傅袁隗常叹其高操，后入剡山，遇山图公子授奉九云水强梁炼柱法，在东华宫为太极仙侯。"① 因太极仙人居于东海，太极仙侯居于东华宫，故由"太极"联想到"东方"，再以东方指代东洋，由东洋指代东洋参。

摊张 tānzhāng　　隐指煎饼。郯城县马头镇回族牛羊市隐语。

邵燕梅《山东郯城马头镇"调侃子"现象调查研究报告》，《语文研究》2011年第2期。

造词法：意义造词·综合特点指代

按：摊，摊开，指烙煎饼的动作；张，煎饼的计量单位，煎饼很薄，像纸一张，故用"张"计量。隐语综合其特点创造"摊张"指代煎饼。

---

① （宋）李昉等撰：《太平御览》，上海古籍出版社2008年版，经170页。

探板 tànbǎn　隐指睡觉。山西夏县商行隐语。

潘家懿、赵宏因《一个特殊的隐语区》,《语文研究》1986 年第 3 期。

造词法:意义+谐音造词·综合特点比喻指代

按:探,谐音"躺",指睡觉的动作;板,喻指像板一样的床,"探板"则指躺在床上,即睡觉。

唐宫 tánggōng　隐指木兰花。卖花者隐语。

《全国各界切口大词典·杂流类·卖花》:"唐宫:木兰花也。"

造词法:意义造词·典故+特点比拟指代+时代、处所指代

按:宋·刘儗《木兰》:"晓来随手抹新妆,半额娥眉宫样黄。铢衣洗就蔷薇露,触处闻香不炷香。"① 木兰就像一位风姿绰约的女子,丰额峨眉上贴着"宫"中样式的花黄,这是把木兰花比拟为一种风情万种的宫中女子。"宫"指唐宫,唐朝时宫中女性的丰腴、风情、风姿给世人的印象最深,这是用标志性的时代和处所指代人。故用"唐宫"隐指木兰花(另外,参见"女郎"条)。

淌子 tǎngzǐ　隐指招揽生意的小锣。河北省补锅匠隐语。

李玉川《江湖行帮趣话》。

造词法:意义造词·现象比喻+词缀共同指代

按:走街串巷的补锅匠,边走边敲打招揽生意的小锣,响声随着人的行进而行进,如同河流在向前流淌,故"淌"附加词缀"子"表示沿途不断敲击发出声响以招徕顾客的小锣。

淘河 táohé　禽鸟业隐语"淘河"条

《全国各界切口大词典·杂业类·禽鸟业》:"淘河:翠鸟也。"

造词法:意义造词·动作特点比拟指代

按:"淘"为吴方言词语,动词,寻觅;淘换义。上海话读为[dɔ²³],如"淘旧书""淘旧货"等,苏州话读为[dæ¹³],如"这套西装是旧货摊浪淘得来的"(许宝华、宫田一郎,1999:5767)。后被作为方言词收入《现代汉语词典》,释为"到旧货市场寻觅购买:淘旧书。"淘河,如同人淘金,比拟翠鸟从河中寻觅食物,该隐语运用翠鸟在河里寻找食物的动作特点隐指翠鸟。

天香 tiānxiāng　隐指百合花。花卉业隐语。

《全国各界切口大词典·杂业类·花业》:"天香:百合花也。"

造词法:意义造词·特点指代

---

① (清)汪灏等著:《广群芳谱》,上海书店出版社 1985 年版,第 890 页。

按：天香，是对芳香的美称。如明·梅之焕《梅中丞遗稿·对衣篇》："天女河边事织时，金梭怀内拥残机。照寒萤火三更泪，牵惹春蚕百尺丝。一朝剪破湘云簇，灯前自损芙容束。盈盈初试柳腰纤，葳蕤（一作"甤"）惹得芳尘扑。标梅既赋行有时，女伴催妆看转宜。浓熏百合天香暖（一作"煖"），辉映流苏锦带垂。庭树鸡鸣天欲曙，求衣灯下银河碧。青鸾翠凤拥笙歌，宛转轻寒人似玉。""天香"极言百合花之香，故用之隐指百合花。

跳绊 tiàobàn　　隐指嫖娼。四川等地商贩隐语。

《中国秘密语大辞典》收条。

造词法：意义+语音造词·动作行为比喻指代+谐音

按：嫖客并非与一个妓女交往，喻为"跳"。"攀"与"绊"谐音，隐语指"拿攀"，指发生性行为。故用"跳绊"隐指嫖娼。"绊"本义指拴缚马足的绳索（参见《汉语大词典》"绊"条），在"皮绊"中喻指"牵扯，勾连"[1]，在隐语中谐音为"攀"，隐指性行为的动作（参见"拿攀"条理据分析），不仅表达了"嫖娼"可以言说的比喻性意义，也表达了难以言说的隐蔽性含义。

贴梗 tiēgěng　　隐指海棠花。花卉业隐语。

《全国各界切口大词典·杂业类·花业》："贴梗：海棠花也。"

造词法：意义造词·种概念指代属概念

按：明·陈继儒《致富奇书·海棠》："（海棠）花计三种，昌州香海棠难得，西府为上，贴梗次之，垂丝又次之。"贴梗为海棠的一个品种，且为最常见的一个品种，因"贴梗海棠"经常连在一起称说，故用种概念"贴梗"称谓属概念"海棠"。

通生 tōngshēng　　隐指经商的客人。旅馆隐语。

《全国各界切口大词典·杂业类·旅馆》："通生：服商之住客也。"

造词法：意义造词·职能+表人语素共同指代

按：通，流通，指商人主要进行商品和货币的流通。生，表人语素。故"通生"即进行商品和货币流通的人，即经商的人。

团 tuán　　隐指说。内蒙古等地理发业隐语。

胡云晖《包头理发业行话》（稿本）。

造词法：截取+意义造词·歇后截取+同义替代

按：运用成语"自圆其说"歇后，用"圆"指代"说"，由于"团"

---

[1]　参见许少峰《现代汉语大词典》，中华书局2008年版，第1425页"皮绊"条。

与"圆"为同义词,故用"团"隐指说。

W

歪伦 wāilún　　隐指做生意。人力车夫隐语。

《全国各界切口大词典·役夫类·人力车夫》:"歪伦:生意也。"

造词法:意义+语音造词·动作行为指代+谐音

按:伦,谐音"轮",指车轮。歪轮,指动车轮,是对车夫有生意可做的比喻性说法。车夫动车轮,就有生意,如同今天的出租车司机说的"歪歪轮子"就能挣钱。

外方 wàifāng　　隐指客人。门夫隐语。

《全国各界切口大词典·役夫类·门夫》:"外方;客人也。"

造词法:意义造词·综合特点指代+物品指代

按:外,外面,指客人到访,由外面而来,轿子亦停在外面;方,方形,指轿子的形状(参见"抬方"条)。故用"外方"隐指停在主人宅外的轿子,然后由轿子指代乘坐轿子的人,即客人。

旺齿 wàngchǐ　　隐指外人。山西夏县商行隐语。

潘家懿、赵宏因《一个特殊的隐语区》,《语文研究》1986年第3期。

造词法:语音造词+文字造词·谐音+字形包含法

按:旺,谐音"外";齿,隐指人(参见"齿"条隐指人)。故"旺齿"隐指外人。

旺子 wàngzi　　隐指血。郯城县马头镇回族牛羊市隐语。

笔者田野调查隐语条目。

造词法:意义+语音造词·古汉语方言同义词指代+谐音

按:衁,《广韵》呼光切,晓母平声唐韵。"血"义。《左传·僖公十五年》:"士刲羊,亦无衁也。"杜预注:"衁,血也。"章炳麟《新方言·释形体》:"淮西谓猪血曰猪衁子,鸡血曰鸡衁子"(参见《汉语大词典》"衁"条)。《汉语方言大词典》:"衁子:猪、鸡、鸭、羊的血。西南官话。云南昭通。姜亮夫《昭通方言疏证·释博物》:《说文》:'衁,血也。'呼光切。今昭人音如望。猪鸡鸭羊之血皆可曰~"(许宝华、宫田一郎,1999:3482)。"衁""衁"义同,当为异体字。"旺"是二字的同音字,"旺子"是"衁子"或"衁子"的记音。

闻雷启蛰 wénléi qǐzhé　　隐指蠢人。摆地摊治病者隐语。

《全国各界切口大词典·医药类·着地摊药治病者》:"闻雷启蛰:蠢

人也。"

清·卓亭子《新刻江湖切要·人物类》："蠢人：古生；［广］闻雷启蛰（取春虫也）。"

造词法：意义+文字造词·现象指代+字形拆解（文字合并）

按：闻雷，指听到春雷；启蛰，指惊蛰到了。春雷响表明到了惊蛰，大地回春、万物复苏，冬眠的昆虫在春天苏醒了。从中取"春""虫"义，合并成"蠢"字并指代愚蠢的人。

无常① wúcháng　　隐指死亡。郯城县马头镇回族牛羊市隐语。

笔者田野调查隐语条目。

意义造词·神话故事+宗教文化+语言避讳

按：神话传说中，黑无常、白无常是民间所信奉的阎王属下的勾魂使者，俗称"勾魂鬼"，因白无常身着白衣，黑无常常身着青衣，故名。佛教教义、道教有关理论认为，世间万物生灭无常，人寿也不例外，故民间云：一旦无常万事休。所以在有些地方举行的民间游神赛会上，一些人扮成黑、白无常，加入游神队伍中，招摇过市，引人瞩目②。《中国神怪大辞典》③亦认为，"无常"作为冥府勾拿生魂的差役之名，应由"人世无常"而来。回族穆斯林因避讳而用隐语"无常"隐指死亡，其形成也应与上述观念有关。"无常"也因此成为"回族穆斯林的汉语专用语"（王正伟，2008：203）。

无文 wúwén　　隐指当归。药行业隐语。

《全国各界切口大词典·医药类·药行业》："无文：当归也。"

造词法：意义造词·典故+逆序（异名逆序）

按：晋·崔豹《古今注》（下）："牛亨问曰：将离相赠之以芍药者，何也？答曰：芍药，一名可离，故将别以赠之。亦犹相招召赠以文无，文无，一名当归也。""文无"为当归的别名。逆序为"无文"。"无文"一语双关，俗语云"穷家富路"，出门在外，要有足够的盘缠，要是没有钱了，就必须回家，即"当归"。

舞影 wǔyǐng　　隐指山鸡。禽鸟业隐语。

《全国各界切口大词典·杂业类·禽鸟业》："舞影：山鸡也。"

---

① 在山东省郯城县马头镇"回用调侃子"中"无"音变为去声调，"常"为轻声。
② 参见史仲文、胡晓林主编《中华文化大辞海》（文化习俗卷），中国国际广播出版社1998年版，第585页。
③ 参见栾保群《中国神怪大辞典》，人民出版社2009年版，第545—546页"无常"条。

造词法：意义造词·典故+现象指代

按：南朝宋·刘敬叔《异苑》卷三："山鸡爱其毛羽，映水则舞。魏武时，南方献之，帝欲其鸣舞而无由。公子苍舒（曹冲），令置大镜其前，鸡鉴形而舞，不知止，遂乏死。"山鸡自以为很美，在水旁的镜子前面看到自己的影子便舞蹈不止，直到累死。后遂用"山鸡舞镜、舞山鸡、山鸡舞、山鸡照影、山鸡映水、鉴流顾影"等指山鸡顾影自怜，矜持其美。如清·黄遵宪《番客篇》诗："山鸡爱舞镜，海燕贪栖梁。"南北朝·庾信《庾子山集·咏画屏风诗二十四首》之十三："吹箫迎白鹤，照镜舞山鸡。"其《镜赋》："山鸡看而独舞，海鸟见而孤鸣。"唐·崔护《山鸡舞石镜》诗："庐峰开石镜，人说舞山鸡。"唐·王维《白鹦鹉赋》："山鸡学舞，向宝镜而知归。"① 宋·苏轼《石镜》诗："山鸡舞破半岩云，菱叶开残野水春。"宋·黄庭坚《豫章黄先生文集》豫章黄先生文集第五《睡鸭》诗："山鸡照影空自爱，孤鸾舞镜不作双。"南北朝·徐陵《徐孝穆集·鸳鸯赋》："山鸡映水那自得，孤鸾照镜不成双。"西晋·傅玄《傅玄集·山鸡赋》："鉴中流以顾影，睎云表之清尘"等。隐语"舞影"即用该典故中山鸡的表现指代山鸡。

戊己 wùjǐ　隐指土。烧窑匠隐语。

《全国各界切口大词典·工匠类·烧窑匠》："戊己：土也。即原料也。"

造词法：意义造词·五行文化

按：《礼记·月令》："（季夏之月）中央土，其日戊己。"郑玄注："戊之言茂也，己之言起也。日之行四时之间，从黄道，月为之佐。至此万物皆枝叶茂盛。其含秀者，抑屈而起，故因以为日名焉。"《吕氏春秋·季夏》："中央土，其日戊己。"高诱注："戊己，土日。土王中央也。"② 古以十干配五方，戊己属中央，于五行属土，因以"戊己"代称土。宋·苏轼《思无邪斋赞》："培以戊己，耕以赤蛇"③，即以"戊己"称谓"土"。隐语"戊己"隐指"土"，即源于古老的五行文化。

---

① （唐）王维撰：《王摩诘文集》，上海古籍出版社1982年版，第18页。
② （汉）高诱注，（清）毕沅校，徐小蛮标点：《吕氏春秋》，上海古籍出版社2014年版，第112—113页。
③ （宋）苏轼著：《苏轼集》，岳麓书社2000年版，第895页。

X

稀来 xīlái　　隐指收购药材。浙江兰溪药业隐语。

《（浙江）兰溪市志》。《中国秘密语大辞典》收条。

造词法：意义造词·物品特点+动作行为共同指代

按：稀，指稀有、稀缺，指药材的特点，用此特点隐指药材；来，指收购来。故"稀来"隐指收购药材。

洗么 xǐme　　隐指好处费。郯城县马头镇回族牛羊市隐语。

笔者田野调查隐语条目。

造词法：意义造词·动作比喻+词缀共同指代

按：中介从买卖双方中各拿到一定数额的费用，如同在肉里洗出一些油水来。隐语利用动词"洗"后附加词缀"么"隐指动作后的比喻性结果"好处费"。

蹺跷 xǐqiāo　　隐指卖糕摊贩。卖糕者隐语。

《全国各界切口大词典·杂流类·卖糕者》："蹺跷：卖糕者。"

造词法：意义+语音造词·动作行为指代+谐音

按："蹺跷"指踩高跷（参见《汉语大词典》"蹺跷"条）。明·吴承恩《西游记》第九一回；"有那跳舞的，蹺跷的，装鬼的，骑象的，东一攒，西一簇，看之不尽。"①人踩在高跷上面，自然很"高"，谐音"糕"，再隐指卖糕者。

现宝 xiànbǎo　　隐指有病的小孩儿。卖吊虫药丸者隐语。

《全国各界切口大词典·医药类·卖吊虫丸》："现宝：有病之小孩也。"

造词法：意义+语音造词·现象比喻指代+谐音

按：现，与"献"谐音，现宝，即"献宝"。小孩儿生病，家长一般不惜一切代价给小孩儿治病，无论花多少钱都不心疼，孩子生病去治疗，如同到医生那里"献宝"。故用"现宝"隐指生病的小孩儿。

饷 xiǎng　　隐指钱币；价钱。山西夏县商行隐语。

潘家懿、赵宏因《一个特殊的隐语区》，《语文研究》1986年第3期。

造词法：语义造词·古汉语近义词指代

按：饷，古义指薪金（旧时多指军警等的薪金），隐语用此隐指钱币

---

① （明）吴承恩著：《西游记》，华文出版社2019年版，第998页。

或价钱。

相哥 xiànggē　　隐指学徒。江苏商界隐语。

刘兆元《海州民俗志》。《中国秘密语大辞典》收条。

造词法：意义造词·动作+表人语素共同指代

按：相，看，指学徒学习时基本以观察为主；哥，表人语素，旧时商店里的学徒多为男性。故用"相哥"隐指商店里的学徒。

相公 xiànggōng　　隐指学徒。江苏商界隐语。

刘兆元《海州民俗志》。《中国秘密语大辞典》收条。

造词法：意义造词·动作+表人语素共同指代

按：相，看，指学徒学习时基本以观察为主；公，表人语素，旧时商店里的学徒多为男性。故用"相公"隐指商店里的学徒。与"相哥"条相比，该隐语更具幽默效果。

相思子 xiāngsīzǐ　　隐指红豆。药行业隐语。

《全国各界切口大词典·医药类·药行业》："相思子：红豆也。"

造词法：意义造词·诗句+词缀

按：唐·王维《相思》："红豆生南国，秋来发几枝，劝君多采撷，此物最相思。"[①] 故用"相思"附加词缀"子"隐指红豆。

象子 xiàngzi　　不正派的人。江苏省沐浴业隐语。

刘兆元《海州民俗志》。《中国秘密语大辞典》收条。

造词法：意义造词·典故+人物指代

按：《孟子·告子章句上》："或曰有性善，有性不善，是故以尧为君而有象，以瞽瞍为父而有舜，以纣为兄之子，且以为君，而有微子启、王子比干。"汉·赵岐注："公都子曰：'或人者以为各有性，善恶不可化移，尧为君象为臣不能使之为善，瞽瞍为父不能化舜为恶，纣为君又与微子比干有兄弟之亲，亦不能使其二子为不仁，是亦各有性也矣。"[②]"象"为"尧"之弟，性"恶"，隐语用"象"附加词缀"子"指代不好的人、不正派的人。

销老 xiāolǎo　　隐指学医。医生隐语。

《全国各界切口大词典·医药类·医生》："销老：学医也。"

---

① （唐）王维撰，（清）赵殿成笺注：《王右丞集笺注》，上海古籍出版社1961年版，第273页。

② （汉）赵岐注，（宋）孙奭疏：《孟子注疏》，上海古籍出版社1990年版，第196页a版。

造词法：意义+语音造词·职能+词缀共同指代+谐音

按：销，谐音"消"，消除、消散义，指医生能够消除病人的病症和病痛，附加词缀"老"隐指动词性短语学医。

销恨 xiāohèn　　隐指桃花。花卉业隐语。

《全国各界切口大词典·杂业类·花业》："销恨：桃花也。"

造词法：意义造词·典故+功用指代

按：唐·李白《李诗选注·古风》："大津三月时，千门桃与李。朝为断肠花，暮逐东流水。前水复后水，古今相续流。新人非旧人，年年桥上游。"五代·王仁裕《开元天宝遗事·销恨花》："明皇于禁苑中，初有千叶桃盛开，帝与贵妃日逐宴于树下，帝曰：不独萱草忘忧，此花亦能销恨。"[1] 宋·陈景沂《全芳备祖·桃花》："明皇时，禁苑中有千叶桃盛开，帝与贵妃日夕宴花下，帝曰：不独萱草忘忧，此花亦能销（一作"消"）恨。"[2] 宋·史能之《（咸淳）重修毗陵志》："桃，多种，唐明皇名为销恨花。"明·朱谏注："所谓天津桥也，断肠者言人见之而断肠，哀之甚也。亦犹明皇以千叶桃为销恨花。"因唐明皇一句"此花亦能销恨"，点名了桃花的主观功用，"销恨"因此成为"桃花"的别名，隐语即用此别名指代桃花。

笑压 xiàoyā　　隐指衔马鞭花。卖花者隐语。

《全国各界切口大词典·杂流类·卖花》："笑压：衔马鞭也。根傍生花。细如豆。一条千朵。望之如雪。"

造词法：意义造词·特点比拟指代（本名）

按：明·陈继儒《致富奇书·急解索》附："笑压，一名御马鞭。根旁丛生，春间分栽，花细如豆，一条千花，望之若堆雪。"明·高濂《遵生八笺·燕闲清赏笺·笑压花》："花细如豆，一条千花，望之若堆雪。然无子可种，根窠丛生，茂者数十条，以原根劈作数墩，分种易活。"清·陈淏子《花镜》卷六："笑压，一名衔马鞭，丛生，一条千红，其细如豆，茂者数十条，望若堆雪，不结实。将原根劈作数墩，二月中旬分种，易活。宜粪。"花朵丛生，压在枝条，好像欢笑着压在一起。"笑压"为本名，"衔马鞭"为别名[3]。"衔马鞭"一名是对花枝特点进行的比喻，喻指花枝像衔

---

[1] （五代）王仁裕等撰，丁如明等校点：《开元天宝遗事（外七种）》，上海古籍出版社2012年版，第14页。

[2] （宋）陈景沂编辑：《全芳备祖》，农业出版社1982年版，第338页。

[3] 参见华夫主编《中国古代名物大典》，济南出版社1993年版，下册第1300页。

着的马鞭，并成为"笑压"的俗称，由于该称谓的形象性、通俗性，因此其使用较为普及。相比而言，本名"笑压"的普及面较窄，故隐语用本名指称常用的别名以达到隐蔽之目的。

谢 xiè　隐指眼睛。山西夏县商行隐语。

潘家懿、赵宏因《一个特殊的隐语区》，《语文研究》1986年第3期。

造词法：截取+语音造词·歇后截取+谐音

按：隐语先用"斜眼"歇后截取，以"斜"隐指"眼"，然后再运用谐音手段，"斜""谢"谐音，故用"谢"隐指眼睛。

蟹壳黄 xièkéhuáng　隐指圆形小饼。卖饼者隐语。

《全国各界切口大词典·杂流类·卖饼者》："蟹壳黄：圆小饼也。"

造词法：意义造词·综合特点比喻指代

按：蟹壳，比喻小饼如蟹壳一般大小；黄，指小饼的表面呈黄色。因烧饼较小，像蟹子那么大，且外壳向外突起，呈金黄色，如同蒸熟的闸蟹，故用"蟹壳黄"隐指。

"蟹壳黄"目前已经成为上海、苏州、杭州、宁波①等地较为有特色的小吃食品，且该名称已经通称指这种烘得黄脆，上有芝麻的薄皮小饼，也成为有名的糕点品种之一，被收入《食品词典》②。

新山 xīnshān　隐指质量较次的玉。玉器业隐语。

《全国各界切口大词典·商铺类·玉器业》："新山：玉之次者。"

造词法：意义造词·特点指代

按：清·宋赓平《矿学心要新编·石质附考》："一曰新山玉，产山东近海一带。苏人掘取制作手镯套圈，其色淡绿颇似菜玉，真膺诚不易辨。惟其光气色泽坚硬逊之，故以新山得名。"故用"新山"隐指质量稍逊的玉。

辛夷 xīnyí　隐指木笔花。花卉业隐语。

《全国各界切口大词典·杂业类·花业》："辛夷：木笔花也。"

造词法：意义造词·综合特点指代（本名）

按：明·李时珍《本草纲目·辛夷》："[释名]辛雉（《本经》）、侯桃（同）、房木（同）、木笔（《拾遗》）、迎春。时珍曰：夷者，荑

---

① 分别参见《上海方言词典》《苏州方言词典》《杭州方言词典》《宁波方言词典》"蟹壳黄"条。

② 参见刘家福主编《食品词典》，上海辞书出版社1991年版，第383页。

也，其苞初生如荑而味辛也。"荑，《广韵》平声齐韵，定母，杜奚切。今读为 tí。泛指草木萌生的叶芽、嫩芽。木笔花初开时如嫩的叶芽，而且味道是辛辣的，故称为"辛夷"。辛夷应为本名，木笔为辛夷之别名。这个现象说明在使用隐语的这个地域，本名不为大家所熟知。

性急 xìngjí　**隐指凤仙花。卖花者隐语。**

《全国各界切口大词典·杂流类·卖花》："性急：凤仙花也。"

造词法：意义造词·特点比拟指代（别名更改）

按：明·李时珍《本草纲目·凤仙》："时珍曰：凤仙子，其性急速，故能透骨软坚。庖人烹鱼肉硬者，投数粒即易软烂，是其验也。"凤仙子"性急速"还表现在成熟的凤仙花子若被碰触到，即刻弹射出去。如宋·舒岳祥《阆风集·同正仲赋凤仙花》，题名后解释曰："其子名急性，不耐人触也。"凤仙花因此被称为"急性子"①，隐语即用其凤仙花子"性急"之特点隐指凤仙花。

秀才 xiùcái　**隐指青梅。山货业隐语。**

《全国各界切口大词典·商铺类·山货业》："秀才：青梅子也。"

造词法：意义造词·民间文化+味道比喻指代

按：自元代起，尤其是在元、明杂剧中，秀才常被称为"酸生""细酸""酸傈""酸丁""酸子""酸黄齑"等（参见"酸生"条理据分析）。"酸"为穷酸、酸腐义，用味觉之"酸"喻指秀才，而隐语"秀才"则是用"酸"的比喻义反过来喻指青梅的味道之酸。

喧子 xuānzi　**隐指馒头。郯城县马头镇回族牛羊市隐语。**

邵燕梅《山东郯城马头镇"调侃子"现象调查研究报告》，《语文研究》2011 年第 2 期。

笔者田野调查隐语条目。

造词法：意义造词·特点+词缀共同指代

按：喧，指馒头松软的特点。隐语用特点"喧"附加后缀"子"指代馒头（另见"老喧"条理据分析）。

玄武 xuánwǔ　**隐指锛（木工工具）。河北等地木匠隐语。**

李玉川《江湖行帮趣话》。《中国秘密语大辞典》收条。

造词法：意义+语音造词·传说+谐音

按：汉·王充《论衡·物势篇》："东方，木也，其星仓龙也。西方，

---

① 参见华夫《中国古代名物大典》（下），济南出版社 1993 年版，第 1269 页。

金也,其星白虎也。南方,火也,其星朱鸟也。北方,水也,其星玄武也。"① 锛,谐音"北",故用"玄武"隐指北方。

雪团圞 xuětuánluán　　**隐指绣球花。花卉业隐语。**

《全国各界切口大词典·杂业类·花业》:"雪团圞:绣球花也。"

造词法:意义造词·综合特点比喻指代

按:雪,指绣球花像雪一样的白色;团圞,指绣球花的形状为球状。绣球花的这两个特点非常鲜明、突出,如元·张昱《绣球花次兀颜廉使韵》就对此进行了生动的描写:"绣球春晚欲生寒,满树玲珑雪未干。落过杨花浑不觉,飞来蝴蝶忽成团。钗头懒戴应嫌重,手里闲抛却好看。天女夜凉乘月到,羽轮偷驻碧阑干。"前四句描述了玲珑如珠,白润似雪的绣球花。绣球花团团玉白,恰似成团的玉蝶纷纷飞落花间。隐语"雪团圞"即综合颜色、形状两方面的特点隐指绣球花。

Y

阳春 yángchūn　　**隐指光面。面馆隐语。**

《全国各界切口大词典·杂业类·面馆》:"阳春:光面也。"

造词法:截取+意义造词·歇后截取+特点比喻指代

按:光面,吴方言词语,指阳春面。《上海方言词典》释"光面"为"阳春面",是"不带浇头的面条",也就是"清汤面"(许宝华、陶寰,1997:236;256)。通俗地说,上海人说的"阳春面"就是清水煮面条。该隐语运用成语"阳春白雪"歇后截取,以"阳春"隐指"白雪",因清汤面不放入菜,故比喻为"白雪"。

"阳春面"即来自于面馆隐语,因其在使用中隐蔽性逐渐降低,逐渐被世俗大众所接受而成为上海等地方言词语。

阴宗 yīnzōng　　**隐指月亮。卖西洋镜者隐语。**

《全国各界切口大词典·杂流类·卖西洋镜》:"阴宗:月亮也。"

语义造词:意义造词·传统文化

按:汉·郑玄《礼记·月令》:"天子乃祈来年于天宗,大割祠于公社及门闾,腊先祖五祀,劳农以休息之。"唐·孔颖达疏曰:"蔡邕云:日为阳宗,月为阴宗,北辰为星宗也。"隋·杜台卿《玉烛宝典·十月孟冬》第十:"天宗,日月北辰也。日为阳宗,月为阴宗,北辰为星宗。"根据华夏传统文化,月亮就是"阴"的代表,故用"阴宗"指称月亮。

---

① (汉)王充撰:《论衡》,上海古籍出版社1990年版,第34页b版。

洋驴 yánglǘ　　隐指摩托车。郯城县马头镇回族牛羊市隐语。

笔者田野调查隐语条目。

造词法：意义造词·特点比喻指代

按：摩托车用来代步或运输，如同用驴子代步或运输，加之摩托车速度比较快，故比喻为洋驴。

摇齿 yáo chǐ　　隐指骂人。山西夏县商行隐语。

潘家懿、赵宏因《一个特殊的隐语区》，《语文研究》1986 年第 3 期；潘家懿《山西晋南的秘密语"言子话"》，《运城师专学报》1988 年第 3 期。

造词法：意义+语音+文字造词·现象指代+谐音+字形包含法

按："摇"隐指"骂"分为两步进行创造：（1）现象指代动作行为。骂人往往与造谣、谣言分不开，故用"谣"指代"骂"；（2）谐音。"谣"与"摇"谐音，"摇"再次替代谣言的"谣"隐指"骂"。

"齿"指人运用字形包含法创造。因"齿"中包含"人"，故以"齿"隐指人。"摇""齿"放在一起，故隐指骂人。

窑壳 yáoké　　隐指房屋。郯城县马头镇回族牛羊市隐语。

笔者田野调查隐语条目。

造词法：意义造词·形状比喻指代

按：窑，郯城方言中指烧制砖瓦、陶瓷等的建筑物。砖瓦窑内部装满了烧制的砖瓦或陶瓷，而房屋的内部并不能装满东西，而应有足够大的空间供人居住，故把房屋比喻为窑壳。

姚女 yáonǚ　　隐指水仙花。卖花者隐语。

《全国各界切口大词典·杂流类·卖花》："姚女：水仙花也。"

造词法：意义造词·传说+人物指代

按：清·汪灏等《广群芳谱》卷五十二："姚姥住长离桥，十一月夜半，大寒，梦观星坠于地，化为水仙花一丛，甚香美，摘食之，觉而产一女，长而令淑有文，因以名焉。观星即女史，在天柱下，故迄今水仙花名女史花，又名姚女花。"[1] 清·陈元龙《格致镜原·水仙花》："其性得水则不枯，故曰水仙，真岁寒友也。高濂《草花谱》：'单瓣者，名水仙。千瓣者，名玉玲珑。'《内观日疏》：'姚姥住长离桥，十一月夜半，大寒，梦观星坠于地，化为水仙花一丛，甚香美，摘食之，觉而产一女，长而令

---

[1] （清）汪灏等著：《广群芳谱》，上海书店出版社 1985 年版，第 1234 页。

淑有文，因以名焉。观星即女史在天柱下，故今水仙名女史花，又名姚女儿花.'"① 根据传说，"姚女花"因姚姥夜食水仙花生女而得名，故和"女史花"一起成为水仙之别名。隐语即用此别名隐指。

野驴 yělǘ　隐指外地铁匠未得到当地同行允许，随便支炉开业。江苏铁匠隐语。

刘兆元《海州民俗志》。《中国秘密语大辞典》收条。

造词法：意义+谐音造词·特点+物品共同指代+谐音

按：野，喻指外地的；驴，谐音"炉"，"野驴"即"野炉"，指外地的炉子，用此隐指外地铁匠未得到当地同行允许，随便支炉开业这种动作行为。

意怪 yìguài　隐指难堪；疼痛不止。施药郎中隐语。

《全国各界切口大词典·医药类·施药郎中》："意怪：难堪也。痛不禁也。"

造词法：意义造词·现象指代现象

按：意，指感觉、感受；怪，异样，不一样。意怪，指内心的感受异样或身体的感受异样，分别指心理上的难堪和身体上的不舒服（疼痛不止）。

阴把 yīnbǎ　隐指女性（含贬义）。郯城县马头镇回族牛羊市隐语。

笔者田野调查隐语条目。

造词法：意义造词·传统文化+表人语素共同指代

按：我国古代哲学认为，存在于宇宙间的一切事物都包含两个对立面，即阳和阴，就如同男和女，男性为阳，女性为阴。故在"阴"后附加表人语素"把"隐指女性。

迎春 yíngchūn　隐指金雀草。摆草药摊者隐语。

《全国各界切口大词典·医药类·摆草药摊》："迎春：金雀草也。治毒肿恶疮。"

造词法：意义造词·外形相似混淆指代

按：迎春花和金雀花的花形和颜色都很接近，因此，这两种花草极难辨别。为了区别，介绍时多在一起。如明·周文华《汝南圃史·条刺花部》中介绍"迎春"时后附"金雀花附"四字："迎春，栽岩石上则柔条散垂，花缀于枝上，甚繁，以十二月及春初开花，故名迎春。花黄色。晏元献诗：浅艳侔莺羽，纤条结兔丝。韩魏公诗：覆栏纤弱绿条长，带雪

---

① （清）陈元龙撰：《格致镜原》，上海古籍出版社1992年版，第387页b版。

冲寒拆嫩黄。迎得春来非自足，百花千卉任芬芳。《水云录》云：宜候花放时移栽肥土，以退牲水，浇之则茂。或云即金雀，非也。迎春与金雀枝柯相似，而有强弱之异。金雀叶如槐而有小刺，二月尽始花。花色亦黄，其形如爵，是以名之。取其花，用沸汤绰过，轻盐腌之，晒干点茶，甘香可口。"① 清·陈淏子《花镜·金雀花》："金雀花，枝柯似迎春，叶如槐而有小刺。仲春开黄花，其形尖，而旁开两瓣，势如飞雀可爱。"皆点出了二者的区别，即便如此，有时还被认为是一种花草，如明·汤日昭《（万历）温州府志·食货志》："迎春，一名金雀儿。"隐语用"迎春"隐指金雀草，盖是错误地认为二者所指相同的原因。

玉茗 yùmíng　隐指浅色山茶花。花卉业隐语。

《全国各界切口大词典·杂业类·花业》："玉茗：浅色之山茶也。"

造词法：文化+意义造词·诗词（别名）+特点比喻指代

按：宋·陶弼的《山茶花二首》之一："浅为玉茗深都胜，大曰山茶小海红。名誉谩多朋援少，年年身在雪霜中。"② 明·顾起元《说略·卉笺》下："色淡而无心者曰玉茗，即今粉红山茶。古诗有云：浅为玉茗深都胜，大曰山茶小海红也。""玉茗"指称浅色之山茶，是指花如玉般的颜色，即指山茶的颜色浅。"玉茗"一词由喻指颜色的"玉"和表示类属的"茗"共同构成。隐语即用此别名进行隐指。

原途 yuántú　隐指外地、外国来的丝。丝经业隐语。

《全国各界切口大词典·商铺类·丝经业》："原途：来路货也。"

造词法：语音+意义造词·谐音+特点指代

按：原途，谐音"远途"，是指从外地、外国来的货品（即丝）。

月梭 yuèsuō　隐指成年女佣。磨镜匠隐语。

《全国各界切口大词典·工匠类·磨镜匠》："月梭：佣妇也。"

造词法：截取+意义造词·跳跃式截取+传统文化+特点比喻指代

按：该隐语跳跃式截取自"日月穿梭"，截取"月梭"隐指成年女佣。月，为阴，喻指女性；梭，指穿梭，喻指女佣像穿梭一样忙来忙去。

越桃 yuètáo　隐指栀子花。卖花者隐语。

《全国各界切口大词典·杂流类·卖花》："越桃：栀子花也。"

造词法：意义造词·综合特点指代（别名）

按：唐·孙思邈《千金翼方·本部中品》中："（栀子）一名木丹，

---

① （明）周文华著，赵广升点校：《汝南圃史》，凤凰出版社2017年版，第109页。
② （宋）陈景沂编辑：《全芳备祖》，农业出版社1982年版，第610页。

一名越桃，生南阳川谷。"① 宋·陈敬《陈氏香谱·栀子香》："叶庭珪云：栀子花出大食国，状如红花而浅紫，其香清越而酝藉，佛书所谓薝卜花是也。段成式云：西域薝卜花即南方栀子花。"越桃为西域薝卜（《汉语大词典》"越桃"释为郁金香），盖因其花朵的"清越"之香与果实似"桃"的形状而命名。

Z

扎目 zhāmu 隐指服装。郯城县马头镇回族牛羊市隐语。

笔者田野调查隐语条目。

造词法：意义造词·特点指代

按：人的外在形象首先通过服装来表现，在人与人之间的交往中，首先映入眼帘的也是人的服装打扮，如同扎入目中，故用"扎目"指代服装。

宅儿 zhái'er 隐指眼睛。旧时山西晋南石匠隐语。

潘家懿《山西晋南的秘密语"言子话"》，《运城师专学报》1988年第3期。

造词法：语音+意义造词·谐音+动作+词缀共同指代

按："宅"为"眨"的谐音，故用动作"眨"附加后缀"儿"隐指动作发出的主体"眼睛"。

掌倪 zhǎngní 隐指女主顾。旧时换碗者隐语。

《全国各界切口大词典·杂流类·换碗者》："掌倪：女主客也。"

造词法：意义造词·职权指代

按：主客，吴方言词，即指主顾、顾客（参见"主客"条理据分析）。掌，掌管；倪，谐音"内"，指内部的。"掌倪"即指掌管家庭内部的人，即女主人，从换碗者的角度而言，为女主顾。

掌随 zhǎngsuí 隐指女主人。旧时卖春药治毒疮者隐语。

《全国各界切口大词典·医药类·卖春药治毒疮者》："掌随：主妇也。"

造词法：意义造词·职权指代

按：掌，掌管；随，跟随，跟从，指跟随丈夫、辅助丈夫掌管家庭事务。因女主人不是主要性地掌管家庭，即不是一家之主，故用"掌随"

---

① （唐）孙思邈著，鲁兆麟等点校：《千金翼方》，辽宁科学技术出版社1997年版，第34页。

隐指。

掌要 zhǎngyào　　隐指男主顾。旧时换碗者隐语。

《全国各界切口大词典·杂流类·换碗者》："掌要：男主客也。"

造词法：意义造词·职权指代

按：主客，吴方言词，即指主顾、顾客（参见"主客"条理据分析）。掌，掌管；要，主要。"掌要"即指掌管家庭主要事务的人，即男主人，从换碗者的角度而言，为男主顾。

招 zhāo　　隐指眼睛。郯城县马头镇回族牛羊市隐语。

笔者田野调查隐语条目。

造词法：意义+语音造词·特点比喻指代+谐音

按：眼睛如同心灵的窗户，也如同一面镜子，通过眼睛可以"照"见人的内心，故用"照"指代眼睛。"照"与"招"谐音，遂换用"招"隐指眼睛。

招熯 zhāohàn　　隐指卖眼药者。旧时医眼病卖眼药者隐语。

《全国各界切口大词典·医药类·医眼病卖眼药者》："招熯：卖眼药者。"

造词法：意义造词·物品指代

按：招，隐指眼睛；熯，指烘干、曝晒药品的加工方法，隐语中隐指药（参见"招""熯工""熯火"条理据分析）。故"招熯"为眼药，隐语用眼药隐指卖眼药的人。

招壳 zhāoké　　隐指眼镜框。旧时卖眼镜隐语。

《全国各界切口大词典·杂流类·卖眼镜》："招壳：眼镜框也。"

造词法：意义+语音造词·特点比喻指代+相关联想+谐音

按："招"隐指眼睛（参见"招"条理据分析），因眼镜戴在眼睛上，故联想隐指眼镜。壳，指框架，故用"招壳"隐指眼镜框。

招亮 zhāoliàng　　隐指眼镜。旧时卖眼镜隐语。

《全国各界切口大词典·杂流类·卖眼镜》："招亮：眼晶也。"

造词法：意义+语音造词·特点比喻指代+功用指代+谐音

按："招"隐指眼睛（参见"招"条理据分析）。"招亮"即指眼睛亮，因为戴了"眼镜"眼睛才显得更为明亮，故用此功用指代眼镜。

招子枪 zhāozi qiāng　　隐指眼镜腿。旧时卖眼镜隐语。

《全国各界切口大词典·杂流类·卖眼镜》："招子枪：眼镜腿也。"

造词法：意义+语音造词·特点比喻+相关联想+词缀共同指代+谐音+形状比喻指代

按："招"隐指眼睛（参见"招"条理据分析），因眼镜戴在眼睛上，附加后缀"子"后联想隐指眼镜。"枪"比喻眼镜腿的形状。故用"招子枪"隐指眼镜腿。

招子包 zhāozi bāo　　隐指卖眼镜者。旧时卖眼镜隐语。

《全国各界切口大词典·杂流类·卖眼镜》："招子包：卖眼镜者。"

造词法：意义+语音造词·特点比喻+相关联想+词缀共同指代+谐音+物品指代

按："招子"隐指眼镜（参见"招子枪"条理据分析）。"招子包"指卖眼镜者卖货时装眼镜的大包，该隐语运用物品指代人，故以"招子包"隐指卖眼镜者。

召骇 zhàohài　　隐指恐惧。旧时施药郎中隐语。

《全国各界切口大词典·医药类·施药郎中》："召骇：恐惧也。"

造词法：意义造词·特点指代现象

按：召，指召唤；骇，指害怕，恐惧。恐惧是来自于内心的，不是外来的，是由内心召唤而来的心理感受，故用"召骇"隐指。

真蜡 zhēnlà　　隐指蜡梅花。旧时花卉业隐语。

《全国各界切口大词典·杂业类·花业》："真腊：黄梅也。俗呼蜡梅也。"

造词法：意义造词·典故+特点比喻指代

按：宋·杨万里《蜡梅》诗："来从真蜡国，自号小黄香。"[①] 因蜡梅花的颜色如同真蜡而得名，故用"真蜡"喻指（参见"黄香"条）。

指邱 zhǐqiū　　隐指制陶坯的工匠。旧时烧窑匠隐语。

《全国各界切口大词典·工匠类·烧窑匠》："指邱：制造人也。"

造词法：意义+文字造词·特点指代+字形包含

按：制造陶坯是非常精细的活儿，需要工人心灵手巧，灵活的双手、灵巧的手指是确保陶坯质量的关键，故用"指"指代制造陶坯的工作特点；邱，运用字形包含法创造，"邱"与"匠"包含相同的字形"斤"，故指工匠（参见第三章第二节中的"字形包含指代造词法"）。制陶坯离不开手指，故用"指邱"隐指制造陶坯的工匠。

治蘠 zhìqiáng　　隐指菊花。旧时花卉业隐语。

《全国各界全国各界切口大词典·杂业类·花业》："治蘠：菊

[①]　（宋）陈景沂编辑：《全芳备祖》，农业出版社1982年版，第230页。

花也"。

造词法：意义造词·特点指代+部分指代

按：《尔雅·释草》："蘜，治蘠。"晋·郭璞注："今之秋华菊。"①《说文·艸部》："蘜，治墙也。从艸，鞠声。"②唐·徐坚《初学记·菊第十一》："《尔雅》云：菊，治蘠也。周处《风土记》曰：日精、治蘠，皆菊之花茎别名也。生依水边，其华煌煌，霜降之时，唯此草盛茂。"治蘠，亦写作"治墙"。"墙"乃"蘠"之同音字，"治蘠"指出了菊花花茎与蔷薇花茎的不同，从外形来看，两种花茎都较清瘦、挺拔，但二者的关键不同在于菊花花茎无刺，而蔷薇花茎布满小刺。相对而言，菊花花茎更为平顺，故称为"治"（参见《汉语大词典》"治"条释"平顺，和顺"义）。"治蘠"则成为菊花花茎的别名，后用来指称菊花（仅指花或整株植物）。

肿 zhǒng　隐指饱；够；齐全。旧时山西夏县编苇工匠隐语。

潘家懿、赵宏因《一个特殊的隐语区》，《语文研究》1986年第3期；潘家懿《山西晋南的秘密语"言子话"》，《运城师专学报》1988年第3期。

造词法：意义造词·特点比喻指代

按："肿"从外形上看去鼓胀充盈，隐语用其比喻吃饱，"足够""齐全"义由"饱"义引申而隐指。

种壳 zhǒngké　隐指粮食。郯城县马头镇回族牛羊市隐语。

笔者田野调查隐语条目。

造词法：意义造词·特点指代

按：粮食为植物的种子，是带壳的种子。"种壳"即为带有"壳"的"种"子，即为粮食。故用"种壳"隐指粮食。

珠履三千 zhūlǔsānqiān　隐指有钱的客人。旧时摆地摊治病者隐语。

《全国各界切口大词典·医药类·着地摊药治病者》："珠履三千：阔客也。"

造词法：意义造词·诗句+特点比喻指代

按：唐·武元衡《送裴戣行军》诗："珠履三千醉不欢，玉人犹苦夜冰寒。"宋·陆游《题郭太尉金州第中至喜堂》诗："帐前犀甲罗十万，

---

① （晋）郭璞注，王世伟校点：《尔雅》，上海古籍出版社2015年版，第138页。

② （汉）许慎撰，（清）段玉裁注：《说文解字注》，上海古籍出版社1981年版，第35页b版。

幕下珠履逾三千。""珠履三千"指有谋略的门客，隐语用此比喻性用法隐指有钱的客人。

主客 zhǔkè　　隐指顾客。旧时商人隐语。

《全国各界切口大词典·杂业类·商人共众》："主客：顾客也。俗谓买主。"

造词法：意义造词·方言同义词指代

按：主客，指主顾，顾客。吴方言词，使用于上海、苏州等地（许宝华、宫田一郎，1999：1437；许宝华、陶寰，1997：11；叶祥苓，1998：8）。故隐语用"顾客"的方言同义词"主客"隐指。

助娇 zhùjiāo　　隐指千叶桃花。旧时花卉业隐语。

《全国各界切口大词典·杂业类·花业》："助娇：千叶桃花也。"

造词法：意义造词·典故+功用指代

按：五代·王仁裕《开元天宝遗事·助娇花》："御苑新有千叶桃花，帝亲折一枝，插于妃子宝冠上，曰：此个花尤能助娇态也。"[①] 宋·谢维新《事类备要·别集·桃花》："与儿觌面，与妃销恨，与妃助娇，花相映红。"宋·佚名《锦绣万花谷后集·桃》："助娇，御苑有千叶桃，帝亲折一枝，插于妃子宝冠上，曰：此花尤能助娇态。"宋·朱胜非《绀珠集·开元天宝遗事》："助娇花，御苑千叶桃开，帝折一枝，插妃子冠上，曰：此花能助娇也。""助娇"一名来源于典故，用主观之功用指代千叶桃花。

追远 zhuīyuǎn　　隐指碑记。旧时石匠隐语。

《全国各界切口大词典·工匠类·石匠》："追远：碑记也。"

造词法：意义造词·典故+功用指代

按：《论语·学而》："曾子曰：慎终追远，民德归厚矣。"三国·何晏集解："孔曰：慎终者，丧尽其哀也。追远者，祭尽其敬。"宋·邢昺疏："《正义》曰：此章言民化君德也。慎终者，终谓父母之丧也，以死者人之终，故谓之终。执亲之丧，礼须谨慎尽其哀也。追远者远，谓亲终既葬，日月已远也。孝子感时念亲，追而祭之，尽其敬也，民德归厚矣者，言君能行此慎终追远二者，民化其德，皆归厚矣，言不偷薄

[①] （五代）王仁裕等撰，丁如明等校点：《开元天宝遗事（外七种）》，上海古籍出版社2012年版，第12页。

也。"① 碑记，即碑上所刻的记事文章。追远，是指碑上所刻的记事文章用于追思先人、先贤，用于缅怀过去，表达对先人的哀悼和尊敬。故用"追远"指代碑记。

紫棉 zǐmián　隐指海棠花。旧时卖花者隐语。

《全国各界切口大词典·杂流类·卖花》："紫棉：海棠也。"

造词法；意义+语音造词·种概念指代属概念+谐音

按：紫棉，谐音"紫绵"。宋·陈景沂《全芳备祖前集·海棠》："惟紫绵色者正，谓之海棠。"② 清·厉荃《事物异名录·海棠》："《学圃余疏》：海棠品类甚多，就中西府为最，其名紫绵者尤佳。"③ "紫绵"指海棠的颜色，因该种颜色的海棠颜色鲜艳纯正，花瓣繁多，花形很大，是海棠之上品，故用种概念（下位概念）"紫绵"指代其属概念（上位概念）海棠。

醉后看 zuìhòukàn　隐指绣球花。旧时花卉业隐语。

《全国各界切口大词典·杂流类·卖花》："醉后看：绣球花也。"

造词法：意义造词·典故

按：明·张新《绣球》："散作千花簇作团，玲珑如琢巧如攒。风来似欲拟明月，好与三郎醉后看。"④ 故用"醉后看"隐指诗歌描绘的对象绣球花。

---

① （魏）何晏等注，（宋）邢昺疏：《论语注疏（附校勘记）》，上海古籍出版社1990年版，第7页b版。

② （宋）陈景沂编辑：《全芳备祖》，农业出版社1982年版，第291页。

③ （清）厉荃原辑，（清）关槐增纂：《事物异名录》，岳麓书社1991年版，第457页。

④ （清）汪灏等著：《广群芳谱》，上海书店出版社1985年版，第898页。

第九章　现代汉语隐语辞书校勘

通过对现代汉语隐语结构和造词理据的分析，有助于我们更深入地了解隐语所引指的意义以及意义形成的过程；对现代汉语隐语造词理据的分析，有助于我们更为清晰地了解到隐语意义的形成与词语结构，帮助我们对隐语辞书中的词条在词形、释义乃至理据方面做出较为客观、正确的分析与判断，有利于对隐语的正确理解和运用。根据现代汉语隐语结构和造词的分析，我们对部分隐语类辞书的词条进行对比、分析，从词形、释义、理据等方面进行校对和勘误。

本章我们选取20世纪以来较为有代表性的辞书，针对其中相同词条进行对比、分析和校对。这几部辞书分别是：《全国各界切口大词典》（吴汉痴主编编辑，1924年）、《中华隐语大全》（潘庆云主编，1995）、《中国隐语行话大辞典》（曲彦斌主编，1995）、《中国秘密语大辞典》（陈崎主编，2002）[①]。通过以上各辞书间的比对，能够发现很多释义上的问题，例如"扶老"一条，《中国隐语行话大辞典》释为"鹭鸶"，《中华隐语大全》和《中国秘密语大辞典》释为"秃鹜"，查阅该词条的最早出处《全国各界切口大词典》，其释为"鹭鸶"，到底"扶老"为何物？哪个释义正确？对于"扶老"一条的理据分析就显得尤为重要（参见本章第四节"多辞书汇勘"）。本章根据隐语的造词理据分析对隐语辞书中不准确或错误的释义进行考证和校勘。

第一节　《中华隐语大全》校勘

《中华隐语大全》是新中国成立后出版的第三部汉语隐语词

[①] 这四本隐语辞书能够作为20世纪以来隐语类辞书的代表，由于它们不同程度地收录了《全国各界切口大词典》的词条，相关词条皆引原辞书比对。

典[①]，主编潘庆云，具有语言学与法律学双重学科背景。该词典由学林出版社1995年1月出版，收汉语隐语14000余条，"以当代流行、传布的隐语为核心"，并"顾及自古至今各历史时期的承传、延续"（参见本词典"前言"）。该词典有二序，分别由胡裕树、李昌道撰写。该词典正文后设有"附录"，收录珍稀隐语语料、隐语使用的动态交际语境及非言语交际符号参见第一章第二节关于该词典的介绍。

一 释义不准确

解释源出辞书释语时，加入主观性因素导致释义不准确。例如：

摊喜：流行于旧时。商贾百业隐语。卖饼者称草头作馅的饼。（433页）

《全国各界切口大词典·杂流类·卖饼者》："摊喜：草头饼也。"

按：清·徐豫贞《逃庵诗草·清明即事》："积雨新波涨野塘，清明风物爱吾乡。桃生鬓侧沿村女，柳插船艄上冢郎。盘果乌蒸菱角熟，粉糍青带草头香。纸灰飞逐梨花片，枉杀黄鹂叫北邙。""盘果乌蒸菱角熟，粉糍青带草头香"两句后注曰："吴俗。清明时蒸乌菱食之，田家采蓬蒿烂煮和粉作饵，名为草头饼。"可见，"草头饼"并非用草头作馅儿的饼。

蟹壳黄：流行于旧时。商贾百业隐语。指一种烘得黄脆、上有芝麻的薄皮小饼。今已成上海的通用方言。（441页）

《全国各界切口大词典·杂流类·卖饼者》："蟹壳黄：圆小饼也。"

按：说明称为"蟹壳黄"的"圆小饼"是从形状、颜色进行造词的，并不能说明该种小饼上面是否有芝麻（参见本章"蟹壳黄"理据分析）。在北部吴语地区，今天的"蟹壳黄"的确上面粘有芝麻，如《宁波方言词典》中指"内含酥油外粘芝麻的小烘饼，色、状似蟹壳"的小饼（汤珍珠、陈忠敏、吴新贤，1997：68）；《上海方言词典》中指"内含酥油，外有芝麻的小烘饼，颜色、形状均似煮熟的蟹壳"的小饼，并称蟹壳黄为上海的传统点心（许宝华、陶寰，1997：73）等，但是不能根据今天同名食品的特点，不顾源出辞书的释语而进行跨越时空的释义，显然该种释义不能准确地反映当时的语言事实。

[①] 新中国成立后出版的第一部汉语隐语词典为郑硕人、陈崎主编的《语海·秘密语分册》，上海文艺出版社1994年2月版；第2部为曲彦斌主编的《中国秘语行话词典》，书目文献出版社1994年3月版。

二 释义错误

(一) 释语字形引用错误导致释义错误

引用源出辞书时，缺少仔细比对和分析，从而出现错误词形，有的甚至是不存在的字形或不存在的事物。编著者若认真比对引用文献，这些错误都可以避免。例如：

错落：流行于旧时。商贾百业隐语。禽鸟业者指鹩鹒。（434页）

《全国各界切口大词典·杂业类·禽鸟业》："错落：鸽庚也。"

按：仓庚，亦作"鸽鹒""苍庚"，亦称"金衣公子""黄袍"，即黄鹂。把"鸽庚"写为"鹩庚"，错误明显。

挡风：流行于旧时。商贾百业隐语。押当业指被子。（旧货业指长衫）（407页）

《全国各界切口大词典·商铺类·押当业》："挡风：袍子也。"

按：很明显的错误，把"袍子"看成"被子"。

独立：流行于旧时。商贾百业隐语。禽鸟业者称鹭鸶为独立。（410页）

《全国各界切口大词典·杂业类·禽鸟业》："独立：鹭鸶也。"

按：把"鹭鸶"写为"鹭鸶"，错误明显。

满地：流行于旧时。商贾百业隐语。花卉业指玉芯花。（435页）

《全国各界切口大词典·杂业类·花业》："满地：玉蕊花也。"

按："满地"运用特点指代造词法而创造，从玉蕊花盛开后铺满地面的特点对其进行指代。该错误属引用释文中的词形错误，由于词形的错误导致了释义的错误，"玉芯花"并不存在。

梅弟：流行于旧时。商贾百业隐语。花卉业指山馨花。（421页）

《全国各界切口大词典·杂业类·花业》："梅弟：山矾花也。"

按：由于《全国各界切口大词典》的字体为繁体，"矾"字写为"礬"，《中华隐语大全》引用时误作"馨"字。"山馨花"亦不存在，此错误亦该避免（参见第八章"梅弟"理据分析）。

(二) 释语引用错误导致释义错误

引用源出辞书时缺乏仔细比对，把此物改为彼物，把此名改为彼名，张冠李戴后更缺乏理性分析所导致的错误。这些错误亦当避免。例如：

地铃：流行于旧时。商贾百业隐语。卖糖果者称荸荠片为地铃。（382页）

《全国各界切口大词典·杂流类·卖糖果者》："地铃：蒲荠糖也。"

按：该隐语运用综合特点比喻造词指代法而创造。蒲荠，即为荸荠。"地"是指荸荠生长于地下；铃，指荸荠的形状像铃铛。糖做成荸荠的形状，故称为"地铃"，而荸荠片则不具"铃"的外形，显然不能指代之。

分艮：流行于旧时。商贾百业隐语。收旧货人称算盘为分艮。（370页）

《全国各界切口大词典·杂流类·收旧货》："分艮：夹剪也。"

按：分，指夹剪使用时分开的状态；艮，指静止，即夹剪合上的状态。分艮，是运用特点指代造词法而创造，运用夹剪使用时的状态特点进行指代。算盘则不具有该种状态特点，故《中华隐语大全》"分艮"条释义错误。

领家的：流行于旧时。商贾百业隐语。海渔业称鲍鱼为领家的。（424页）

《全国各界切口大词典·行号类·海鱼行》："领家的：鼋鱼也。俗呼为鼈。"

按：鼋鱼，即为鳖，也称为甲鱼、团鱼、鼋（参见《汉语大词典》"鼋"和"元鱼"条）。鼈，同"鳖"。《说文·黽部》："鼈，甲虫也。从黽，敝声。"《广韵·薛声》："鼈，鱼鼈。俗作鳖"（参见《汉语大字典》"鼈"条）。"领家的"，也称为"领家"，指开设妓院的人（参见《汉语大词典》"领家的"条），"龟"喻指娼妓家的男子（杨琳2006），故用"领家的"隐指龟。《中华隐语大全》释为"鲍鱼"则没有任何来由，尽管"鲍"与"鸨"谐音，但是"鲍鱼"从未被附以"龟""妓"之类的民俗色彩。故"领家的"释为"鲍鱼"属释义错误。

绿衣郎：流行于旧时。商贾百业隐语。禽鸟业指鸳鸯。（427页）

《全国各界全国各界切口大词典·杂业类·禽鸟业》："绿衣郎：鹦鹉也。"

按：该隐语运用外形颜色特点比拟指代造词法而创造，把鹦鹉比拟为穿绿衣的儿郎。而《中华隐语大全》释为"鸳鸯"，显然无法把鸳鸯的外形特点与"绿衣郎"之间联系起来。从生物学的分类来说，鹦鹉和鸳鸯是两种不同的鸟类。从外形和颜色而言，鸳鸯雌雄外形与羽毛的颜色皆不相同，"雄者羽毛色彩错综绚丽，羽形别致，颇富装饰性。头上冠羽具翠绿、紫铜等色，带有金属光泽，颈部栗色，背、腰、翼以褐色为主，带有蓝绿色金属光泽，翅膀上有一对黄色的扇状帆羽，腹部乳白色。雌鸟羽毛灰暗无光，顶部亦无冠羽。"[1] 很明显这些特点与"绿衣郎"格格不入。如唐·吴融的《鸳鸯》诗："翠翘红颈覆金衣，滩上双双去又归。长短死生无两处，可怜黄鹄爱分飞。"其中的"翠翘红颈覆金衣"即是对雄鸳鸯的颜色、外形摹写。故《中华隐语大全》"绿衣郎"条释义错误。

青耕：流行于旧时。商贾百业隐语。禽鸟业指山鸡。（397 页）

《全国各界切口大词典·杂业类·禽鸟业》："青耕：青鹊也。"

按：青耕，传说中的一种鸟。《山海经·中山经》："堇理之山……有鸟焉，其状如鹊，青身白喙，白目白尾，可以御疫，其鸣自叫"（参见《汉语大词典》"青耕"条）。因青鹊的颜色与传说中的青耕相同，故用"青耕"隐指青鹊，而非山鸡。故《中华隐语大全》"青耕"条释义错误。

施主：流行于旧时。商贾百业隐语。卖糖粥者指卖客。（411 页）

《全国各界切口大词典·杂流类·卖白糖粥者》："施主：买客也。"

按：把"买客"写为"卖客"，很明显的错误。施主是佛道对布施者的敬称。买客到店家来买东西，是让店家盈利，是对店家有好处的人，把买客视为施主是切合实际的，同今天所说的"顾客就是上帝"表达的意思是相同的，相反，卖家则不会称呼自己为施主。故《中华隐语大全》"施主"条释义错误。

纹罗：流行于旧时。商贾百业隐语。卖水果者指金橘。（397 页）

《全国各界切口大词典·杂流类·卖水果者》："纹罗：金柑也。"

按：应该是金柑，因为柑的表皮有皱，即有"纹罗"（"罗"为词缀），而金橘的表皮比较光滑。对比源出辞书，故《中华隐语大全》"纹罗"条释义错误。

越桃：流行于旧时。商贾百业隐语。卖花人称合欢花为越桃。（427 页）

《全国各界切口大词典·杂流类·卖花》："越桃：栀子花也。"

按：栀子花作合欢花，张冠李戴，仔细校对源出辞书，这种错误本该避免（参见第八章"越桃"的理据分析）。

（三）释语错误理解导致释义错误

对源出辞书的释语缺乏正确理解，用现代汉语释义后违背原义。

---

[1] 参见张秉成、张国臣主编《花鸟诗歌鉴赏辞典》，中国旅游出版社 1990 年版，第 654 页对"鸳鸯"的介绍。

例如：

二成：流行于旧时。商贾百业隐语。绸缎业指减为二成。（360 页）

《全国各界全国各界切口大词典·商铺类·绸缎业》："二成：言减也。"

按：该隐语为文字造词法而创造，运用拆字把"减"拆为"丫"和"咸"，"二"和"成"是该两部分的近似变体。"二成"表示的是"减"，即以"减"再隐指"减价"，并不具体指所"减"的量。若"二成"隐指"减为二成"，很明显它的隐秘性较弱，创造这样的隐语其意义不大。故《中华隐语大全》"二成"条释义错误。

二千八：流行于旧时。商贾百业隐语。绸缎业谓本钱为二千八。（360 页）

《全国各界全国各界切口大词典·商铺类·绸缎业》："二千八：言利钱也。"

按：该隐语为文字造词法而创造，运用拆字把"利"拆为"千""八"和"刂"，"千"和"八"是从"禾"拆解而来，"二"为"刂"的变体。即用"二千八"隐指利钱，而不是"本钱二千八"。故《中华隐语大全》"二千八"条释义错误。

第二节 《中国隐语行话大辞典》校勘

《中国隐语行话大辞典》是曲彦斌主编的三部汉语隐语词典中收词最多且最有代表性的一部（参见第一章第二节关于该词典的介绍），该词典运用汉语拼音音序排列词条并在正文中对各词条标注汉语拼音，在释义和文献引用等方面尚欠缺较为扎实的锤炼和打磨。下文举例说明。

一 释义错误

《中国隐语行话大辞典》所辑录其他历史文献中的隐语，大多直接引用。释义中的有些隐语也出现了不同情形的错误。

（一）释语字形引用错误导致释义错误

青尖：旧时杂货业谓竹筷。《切口·杂货业》："青尖：竹箸也。"（501 页）

《全国各界切口大词典·商铺类·杂货业》："青尖：竹箸也。"

按：误把引文中的"箬"作"箸"，故导致释义错误。同为杂货业隐语的"徽尖"在《中国隐语行话大辞典》中的释义是正确的，指"徽州出产的竹叶"（279 页），若对辞书进行照应性检查，"青尖"释为"竹筷"的错误应该能够避免。

搭手：旧时琢玉匠业谓石沫。《切口·琢玉匠》："搭手：石沙也。"（112 页）

《全国各界切口大词典·工匠类·琢玉匠》："搭手：石沙也。"

按：从隐语"搭手"来看，该物品使用时需要与手接触，是握在手中使用的琢玉工具，即磨料。《全国各界切口大词典》中的"石沙"应为"石砂"。因磨料非常坚硬，俗称为"石砂"，也称为"钢砂""金刚砂"（参见《汉语大词典》"钢砂""金刚砂"条）。《中国隐语行话大辞典》把原释文的"石沙"释为"石沫"当属低级错误。

（二）释语理解错误导致释义不准确或错误

缺乏对源出辞书释语的深入理解而导致释义不能够客观真实反映原释语或错误反映原释语。

1. 对源出释语理解错误导致释语不准确

提笼：旧时脚夫行谓提箱包。《切口·脚夫》："提笼：携箧也。"（602 页）

《全国各界切口大词典·役夫类·脚夫》："提笼：携箧也。"

按：箧，指小箱子。大曰箱，小曰箧（参见《汉语大词典》"箧"条）。"提箱"和"提包"也是体积、大小不同的两种盛物之具，不能混称为"提箱包"，也没有这种称谓。携，指动作提，"携箧"应为"小提箱"。故《中国隐语行话大辞典》"提笼"条释义不准确。

2. 对源出释语理解错误导致释语错误

畚：旧时民间施药医生谓水泻药。《切口·施药郎中》："畚：水泻药。"（36 页）

《全国各界切口大词典·医药类·施药郎中》："畚：水泻也。"

按：把"水泻也"误作"水泻药"，故导致释义错误。"畚"为动词，明清时吴方言指"（用簸箕）搬、运、舀"（石汝杰、宫田一郎，2005：33），今上海话指"用簸箕撮"（许宝华、陶寰，1997：257；钱乃荣、许宝华、汤珍珠，2007：212）。"水泻"即腹泻，指便泻如水状（参见《汉语大词典》"水泻"条），由"畚"倾倒东西的形象和声音，喻指便泻如水状的腹泻，故"畚"应释为"腹泻"（或"严重腹泻"）。

赤老：旧时杂货业谓红矾。《切口·杂货业》："赤老：红矾也。"

(88页)

《全国各界切口大词典·商铺类·杂货业》:"赤老:矾红也。"

按:把"矾红"误作"红矾"。明矾的名称中没有"红矾"一称。矾红为绛矾的别名,是明矾之一种。故《中国隐语行话大辞典》杂货业隐语"赤老"条释义错误。

上找:旧时邮政业谓邮资已付。(546页)

下找:旧时邮政业谓没付邮资。(666页)

《全国各界切口大词典·杂业类·信局业》:"上找:信资已付者。""下找:信资未付者。"

按:按照源出辞书释义,"上找"指"信资已付者",即邮资已付的信件;"下找"指"信资未付者",即邮资未付的信件。释义后词性发生了改变,把名词性短语释为动词性短语,缺少动作后的中心语,从而释义错误。

套人:旧时雉妓谓买进女人。《切口·雉妓》:"套人:鸨母买进之女子也。"(601页)

《全国各界切口大词典·娼妓类·雉妓》:"套人:鸨母买进之女子也。"

按:按照源出辞书释义,"鸨母买进之女子"是名词性短语,是妓院买进的年轻女子,也就是说"套人"指的是妓院买进的雉妓。《中国隐语行话大辞典》释为"买进女人",这是一个动宾结构的动词性短语,显然与源出辞书释义不同。另外,把源出辞书中的"女子"释为"女人"也不正确,雉妓业中的妓女被买进时都是年轻的女孩子。

二 转引、漏收等错误

白刃:旧时鲜鱼行谓觜鱼。《切口·鲜鱼行》:"白刃:觜鱼也。"(16页)

《全国各界切口大词典·行号类·鲜鱼行》:"白刃,鲎鱼也。"

按:释义词形错误。鲎,《广韵》才礼切,上荠,从。觜,《广韵》即移切,平支,精(分别参见《汉语大词典》"鲎""觜"条)。显然是不同的两个字,前者指鱼,后者与鱼无关。鲎鱼即为刀鱼。《汉语大词典》对"刀鱼"的释义很清楚,"刀鱼:鱼名。即鲎鱼,亦名刀鲚。形似刀,故名。"写为"觜",意义上就风马牛不相及了,更没有"觜鱼"这种鱼类。

相老:旧时脚夫谓久闯江湖者。《切口·脚夫》:"相老:老干江湖

者。"（676 页）

《全国各界切口大词典·役夫类·脚夫》："相老：老于江湖者。"

按：释语词形错误。尽管释义正确，但释语中把"于"看作"干"，形近而讹。

不素：旧时贳彩业谓彩色丝绸。《切口·贳彩业》："不素：彩也。"（51 页）

《全国各界切口大词典·手艺类·贳彩业》："不素：綵也。"

按：释语词形错误。"綵"并不等于"彩"，前者指彩色的丝织品，即彩绸，而后者指彩色，隐指彩绸的只能是"綵"，而不是"彩"。尽管释义正确，但释语中的错误并非出于形近而讹，而是有些想当然，若翻检一下《汉语大词典》，这个错误肯定能避免。

野鸡：未收录。

《全国各界切口大词典·娼妓类·雉妓》："野鸡：雉妓也。"

按：《中国隐语行话大辞典》未收录。该隐语已经早已泛化使用，成为"妓女"的另一称谓，该隐语若不收录则不能说明隐语向通语词语的泛化以及该词语的来源。

第三节　《中国秘密语大辞典》校勘[①]

"《中国秘密语大辞典》，收录隐语词条达 31000 余条，与历史及同期汉语隐语辞书相比，其收条较为宏富。"[②]（邵燕梅，2020）但该辞书仍有待于修正与改正，例如释义的准确性和理据分析的合理性等方面（参见第一章第二节关于该词典的介绍）。

一　释义不准确

《全国各界切口大词典》等历史性文献是《中国秘密语大辞典》辑录词条的重要来源，对比源出辞书的释语，有些词条的释义不准确，违反了释义的准确性原则。例如：

[①] 《中国秘密语大辞典》是本书语料库中语料的主要来源，笔者对其中的商业隐语词条进行了较为深入的比对，并不能因为此处勘误的词条较多，而否定其价值。

[②] 邵燕梅：《论汉语隐语辞书编纂的若干问题——以大型隐语辞书〈中国秘密语大辞典〉为例》，《南开语言学刊》2020 年第 1 期。

【夹杂】旧时收卖锭灰摊贩。指锭灰中有垃圾。（475 页）

《全国各界全国各界切口大词典·杂流类·收卖锭灰者》："夹杂：灰之有垃圾者。"

按：从源出辞书的释语来看，其所指应为具有"夹杂着垃圾"特点的"锭灰"，而不是陈述"锭灰中有垃圾"这一现象或事实。

【敲硬】旧时盐业。指官盐印章。（1468 页）

《全国各界全国各界切口大词典·商铺类·盐业》："敲硬：官盐二字之印子也。"

按：对比源出辞书的释语，"敲硬"所指并非"官盐印章"，而是指盐上所敲的"官盐"二字的印章痕迹。

【重头】旧时邮传业。指信中有银圆。因其重量较大，故称。（992 页）

《全国各界全国各界切口大词典·杂业类·信局业》："重头：信中有洋银者。"

按：放入银圆后的信件比普通信件重，故称为"重头"。对比原释语，"信中有洋银者"指内有银圆的信件，而不是陈述"信中有银圆"这样一种现象或事实。

【秀才果】旧时炒货行。指煮盐浸豆。（681 页）

《全国各界切口大词典·行号类·炒货行》："秀才果：盐浸豆也。"

按："盐浸豆"是一种已经加工好的炒货食品，指加工好的咸豆，因秀才晚上读书时作为零食，故称为"秀才果"。"煮盐浸豆"便成了一种加工行为。今释义与原释义有出入，而且造成了理解上的歧义。

【摆子】旧时茶楼。指紫砂茶壶。因其摆放于桌子上，故称。（1391—1392 页）

《全国各界切口大词典·杂业类·茶楼》："摆子：茶壶也。"

按：源出辞书的释义为一般性称谓"茶壶"，今释义却成了茶壶的一个下位类别"紫砂茶壶"，该释义把隐语所指称事物的外延缩小了。

【招风】旧时海味业。指鱿鱼干。因其薄而透明，似猪耳朵，故称。（791—792 页）

《全国各界切口大词典·商铺类·海味业》："招风：鱿鱼也。"

按：源出辞书的释义为"鱿鱼"，却释为了"鱿鱼干"，同样把隐语所指称的外延缩小了。

【冰勒】旧时海鱼行。指鲜鳓鱼。因其由冰块保鲜，又"鳓"讹为"勒"，故称。（566 页）

《全国各界切口大词典·行号类·海鱼行》："冰勒：鲜鲞鱼也。"

按：明·李时珍《本草纲目·勒鱼》："［释名］时珍曰：鱼腹有硬刺勒人，故名。［集解］时珍曰：勒鱼，出东南海中，以四月至渔人设网候之，听水中有声则鱼至矣。有一次二次三次乃止。状如鲥鱼，小首、细鳞、腹下有硬刺，如鲥腹之刺，头上有骨，合之如鹤喙形。干者谓之勒鲞，吴人嗜之。"勒鱼，亦写作"鰳鱼"，又称为白鳞鱼、曹白鱼。身体侧扁，银白色。鲞鱼，指干鱼或腌鱼（参见《汉语大词典》"鰳""鲞"条）。鲜鲞鱼是指新鲜的鰳鱼干，"冰勒"不仅说明了鲞为鰳鱼，而且"冰"从颜色和状态两方面对其进行比喻性描述，鰳鱼干色白似冰而得名。故释为"鲜鰳鱼"不准确。

【糊面子】旧时山货业。指竹壳。因其常用于糊鞋面，故称。(1513 页)

《全国各界切口大词典·商铺类·山货业》："糊面子：竹箬也。"

按：箬，指竹笋皮。包在新竹外面的皮叶，竹长成逐渐脱落。俗称笋壳（参见《汉语大词典》"箬"条）。故"竹箬"应为竹笋壳，即笋壳，不能称为"竹壳"。现实中也未有"竹壳"一称。

【台青】旧时南货业。指红糖。因产于台湾，故称。(413 页)

【吕青】旧时南货业。指产于吕宋（今菲律宾）的红糖。(517 页)

《全国各界切口大词典·商铺类·南货业》："台青：赤糖也。以产自台湾。故名台青。""吕青：亦赤糖也。以产自吕宋。故名吕青。质地略逊于台湾所产者。"

按："台青"和"吕青"应是产地不同的两种红糖，从语义关系来看，二者属于同位关系，而不是包含与被包含、一般与个别的关系。故"台青"应释为"产于台湾的红糖"。

【点销】旧时人力车夫。指交班。(961 页)

《全国各界切口大词典·役夫类·人力车夫》："点销：告班也。"

按："告"应为"休假"义，应与"告老"之"告"义同。"告班"应该为"歇班""休班"义。尽管"歇班"时需要"交班"，把车交给下一班的车夫，但"销"去的是自己当班的时间（即"点"），说明自己的工作时间结束了，而无法对下一当班的"点""销"去什么。故"点销"释为"交班"不确，应释为"歇班"或"休班"。

【烧角】旧时邮传业。指讣告信。因旧时遇有亲友死亡、病重时，所寄信件信封烧焦一角，表示要求火速处理，故称。(1141 页)

《全国各界切口大词典·杂业类·信局业》："烧角：火焦信也。寄信者。遇死亡病革时用之。表示火速之意。""飘风：鸡毛信也。用途同上。"

按："讣告信"指报丧的信件，而不能包括病势危急（即"病革"）时发出的信件。该释义的不准确将导致理解上的错误，导致我们认为该种信件只负责报丧，而不能传递其他紧急的信息。且释为"讣告信"与其所分析的造词理据中的"旧时遇有亲友死亡、病重"是自相矛盾的。很明显，该种释义也缩小了隐语所指的外延。根据源出辞书的释语，"烧角"条可以直接释为"火焦信"即可。

【鸡舌】旧时香烛业。指沉香的果实。因其形似鸡舌，故称。（724页）

《全国各界切口大词典·商铺类·香烛业》："鸡舌：沉香之花成实者。"

按：晋·嵇含《南方草木状》卷中："蜜香、沉香、鸡骨香、黄熟香、栈香、青桂香、马蹄香、鸡舌香。案此八物同出一树也。交趾有蜜香树，干似柜柳，其花白而繁，其叶如橘。欲取香伐之。经年其根干枝节各有别色也，木心与节坚黑。沉水者为沉香。与水面平者为鸡骨香。其根为黄熟香。其干为栈香。细枝紧实未烂者为青桂香。其根节轻而大者为马蹄香。其花不香，成实乃香，为鸡舌香。珍异之木也。"[①] 由此可知，"沉香"是通称，"鸡舌"是其中一种，不是沉香的果实，是由"花成实"而成的沉香。

【大炮】旧时炒货行。指大粒花生。因其外形大而果壳有泡形凸起，故称。（68页）

【小京】旧时炒货行。指小的花生仁。（123页）

《全国各界切口大词典·商铺类·南货业》："大炮：洋长生果也。"

《全国各界切口大词典·商铺类·南货业》："小京：洋长生之小种也。"

按：根据源出辞书释义，"大炮"指的是洋花生，即非本地的花生品种，而是进口的花生品种，并非指花生仁，不能因为"洋"而认为花生仁就大。但从隐语"大炮"来看，多指大粒的洋花生。"小京"应该属于"大炮"之一种，指小颗粒的进口花生品种，也不是指花生仁。从语义关系来看，"大炮"和"小京"二隐语并非同层级关系，而是上下位关系，但在对称时，二者为同层级关系。

[①]（晋）嵇含撰：《南方草木状》，广东科技出版社2009年版，第29页。

【铜箔】旧时颜料业。指铜粉。因其由铜磨细而成，故称。（1225页）

【银箔】旧时颜料业。指锡粉。因其颜色似银粉末，故称。（1227页）

【锡屑】旧时颜料业。指锡粉，锡银。因其颗粒细小，故称。（1421页）

《全国各界切口大词典·商铺类·颜料业》："铜箔：铜金也。""银箔：锡金也。""锡屑：锡金也。"

按：《管子·地数》："上有丹沙者，下有黄金；上有慈石者，下有铜金；上有陵石者，下有铅锡赤铜；上有赭者下有铁。"① 赵尔巽②等《清史稿·舆服一》："皇贵妃翟舆，木质，髹明，黄绘，绣皆金。翟横杆中为铁錽银，双翟相向翟首錽金，凡杆纵加铜錽金，翟首尾肩杆四，异以八人余，同皇后凤舆之制。"无论春秋战国时的用法（前者），还是民国时期的用法（后者），二处的"铜金"皆指"铜"。《汉语大词典》释"铜金"为"铜"。隐语"铜箔"隐指"铜"是用铜的加工物"箔"（薄片状）隐指"铜"，而不是用粉末状的"铜粉"隐指"铜"。

唐·佚名《黄帝九鼎神丹经诀》卷九有一种造"神丹"的方法为"后灰坯食锡金法"。明·胡谧《（成化）山西通志》卷九："官至怀远大将军，锡金虎府升行元帅府事资用。"可见，"锡金"为"锡"是泛指，而不是特指"锡粉"。

该三条隐语在原语素的基础上添加语素"箔"或"屑"，却并不特指该物质片状或屑状的加工制品，仍然泛指原物质而达到隐秘之目的。故《中国秘密语大辞典》释为"铜粉""锡粉"不准确，"铜箔"应释为"铜"，"银箔"和"锡屑"应释为"锡"。《全国各界切口大词典》颜料业中有两条"锡屑"，一条释为"锡金"，一条释为"锡银"，盖"锡银"也为锡。

另，《汉语大词典》收"铜金"条，但未收"锡金""锡银"条，应补收。

---

① （唐）房玄龄注，（明）刘绩增注：《管子》，上海古籍出版社1989年版，第213页a版。

② 《清史稿》是中华民国初年由北洋政府设馆编修的记载清朝历史的正史——《清史》的未定稿，由时任清史馆馆长赵尔巽为主，缪荃孙、柯劭忞等为总纂，100余位学者所编修。本书依据中国基本古籍库所标注。

【联络】旧时卖纸鹞者。指纸鹞编扎方式。因硬竹风筝有一根主竿，将两翼小竿绑扎成串，故称。(1286 页)

《全国各界切口大词典·手艺类·卖纸鸢》："联络：联络主脑系。硬膀纸鸢。纹似长绳。络其小体。如牟尼一串也。"（注：句号应该在"主脑"之后，为"联系主脑。系硬膀纸鸢"）

按：对比源出辞书释语，"联络"应指一种风筝，而不是指风筝的编扎方式。该种风筝为长绳"联络""小体"的硬膀风筝，如同一串佛珠。根据原释语，"联络"应释为连串式的硬膀风筝。

【折跟头】旧时卖纸鹞者。指纸鹞中途调头下坠。因风筝刚放飞时，受低空风影响而转向下坠，像人翻跟头，故称。(644 页)

《全国各界切口大词典·手艺类·卖纸鸢》："折跟头：近风飙转也。"

按："近风飙转"即遇风快速翻转，并不指调头下坠的情况。故"折跟头"应释为"（风筝）遇风急速翻转"。

二 释义错误

（一）释语个别字形的错误引用导致的释义错误

辑录历史性辞书中的词条，对其释语中的字形引用错误，从而导致的释义错误。其原因在于，一是未认真比对字形（应找原版辞书比对字形），二是未深入分析造词理据。例如：

【雪梅墩】旧时药业。指茶黛花。(1196 页)

《全国各界切口大词典·医药类·药行业》："雪梅墩：荼蘼花也。"

按：比对源出辞书释语，《中国秘密语大辞典》把"荼"误作"茶"，把"蘼"误作"黛"，故导致释义错误。这显然是一个非常低级的错误，编纂者似乎根本没有考虑是否有"茶黛花"这样一种可以入药的花卉。

另，出现该种错误大概在于使用 1989 年由上海文艺出版社出版的《切口大词典》之缘故。《切口大词典》是对 1924 年上海东陆图书公司出版的《全国各界切口大词典》的影印，由于释语的字体较小，笔画多的字形多不清晰。

【绛丝】旧时摆草药摊者。指柴草。(1057 页)

《全国各界切口大词典·医药类·摆药摊》："绛丝：紫草也。"

按：把"紫草"误作"柴草"，但编著者却未加思考地认为"柴草"亦可以入药，显然，该种释义错误很不应该。

【沿重条】旧时卖京货摊贩。指缠鞋布。(870 页)

《全国各界切口大词典·杂流类·卖京货》:"沿重条：镶鞋布也。"

按：把"镶"误作"缠"，故释义错误。

【夹条】旧时卖花带摊贩。指长街。（476页）

《全国各界全国各界切口大词典·杂流类·卖花带者》:"夹条：长衖也"。

按：衖，《广韵》胡绛切，匣母去声绛韵。为"巷子"的"巷"和"弄堂"的"弄"的繁体。把"长巷"误作"长街"，导致释义错误。

【脚子】旧时吹糖人者。指竹篾条。因该业用篾条支撑糖人，插进草柱中，形似糖人的脚，故称。（1246页）

《全国各界切口大词典·手艺类·吹糖人》:"脚子：竹筌也。"

按：把"筌"看成"签"的繁体字"籤"。"筌"为捕鱼器具，"竹筌"应为竹制的捕鱼器，与"篾条"义风马牛不相及。

【斜躺】旧时家具业。指坑床。因其横向睡人，故称。（1243页）

【靠把】旧时家具业。指炕桌。因其是炕上坐人时斜靠使用的，故称。（1506页）

《全国各界全国各界切口大词典·商铺类·嫁妆业》:"斜躺：坑床也。""靠把：坑桌也。"

按："坑"当为"炕"的俗字体，故"坑桌"为"炕桌"、"坑床"为"炕床"。《中国秘密语大辞典》中"靠把"条释义正确，而"斜躺"条释义错误，说明释义时缺乏照应。

（二）改变源出辞书释语导致的释义错误

对源出辞书释语进行添加、减少或更换，从而导致释义错误。例如：

【托头】旧时机器缝纫业。指枕头套。因其供支承认的头部用，故称。（480页）

《全国各界全国各界切口大词典·手艺类·洋机缝纫业》:"托头：枕头也。"

按：比照原释语，"托头"应隐指"枕头"，并非"枕头套"。

【摇头】旧时箍桶匠。指木漏斗。因其插于瓶口，头大身小会晃动，故称。（1400页）

《全国各界切口大词典·工匠类·箍桶匠》:"摇头：粪斗也。"

按：比照原释语，箍桶匠隐语"摇头"应隐指"粪斗"，而不是"漏斗"。粪斗应为斗状器具，而不能是漏斗，若是漏斗则没法把池子中的粪便舀出来。

【青另】旧时咸货行。指虾卤瓜。因其颜色绿而呈条状，故称。

(734页)

《全国各界切口大词典·行号类·咸货行》:"青另；卤虾瓜也。"

按：比照原释语，"青另"应隐指"卤虾瓜"，而不是"虾卤瓜"（"卤虾瓜"为何物，存疑）。

（三）错误理解释语所导致的释义错误

【堂光】旧时灯笼业。指大号灯笼。因其大而高挂，可满堂光亮，故称。(1213页)

【放洋】旧时灯笼业。指大号灯笼。因其大而光足，形容其可照亮海洋，故称。(852页)

《全国各界切口大词典·手艺类·灯笼业》："堂光：高灯也。""放洋：大号灯也。"

按：比照源出辞书释义，"放洋"应释为"大号灯笼"，而"堂光"则不能，若都释为"大号灯笼"，从释义中则无法看出二者的区别。根据"堂光"之义，"高灯"应为较大较高的灯笼，因为大且高，所以能照亮厅堂。

【婆子】旧时海鱼行。指石首鱼的一种，即"黄婆"。因其肚子很大，像怀孕妇女，故称。(1274页)

【长鳞】旧时海鱼行。指雄鲳鯿鱼。因其鳞片较厚，故称。(238页)

《全国各界切口大词典·行号类·海鱼行》："婆子：雌鲳鯿鱼也。"

按：石首鱼也称为黄花鱼或黄鱼（参见《汉语大词典》"石首"条释义），而不是鲳鱼或者鯿鱼。同为海鱼行隐语的"长鳞"在《中国秘密语大辞典》中释为"雄鲳鯿鱼"，并未释为"石首鱼"。

【水头】旧时咸货行。指淡黄鱼干的出产期。因黄鱼的汛期与黄鱼干的质量有关，从立夏起水，七日一水，鲞味以头水最劣，以七水最美，故称。(277—278页)

《全国各界切口大词典·行号类·咸货行》："石浦：白鲞也。即黄鱼干。""水头：同上。立夏起水。水者提黄鱼之潮汛也。七天一水。自一水至七水。鲞味以七水为最美。头水为最劣。黄鱼之味。头水尚好。七水时不堪入口矣。"

按：比照源出辞书"石浦"和"水头"的释语，可以看出它们分别是从两个不同角度对"白鲞"（即黄鱼干）的命名。"石浦"是从产地而言进行创造，用主要产地浙江象山石浦港指称所出产的"白鲞"，为产地指代造词法所创造；"水头"是从捕捞黄鱼的时间而言，即在不同的潮汛期捕捞出的黄鱼做成的白鲞具有不同的口味特点，故用"水头"通称具有该种特点的"白鲞",该隐语为特点指代造词法所创造。故"水头"释为"淡黄鱼干的出产期"错误,其原因在于对于隐语的理解上缺少一个环节,那就是先以"水头"指代"淡黄鱼干的出产期",再以"淡黄鱼干的出产期"指代"淡黄鱼干"。

【细料】旧时杂粮业。指苜蓿籽。因其极细,故称。(897页)

《全国各界切口大词典·商铺类·豆麦业》:"细料:草子也。"

按:草子,即草籽。苜蓿属于豆科,草本植物,但不能因此说草籽就是苜蓿籽。

【蝴蝶板】旧时锡匠。指垫板。(1499页)

《全国各界切口大词典·工匠类·锡匠》:"蝴蝶板:地平板也。"

按:"地平板"为明清时期吴方言词语,又称为"地平",也写作"地坪",指用大块木板铺成的地板(石汝杰、宫田一郎,2005:131)。故"蝴蝶板"应释为"木地板",不能释为"垫板"。

【镇棍】旧时刻字匠。指敲打、安装刻字刀柄。(1506页)

《全国各界切口大词典·工匠类·刻字匠》:"镇棍:敲刻字刀之棍也。"

按:"镇棍"为名词,指用来敲打刻字刀的小棍,而不用动词性短语"敲打、安装刻字刀柄"。

【背井】旧时捏粉人者。指背着粉箱。因"井"字中间空间为方形,像箱子,故称。(963页)

《全国各界切口大词典·手艺类·捏粉人》:"背井:背箱也。"

按:背箱,应指身上所背着的箱子,里面放置了捏粉人必备的物品,是该行生意人谋生的箱子。该隐语用动词性短语"背井"隐指名词性称谓"背箱",如同"背包"一物并不指称动词性短语"背着包"。

【招亮】旧时卖眼镜摊贩。指眼明。(792页)

《全国各界切口大词典·杂流类·卖眼镜》:"招亮:眼晶也。"

按:"招"隐指"眼睛","招亮"应隐指"眼镜"。《全国各界切口大词典》中的"眼晶"应为"眼镜",而不是"眼明"。

【西石】旧时杂货业。指电石。因其最初由西方传来,故称。(461页)

《全国各界切口大词典·商铺类·杂货业》:"西石:火石也。"

按:"火石"与"电石"是两种不同的物质。如《现代汉语词典》的"火石"有两个义项:(1)指燧石,因敲击能迸发火星,可以取火,所以叫火石。(2)用铈、镧、铁制成的合金,摩擦能产生火花。通常用于打火机中。"电石"指无机化合物，化学式 CaC_2。用生石灰和焦炭放在电炉里加热制成，石块状，灰色，工业上用来制造乙炔等。杂货业所售的"火石"应该是使用于打火机中的，而不应该是无机化合物"电石"。

【散照】旧时烟店。指一种较好的皮丝烟。（1288 页）

《全国各界切口大词典·杂业类·烟店》："散照：皮丝烟之次也。"

按：比照原释语，"散照"应释为次等皮丝烟，而不是较好的皮丝烟。另外，《全国各界切口大词典》中的"皮丝烟之次也"应为"皮丝烟之次者"。

【丹桂】指皮丝烟佳品。因其颜色金黄似丹桂，故称。（248 页）

《全国各界切口大词典·杂业类·烟店》："丹桂：皮丝烟也。"

按：从源出辞书的释语来看，"丹桂"只是指代皮丝烟，并未说明其质量高低。

【蛇皮抖】旧时船夫。逆风行船。（1220 页）

【蛇皮送】旧时船夫。逆风而行。（1220 页）

《全国各界切口大词典·役夫类·舟夫》："蛇皮抖：逆风也。""蛇皮送：顺风也。"

按：很明显，两条释语意义基本相同，对照原释语，"蛇皮送"释义错误。

【科老】明清以来江湖各行业。指斗（量器）。语见清·卓亭子《新刻江湖切要·器用类》。（986 页）

清·卓亭子《新刻江湖切要·器用类》："升：科老。"

《全国各界切口大词典·杂流类·收旧货》："科老：量米之升也。"

按：升，容量单位。十合为一升，十升为一斗。公制一升分为 1000 毫升，合一市升。斗，量器。容量为一斗（分别参见《汉语大词典》"升""斗"条）。二者是不同的量器，容量也不相同，故不能混同。

【没过票子】旧时邮电业。票子：信件。指把信件藏起，不予投递。（712 页）

《全国各界切口大词典·杂业类·信局业》："没过票子：信不投递者。"

按：原释文中并未提到是否把信件藏起而不予投递。"信不投递者"只能解释为"未投递的信件"而不能因为信件的"未投递"而臆想为"把信件藏起，不予投递"。"票子"不应该隐指"信件"，而应指"邮票"，根据邮局投递信件的实际情况，信件寄出首先要对邮票进行审核，通过后方能投递，若由于邮资不足等情况，无法通过审核，则不能投递。

根据工作的进程，把信件分为两种，一种是"过了票子"的，一种是"没过票子"的。再者，原释语为名词性短语，而不应释为动词性短语。

【水三栋】旧时白藤业。指木藤的原木尺寸。（282页）
【水四栋】旧时白藤业。指木藤的原木尺寸。（283页）

《全国各界切口大词典·手艺类·白藤业》："水四栋：木藤之原件也。""水三栋：较四栋略粗。"

按：《中国秘密语大辞典》把两个不同所指的隐语解释得完全相同，错误是很明显的。根据白藤业相关隐语，"水四栋"释为"普通木藤"，"水三栋"释为"较粗的木藤"。

【凉架】旧时卖洋伞摊贩。指伞面。（1144页）

《全国各界切口大词典·杂流类·卖洋伞者》："凉架：洋伞担也。"

按：洋伞用于遮阳，买到洋伞也就意味着能够享受到凉爽，以"凉"代指能够带来凉爽的洋伞，"凉架"为盛放洋伞的架子，即卖洋伞摊贩所挑扁担两头的架子，即洋伞担。根据该隐语的造词理据，其不可能为伞面。故，《中国秘密语大辞典》卖洋伞者隐语"凉架"条释义错误。

【铜罗】旧时竹匠。指竹匾。因其圆形而四周有低环栏，提起来像一面铜锣，故称。（1225页）

《全国各界切口大词典·工匠类·竹匠》："铜罗：筵也。"

按：《说文》："筵，竹豆也。从竹，边声。""筵"的形状像"木豆"，即为竹制的"豆"，是古时候祭祀和宴会用以盛放干食品的竹器。清·段玉裁《说文解字注》："豆，古食肉器也。木豆谓之梪，竹豆谓之筵。"[1] 清·朱骏声《说文通训定声》："豆盛湿物，筵盛干物。"[2] 《周礼·天官》："筵人掌四筵之实。"郑玄注："筵，竹器如豆者，其容实皆四升。"故"筵"并非"竹匾"，其形状因像"铜锣"而喻指。

【元老】旧时笔墨业。指木炭。因其是制墨的主要材料，故称。（178页）

《全国各界切口大词典·商铺类·笔墨业》："元老：煤炱也。"

按：炱，指火烟凝积成的黑灰。"煤炱"指煤灰，而不是"木炭"。

【赭屑】旧时颜料业。指氧化铁粉。因其颜色赭红，故称。（1486页）

---

[1] （汉）许慎撰，（清）段玉裁注：《说文解字注》，上海古籍出版社1981年版，第194页a版。

[2] （清）朱骏声撰：《说文通训定声》，武汉市古籍书店1983年版，第751页a版。

《全国各界切口大词典·商铺类·颜料业》:"赭屑:黄丹也。"

按:周·辛文《计然万物录》中《铅粉》:"黑铅之错化成黄丹,丹再化之成水粉"。唐·梅彪《石药尔雅·飞炼要诀》:"铅黄花,一名黄丹,一名军门,一名金柳,一名铅华,一名华盖,一名龙汁,一名九光丹。"[1] 黄丹,为铅的一种氧化物(参见《汉语大词典》"黄丹"条),明·宋应星《天工开物·铅》:"凡铅物值虽贱,变化殊奇:白粉、黄丹,皆其显象。"钟广言注:"黄丹:矿物名,即氧化铅 PbO,通常呈黄色粉末状,可作颜料。"[2] 可见,黄丹不是"氧化铁粉",故"赭屑"条释义错误。

【插蜜圈】旧时印刷匠。指加圆圈铅字。因其多为连续密圈,"密"与"蜜"音同,故称。(1313 页)

《全国各界切口大词典·工匠类·印刷匠》:"插蜜圈:铅字旁加紧密之圆圈也。"

按:根据源出辞书释语,"插蜜圈"是指把"圆圈""紧密"地加在铅字旁边,而不是加上一排"紧密"的"圆圈"。所加的"圆圈"也不是"铅字",而是指在铅字旁所加的句读符号(因为所有的句读符号皆为圆圈)。阅读古文献时,后人加标"圆圈"表示句读符号,印刷品中亦是如此。故《中国秘密语大辞典》释义错误,应释为"铅字旁所加的表示句读的圆圈"。

【理瓦头】旧时泥瓦匠。指做屋檐。因屋檐由上下瓦的瓦头组成,须砌筑整齐,故称。(1178—1179 页)

《全国各界切口大词典·工匠类·泥水匠》:"理瓦头:做檐溜也。"

按:"檐溜"指檐沟。"檐沟"是指"房檐下面横向的槽形排水沟,作用是承接屋面的雨水,然后由竖管引到地面"(参见《现代汉语词典》"檐溜""檐沟"条;《汉语大词典》"簷溜""檐溜"条)。屋檐,吴方言中称为"檐头",而不是"檐溜",如卖婆隐语"瓦檐头",用来隐指"中饱人家",即是用"瓦檐"指代家庭境况。"瓦头"指屋瓦的"头儿"(或称为"边儿""梢儿"),指屋檐边的瓦,用"瓦头"隐指承接从屋檐边流下的雨雪水,故用"理瓦头"隐指"做檐沟"。《中国秘密语大辞典》释义错误的原因在于把原释语中的"檐溜"误作"檐头"所致。

---

[1] (唐)梅彪撰:《石药尔雅》,商务印书馆 1937 年版,第 1 页。

[2] (明)宋应星著,钟广言注释:《天工开物》,广东人民出版社 1976 年版,第 372—373 页。

【折腰】旧时米店。指量米的斗子。因晋·陶渊明有"不为五斗米折腰"之句，故称。(644页)

《全国各界切口大词典·杂业类·米店》："折腰：斛子也。"

按：该隐语为文化造词法而创造，源自晋·陶潜《陶渊明集》卷第十："渊明叹曰：我岂能为五斗米折腰向乡里小儿？即日解绶去职。"从中截取"折腰"指代"五斗"。《汉语大词典》"斛子"释义为：粮食量具。其容量古为十斗，南宋末年改为五斗。说明"五斗"即斛子的容量，以"五斗"再指代"斛子"。"斛子"和"斗"的容量并不一致，是两种不同的量具。应该遵照原著释为"斛子"，而不是"斗"。故《中国秘密语大辞典》"折腰"条释义错误。

三　理据分析不合理或错误

《中国秘密语大辞典》在词条释义之后增加了隐语造词理据的分析，是不同于其他辞书的进步之处。正确、合理的理据分析的确能帮助读者理解隐语的意义，但不合理乃至错误的理据分析可能会误导读者，并对其意义的理解产生消极的影响。通过对该辞典隐语理据分析的梳理，我们认为有些隐语的理据分析值得商榷，现整理如下：

【财字】旧时染色业。指水。因旧有"财源茂盛达三江"之说。故称。(667页)

《全国各界切口大词典·商铺类·染色业》："财字：水也。"

按：该隐语在五行文化的基础上，由"金生水""金为水母"的概念而创造，商业对联"生意兴隆通四海、财源茂盛达三江"也是由此而创作。把"财源茂盛达三江"视作"财字"隐指水的理据，并未抓住理据的根本（参见本章"财字"条理据分析）。

【长眉】旧时花粉业。指画眉的膏。因其用于描画眉毛，故称。(237页)

《全国各界切口大词典·商铺类·花粉业》："长眉：画眉膏也。"

按：长，读为zhǎng，长眉，指长出眉毛，比喻使用画眉膏后的作用，故用"长眉"隐指画眉膏。《中国秘密语大辞典》仅仅说出了画眉膏的普通功用，但为什么称为"长眉"，并没有进行分析。

【向青儿】旧时丝经业。指钱姓。因钱又称"青蚨"，故称。(539页)

《全国各界切口大词典·商铺类·丝经业》："向青儿：姓钱者。"

按："向青儿"隐指"钱姓"，其中的"青"和"青蚨"没有关系。

青，谐音"卿"，指人、姓氏等（参见《汉语大词典》"卿"条）。如卖药糖隐语"青儿"隐指年幼的顾客、"青公"隐指男顾客、"青婆"隐指女顾客等，由人再转指姓氏，故在丝经业隐语中隐指姓氏，如"困青"隐指"孟姓"，"好儿青"隐指"施姓"，"焦青"隐指"王姓"，"划消青"隐指"蒋姓"，"搭青"隐指"吴姓"等。"青"或"青儿"在南方隐语中表示姓氏，而在北方隐语中则用"蔓"或"蔓儿"表示姓氏，也写作"万"或"万儿"、"腕"或"腕儿"，后基本固定词形为"腕"或"腕儿"，并失去秘密性，成为新词语，如"大腕儿"（孙剑艺，2006），但在"扬名立万"中仍写为"万"。

该隐语利用了截取和语音双重方法造词，其手段分别为歇后截取和谐音。"向前"歇后隐"前"，用"向"指代"前"，然后运用谐音手段，用"前"代指其谐音的"钱"。故，把"青"分析为"青蚨"不正确。

【顾鲁子】旧时河北等地补碗匠。指补碗匠。因补完后，须用石灰"顾鲁（胡撸）"一下接缝处，故称。语见李玉川《江湖行帮趣话》。（1081页）

按：顾鲁子，谐音"锢露子"，亦写作"箍漏子"。指锢碗、锢锅的人或行当。"锢露子"（或"箍漏子"）是一个使用地域范围较广的方言词语，如济南方言称为"锢露子"或"锢露锅的"（钱曾怡，1997：61）；郯城方言"箍漏子"指"锢锅碗的人"（邵燕梅，2005：102）；河北方言称为"锢露子""锢露锅的""锢露锅里""锢露锅子""锢露扒锅的"等（李行健，1999：291）。《中国民间故事大观》中有一则民间故事《十大汉》就提到了"箍漏子"一词，指锯锅的人。如"九噘嘴子知道了，没捞着鱼吃，气得把嘴一噘，将天噘了一个大窟窿。十箍漏子（锢锅的）知道了，又将天补上锢住了"（陶阳，1999：685）。由于人们生活水平的提高，该行当正逐渐消失，操该业的民间工匠也越来越少，郭庆兰《正在消失的行当》[①]中就包括"小箍漏子"一行。"锢露"指"用熔化的金属堵塞金属物品的漏洞"（参见《汉语大词典》"锢露"条），"锢露"与"箍漏"义同。"箍"指箍紧，使锅、碗等牢固，黄侃《蕲春语》曰："固者，使其牢固也。以金属溶液填塞空隙，是为了使物牢固；用竹篾或用金属圈束物，也是为了使物牢固。固、锢、箍，音相同，义也相通也"（参见《汉语大词典》"箍"条）。"箍漏"则指用金属等箍住裂开缝

[①] 参见王建主编《138棵文学之树·2008第六届都市晨报文学奖佳作精选》，凤凰出版社2008年版，第271页。

隙的锅碗等器物，并使之牢固。因此，《中国秘密语大辞典》把"顾鲁"分析为"胡撸"是错误的，并错误地分析了"顾鲁子"的造词理据。

【女史】旧时花木业。指水仙花。女史，原指古女官；因水仙清纯文雅似女官，故称。(118 页)

《全国各界切口大词典·杂业类·花业》："女史：水仙花也。"

按：清·汪灏等《广群芳谱》卷五十二："姚老住长离桥，十一月夜半大寒，梦观星坠于地，化为水仙花一丛，甚香美，摘食之，觉而产一女，长而令淑有文，因以名焉。观星即女史，在天柱下，故迄今水仙花名女史花，又名姚女花。"① 可见，水仙称为"女史"，并非源于古代女官名，而是与古星名有关（参见本章"姚女"条理据分析）。

【祖宗】旧时丝经业。指丝包袋。因"丝"与"尸"同音，而尸即祖宗，故称。(1045 页)

《全国各界切口大词典·商铺类·丝经业》："祖宗：丝包袋也。"

按：吴方言"丝"和"尸"并不同音，如在苏州方言中，前者的韵母为 [ɿ]，后者的韵母为 [ʅ]②，当然，在隐语造词中可以认为二者谐音。但"尸即祖宗"这样的理据分析不仅牵强而且荒唐。该隐语是运用比喻的方法义"祖宗"喻指丝包袋，因为丝包袋中装有很多种丝线，所有的丝线都从中取出，如同祖宗繁衍出很多子孙。

【黄渡】旧时造酱匠。指豆饼。因其颜色黄，加酱汁后"过渡"为豆瓣酱，故称。(1190 页)

《全国各界切口大词典·工匠类·造酱匠》："黄渡：豆饼也。"

按：豆瓣酱并不是由豆饼加酱汁后"过渡"而成，这种理据分析违背了客观事实，是一种缺乏生活常识的想当然，自然是错误的。该隐语首先运用谐音法，"黄渡"谐音"黄豆"，用"黄渡"指代黄豆；然后运用原材料指代的方法，因黄豆为制作豆饼的原材料，故用黄豆指代豆饼。

【弹正方】旧时石匠。指墨线。因该匠弹墨线用在剖石板时，而石板为正方形，故称。(1275 页)

《全国各界切口大词典·工匠类·石匠》："弹正方：墨线也。"

按："弹"指弹墨线的动作；"正方"指墨线所弹出的"方方正正"的

---

① （清）汪灏等著：《广群芳谱》，上海书店出版社1985年版，第1234页。
② 参见石汝杰、[日]宫田一郎《明清吴语词典》，上海辞书出版社2005年版，附录（二）"苏州方言同音字表"。

线。石匠的工作对象并非只有规则的正方形石板，大多数石料在未加工之前是不规则的。该隐语利用使用墨线的动作及所产生的结果隐指"墨线"，并由此所构成的动宾格"弹正方"说明墨线的使用及功用。故认为"正方"隐指正方形的石板，是对墨线功用的漠视，也是缺乏客观分析的结果。

【洒子】旧时木匠。指锯。因木匠忌讳"贵"（即价高），而江南"贵""锯"音近，故改称。（1021页）

《全国各界切口大词典·工匠类·木匠》："洒子：锯也。"

按：吴方言的老派读音中"贵"和"锯"音近，木匠行可能有所避讳，从而对"锯子"改称，但这些只说明了锯子改称的原因，却并未分析出称为"洒子"的造词理据。"洒子"的"洒"是指锯子在使用时"洒"下很多刨花和木屑的特点，然后附加后缀"子"构成"洒子"隐指工具锯子。

【大夹】旧时卖馄饨摊贩。指大街。（65页）

【小夹】旧时卖馄饨摊贩。指小弄堂。夹，谓弄堂、胡同；因两边房屋夹着中间，形成弄堂，故称。（121页）

《全国各界切口大词典·杂流类·卖馄饨者》："大夹：大街也。""小夹：小弄也。"

按：吴方言"夹""街"二字读音相近，如苏州方言中，"夹"读作[kaʔ⁵]①，"街"读作[ka⁴⁴]（石汝杰、宫田一郎，2005：809），"大夹"隐指"大街"。无论是大街还是弄堂，都是供人行走的道路，只是宽窄不同而已，"小夹"据"大夹"进行创造，故隐指弄堂。

《中国秘密语大辞典》对"小夹"造词的理据分析为"夹，谓弄堂、胡同；因两边房屋夹着中间，形成弄堂"，而"大夹"条却未对"夹"如此释义，也未进行理据分析，如果按照对"小夹"的造词理据对"大夹"进行分析，恐怕要自相矛盾了。故该词典无法再进行分析，只能含混了之。弄堂的"窄"似乎形成了"夹"的现象，但并不是弄堂的特点，更不是称为弄堂的本质。弄堂，又作"弄唐"，还写作"衖堂"。明·祝允明《前闻记·弄》："今人呼屋下小巷为弄……俗又呼弄唐，唐亦路也。"清·梁绍壬《两般秋雨盦随笔·衖堂》："今堂屋边小径，俗呼衖堂，应是弄唐之讹。宫中路曰弄，庙中路曰唐，字盖本此"（参见《汉语大词典》"弄堂"条）。《中国秘密语大辞典》对"小夹"条的分析不仅理据出现了偏差，而且也传

---

① 参见石汝杰、[日]宫田一郎《明清吴语词典》，上海辞书出版社2005年版，第791页，调值根据附录"（一）苏州方言音系"所加。

输了错误的知识。大街与弄堂的不同并非因为二者是否存在"夹"的现象，而是由宽窄不同所区别，弄堂也并非由于"房屋"所夹而为"堂"，而是"宫中路曰弄"和"庙中路曰唐"的合称。另外，该种理据分析也无法使作为同一行业的两条相关隐语"大夹"和"小夹"照应起来。

【翻宫】旧时乐器业。指琵琶。因古有王昭君怀抱琵琶，出塞和番之说，故称。（1538页）

《全国各界切口大词典·商铺类·乐器业》："翻宫：琵琶也。"

按：唐·段安节《乐府杂录·胡部》："乐有琵琶、五弦、筝、箜篌、觱篥、笛、方响、拍板。合曲时，亦击小鼓、钹子。合曲后立唱歌。凉府所进，本在正宫调，大遍、小遍，至贞元初，康昆仑翻入琵琶玉宸宫调。初进曲在玉宸殿，故有此名。""翻入琵琶玉宸宫调"为宫调名，"翻宫"应是其缩略后的称谓，因中间有"琵琶"，故用"翻宫"指代"琵琶"。该隐语运用截取法创造，"翻宫"属跳跃式截取。

《中国秘密语大辞典》"翻宫"条理据分析牵强附会，且不说王昭君出塞时是否怀抱琵琶，"番宫"一词在古代也并未有和番出宫之义。"番宫"多指外国和外民族的宫殿，如《西洋记·元帅亲进女儿国 南军误饮子母水》："那女王就趁着他醉，做个慢橹摇船捉醉鱼，吩咐左右，拿蜡烛的蜡烛，香炉的香炉，把个老爷推的推，捺的捺，径送到五弯六曲番宫之中。"[①] 此处的"番宫"指女儿国的宫殿，"番"为外民族或外国之义。清·杭世骏《金史补》："初，金人出榜阙一，求立异姓，云：'军前南官亦举，唯不可许［桼］李某预此议。'及军前取家属，兄若虚到南薰门，亲见悉番宫数十人，共叹其忠。且言：'我大辽，死难者二十余人，你南朝只李侍郎一人。'"此处的"番宫"指外国人。

【治蔷】旧时花木业。指菊花。因其常被农家栽为花墙，并采集花朵作为饮料，故称。（873页）

《全国各界全国各界切口大词典·杂业类·花业》："治蔷：菊花也"。

按：治蔷，为菊花花茎的别名，后用来指称菊花。"墙"为"蔷"的同音字，与墙壁无关（参见本节"治蔷"条）。菊花作为较为名贵的观赏和药用花卉，我国古代已充分认识到其观赏和药用价值，一般不用菊花栽花墙。另外，若采集花朵作为饮料也与"治蔷"的命名理据无关。

【仙食】旧时南货业。指松子。因古代有"仙人食松子、茯苓"之说，故称。（366页）

---

① （明）罗懋登著：《西洋记》，岳麓书社1994年版，第336页。

《全国各界切口大词典·商铺类·南货业》:"仙食:松子也。"

按:该隐语应是对松子味道的夸张,极言其味道之美,只有天上的神仙才配吃这样的美味,加之松子采于松树,松树又为长寿不老树,故称松子为"仙食"。

《中国秘密语大辞典》认为"仙食"一词来源于"仙人食松子、茯苓",盖从"仙人赤松子"而来。《汉书·张良传》:"愿弃人间事,欲从赤松子游耳。""颜师古注曰:赤松子,仙人号也,神农时为雨师。"① 故"仙人赤松子"并非"仙人吃松子",该理据分析错误。

【九子】旧时烧窑匠。指盏。因古代有"龙生九子不类龙"之说,盏像杯子而小,故称。(34 页)

《全国各界切口大词典·工匠类·烧窑匠》:"九子:小杯子也。"

按:汉·扬雄《方言》卷五:"自关而东赵魏之间曰椷,或曰盏。"清·戴震疏证:"(盏)最小杯也。"② 而"九子"隐指"小杯子",并未提及"盏"与"杯子"之间的关系,更不用说二者之间谁像谁的问题了。《中国秘密语大辞典》运用"龙生九子不类龙"应是对传统文化的附会,但并不能反映该隐语的造词理据。我们认为"九子"应为"臼子"的谐音。"臼子"是一种特别小的类似于石臼的容器,由瓷窑烧制,如捣蒜的称为"蒜臼子",就如同杯子中的"小杯子"。

【重睛】旧时禽鸟业。指鹰。因其像传说中"一目双睛"的灵鸟(实因其无眼睑),故称。(993 页)

《全国各界切口大词典·杂业类·禽鸟业》:"重睛:鹰也。"

按:宋·李昉《太平广记·神仙一·鸾》:"尧在位七年,有鸾鹊岁岁来集,麒麟游于泽薮,鸱枭逃于绝漠,有祇支之国献重明之鸟,一名重睛,言双睛在目,状如鸡,鸣似凤,时解落毛羽以肉翮而飞,能搏逐猛虎,使妖灾不能为害,饴以琼膏。或一岁数来,或数岁不至,国人莫不扫洒门户,以留重明之集。国人或刻木或铸金为此鸟之状置于户牖之间,则魑魅丑类自然退伏。今人每岁元日刻画为鸡于户牖之上,此遗像也。"

从传说中可知,鹰并非"一目双睛"。重睛乃指神鸟鸾,而不是鹰,也并非因为没有眼睑而看起来像重睛,而是由于"双睛在目"而为"重睛"。该隐语是借用神鸟鸾的别名来指代鹰,并非因为鹰为神鸟(尽管用"重睛"隐指鹰,也蕴含着对鹰的崇拜),故《中国秘密语大辞典》对于

---

① (清)王先谦撰:《汉书补注》,中华书局 1983 年版,第 989 页 b 版。

② (清)戴震撰:《方言疏证》,上海古籍出版社 2017 年版,第 121 页。

"重睛"给出了一个错误的理据分析。

【鬼子】①清代以来江湖各行业、旧时东北及河南等地土匪。指毛驴。因驴的叫声极难听，似传说中的鬼叫，故称。②旧时驴夫。指驴夫。因"鬼子"原指驴，故称。（1002页）

【鬼儿】旧时骑驴卖药者。指驴子。（1002页）

《全国各界切口大词典·役夫类·驴夫》："鬼子：驴夫也。"

《全国各界切口大词典·医药类·骑驴卖药》："鬼儿：驴子也。"

按：唐·段成式《酉阳杂俎续集·支诺皋下》："世有村人供于僧者，祈其密言，僧绐之曰：'驴。'其人遂日夕念之，经数岁，照水，见青毛驴附于背，凡有疾病魅鬼，其人至其所，立愈。后知其诈，咒效亦歇。"① 此传说表明"驴"即"魅鬼"，信则有，不信则无，人们为了祈愿身体健康，就要想办法驱赶魅鬼，在春节的民俗饮食方面就可以看到这种现象。如明·刘若愚《酌中志》卷二十："所食之物，如曰百事大吉盒儿者，柿饼、荔枝、圆眼、栗子、熟枣共装盛之。又驴头肉，亦以小盒盛之，名曰嚼鬼，以俗称驴为鬼也。"

该隐语属文化造词，运用了传说和民俗文化，用"鬼儿""鬼子"隐指驴子，而不是因为其叫声似鬼，而命名。当然，鬼的叫声如何，我们不得而知，而对身体健康的美好祝愿和民俗文化却深入人心。用"鬼子"隐指驴夫，在理解上又多了一层屏障，先由"鬼子"指代驴子，再由驴子指代赶驴子的人，即驴夫。

【无边】旧时补缸匠。指钵。因僧人以钵化缘，认为"因缘无边"，故称。（180页）

《全国各界切口大词典·工匠类·修缸》："无边：钵也。"

按：《周易》："《象》曰：地中有山，谦。君子以裒多益寡，称物平施。"明·释智旭释曰："佛法释者：裒佛果无边功德之山，以益众生之地。了知大地众生，皆具佛果功德山王，称物机宜。而平等施以佛乐，不令一人独得灭度。"② "钵"乃僧人之饭碗，故被赋予了神秘的佛教文化色彩。不仅"钵"如此，与"佛"有关的，无论是建筑还是物品，皆是如此。如明·释德清《憨山老人梦游集·华宇居士持华严经令甥觉之来请因寄》："华藏庄严妙绝伦，无边佛刹一微尘。若能念念光明现，便显随

---

① （唐）段成式等撰，曹中孚等校点：《酉阳杂俎》，上海古籍出版社2012年版，第142页。

② （明）释智旭著，周易工作室点校：《周易禅解》，九州出版社2004年版，第81页。

缘解脱人。"我们认为,"钵"称为"无边",不是因为化缘而称为"因缘无边",而是因为佛家所用,受佛教文化的浸染,指佛法无边,故用"无边"隐指。

【封口】旧时点心铺。指糖粥。因其甜而可口,进嘴即闭而吞咽,故称。(913页)

《全国各界切口大词典·杂业类·点心铺》:"封口:糖粥也。"

按:糖粥甜而可口,嘴唇粘着糖,发黏,好像把嘴封上了一样,而并非喝进嘴里之后要合上嘴唇吞咽,这样的理据分析不仅牵强,而且不符合客观事实。

第四节 多辞书汇勘

扶老:流行于旧时。商贾百业隐语。禽鸟业指秃鹙。(《中华隐语大全》,第 392 页)

扶老:旧时禽鸟业谓鹭鸶。《切口·禽鸟业》:"扶老:鹭鸶也。"(《中国隐语行话大辞典》,第 197 页)

【扶老】旧时禽鸟业。指鹫。(《中国秘密语大辞典》,第 636 页)

《全国各界切口大词典·杂业类·禽鸟业》:"扶老:鹭鸶也。"

按:周·师旷《禽经》:"扶老强力",晋·张华注:"《古今注》云:扶老,秃鹙也。状如鹤,大者高七八尺,善与人斗,好啖蛇脯羞食之,益人气力,走及奔马也。"晋·崔豹《古今注·鸟兽》:"扶老,秃鹙也。状如鹤而大,大者头高八尺,善与人斗,好啖蛇。"《全国各界切口大词典》释为"鹭鸶",其实是两种不同的鸟,"鹫",也称为秃鹫,指雕,俗称为座山雕;"鹙"则指秃鹙。没有"鹭鸶"这样一种鸟,从"扶老"的意义来看,其隐指的鸟只能是"秃鹙",而不是"秃鹫",故《中华隐语大全》释为"秃鹫"、《中国秘密语大辞典》释为"鹫"皆是错误的。《中国隐语行话大辞典》释为"鹭鸶"是因为没有看清《全国各界切口大词典》中"鹙"的字形导致的错误,大概是没有找到原版本,只参照了1989 年上海文艺出版社影印的《切口大词典》(由于释文的字号很小,影印后则更不清晰)的原因吧。"鹙"在《全国各界切口大词典》中字形有误,右上部的"火"写为"尤",以致《中国隐语行话大辞典》误认为是"鹫"。

狗牙齿:旧时锡匠谓含铁的器具。《切口·锡匠》:"狗牙齿:含铁具

也。"(《中国隐语行话大辞典》，第219页)

【狗牙齿】旧时锡匠。指焊锡烙铁。因其工作面有锯齿，便于沾粘熔锡，故称。(《中国秘密语大辞典》，第844页)

《全国各界切口大词典·工匠类·锡匠》："狗牙齿：含铁具也。"

按：从隐语"狗牙齿"来看，该种工具应是像狗牙一样的工具；从释语"含铁具"来看，该工具的功用是能够在"嘴"里"含"住"铁具"。"含铁具"应该为一种隐语性称谓，指"(嘴里)能够含住铁的工具"，且该种工具"嘴"里好像有"狗牙"，能"咬"动铁。结合隐语和释语的意义来看，"狗牙齿"应为工匠常用工具钳子。《中国隐语行话大辞典》把原释文"含铁具"释为"含铁的器具"，不仅与隐语"狗牙齿"条不符，也错误地理解了释语"含铁具"，导致了该隐语的释义错误。"含铁的器具"也无限制地扩大了所隐指工具的范围，从而让人不知所云。《中国秘密语大辞典》所释的"焊锡烙铁"也不符合"狗牙齿"的特点要求，因烙铁并未有像狗牙齿一般的外形特点，"含铁具"也并非"焊铁具"，故释为"焊锡烙铁"亦当为错误。

泥蓝：旧时民间行医卖药行谓痈疽。《切口·施药郎中》："泥蓝：痈疽也。"(《中国隐语行话大辞典》，第440页)

【泥蓝】旧时施药郎中。指癫痫。(《中国秘密语大辞典》，第872页)

《全国各界切口大词典·医药类·施药郎中》："泥蓝：痈肿也。"

按："痈肿"为"痈疽脓肿"义。

以上二辞书盖皆参照1989年由上海文艺出版社所出版的影印本《切口大词典》，而没有使用由上海"东陆图书公司印行"的"中华民国十三年一月第一版"《全国各界切口大词典》(全一册)。影印本字迹不清，加之用繁体字印刷，辨认起来就更加困难了。"痈肿"一词在原书的繁体为"癰瘇"，《中国隐语行话大辞典》看出"痈疽"，《中国秘密语大辞典》看成了"癫痫"。

头经：旧时马夫行谓马笼头。《切口·马夫》："头经：马络也。"(《中国隐语行话大辞典》，第623页)

【头经】旧时马夫。指马笼头。(《中国秘密语大辞典》，第404页)

《全国各界切口大词典·役夫类·马夫》："头经：马络也。"

按："经""络"意义相近，因而用"经"代指"络"。"头经"隐指"马络"，"马络"当释为"拴马的绳"，而非"马笼头"(参见《汉语大词典》"头经"条)。

亮堂子：旧时更夫行谓火烧。(《中国隐语行话大辞典》，第 380 页)

【亮堂子】旧时敲更人。指火烧。(《中国秘密语大辞典》，第 1012 页)

《全国各界切口大词典·役夫类·更夫》："亮堂子：火烧也。"

按："火烧"在现代汉语中为名词，属单义词，指"表面没有芝麻的烧饼"(参见《现代汉语词典》"火烧"条)，而"亮堂子"显然不是指食品。"亮"隐指"火"，"亮堂子"是因为"火"的"燃烧"而使"堂子"(即炉膛)"亮"了起来。释文中的"火烧"的"烧"不是轻声，应释为"火烧起来"或"烧火"。

苦身：旧时人力车夫行为乘客。(《中国隐语行话大辞典》，第 347 页)

【苦身】旧时人力车夫。指坐人力车的乘客。(《中国秘密语大辞典》，第 753 页)

《全国各界切口大词典·役夫类·人力车夫》："苦身：雇车人也。"

按：《全国各界切口大词典·役夫类·人力车夫》："本身：车主人也。"旧时的人力车夫多没有自己的人力车，大多租车。有车出租的人被称为"本身"，而雇车(即租车)拉车的人则为"苦身"，不仅没有自己的车，还得出苦力拉车。"苦身"应指雇车拉车的车夫，而不是乘客。

玉干：旧时花业谓白菊花。《切口·花业》："玉干：白菊花也。"(《中国隐语行话大辞典》，第 738 页)

【玉干】旧时花木业。指白玉兰。因其开花时树干无叶，似一棵纯白玉树，故称。(《中国秘密语大辞典》，第 316 页)

《全国各界切口大词典·杂业类·花业》："玉干：白兰花也。"

按：对比《全国各界切口大词典》原释语，《中国隐语行话大辞典》因引文出错而导致释义错误。

玉兰，为木兰之别称，属木兰科，落叶或常绿乔木。兰花，为兰科，多年生草本。为珍贵观赏花卉，与松竹梅并称'四君子'，属中国十大名花之一。白兰花并非白玉兰，故《中国秘密语大辞典》释义错误。其理据探求也望文生义，不能因为隐语词条"玉干"中的"干"而认为其为"树干"。"玉干"是指白兰花的花瓣洁白似玉，"干"是指花瓣干净的、干爽的，两语素从不同角度对白兰花的花瓣进行描述，前者为比喻性描述，后者为直接描述，并通过对白兰花花瓣的描述指代白兰花。

火瘤：旧时铜匠行谓火炉。(《中国隐语行话大辞典》，第 284 页)

【火瘤】旧时铜匠。指火炉。(《中国秘密语大辞典》，第 259 页)

第九章 现代汉语隐语辞书校勘 427

相公：旧时银匠行谓风炉。(《中国隐语行话大辞典》，第 676 页)

【相公】旧时银匠。指炉子。因其是银匠必用之物，银匠对之敬重而近乎神灵，故称。(《中国秘密语大辞典》，第 907 页)

《全国各界切口大词典·工匠类·铜匠》："火瘤：风炉也。"《银匠》："相公：风炉也。"

按：唐·陆羽《茶经·四之器》："风炉以铜铁铸之，如古鼎形，厚三分，缘阔九分，令六分虚中，致其杇墁，凡三足。"清·顾张思《土风录》："煮茶炉曰风垆。"① 清·张世进《著老书堂集·东历樊榭陈竹町湖上二首》之一："船尾风炉手自煎，吟情不为酒旗牵。悬知树底残莺语，输于清诗字字圆。"故风炉为专门煎茶的火炉，属于火炉之一种，但不同于今天所称的烧水、做饭的"火炉"。

起纹：旧时铜匠行谓划尺。(《中国隐语行话大辞典》，第 483 页)

【起纹】旧时铜匠。指划针和圆轨。因其单脚可划方形，双脚交叉可划圆形，都是在铜面上画凹纹，故称。(《中国秘密语大辞典》，第 1078 页)

另，《中国民间秘密语》释为"画尺"(曲彦斌，1990：210)。

《全国各界切口大词典·工匠类·铜匠》："起纹：划方圆之尺也。"

按："划方圆之尺"应为铜匠之专用工具尺，不仅可以画出直线、曲线，也可以画出圆形和方形，就如同工程设计中使用的尺子，是具有多功能画图效果的一种工具，而不是两种工具，故《中国秘密语大辞典》释义错误。俗称的"画尺"或"划尺"是一种直尺，不是一种既能够画出方形也能够画出圆形的尺子，故《中国隐语行话大辞典》释义错误。根据源出辞书释语，"起纹"应释为"铜匠工具尺"。

千人眼：旧时竹匠行谓笼篰。《切口·竹匠》："千人眼：笼篰也。"(《中国隐语行话大辞典》，第 486 页)

万人眼：旧时竹匠行谓格篰。《切口·竹匠》："万人眼：格篰也。"(《中国隐语行话大辞典》，第 641 页)

【万人眼】旧时竹匠。指竹箱。因其篾细多孔眼，故称。(《中国秘密语大辞典》，第 84 页)

【千人眼】旧时竹匠。指竹笼箱。因其多孔眼，故称。(《中国秘密语大辞典》，第 108 页)

---

① (清) 顾张思著，曾昭聪、刘玉红点校：《土风录》，上海古籍出版社 2015 年版，第 56 页。

《全国各界切口大词典·工匠类·竹匠》:"万人眼:格簛也。""千人眼:笼簛也。"

按:《玉篇·竹部》:"簛,同筛","格簛"即"格筛","笼簛"即"笼筛"。"格筛"为上海方言词,指"孔小而紧密的筛子"(钱乃荣、许宝华、汤珍珠,2007:19),"笼筛"也属于筛子的一种,属于常见的农具之一,如清·童岳荐《调鼎集·茶酒部》就列为造酒筛粮的农具,与"大竹筹""团箕""煎酒竹杠"等列举在一起。作为一种常见的农具,"笼筛"因此而成为吴地祭神的一种工具,在周作人的散文《关于祭神迎会》中写道:"又有送夜头一场,一人持笼筛,上列烛台酒饭碗,无常鬼随之。"① 从隐语造词来看,相比"千人眼"格筛,"万人眼"笼筛的孔更小更为细密。

《中国秘语行话词典》对"万人眼"没有释义,直接引用《全国各界切口大词典》分别为"格簛",推断"簛"和"筛""当为同类器物"(曲彦斌,1994:770)。"千人眼"引《全国各界切口大词典》释文为"笼簛",且解释"笼簛,扑鱼虾工具"。由于引用时把"笼簛"看成"笼簛","千人眼"一条的解释自然就更加南辕北辙了(另,"捕鱼虾"的"捕"不应为"扑")。但曲氏(笔名为冷学人)在 1991 年出版的《江湖隐语行话的神秘世界》却提到了"格筛为'万人眼',笼筛为'千人眼'"(冷学人,1991:109)。从时间的先后来看,曲氏较早的释义是正确的,后来在《中国秘语行话词典》中又推翻了此前的正确结论。

《中国秘密语大辞典》释为"竹箱"和"竹笼箱"皆与"筛"相差甚远。

栈香:旧时香烛业谓沉香干。(《中国隐语行话大辞典》,第 758 页)

【栈香】旧时香烛业。指沉香树的树干。(《中国秘密语大辞典》,第 905 页)

《全国各界切口大词典·商铺类·香烛业》:"栈香:沉香之干也。"

按:沉香又写作"沈香",为一种香料。唐·杜佑《通典》卷一百八十八《边防》四:"沈木香,土人破断之,积以岁年朽烂,而心节独在,置水中则沈,故名曰沈香。次不沈者曰栈香也。"宋·叶廷珪《海录碎事·饮食器用》:"沉木香,林邑国土人破断之,积以岁年朽烂,而心节独在,置水中则沉,故名曰沉香,不沉名栈香。"② "沉香"名其入水能沉

---

① 肖云主编:《周作人文集》,广西民族出版社 2000 年版,第 126 页。

② (宋)叶廷珪撰:《海录碎事》,上海辞书出版社 1989 年版,第 171 页 a 版。

的特点，而"次不沉者"乃至于"不沉者"盖因其质地干燥、密度略小所致，入水后不易沉入水底，也不易浮出水面，故很多文献认为栈香乃为沉香之一种，皆为沈木香之"心节"，《中国古代名物大典》（下）认为"不沉不浮与水平者名'栈香'"（华夫，1993：108）。"栈香"又称为"笺香""䇲香"。沉香类。"沉木香置于水中，沉者即沉香，不沉即笺香"（华夫，1993：170）。据此，"栈香"应释为"干燥的沉香"，即"干沉香"，而不能释为"沉香干"。

另外，"栈香"还有另外一种认识，认为它不是同"沉香"一样，出自蜜香树的"心节"，而是取自蜜香树的树干。如晋·嵇含《南方草木状》卷中："蜜香、沉香、鸡骨香、黄熟香、栈香、青桂香、马蹄香、鸡舌香。案此八物同出于一树也。交趾有蜜香树，干似柜柳，其花白而繁，其叶如橘。欲取香伐之。经年其根干枝节各有别色也，木心与节坚黑。沉水者为沉香。与水面平者为鸡骨香。其根为黄熟香。其干为栈香。细枝紧实未烂者为青桂香。其根节轻而大者为马蹄香。其花不香，成实乃香，为鸡舌香。珍异之木也。"①"沉香"不是产出香料的树木，而是该种树木（即蜜香树）之一部分（即心节）所产出的香料，"栈香"取自于蜜香树的树干，自树干而产出。据此，"栈香"可以释为"蜜香树的树干"，而不是"沉香的树干"。但又因"沉香"一词因使用得较为广泛，使用中人们即以沉香代指蜜香树，故也可称为"沉香树的树干"。

综上，《中国秘密语大辞典》和《中国隐语行话大辞典》的"栈香"条皆释义错误。根据人们的前一种认识，"栈香"条应科学地释为"干燥的沉香"。根据第二种认识，"栈香"条应科学地释为"蜜香树树干提炼的香料"。

另外，"栈香""马蹄""鸡舌"等条应是分类细化的行业语。细化的分类和称谓应用于专业的生产和加工中，日常生活中较少使用，故被认为是隐语。

第五节 小结

进入 21 世纪，世纪出版集团和汉语大词典出版社推出了目前在汉语史上收条最多的汉语隐语大型辞书——《中国秘密语大辞典》，该辞典由

---

① （晋）嵇含撰：《南方草木状》，广东科技出版社2009年版，第29页。

曾经担任《语海·秘密语分册》主编之一的陈崎担任主编。迄今，在所有的汉语隐语辞书中，《中国秘密语大辞典》不仅收条最多，而且编排最为合理，并注重汉语隐语造词理据的分析，体现了较高的语言学、社会学、历史学和文化学价值。该隐语辞书的出版不仅是对汉语隐语辞书的巨大贡献，也是对汉语词汇学的巨大贡献。

汉语隐语反映着时代、历史、社会、文化等诸方面的内容，综合性的大型隐语辞书就如同一部百科全书，让我们看到了时代风貌、历史人文、社会特点等诸多方面的文化特征。隐语辞书不仅应在立目全面、收条宏富、体例规范、释义准确、理据分析等方面体现其语言学价值，还应客观地反映隐语使用的领域、地域以及时代、社会、领域等信息。与历史及同期辞书相比，《中国秘密语大辞典》无疑是做得最好的。我们认为，现代汉语隐语辞书的编纂应全面体现汉语隐语的价值。

一 立目全面，收条宏富，全面地反映汉语隐语使用的客观语言事实

"汉语隐语辞书列表"罗列自第一部到出版至今的所有汉语隐语辞书，表中的"收词范围""使用时间""词条数目"和"词典性质"等皆引自各辞书的"前言"（或"序言"）和"凡例"。

现代汉语隐语辞书列表

辞书名称	时间	主编	出版社	收词范围	使用时间	词条数目	词典性质
《全国各界切口大辞典》	1924	吴汉痴	上海东陆图书公司	隐语	清—民国	9040条	专门型工具书
《语海·秘密语分册》	1994	郑硕人 陈崎	上海文艺出版社	隐语、禁忌语、避讳语	古今	22000余条	专门型工具书
《中国秘语行话词典》	1994	曲彦斌	书目文献出版社	隐语	唐—民国初	12000余条	考释型工具书
《中国隐语行话大辞典》	1995	曲彦斌	辽宁教育出版社	隐语	唐—	20000余条	专门型工具书
《俚语隐语行话词典》	1996	曲彦斌	上海辞书出版社	隐语、禁忌语、口彩语、粗俗语、流行习语	宋—	10000余条	民俗语言工具书
《中华隐语大全》	1995	潘庆云	学林出版社	隐语	宋—	14000余条	专门型工具书
《中国秘密语大辞典》	2002	陈崎	汉语大词典出版社	隐语	古今	31000余条	考释综合型工具书
《中国江湖隐语词典》	2003	刘廷武	中国社会科学出版社	隐语	宋—	6000余条	专门型工具书

由上表可知，《中国秘密语大辞典》收录隐语词条达 31000 条之多，与历史及同期汉语隐语辞书相比，其收条较为宏富。我们认为，从隐语使用的事实看，文献和生活中上游大量隐语语料亟待挖掘和补充。唯有立目全面，收条宏富，才能较为全面地反映汉语隐语使用的客观情况。

二　编纂体例规范，词条编排要力求客观、真实、全面

与其他语文辞书相比，汉语隐语辞书的编纂在词目确立和释语呈现上应尊重语言事实，体现隐语的独特性、规律性和理据性。

（一）收词以具有主观隐秘性为基本标准

隐语具主观隐秘性，其核心目的是使用中具排他性。"隐语之目的就是对群体外进行隐蔽和保密，是社会群体对某种共同利益（未必是不正当利益）的追求"（邵燕梅，2013），此应成为隐语辞书收词的基本标准。掌握此标准，才能使隐语与其他俗词语形式区别开来。"现代汉语隐语辞书列表"中的《语海·秘密语分册》（郑硕人、陈崎，1994）和《俚语隐语行话词典》（曲彦斌，1996）所收录的词语以汉语隐语为主，又兼收了禁忌语、避讳语等俗语形式。禁忌语、避讳语等词语形式对群体外并不具有主观隐秘性，因"禁忌、委婉语所进行的避讳或委婉之目的是为了符合某种民俗文化或民俗心理，从而在言语表达中达到较好的交际效果"（邵燕梅，2013），所以从收词的标准来看，此二辞书并非严格意义上的隐语辞书。

（二）词典正文不宜标注普通话读音

某群体的隐语一般使用的是该群体所属地域的方言系统，因此，隐语属寄生词汇，它并不自足。"现代汉语隐语辞书列表"中的各辞书皆缺乏方言标音，仅有《中国隐语行话大辞典》（曲彦斌，1996）采用了普通话注音。我们认为，历史隐语词条不宜标注汉语普通话读音。但由于隐语跨行业跨群体同时也可能跨方言使用，标注方言读音的难度很大，目前通行的做法不标注读音。

（三）词条编排应尊重语言事实

词条编排是辞书检索的关键，从尊重语言事实的角度，我们不建议汉语隐语辞书使用汉语拼音检索法。笔画排列是目前汉语隐语辞书词条编排使用较多的方法。例如，《中国秘密语大辞典》便采用了笔画排序法，但该法不能很好地反映隐语以群体和领域封闭使用的语言事实。我们认为，按照使用领域并以笔顺为序编排词条，即运用"笔画+领域"式编排是尊

重汉语隐语使用事实的最佳方案。首先按照笔画顺序对使用领域编排，同一使用领域下分不同的次级领域，同一领域内的词条按笔顺编排。该种编排方式不仅能够很直观地反映隐语使用的群体和领域性，也更方便检索。目前，尚无汉语隐语辞书使用该种综合式编排方式。为了更好地配合词条检索，可以考虑在词典的附录增加普通话音序的检索方法。

（四）隐语使用信息的应标注充分

隐语"寄生"于所属方言的语言事实说明，词条标注应与普通语文辞书不同。隐语的不通行性，决定了使用领域、流传地域和流行时代等信息的重要性，这些信息是否标注充分是判断隐语辞书是否规范的重要标准。另外，来自历史文献的词条应注明来源与出处。目前，该方面做得较好的辞书有《中国秘密语大辞典》（陈崎，2012）和《中国隐语行话大辞典》（曲彦斌，1995）等。

（五）同形隐语词条宜采用"同形多词"的处理方式

由于不同使用群体、领域和地域的交叉，隐指义不同的同形词条较多，如果每一个皆立目，词条数量会剧增。鉴于此，汉语隐语辞书一般采取"同形多词"的处理方式。"同形多词"是指多种隐指义的同形隐语在辞书中立为一条，用序号分开各义，序号按照使用时代的先后标注，即立目的词条不是多义隐语，而是不同的隐语和隐指义。若使用领域或地域不同，隐指义相同，按同条处理。例如，"片儿"在山西晋南等地石匠、东北等地土匪隐指"钱"，为同条；分别隐指钱、扑克牌和女流氓，"片儿"则为三个同形隐语。词典编排如下：

【片儿】①旧时山西晋南等地石匠、东北等地土匪。指钱。因钱多是片状的，故称。语见《运城师专学报》1988年3期、曹保明《东北土匪》。②浙江、吉林等地犯罪团伙。指扑克牌。因牌为片状，故称。③东北等地犯罪团伙。指女流氓。（陈崎 2012：240）

（六）释语应注重考释性

外人之所以认为隐语神秘，主要是不知其造词理据，因此，造词理据的有无是判断隐语辞书优劣的重要标志。唯有对造词理据进行深入探究才能够很好地体现隐语的创造和使用价值。从"现代汉语隐语辞书列表"中，除《中国秘语行话词典》和《中国秘密语大辞典》为考释型工具书外，其他皆未涉考释。唯有《中国秘密语大辞典》为考释综合型隐语辞书，由于考释难度较大，仅有少数隐语进行了理据探求，无疑还未达到隐语释语的理想标准。

三 修正历史及同期隐语辞书的讹误

20世纪90年代的大部分汉语隐语辞书呈现出"生吞活剥"式收录历史隐语词条的现象，即对源出辞书的错讹之处不加辨析，直接收录。《中国秘密语大辞典》能够纠正源出辞书的错讹，收录正确词条，这是其进步和难能可贵之处，但美中不足的是未能指出源出辞书之错讹。

再者，《中国秘密语大辞典》能够对同期辞书的错讹之处予以纠正、不确之处予以解释，使读者能够正确理解源出辞书相关隐语的词形、释义等。

鉴于汉语隐语使用的特殊性，我们认为增加作为背景资料的附录显得尤为重要。《中国秘密语大辞典》的"附录"有两部分，一是"秘密语稀见文献资料会钞"，一是"秘密语研究论著要目"，能够让读者全面了解汉语隐语的语言事实及研究状况，这些珍贵语料和文献具有较高的文献价值，同时也体现了汉语隐语的社会学、历史学和文化学价值。

《中国秘密语大辞典》及目前的隐语辞书尚有一些不足之处，也是后出辞书应避免和注意的问题。例如，缺少原始引文、存在词形错误、运用方言释义等问题（参见第一章第二节中关于《中国秘密语大辞典》的相关综述）。

综上，我们认为汉语隐语使用的隐秘性决定了其使用和流通的局限性，因此导致了学界对其价值性缺乏充分认识。隐语世俗化的脚步自创造和使用之日起就未停歇，很多已经先后迈向地域方言和共同语词汇大家庭，其使用的群体性和行业性也是现代汉语行业语的重要来源。《中国秘密语大辞典》作为汉语史上收条最多的大型隐语辞书，做到了收词宏富、释义准确、体例统一、检索方便等特点，在隐语辞书的编纂中做到了学术性和实用性的良好结合，兼顾了汉语隐语来源之文献性、使用之群体和地域性、造词之理据性，并以前所未有的高度体现了汉语隐语的词汇学价值，指出了汉语隐语辞书编纂与研究的方向。但该辞书仍有待于修正和改进，隐语收条需要增加，语言事实需要细致描写，理据还要深入探究。因此，我们希望汉语隐语辞书的编纂应建立较为成熟的体例，做到后出转精，忠实地记录汉语隐语使用的语言事实并综合展现隐语的语言学、社会学、历史学和文化学价值。

第十章 下编结语

一 隐语反映社会历史和文化现象

"隐语是一种特殊的社会方言，它既是一种语言现象，又是一种社会现象、文化现象，同时又是一种历史现象"（石林，1997）。隐语不是孤立的语言现象，反映的不仅仅是词语的意义，还蕴含了丰富的文化与历史内涵，同时也反映了隐语乃至语言与时代、社会之间的互动以及在互动过程中的发展与变化。隐语创造并使用于一定的社会群体，更为直接地反映其所服务的社会群体的社会活动以及由此所体现的文化理念、风俗习惯等。曲彦斌（2001）在《汉语隐语论纲》（郝志伦，2001：序言8—9）"序言"中说过："作为特定的社团文化和母语文化的特殊载体，作为一种特殊的语言文化现象，汉语隐语行话所承载和涵蕴的文化内容便要复杂丰富得多。可以说，无论在其生成运用时，还是在其发展演变中，汉语隐语行话都在不断吸纳、传承着其所属群体和所属民族的诸如思维观念、价值取向、信仰习俗、生产生活方式以及心理行为模式等文化因素；无论在其表层结构，还是在其深层结构，汉语隐语行话或多或少、或隐或显地透析着其所属的特定社团文化和母语文化特征。"隐语的创造和使用本身就是一种社会、国家、民族和文化现象，其意义反映着社会、国家、民族与文化等方面的内容，同时又受到社会、国家、民族与文化等方面的制约。通过对大量汉语隐语造词法的归纳与造词理据的分析，我们观察到隐语所反映的社会、文化现象，以及从隐语意义中所观察到的社会、文化间的互动。但这种互动却隐藏于创造和使用者的主观要求之下，即被隐语的隐秘性所遮掩和覆盖，我们研究隐语的目的便是揭开这层"面纱"，更好地了解隐语现象和隐语意义对社会、文化等因素的反映以及社会、文化等因素对隐语现象和隐语意义的制约。汉语隐语所反映的社会、文化现象，隐语意义与社会、文化间的互动等是隐语理据分析和意义探求的重点，也是本研究的中心所在。

　　隐语突破封闭狭小圈子的使用限制，并渗透到方言或通语中，就是隐语与社会、文化互动的表现和结果。有的隐语渗透到了方言中，有的则渗透到了通语中。例如，"扯淡"原为宋代梨园隐语（辑录于明·田汝成《西湖游览志余·委巷丛谈》与明·风月友（一作"风月中人"）的《金陵六院市语》中），后使用泛化，成为地域方言词语，如清·冯桂芬《（同治）苏州府志》："胡说曰扯淡。宋时梨园市语。"清·翟灏《通俗编》卷五："【游览志余】杭人有讳本语而巧为俏语者。如诟人嘲我曰淄牙，胡说曰扯淡。"现在该词的使用地域已不限于苏杭两地，由于使用地域的不断扩大，已被《现代汉语词典》收录："扯淡：<方>动闲扯；胡扯。""水泥"一词亦来源于隐语，最早收录于《全国各界切口大词典》，释义为"水门汀"，由于该词的通俗性和形象性，故而在使用中很受欢迎，使用频率和使用地域远远超过音译词"水门汀"和方言词"洋灰"，从而成为通语词。

　　正确认识隐语隐秘与泛化使用的语言事实，将有助于理解隐语的意义以及相关的社会、文化现象，陈克（1993：120）在《中国语言民俗》中谈道："我们现在常说的老板、跑街、小开、大班、掮客、股东、火头军等原来都曾经是商业隐语，后来讲的人多了逐渐成了通语。"这些词语无论是从词语使用领域的扩展，还是意义上发生的变化，多在人们使用中于不经意间定格，就如同"老板"等商业隐语冲破专属的商业使用领域，不再被隐秘性所制约，而泛化成为方言或通语词。若我们忽视或者不能发现其来源于隐语这个语言事实，则会在溯源的过程中造成社会、文化现象理解和意义分析上的偏差乃至错误，分析出不符合语言事实的造词理据，甚至会造成误导人们对词语变化或意义的理解。例如，王艾录分别在《现代汉语词名探源词典》（2000）和《汉语理据词典》（2006）中对"老板"进行探源，对"老板"一词形成的理据进行分析，但却源头不一，理据多样：

　　本作"老闆"。在古代，汉语"百姓"一词被蒙古语借用，意为"土房子"，又引申为"店铺"。后来汉语又把此词从蒙古语中返借回来，音译为"闆生"，简称"闆"，仍为"店铺"义，店铺主人自然就是"老闆"了。五十年代简化（同音代替）为"老板"。（《现代汉语词名探源词典》仅有此条，后在《汉语理据词典》中又增加以下诸条。）

又①：南宋时杭州印书业最发达，其中"睦亲坊陈宅印本"极佳，其书肆招牌曰"老板印书"四字，意即用老雕刻版印的善本。从此"老板印书""陈老板印书"成为印书界的名牌。至明代，书商常以翻印"陈老板书目"作标榜。

又②：五代时闽国大铁钱五百文为"贯"，宋·洪遵《泉志·五·伪品下》："陶岳《货泉录》曰：王审知铸大铁钱，阔寸余，甚粗重，亦以'开元通宝'为文，仍以五百文为贯，俗谓之铑钑。"铑钑后为古大钱的俗称，亦指"本钱主"。"老板"为"铑钑"的音讹。

又③：本作"老班"。《正字通》："凡以物与人，曰班。"意即以行业组合在一起的许多人，这许多人中的头目就是"班主"，后人称为"老班"，再后讹作"老闆"，五六十年代简化为"老板"。

王氏对于"老板"有多种词源和理据的分析，显然不符合语言发展的客观事实，词语的形成绝大多数有且只有一个源头，该源头为词语及意义形成的正确源头，理据探求的过程即是找寻该正确源头的过程。《汉语理据词典》对各种研究不加甄别，罗列起来，称为"理据"，实不可取。无论是"百姓"说、"印书"说，还是"铸钱"说，诸位研究者皆无法自圆其说，因为这些所谓的"理据"分析实际遮掩了"老闆"一词来自于隐语的造词理据（参见第八章"老板"条理据分析），同时亦掩盖了隐语"老闆"与原有的表人义"老板"（亦写作"老班""老版"等）合并，并确立简写词形"老板"的客观语言事实，所以无法解释这样下面三个问题：一是为何古有"板"字，而表人的"老板"却又另用他字；二是为什么"闆"作为"门中视"的意义与商业习俗现象非常吻合；三是为何在《汉语大词典》、《简化字总表》、《简化字繁体字异体字辨析字典》、《简化字繁体字异体字辨析手册》等及语言文字指导类的文献中皆注明"闆"仅是"老板"中"板"的繁体，而不是其他"板"字的繁体。倘若搞清楚了"老板"作为隐语的语言事实，则自然明白"老闆"指称店主的商业习俗基础，明白"闆"与"板"本无干系，而仅由隐语

---

① "老板印书"说始于兰殿君（王氏二词典皆未提及），参见其论文《"老板"语源考辨》，《文史杂志》2003年第6期。

② "闽铸铁钱"说始于张兴祥（王氏词典未提及），参见《"老板"原来是大钱》，《咬文嚼字》2000年第6期。

③ "老班"说始于张雪琴（王氏词典未提及），参见《"板"与"闆"、"僵"与"殭"》，《内江师专学报》1997年第3期。

谐音所致，明白为什么"闆"仅是"老板"中"板"的繁体等三个问题。

二 汉语隐语研究的难点

（一）时代性问题

本研究汉语隐语语料辑录自 20 世纪以来的相关文献，并大体把研究客体定位为近、现代汉语阶段，但由于大量隐语缺少调查实录，缺少使用情况的介绍，除突破使用领域的隐语外基本没有相应书证说明其时代和使用的状况，把握隐语的时代性有较大的难度。例如，《全国各界切口大词典》的油坊（杂业类）和茶担夫（役夫类）隐语中有"滑老"一词隐指"麻油"，该词还隐指"油"，该隐语早见于宋·陈元靓《事林广记续集》卷八《绮谈市语》中。尽管有文献资料记载，也并不能完全确定该隐语使用于宋代，因为隐语记录总是晚于语言事实。"对词的理据分析与探求，从时间上说，有共时性（synchronically）的、历时性（diachronically）、泛时性（panchronically）的"（张志毅、张庆云，2007：132）。鉴于汉语隐语的实际情况，我们对汉语隐语的研究便基于泛时性的前提之下，不对具体隐语的时代性进行深入的探求和定位。

（二）理据探求问题

汉语隐语造词的理据性很强，但大多从语音、词形、词义（包括语素义）等方面曲折地与隐语意义之间建立起联系。因时代的久远或地域的阻隔，有的隐语或失去、或隐藏了语音、词形、词义（包括语素义）等方面与隐语意义之间的联系，这样势必给造词理据研究带来很大的难度。隐语使用的时代越久远，探究的难度就越大，其中的难度来自两个方面，即时代的变迁以及时代变迁影响下语言的变化，包括语音、语义的变化等；隐语使用的地域越狭窄，研究中与方言联系越紧密，脱离汉语方言的汉语隐语研究几乎不可行。例如，对《全国各界切口大词典》中隐语理据的探求，有很多具体的隐语必须在了解其地域背景之下才能找到其创造的理据，才能建立起隐语与隐语意义之间的联系（参见第七章《全国各界切口大词典》相关研究），离开隐语使用地域的方言则无法对使用于该地域的隐语进行研究。除时代性与地域性问题外，汉语隐语理据研究的最大难度来自隐语的个体性。由于隐语创造并使用于大小不等的社会群体之中，其创造总带有不同群体和创造者的个性特点，该种特点即体现为隐语的个体性。隐语的个体性带有较强随机性，而该种较强的个性创造则不容易在共性的语言背景下探求其理据,即使探求的理据能够与当时的隐语创造相耦合,从语言研究的角度也感觉像想当然般的游戏,而不是严肃的语言研究。我们认为,目前无法探究出创造理据、不能在隐语与意义之间建立起联系的隐语中肯定有一部分带有个性化的创造因素。

三 汉语隐语研究存在的问题

从隐语研究现状来看,投入汉语隐语研究的学者以及研究成果的数量都较少。从汉语隐语研究成果的现状来看,汉语隐语研究主要从三个方面进行:本体研究、辞书编纂、田野调查。隐语的本体研究与辞书编纂皆需要隐语语料为对象,田野调查则为隐语研究和辞书编纂提供语料。由于田野调查难度较大,来自田野调查的隐语数量减少,导致研究与语料之间的不平衡。目前汉语隐语研究中主要存在以下两大问题:

(1) 田野调查少,研究语料多为历史性词条。

由于隐秘性较强,其田野调查的难度很大,自20世纪80年代关于"言子话"(潘家懿,1988)和山西理发社群隐语(侯精一,1988)等隐语的系统性田野调查之外,鲜少见到隐语的系统性田野调查,以致隐语研究的语料多为民国及以前的历史语料。

(2) 辞书转抄现象严重,且错误较多。

隐语辞书的编纂也以民国及以前的历史性词条为主。如《语海·秘密语分册》,《凡例》中说明所收录的"旧时"词条指"清以前的各个朝代及民国时期的词条",这些词条在后起辞书中不断转抄,有些词条在转抄过程中出现程度不等的错误。

四 汉语隐语研究未来的发展方向

汉语隐语使用的领域非常广泛,这同时说明汉语隐语研究的领域也非常广泛。笔者主要对隐语的结构、造词等进行了分析与研究,隐语研究领域亟待学界给予更多的关注,亟待更多的学人投入更多的热情,时间和精力。我们不仅要从历史的角度挖掘各种不同词语形式的隐语,也要从不同的地域和领域挖掘正在使用着的隐语。社会的变化、国家的发展、时代的变迁等因素一直是隐语创造和使用的催化剂,不同社会群体中不仅有已经弃用和正在弃用的隐语,如"言子话"(潘家懿,1986)与山西理发业行话(侯精一,1988);也有不断正在创造和使用中的隐语,如博彩隐语和"调侃子"等。"澳门博彩隐语则是建立在港澳社会通用的港澳粤方言的基础之上,是现今澳门博彩场中正在使用的隐语"(邵朝阳,1999),"调侃子"名下实有两种不同的隐语形式——"汉用调侃子"和"回用调侃子","汉用调侃子"是正在急剧萎缩之中的游戏隐语,"回用调侃子"是正在使用和发展中的商业隐语。不同的社会群体、不同的地域方言,隐语的形式都会有所不同。例如,2011年12月24日人民网《网曝扒手"暗语" 临近年关应警惕小偷"黑话"》① 一文中介绍了偷盗团伙的隐语,且说明"不同地方的小偷,说的'黑话'也不太一样"。隐语不仅有地域的不同,也有时间上的发展变化,这些不仅给隐语研究带来很大的难度,同样给隐语研究带来了很大的挑战,"在秘密社团和诸行百业的内部交际过程中,语用者们一旦发现某一隐语行话已逐渐减弱或完全消失其秘密性,已不能很好地适应保守群体秘密、维护集团利益的主观需求,那么,他们便会改造它,或放弃它,而创造新的具秘密性的隐语行话去取代它"(郝志伦,2003)。对汉语隐语进行动态性的调查与描写,对词语结构和造词进行深入地分析和研究,不仅能够提供难得的语言学资料,同时通过调查与研究抢救正在萎缩乃至于消失的语言现象,能够提供人类难得的社会学、文化学资料等。

针对汉语隐语研究的现状以及汉语隐语的发展变化,我们应以语言研究者的敏感性,站在尊重语言事实、见证语言变化、反映语言与社会、国家、民族以及文化互动的角度,在现有研究成果和研究高度的基础上,从以下几方面继续深化和加强汉语隐语研究:首先,继续深化田野调查,关注隐语的创造、使用、变化与发展。对汉语隐语进行客观描写和语言分析,力求反映隐语词语形式的多样性与灵活性,同时反映汉语词汇的多样性。其次,深化汉语隐语的造词研究,继续探求汉语隐语的造词规律,与新词语造词规律进行对比,研究二者造词规律的异同,深化汉语造词一般性特点和规律的研究。对比通语或地域方言中已有词语,隐语可以认为是隐秘性的"新词语",新词语中也有大部分是在已有词语的基础上的创造,探究二者造词规律的异同,将有助于深化现代汉语词汇的造词规律。再次,不断深化汉语隐语理据的探求,加强汉语隐语与社会、国家、民族、历史、文化等的互动性研究。该种研究将深化语言与时代、社会、历史等文化要素的研究,深化文化语言学的研究。最后,加强汉语隐语辞书的编纂工作。汉语隐语辞书的编纂不仅要在词条收立、编排、释义等方面体现辞书编纂的规范性,还需要在语料来源、使用时代、使用群体、使用

---

① 参见人民网(http://society.people.com.cn/GB/16703718.html),来源《南方日报》,作者丁建庭。

地域、词语理据探求等方面体现汉语隐语辞书的实用性。"规范性与实用性在辞书编纂中应当是相辅相成的，突出了规范性，实用性会更强，而只有兼顾了实用性，规范性才能真正产生效用"（程荣，1999）。汉语隐语辞书的编纂应加强规范性与实用性的结合，体现辞书编纂的共性特征和汉语隐语辞书的个性特征。另外，根据汉语隐语的地域性特点，建议方言词典的编纂时考虑增加汉语隐语词条，如《汉语方言大词典》（许宝华、宫田一郎，1999）、《上海话大词典》（钱乃荣、许宝华、汤珍珠，2007）等方言词典中收入大量地域性汉语隐语的做法便综合体现了汉语隐语的群体性和地域性特点。我们期待方言学工作者在地域方言调查中能够带着特有的第三度辨识出隐语等社会方言现象，并对其进行符合语言事实的客观描写，全面展现汉语隐语使用的动态语境；我们也期待有更多学者到隐语这块有着无限魅力的田地中耕耘，有更多的研究成果问世，全方位地展现汉语隐语丰富多元的文化语言现象。

参考文献

一 论文类

曹聪孙：《汉语隐语概说——一种语言变异现象的分析》，《中国语文》1992 年第 1 期。

曹德和：《隐语词汇的构造规律》，载曹德和《语言应用和语言规范研究》，中国社会科学出版社 2006 年版。

曹德和：《隐语词汇构造规律探津》，《江苏教育学院学报》（社会科学版）1995 年第 1 期。

曹炜：《关于汉语隐语的几个问题—兼论隐语与黑话的区别》，《学术月刊》2005 年第 4 期。

晁继周：《从比较中认识规范型词典》，载韩敬体《〈现代汉语词典〉编纂学术论文集》，商务印书馆 2004 年版。

陈宝良：《隐语的秘密与魅力》，《文史天地》2014 年第 7 期。

陈星：《李叔同——弘一大师与西泠印社》，载《西泠印社早期社员、社史研讨会论文集（下）》，西泠印社 2006 年版。

陈延河：《广东惠东的"双音话"与"三音话"》，《方言》2000 年第 3 期。

陈振寰、刘村汉：《灌阳方言的二字语》，《中国语文》1982 年第 6 期。

陈振寰、刘村汉：《襄阳捻语》，《广西师范大学学报》（哲学社会科学版）1984 年第 8 期。

程荣：《辞书编纂中的语文规范问题》，《辞书研究》1999 年第 3 期。

程荣：《语词词典的编纂与现代汉语规范化》，《语言文字应用》1996 年第 2 期。

崔英美：《浅谈"隐语"》，《日语知识》2001 年第 8 期。

戴昭铭：《"数"在中国传统文化中的符号功能》，《学习与探索》

1989 年第 1 期。

戴昭铭：《生殖崇拜文化理论的创建及其意义》，《学习与探索》1992 年第 3 期。

董志翘：《同源词研究与语文辞书编纂》，《语言研究》2010 年第 1 期。

段新颖：《〈通俗编〉隐语研究》，《文化学刊》2016 年第 8 期。

丰文秀：《神秘的民间数字隐语》，《百科知识》1996 年第 10 期。

冯利华：《道书隐语刍议》，《中国文化研究》2006 年夏之卷。

冯利华：《中古道书语言研究》，博士学位论文，浙江大学，2003 年。

高占福：《历史的透视：回族商业经济与回族社会地位的关系》，《黑龙江民族丛刊》2005 年第 1 期。

郭伏良：《河北风土谚与人生礼俗》，《民俗研究》1997 年第 1 期。

郝志伦：《汉字构词论略》，《达县师范高等专科学校学报》（社会科学版）2005 年第 1 期。

郝志伦：《四川地区袍哥隐语通用化传承初探》，《中华文化论坛》2013 年第 3 期。

郝志伦：《隐语行话演变原因初探》，《西南民族大学学报》（人文社科版）2003 年第 12 期。

贺阳：《北京牛街地区回民话中的借词》，《方言》1990 年第 2 期。

侯甲峰：《友云楼笔记：数字暗语（上）》，《三六九画报》1943 年第 13 期。

侯甲峰：《友云楼笔记：数字暗语（下）》，《三六九画报》1943 年第 14 期。

侯精一：《山西理发社群行话的研究报告》，《中国语文》1988 年第 2 期。

黄宜凤：《明代笔记小说俗语词研究》，博士学位论文，四川大学，2007 年。

姜元昊：《胶东 me-ka 式反切语研究》，《汉字文化》2012 年第 2 期。

蒋绍愚：《词义的发展和变化》，《语文研究》1985 年第 2 期。

解超迪：《夏县隐语"延话"分析》，《北京理工大学学报》（社会科学版）2009 年第 4 期。

尽之：《大写数词与隐语数词》，《商业文化》1995 年第 5 期。

柯小杰：《荆楚木瓦工行话浅析》，《民俗研究》1992 年第 4 期。

兰殿君：《"老板"语源考辨》，《文史杂志》2003 年第 6 期。

李红印：《汉语色彩范畴的表达方式》，《语言教学与研究》2004 年第 6 期。

李红印：《颜色词的收词、释义和词性标注》，《语言文字应用》2003 年第 2 期。

李晓玲：《"老板"身世考》，《厦门理工学院学报》2008 年第 1 期。

李宇明：《析字构词》，《语言研究》1995 年第 4 期。

李运富：《"乐岁终身苦"新解》，《古汉语研究》1996 年第 1 期。

李运富：《〈尚书〉〈论语〉札记十则》，《古籍整理研究学刊》1998 年第 4、5 期。

刘冰洁：《民国时期〈全国各界切口大词典〉隐语研究》，硕士学位论文，山东师范大学，2021 年。

刘红妮：《"跨层结构"语言学术语的发展和流变》，《术语标准化与信息技术》2010 年第 4 期。

刘宏丽：《秘密语系列词间的关系和各自的界定》，《山东师范大学学报》（人文社会科学版）2008 年第 1 期。

刘瑞明：《民间秘密语理据试析》，《语言教学与研究》2002 年第 2 期。

刘中富：《汉字字形特点与秘密语造词》，《汉字文化》2003 年第 3 期。

吕永进：《汉语隐语行话中的数字表示法》，《烟台师范学院学报》（哲学社会科学版）2005 年第 3 期。

欧阳国亮：《大陆与台湾地区涉毒隐语造词法比较研究》，《中国刑警学院学报》2016 年第 2 期。

欧阳国亮：《近年来涉毒隐语的新特点及识别思路》，《中国刑警学院学报》2015a 年第 1 期。

欧阳国亮：《我国出现的几类新型涉毒隐语研究》，《中国刑警学院学报》2017 年第 9 期。

欧阳国亮、储烨：《应用语言学视角"毒品隐语查询系统"》，《现代语文》（学术综合版）2016 年第 2 期。

潘家懿：《山西晋南的秘密语"言子话"》，《运城师专学报》1988 年第 3 期。

潘家懿、赵宏因：《一个特殊的隐语区》，《语文研究》1986 年第 3 期。

彭幼航：《五光十色的数字隐语》，《广西广播电视大学学报》2000

年第 3 期。

彭幼航：《中国数字隐语试析》，《广西社会科学》2000 年第 5 期。

曲彦斌：《"乔批"隐语与梅州"下市话"等小地域乡土秘密语现象卮议——关于民俗语言文化遗产抢救性保护的田野调查札记》，《文化学刊》2016 年第 4 期。

曲彦斌：《汉语民间秘密语语源探析》，《语言教学与研究》1999 年第 4 期。

曲彦斌：《论"锦语"文化：汉语隐语行话称谓用语之正本清源与雅号》，《文化学刊》2019 年第 2 期。

曲彦斌：《曲彦斌〈中国民间隐语行话〉关于隐语行话的"性质与正名"的论述》，《文化学刊》2007 年第 1 期。

曲彦斌：《中国民间秘密语（隐语行话）研究概说》，《社会科学辑刊》1997 年第 1 期。

曲彦斌：《中国民间秘密语样书概说》，载王东海主编《二十世纪以来汉语科书论著指要》，商务印书馆 2019 年版。

冉飞：《ECI 框架下汉语涉毒隐语识解机制研究》，硕士学位论文，四川师范大学，2016 年。

邵朝阳：《澳门博彩隐语研究》，《中国语文》1999 年第 4 期。

邵朝阳：《澳门博彩语研究》，博士研究生学位论文，北京语言大学，2003 年。

邵燕梅：《〈全国各界切口大词典〉部分隐语考释》，《汉语史研究集刊》2019 年第二十六辑。

邵燕梅：《〈全国各界切口大词典〉的内容、版本及影响》，《澳门语言学刊》2012 年第 2 期。

邵燕梅：《〈全国各界切口大词典〉相关文化问题考辨》，《文化学刊》2015 年第 12 期。

邵燕梅：《汉语基本隐语造词手段与造词法分析》，《文化学刊》2014 年第 2 期。

邵燕梅：《论汉语隐语辞书编纂的若干问题——以大型隐语辞书〈中国秘密语大辞典〉为例》，《南开语言学刊》2020 年第 1 期。

邵燕梅：《论隐语与相关术语的关系与区分》，《山东师范大学学报》2013 年第 6 期。

邵燕梅：《山东郯城马头镇"调侃子"现象调查研究报告》，《语文研究》2011 年第 2 期。

沈怀兴：《"老板"春秋》，《辞书研究》2002年第1期。

沈明：《现代隐语的社会语言学的考察》，《民俗研究》1994年第3期。

盛光希：《数字行话的构成及特征分析》，《湘潭师范学院学报》（社会科学版）2006年第1期。

盛玉麒：《语言拜物教》，载贺立华、杨守森《启蒙与运动·青年思想家20年文选（下）》，山东大学出版社2006年版。

石林：《论隐语》，载南开大学中文系《语言研究论丛》编委会编《语言研究论丛（第7辑）》，南开大学出版社1997年版。

孙剑艺：《"大腕"语源的民俗语言学阐释》，《民俗研究》2006年第1期。

唐骏：《鲁南"郏马调"的历史及现状考》，《作家杂志》2010年第8期。

王海云：《档案中代号隐语的辨识》，《山东档案》2013年第2期。

王锳：《宋元明市语略论》，《语言研究》1995年第1期。

王志家：《汉语数码隐语说略》，《广州市公安管理干部学院学报》2000年第1期。

闻一多：《说鱼》，载南开大学文科研究所边疆人文研究室编《边疆人文》（第二卷·第三、四期），1945年版。

无名氏：《好莱坞花絮：恋爱的暗语》，《好莱坞》1939年第54期。

无名氏：《谈谈香港社会中的几种暗语》，《文艺生活》（桂林）光复版，1947年第14期。

无名氏：《西京市山货行议价暗语》，《陕行汇刊》1945年第9卷第1期。

吴金华：《〈三国志〉双音节雅言词散论》，《古汉语研究》2007年第2期。

吴金华：《略说古汉语复音词中的典故词》，《语言研究》2008年第1期。

伍铁平：《词义的感染》，《语文研究》1984年第3期。

武小军：《川北隐语的下位类型：行话、歇后语论说》，《西华大学学报》（哲学社会科学版）2007年第4期。

邢向东：《神木县的汉语、蒙语地名及其特点》，《汉字文化》1998年第3期。

邢向东：《试解"疙瘩"》，《汉字文化》2000年第1期。

徐正考、史维国：《语言的经济原则在汉语语法历时发展中的表现》，《语文研究》2008 年第 1 期。

徐正考、张彧彧、薄刚：《关于古白话起源问题的再思考》，《社会科学战线》2011 年第 1 期。

杨琳：《"棒"与"老板"考源》，《南开语言学刊》2012 年第 2 期。

杨琳：《"黄花闺女"与"露马脚"探源》，《民族艺术》2010 年第 4 期。

杨琳：《"侃大山""摆龙门阵"考源》，《历史语言学研究》2015 年第 00 期。

杨琳：《耽耳习俗与猪神崇拜》，《东方丛刊》1994 年第 1 期。

杨琳：《龟、鸭、王八语源考》，《中国文化研究》（夏之卷）2006 年。

尹群：《汉语委婉语与其他语言替代现象的区别》，《语文研究》2007 年第 4 期。

于琴：《当代语言生活中的反切秘密语现状及其研究综述》，《文化学刊》2014b 年第 3 期。

于琴：《回族民间秘密语与族群认同》，《湖北民族学院学报》（哲学社会科学版）2018 年第 6 期。

于琴：《南、北方反切式乡土秘密语流变异同》，《文化学刊》2017 年第 5 期。

于琴：《太原犯罪隐语研究》，《中国社会语言学》2015 年第 1 期。

于琴：《徐州隐语反切语的结构与流传》，《中国社会语言学》2014a 年第 1 期。

曾周：《词的秘密语》，《国语周刊，1934 年第 7 卷第 157—182 期。

张博：《组合同化：词义衍生的一种途径》，《中国语文》1999 年第 2 期。

张旺喜、刘中富、杨振兰等：《现代汉语行业语初探》，《山东师大学报》（社会科学版）1987 年第 2 期。

张兴祥：《"老板"原来是大钱》，《咬文嚼字》2000 年第 6 期。

张雪琴：《"板"与"闆"、"僵"与"殭"》，《内江师专学报》1997 年第 3 期。

张隅人：《两个国画家》，载徐建融、刘毅强《海派书画文献汇编（第 1 辑）》，上海辞书出版社 2013 年版。

张月庆：《毒品隐语指称的意向性分析》，《现代语文》（学术综合版）2016 年第 9 期。

章宜华：《信息时代新词的产生与构造理据》，《辞书研究》2003 年第 5 期。

赵元任：《反切语八种》，《赵元任语言学论文集》，商务印书馆 2002 年版。

周荐：《词典释义、出处溯源和引例的借鉴与抄袭的分野刍议》，《辞书研究》1998 年第 2 期。

周荐：《复合词词素间的意义结构关系》，硕士学位论文，南开大学，1988 年。

周荐：《几种特殊结构类型的复合词》，《世界汉语教学》1992 年第 2 期。

祝克懿：《论隐语及其下位类型》，《汉语学习》2003 年第 4 期。

David Prager Branner. Motivation and Nonsense in Chinese Secret Languages. Anne Yue-Hashimoto & W. South Coblin. 罗杰瑞先生七秩晋三寿庆论文集. Hong Kong：University of Hong Kong Press，2010 年版。

二 著作、教材类

［美］Richard A. Johnson：《传奇改变世界汽车工业的六巨头》，毕香玲、刘颖译，中国铁道出版社 2006 年版。

［美］爱德华·萨丕尔：《语言论》，商务印书馆 2002 年版。

［英］罗伯特·巴拉斯：《科技写作指南》，李令遐译，原子能出版社 1984 年版。

艾君：《当代生意经》，现代出版社 1994 年版。

曹保明：《没有墓碑的女人》，西苑出版社 2004 年版。

曹炜：《现代汉语词汇研究（修订本）》，暨南大学出版社 2010 年版。

曹炜：《现代汉语词汇研究》，北京大学出版社 2004 年版。

陈国屏：《清门考原》，上海文艺出版社 1990 年版。

陈洪：《古代文学基础（下）》，北京大学出版社 2008 年版。

陈克：《中国语言民俗》，天津人民出版社 1993 年版。

陈明远：《才·材·财》，河南人民出版社 2004 年版。

陈望道：《修辞学发凡》，上海世纪出版集团、上海教育出版社 2001 年版。

陈新民、张小林、马健：《传统礼仪》，湖北辞书出版社 2004 年版。

程蔷、孙甘露：《民俗上海（黄浦卷）》，上海文化出版社 2007 年版。

戴敦邦（魏绍昌笺注）：《戴敦邦新绘旧上海百多图》，浙江人民美术出版社 1989 年版。

戴庆厦：《社会语言学概论》，商务印书馆 2004 年版。

戴彦：《巴蜀古镇历史文化遗产适应性保护研究》，东南大学出版社 2010 年版。

东台市地方志办公室：《东台掌故》，中华书局 2011 年版。

董秀芳：《词汇化：汉语双音词的衍生和发展》，四川民族出版社 2002 年版。

傅憎享：《金瓶梅隐语揭秘》，百花文艺出版社 1993 年版。

高名凯：《语言论》，商务印书馆 1995 年版。

高志超：《运河名城临清》，山东友谊出版社 1990 年版。

葛本仪：《汉语词汇研究》，山东教育出版社 1985 年版。

葛文城：《上海风物》，中国旅游出版社 2009 年版。

顾颉刚：《谜史原序》，《钱南扬》，《谜史》，上海文艺出版社 1986 年版。

郭熙：《中国社会语言学（增订本）》，浙江大学出版社 2006 年版。

郝志伦：《汉语隐语论纲》，巴蜀书社 2001 年版。

贺新辉辑注：《元好问诗词集》，中国展望出版社 1987 年版。

胡忌：《宋金杂剧考》，古典文学出版社 1957 年版。

黄伯荣、廖序东：《现代汉语（试用本）》，甘肃人民出版社 1979 年版。

黄伯荣、廖序东：《现代汉语》，甘肃人民出版社 1981 年版。

黄伯荣、廖序东：《现代汉语（修订本）》，甘肃人民出版社 1983 年版。

黄伯荣、廖序东：《现代汉语（增订版）》，高等教育出版社 1990 年版。

黄伯荣、廖序东：《现代汉语（增订二版）》，高等教育出版社 1997 年版。

黄伯荣、廖序东：《现代汉语（增订六版）》，高等教育出版社 2017 年版。

黄侃：《黄侃论学杂著》，中华书局上海编辑所 1964 年版。

黄星：《认知语言学框架下的隐语研究：以四川帮会隐语为例》，四川大学出版社 2011 年版。

惠西成、石子：《中国民俗大观（下）》，广东旅游出版社 1988 年版。

江佐中、吴英姿：《佛山民俗文化》，广东人民出版社 2009 年版。

蒋绍愚：《古汉语词汇纲要》，商务印书馆 2007 年版。

冷学人：《江湖隐语行话的神秘世界》，河北人民出版社 1991 年版。

李树喜：《江湖》，中央编译出版社 2007 年版。

李行健：《河北方言词汇编》，商务印书馆 1995 年版。

连阔如：《江湖大全》，当代中国出版社 2005 年版。

林竹青：《张人希的艺事与生平》，上海三联书店 2008 年版。

刘光华、楼劲：《黄河文化丛书·黄河人》，甘肃人民出版社 2001 年版。

刘康德：《阴性文化》，上海人民出版社 1994 年版。

刘平：《中国民俗通志·江湖志》，山东教育出版社 2005 年版。

刘瑞明：《陇上学人文存·第 3 辑·刘瑞明卷》，甘肃人民出版社 2014 年版。

刘叔新：《汉语描写词汇学（重排本）》，商务印书馆 2005 年版。

刘叔新：《现代汉语理论教程》，高等教育出版社 2002 年版。

刘以林：《中国文学·杜甫诗选》，内蒙古人民出版社 2003 年版。

刘玉才（清）：《廿四家隐语》，天津市古籍书店 1990 年版。

刘志文：《广东民俗大观（下）》，广东旅游出版社 1993 年版。

刘中富：《秘密语》，新华出版社 1998 年版。

陆澹安：《小说词语汇释》，上海锦绣文章出版社 2009 年版。

陆文夫：《壶中日月》，春风文艺出版社 1995 年版。

马国凡、高歌东：《歇后语》，内蒙古人民出版社 1979 年版。

马鸣春：《命名学：命名学导论》，兴界图书出版公司 1999 年版。

聂荣华、万里：《湖湘文化通论》，湖南大学出版社 2005 年版。

宁波市江北区慈城镇文联：《慈城：中国古县城标本》，宁波出版社 2007 年版。

宁继福：《中原音韵表稿》，吉林文史出版社 1985 年版。

欧阳国亮：《中国当代毒品犯罪隐语研究》，群众出版社 2015b 年版。

潘文国、叶步青、韩洋：《汉语的构词法研究》，华东师范大学出版社 2004 年版。

齐沪扬、陈昌来：《应用语言学纲要》，复旦大学出版社 2009 年版。

450 参考文献

钱乃荣：《上海语言发展史》，上海人民出版社 2003 年版。
钱曾怡：《钱曾怡汉语方言研究文选》，山东大学出版社 2008 年版。
曲彦斌：《中国民间秘密语》，上海三联书店 1990 年版。
曲彦斌：《中国民俗语言学》，上海文艺出版社 1996（a）年版。
曲彦斌：《中国隐语》，辽宁古籍出版社 1994（a）年版。
任继昉：《汉语语源学》，重庆出版社 1992 年版。
任学良：《汉语造词法》，中国社会科学出版社 1981 年版。
阮娟：《三山叶氏家族及其文学研究——以叶观国、叶申芗为核心》，上海古籍出版社 2011 年版。
邵燕梅：《郯城方言志》，齐鲁书社 2005 年版。
泗水：《社会问题沉思录（报告文学选）》，人民文学出版社 1989 年版。
苏智良、陈丽菲：《海上枭雄黄金荣》，团结出版社 2009 年版。
苏智良、陈丽菲：《近代上海黑社会》，商务印书馆 2004 年版。
孙常叙：《古—汉语文学语言词汇概论》，上海辞书出版社 2005 年版。
孙常叙：《汉语词汇》，吉林人民出版社 1956 年版。
孙常叙：《汉语词汇（重排本）》，商务印书馆 2006 年版。
孙景浩、孙德元：《商铺风水文化》，上海三联书店 2007 年版。
孙维张：《汉语熟语学》，吉林教育出版社 1989 年版。
谭汝为、董淑慧：《民俗文化语汇通论》，天津古籍出版社 2004 年版。
陶阳：《中国民间故事大观》，北京出版社 1999 年版。
隐紫正、洪亮：《吴昌硕》，西泠印社 2003 年版。
万建中：《禁忌与中国文化》，人民出版社 2001 年版。
万新华：《风格　鉴藏　接受　关于明清书画史的若干片断》，浙江大学出版社 2017 年版。
王艾录、司富珍：《汉语的语词理据》，商务印书馆 2007 年版。
王及（编校）：《柯九思诗文集》，中国美术学院出版社 2004 年版。
王建：《138 棵文学之树·2008 第六届都市晨报文学奖佳作精选》，凤凰出版社 2008 年版。
王力：《汉语史稿（修订本）》，中华书局 2002 年版。
王宁：《汉字构形学导论》，商务印书馆 2015 年版。
王宁：《汉字六论》，中国大百科全书出版社 2017 年版。

王勤:《汉语熟语论》,山东教育出版社 2006 年版。
王汝弼(选注):《白居易选集》,上海古籍出版社 1980 年版。
王新华:《避讳研究》,齐鲁书社 2007 年版。
王锳:《宋元明市语汇释(修订增补本)》,中华书局 2008 年版。
王正伟:《回族民俗学》,宁夏人民出版社 2008 年版。
温端政、周荐:《二十世纪的汉语俗语研究》,书海出版社 2000 年版。
温端政:《歇后语》,商务印书馆 1985 年版。
温端政:《汉语语汇学》,商务印书馆 2006 年版。
吴昌硕(书)、朱培尔:《二十世纪书法经典 吴昌硕卷》,河北教育出版社、广东教育出版社 1996 年版。
吴琦:《漕运与中国社会》,华中师范大学出版社 1999 年版。
武占坤、王勤:《现代汉语词汇概要》,外语教学与研究出版社 2009 年版。
武占坤、王勤:《现代汉语词汇概要》,内蒙古人民出版社 1983 年版。
熹葆:《江湖黑话》,百花洲文艺出版社 1992 年版。
肖云:《周作人文集》,广西民族出版社 2000 年版。
肖正刚、一鹤:《餐馆大揭秘》,中国轻工业出版社 2007 年版。
邢向东:《神木方言研究》,中华书局 2002 年版。
邢向东:《西北方言民俗研究论丛》,中国社会科学出版社 2004 年版。
徐大明、陶红印、谢天蔚:《当代社会语言学》,中国社会科学出版社 2004 年版。
徐时仪:《汉语白话发展史》,北京大学出版社 2007 年版。
许宝华、汤珍珠:《上海市区方言志》,上海教育出版社 1988 年版。
许明甲:《趣味汉语》,湖南大学出版社 2004 年版。
薛理勇:《上海俗语切口》,上海人民出版社 1992 年版。
杨琳:《汉语词汇与华夏文化》,语文出版社 1996 年版。
杨毅:《黑话》,中国档案出版社 1998 年版。
杨占武:《回族语言文化》,黄河出版传媒集团、宁夏人民出版社 2010 年版。
游汝杰、邹嘉彦:《社会语言学教程》,复旦大学出版社 2004 年版。
俞樟铃:《流水无声》,浙江文艺出版社 2007 年版。

云游客：《江湖丛谈》，中国曲艺出版社 1988 年版。
张静芬：《中国古代的造船与航海》，商务印书馆 1998 年版。
张宪文等：《中华民国史（第一卷）》，南京大学出版社 2006 年版。
张永言：《词汇学简论》，华中工学院出版社 1982 年版。
张志毅、张庆云：《词汇语义学与词典编纂》，外语教学与研究出版社 2007 年版。
赵元任：《赵元任语言学论文集》，商务印书馆 2002 年版。
钟敬文：《民俗学概论》，上海文艺出版社 2005 年版。
钟少华：《中国近代辞书指要》，商务印书馆 2017 年版。
仲富兰：《上海民俗》，文汇出版社 2009 年版。
周荐、杨世铁：《汉语词汇研究百年史》，外语教学与研究出版社 2006 年版。
周荐：《20 世纪中国词汇学》，中国人民大学出版社 2008 年版。
周荐：《词语的意义和结构》，天津古籍出版社 1994 年版。
周荐：《汉语词汇结构论》，上海辞书出版社 2004 年版。
周荐：《汉语词汇结构论》（增订版），人民教育出版社 2014 年版。
周荐：《汉语词汇研究史纲》，语文出版社 1995 年版。
周俊勋：《中古汉语词汇研究纲要》，巴蜀书社 2009 年版。
周瘦鹃：《忆语选》，大东书局 1928 年版。
周振甫：《唐诗宋词元曲全集》，黄山书社 1999 年版。
朱恒夫：《滩簧考论》，上海古籍出版社 2008 年版。

三　辞书、地方性文献类

《国家及非物质文化遗产大观》编写组：《国家级非物质文化遗产大观》，北京工业大学出版社 2006 年版。
《语海》编辑委员会：《语海》，上海文艺出版社 2000 年版。
《中国百科大辞典》总编辑委员会编：《中国百科大辞典（第 2 版）》，中国大百科全书出版社 2005 年版。
鲍士杰：《杭州方言词典》，江苏教育出版社 1998 年版。
蔡正山、黄永礼：《苏北之星·刁铺乡镇工业发展论》，南京出版社 1991 年版。
陈刚：《北京方言词典》，商务印书馆 1985 年版。
陈崎：《中国秘密语大辞典》，汉语大词典出版社 2002 年版。
方龄贵：《古典戏曲外来语考释辞典》，汉语大词典出版社、云南大学出版社 2001 年版。

傅立民、贺名仑：《中国商业文化大辞典》，中国发展出版社 1994 年版。

广东、广西、湖南、河南辞源修订组，商务印书馆编辑部：《辞源》，商务印书馆 1979 年版。

高文达：《近代汉语词典》，知识出版社 1992 年版。

郭锡良：《汉字古音手册》，商务印书馆 2010 年版。

国家语言文字工作委员会：《简化字总表（1986 年新版）》，语文出版社 1986 年版。

汉语大词典编辑委员会、汉语大词典编纂处：《汉语大词典》，上海辞书出版社 1986 年版。

汉语大字典编辑委员会：《汉语大字典》，四川辞书出版社、湖北辞书出版社 1986 年版。

胡双宝：《简化字繁体字异体字辨析手册》，北京大学出版社 1996 年版。

华夫：《中国古代名物大典》，济南出版社 1993 年版。

吉常宏：《汉语称谓大词典》，河北教育出版社 2001 年版。

嘉晨：《郯城县马头镇百年沧桑（1900—2000）》（第一卷），内部资料，2005 年。

冷玉龙、韦一心：《中华字海》，中国友谊出版公司 2000 年版。

李明霞：《郯城民间文学集成（歌谣卷）》（内部资料），郯城民间文学集成编辑委员会，2004 年。

李珍华、周长楫：《汉字古今音表（修订本）》，中华书局 1999 年版。

厉兵、魏励：《简化字繁体字异体字辨析字典》，四川人民出版社 1993 年版。

刘家福：《食品词典》，上海辞书出版社 1991 年版。

刘延武：《中国江湖隐语词典》，中国社会科学出版社 2003 年版。

刘正埮、高名凯、麦永乾、史有为：《汉语外来词词典》，上海辞书出版社 1984 年版。

龙潜安：《宋元语言词典》，上海辞书出版社 1985 年版。

吕佩浩、陈建文：《汉语非本义词典》，中国国际广播出版社 1999 年版。

罗福腾：《牟平方言词典》，江苏教育出版社 1997 年版。

闵家骥、范晓、朱川、张嵩岳：《简明吴方言词典》，上海辞书出版社 1986 年版。

潘庆云：《中华隐语大全》，学林出版社 1995 年版。

钱乃荣、许宝华、汤珍珠：《上海话大词典》，上海辞书出版社 2007 年版。

钱曾怡：《济南方言词典》，江苏教育出版社 1997 年版。

乔显曾、邵建、何惠斌：《南通名镇》，江苏科学技术出版社 1989 年版。

曲彦斌：《俚语隐语行话词典》，上海辞书出版社 1996（b）年版。

曲彦斌：《中国秘语行话词典》，书目文献出版社 1994（b）年版。

曲彦斌：《中国隐语行话大辞典》，辽宁教育出版社 1995 年版。

任继愈：《中国文化大典》，山西教育出版社 1999 年版。

荣成市民俗协会、荣成市报社：《荣成民俗》，山东画报出版社 1997 年版。

山东省乳山市地方史志编纂委员会：《乳山市志》，齐鲁书社 1998 年版。

山东省郯城县地方史志编纂委员会：《郯城县志》，深圳特区出版社 2001 年版。

施立学、曹保明：《吉林民俗》，甘肃人民出版社 2004 年版。

石汝杰、[日]宫田一郎：《明清吴语词典》，上海辞书出版社 2005 年版。

四川省阆中市地方志编纂委员会：《阆中县志》，四川人民出版社 1993 年版。

泰州市地方志编纂委员会：《泰州志》，江苏古籍出版社 1998 年版。

汤珍珠、陈忠敏、吴新贤：《宁波方言词典》，江苏教育出版社 1997 年版。

唐作藩：《中国语言文字学大辞典》，中国大百科全书出版社 2007 年版。

万建中、李少兵：《中国民俗史·民国卷》，人民出版社 2008 年版。

汪玢玲、李少卿：《长春市志·民俗方言志》，吉林文史出版社 1995 年版。

王艾录：《汉语理据词典》，华龄出版社 2006 年版。

王艾录：《现代汉语词名探源词典》，山西人民出版社 2000 年版。

王恒伟：《中国商贸大百科》，吉林科学出版社 1994 年版。

王世华、黄继林：《扬州方言词典》，江苏教育出版社1996年版。
吴汉痴：《全国各界切口大词典》，东陆图书公司1924年版。
吴连生、骆伟里等：《吴方言词典》，汉语大词典出版社1995年版。
《新华字典（第11版）（双色本）》，商务印书馆2011年版。
许宝华、[日]宫田一郎：《汉语方言大词典》，中华书局1999年版。
许宝华、陶寰：《上海方言词典》，江苏教育出版社1997年版。
许彩国：《中国商业大辞典》，同济大学出版社1991年版。
许少峰：《近代汉语词典》，团结出版社1997年版。
许少峰：《近代汉语大词典》，中华书局2008年版。
杨吉成：《中国饮食辞典》，常春树书坊1989年版。
叶大兵、乌丙安：《中国风俗辞典》，上海辞书出版社1990年版。
叶祥苓：《苏州方言词典》，江苏教育出版社1998年版。
语言学名词审定委员会：《语言学名词》，商务印书馆2011年版。
岳国均：《元明清文学方言俗语辞典》，贵州人民出版社1998年版。
政协郯城县文史资料委员会：《郯城文史资料（第七辑·马头镇工商经济史料专辑）》，内部资料，1991年。
中国人民政治协商会议大丰县委员会文史资料研究委员会：《（江苏）大丰县文史资料（第5辑）》，1985年。
中国文字改革委员会：《简化字总表》，文字改革出版社1964年版。
钟敬文：《语海·秘密语分册》，上海文艺出版社1994年版。
钟鸣：《泰州印记》，中国文史出版社2006年版。
周国平：《英汉宝石学词典》，地质出版社2002年版。
朱建颂：《武汉方言词典》，江苏教育出版社1995年版。

四　古籍类

（清）毕沅校注，吴旭民点校：《墨子》，上海古籍出版社2014年版。
（晋）常璩辑撰，唐春生等译：《华阳国志》，重庆出版社2008年版。
（明）陈禹谟撰：《骈志》，上海古籍出版社1992年版。
（清）陈元龙撰：《格致镜原》，上海古籍出版社1992年版。
（宋）陈景沂编辑：《全芳备祖》，农业出版社1982年版。
（清）戴震撰：《方言疏证》，上海古籍出版社2017年版。
（汉）董仲舒：《春秋繁露》，上海古籍出版社1989年版。
（金）董解元撰：《古本董解元西厢记》，上海古籍出版社1984年版。
（唐）独孤及撰：《毗陵集》，上海古籍出版社1993年版。

（唐）段成式撰：《酉阳杂俎》，上海古籍出版社2012年版。

（宋）范成大著，富寿荪标校：《范石湖集》，上海古籍出版社2006年版。

（唐）房玄龄注，（明）刘绩增注：《管子》，上海古籍出版社1989年版。

（明）冯惟敏：《海浮山堂词稿》，上海古籍出版社1981年版。

（清）顾张思著，曾昭聪、刘玉红点校：《土风录》，上海古籍出版社2015年版。

（晋）郭璞注，王世伟校点：《尔雅》，上海古籍出版社2015年版。

（魏）何晏等注，（宋）邢昺疏：《论语注疏（附校勘记）》，上海古籍出版社1990年版。

（宋）洪迈：《容斋随笔》，上海古籍出版社2015年版。

（明）胡应麟撰：《少室山房笔丛》，上海书店出版社2009年版。

黄怀信主撰：《大戴礼记汇校集注》，三秦出版社2004年版。

（晋）嵇含撰：《南方草木状》，广东科技出版社2009年版。

（清）纪昀著，刘彬主编：《阅微草堂笔记》，内蒙古人民出版社2006年版。

（清）纪昀撰：《阅微草堂笔记》，华文出版社2018年版。

（汉）孔安国撰，（唐）孔颖达等正义：《尚书正义》，上海古籍出版社1990年版。

（明）郎瑛撰：《七修类稿》，上海书店出版社2009年版。

（明）李时珍撰：《本草纲目》，台湾商务印书馆1986年版。

（清）李百川著，石仁和校点：《绿野仙踪》，三秦出版社1997年版。

（清）李伯元：《官场现形记》，岳麓书社2014年版。

（宋）李昉等撰：《太平御览》，上海古籍出版社2008年版。

（唐）李商隐著，（清）朱鹤龄笺注，田松青点校：《李商隐诗集》2015年版。

（唐）李商隐撰，（清）朱鹤龄注：《李义山文集笺注》，上海古籍出版社1994年版。

（清）厉荃原辑，（清）关槐增纂：《事物异名录》，岳麓书社1991年版。

（清）梁绍壬撰：《两般秋雨盦随笔》，上海古籍出版社1982年版。

（明）凌濛初撰：《三言二拍之四：初刻拍案惊奇》，天津古籍出版社1997年版。

（汉）刘安等编，高诱注：《淮南子》，上海古籍出版社1989年版。

（南朝宋）刘义庆，（梁）刘孝标注，王根林校点：《世说新语》，上海古籍出版社 2012 年版。

（唐）陆德明撰：《经典释文》，上海古籍出版社 1985 年版。

（周）吕不韦著，（汉）高诱注：《吕氏春秋》，上海书店出版社 1986 年版。

（唐）梅彪撰：《石药尔雅》，商务印书馆 1937 年版。

（清）秋瑾著，刘玉来注释：《秋瑾诗词注释》，宁夏人民出版 1983 年版。

（明）沈泰编：《四库家藏·盛明杂剧》，山东画报出版社 2004 年版。

施奠东主编：《西湖文献》丛书，（明）田汝成辑撰《西湖游览志余》，上海古籍出版社 1998 年版。

（明）释智旭著，周易工作室点校：《周易禅解》，九州出版社 2004 年版。

（明）释智旭撰，释延佛整理：《禅解周易四书》，九州出版社 2010 年版。

（明）宋应星著，钟广言注释：《天工开物》，广东人民出版社 1976 年版。

（清）宋荤、刘廷玑撰，蒋文仙、吴法源校点：《筠廊偶笔二笔：在园杂志》，上海古籍出版社 2012 年版。

（宋）苏轼：《苏轼集》，岳麓书社 2000 年版。

（宋）苏轼撰，赵学智校注：《东坡志林》，三秦出版社 2003 年版。

（唐）孙思邈著，鲁兆麟等点校：《千金翼方》，辽宁科学技术出版社 1997 年版。

（清）汪灏等：《广群芳谱》，上海书店出版社 1985 年版。

（汉）王充撰：《论衡》，上海古籍出版社 1990 年版。

（明）王骥德著，陈多、叶长海注释：《曲律注释》，上海古籍出版社 2012 年版。

（明）王象晋纂辑，伊钦恒诠释：《群芳谱》，农业出版社 1985 年版。

（清）王念孙撰：《广雅疏证》，上海古籍出版社 1983 年版。

（清）王先谦撰：《汉书补注》中华书局 1983 年版。

（唐）王维撰，（清）赵殿成笺注：《王右丞集笺注》，上海古籍出版社 1961 年版。

（唐）王维撰：《王摩诘文集》上海古籍出版社 1982 年版。

（五代）王仁裕等撰，丁如明等校点：《开元天宝遗事（外七种）》，上海古籍出版社 2012 年版。

（元）王实甫著，王季思校注：《西厢记》，上海古籍出版社 1996 年版。

王云武、朱经农主编：《晋书》，商务印书馆 1934 年版。

（元）危亦林撰，王育学点校：《世医得效方》，人民卫生出版社

1990 年版。

（宋）吴自牧：《梦粱录》，浙江人民出版社 1984 年版。

（南朝陈）徐陵编：《玉台新咏》，上海书店出版社 1988 年版。

（汉）许慎撰，（清）段玉裁注：《说文解字注》，上海古籍出版社 1981 年版。

许维遹撰，梁运华整理：《吕氏春秋集释》，中华书局 2012 年版。

（明）杨慎撰：《丹铅余录　谭菀醍醐》，上海古籍出版社 1992 年版。

（唐）杨倞注，耿芸标校：《荀子》，上海古籍出版社 2014 年版。

（清）叶德辉撰：《书林清话》，上海古籍出版社 2012 年版。

（宋）叶延珪撰：《海录碎事》，上海辞书出版社 1989 年版。

（唐）元稹撰：《元氏长庆集》，上海古籍出版社 1994 年版。

（清）曾国藩著，王启原校编：《求阙斋日记类钞》，朝华出版社 2018 年版。

（汉）赵岐注，（宋）孙奭疏：《孟子注疏》，上海古籍出版社 1990 年版。

（宋）郑樵撰：《通志略》，上海古籍出版社 1990 年版。

（明）周文华著，赵广升点校：《汝南圃史》，凤凰出版社 2017 年版。

（清）周亮工：《书影》，上海古籍出版社 1981 年版。

周明鹃疏证：《〈词谑〉疏证》，江西教育出版社 2015 年版。

（明）朱谋㙔撰：《骈雅》，商务印书馆 1936 年版。

（清）朱骏声撰：《说文通训定声》，武汉市古籍书店 1983 年版。

五　电子检索类

北京爱如生数字化技术研究中心：《中国基本古籍库（V5.0）》，黄山书社 2007 年版。

北京大学中国语言学研究中心．CCL 语料库 http：//ccl.pku.edu.cn：8080/ccl_corpus/．2009．

罗竹风主编：《汉语大词典（光盘 2.0 版）》，汉语大词典出版社 1998 年版。

民国期刊镜像·晚清期刊全文数据库（1833—1911）。

民国期刊镜像·晚清期刊篇名数据库（1833—1911）。

民国期刊镜像·民国时期期刊金文数据库（1911—1949）。

民国期刊镜像·民国时期期刊篇名数据库（1911—1949）。

文渊阁《四库全书》（检索版），上海人民出版社、迪志文化出版有限公司 1999 年版。

致　　谢

山东师范大学中国语言文学
山东省高水平学科·优势特色学校

后　　记

　　博士毕业带着母校的温暖和恩师们的嘱托，盘算着好好修改论文，并以博士论文为基础展开相关研究。毕业近十年，论文的修改力度却一直处于比较"谦虚"的状态中。这种情况总让我感觉论文的修改还有大量的工作需要做（事实的确如此），而汉语隐语的其他相关研究也就只能无限期地"暂时"搁置了。完成《费县方言志》书稿后才着手国家社科后期"现代汉语隐语研究"课题的结项，开始在断断续续小打小闹的基础上进行结构性的调整。目前，拙著终于要出版了，从2009年开始选择"汉语隐语"作为"地域方言"外的又一研究领域，转眼已是十二载，似乎这也是给自己的一个阶段性的交代。

　　隐语，是隐秘的。隐语研究，是冷僻的。汉语隐语研究，也是人迹罕至的一块田地。当真正走"近"，才发觉汉语隐语表现出来的不仅仅是社会方言的形式，还有地域方言和通语等形式，其创造的材料丰富至极，可以调用一切要素，语言要素和非语言要素等信手拈来；才发现汉语隐语的"暗处"是隐秘心理，透过"窗口"表达隐秘意义，打开"大门"才发现它别有洞天，承载着丰富多彩的文化信息。当真正想走"进"，还发现在隐秘与公开之间似乎有着某种界限，但又找不到这种界限，或者说根本就没有界限；看似需要解密的汉语隐语，又似乎无须解密，甚至觉得解密就是累赘，想来它何曾有"密"？人类的语言开启了文明，开启了人与万物之间交流的鸿沟，这何尝又不是开启人类的隐语时代呢？当不同的地域和民族产生不同的语言，这何尝不是又开启了地域和民族隐语的新形式呢？我一直有个感觉，不同的语言或者差异很大的方言之间无异于各自加了"密码锁"，尽管这把锁我们并不知道是不是故意而为之。在一个宏阔的背景下，我们今天使用的各种语言形式又怎么能说不是人类隐语创造和使用的结果呢？隐秘和公开的关系，似乎把我弄糊涂了，但我又似乎明白了这种相对的关系。这不正是说明了隐语研究的价值和意义吗？离开了隐语，语言应该不能称其为语言了吧。作为汉语研究的客观组成，它不应该被忽略，不应该被漠视，更不应该被冷落，汉语研究又怎么能离开汉语隐语研究？边走边发现，汉语隐语研究的哪一个点又不是一个面呢？当走进"点""面"不断切换的汉语隐语，它呈现的是四通八达的"网络"，在其中，我似乎迷路了。

《全国各界切口大词典》（全一册）是现代汉语史上第一部以"词典"命名的汉语隐语词典，由上海东陆图书公司印行出版于1924年。该词典的汉语隐语词条在历经70年后才被为数不多的汉语隐语辞书大量引用并立目，但关于该词典的其他相关研究几乎是空白。2010年，当我在比对后出辞书的词条时，发现尽管同时引用于《全国各界切口大词典》，但不同辞书却出现了不同的引用结果！这个结果很令人震惊，后来才发现这些辞书皆是引用了1989年上海文艺出版社出版的《切口大词典》。《切口大词典》影印自《全国各界切口大词典》，由于繁体字形、影印效果等原因，致使有些字看不清楚，才导致后出辞书的讹误。找到原版是解决问题之关键，仅有北大图书馆和国家图书馆有原版，查阅很不方便，但也无法复印全书。念念不忘，必有回响。很幸运，2011年我就从一位上海人手里购得此书！此后，才发现《全国各界切口大词典》作为隐语词典的诸多更为隐秘和有趣的事情，尤其看到封面的主任编辑是"吴汉痴"而版权页是"胡汉痴"时，让我"脑补"起那个动乱时代出一本隐语词典的艰辛和危险！从研究深度而言，本书未能对全书词条进行穷尽研究，对于矿藏非常丰富的《全国各界切口大词典》来说，我实在没有做出什么。不负民间孤本，继续挖掘矿藏，是我经常萦绕在心头的想法。2018级弟子入学后，我便安排了语言学及应用语言学专业刘冰洁、杨光明（老挝），汉语国际教育杨凡、聂媛媛、范苗苗等五位同学着手查阅各大数据库的汉语隐语语料。弟子们整理的资料由刘冰洁同学进行了最后的汇总，考虑到冰洁对材料熟悉，我安排她以《全国各界切口大词典》为主题做毕业论文。2021年5月，冰洁的硕士毕业论文《民国时期〈全国各界切口大词典〉隐语研究》以盲审"双A"的成绩参加答辩，同时也获得了答辩委员会的一致好评，并被评为山东师范大学优秀硕士学位论文。

汉语隐语研究，期待由点及面且能在点面之间自由切换。汉语隐语研究领域有东西可挖，有事情可做。隐语使用的语言事实说明，这块值得开垦的田地非常肥沃。

感谢山东师范大学中国语言文学山东省高水平学科·优势特色学科建设经费的资助！感谢同事孙丽君、魏代富、薛泉、郭超颖、张金霞等教授在校对书稿中提供的帮助！感谢外国语学院张鹏教授多次英文翻译并校对！感谢国家社科基金后期资助匿名评审专家醍醐灌顶般的修改意见！感谢中国社会科学出版社任明老师的配合与支持，从出版合同签订过程中我改变初衷申报国家社科后期资助项目的忍耐，到立项过程中多项工作的配合，再到本书校对、出版、结项等事务的处理，都让我感动！感谢参与校对的 2021 级弟子李轩浩、公继伟、陈诗婷以及文献学研究生王转、王子铭同学！感谢恩师们的指导，感谢家人们的支持，感谢弟子们的蓬勃与努力！一切的一切，皆感恩不尽。

学术无有止境，修改没有尽竭，本书肯定存在着疏漏、不足甚至未发现的错误，企盼得到各位专家和读者的批评指正。

谨以此书献给新时代的语言文字工作！献给中华优秀语言文化！

邵燕梅

2020 年 8 月写于泉城无我斋

2021 年 8 月修改